융합의 시대:
대학 교양교육의 현장과 과제

[문화와 융합 총서 03]

융합의 시대 :
대학 교양교육의 현장과 과제

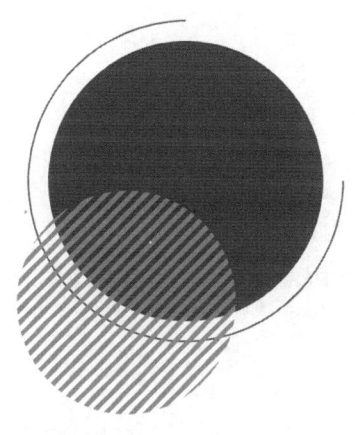

서정일	노선희	오혜림	최호영	김혜경
안미애	황혜영	김소형	김경리	오방실
박준범	박은희	김정신	채연숙	정소미
박태인	강소영	박미라	윤지원	이하정

한국문화사

문화와 융합 총서 03

융합의 시대: 대학 교양교육의 현장과 과제

1판 1쇄 발행 2022년 7월 15일
1판 2쇄 발행 2022년 8월 22일

지 은 이 | 서정일 노선희 오혜림 최호영 김혜경 안미애 황혜영 김소형 김경리 오방실
　　　　　 박준범 박은희 김정신 채연숙 정소미 박태인 강소영 박미라 윤지원 이하정
펴 낸 이 | 김진수
펴 낸 곳 | 한국문화사
등　　록 | 제1994-9호
주　　소 | 서울시 성동구 아차산로49, 404호(성수동1가, 서울숲코오롱디지털타워3차)
전　　화 | 02-464-7708
팩　　스 | 02-499-0846
이 메 일 | hkm7708@daum.net
홈페이지 | http://hph.co.kr

ISBN 979-11-6919-015-2　93370

· 이 책의 내용은 저작권법에 따라 보호받고 있습니다.
· 잘못된 책은 구매처에서 바꾸어 드립니다.
· 책값은 뒤표지에 있습니다.

오류를 발견하셨다면 이메일이나 홈페이지를 통해 제보해주세요.
소중한 의견을 모아 더 좋은 책을 만들겠습니다.

· 축 사 ·

　도전과 혁신, 공유와 확산을 위한 노력을 응원합니다.

　한국문화융합학회의 학술 총서 6권이 출간됩니다. 융합의 시대라는 이름으로, '메타버스-확산의 예감', '공공 언어, 공적 리터러시', '대학 교양교육의 현장과 과제', '문학 정신과 공감, 공존, 상생의 미학', '예술적 상상과 현실', '사회발전을 위한 융합사회'가 그것입니다. 우리 학회 회원들의 연구 성과를 정리하고, 전문 연구자와 일반 독자들과 공유하기 위한 노력의 하나입니다.

　우리 학회가 지난 1979년 도전과 혁신의 DNA로 첫발을 디딘 지 올해로 44년째를 맞았습니다. 공자의 말을 빌리자면 '세상일에 정신을 빼앗겨 판단을 흐리는 일이 없는 나이'인 불혹(不惑)에 이르렀습니다. 그런가 하면 '하늘의 명을 깨닫는 나이'인 지천명(知天命)을 앞두고 있습니다. 창립 이후의 자취를 돌아보면 우리 학회의 회원들이 치열하게 연구하고 쉼 없이 토론하고 모색했음을 알 수 있습니다.

　오늘날 우리나라는 선진국이 되었고, 국격이 올라갔습니다. 과학 기술과 경제, 문화 예술과 스포츠, 사회 시스템과 인프라 등 다양한 분야에서 세계인의 부러움을 사고 있습니다. 그런가하면 대화와 소통, 이해와 공감, 도리와 품격 등에서 과제로 남은 부분도 있습니다. 미래 사회의 예상되는 문제를 최소화하고, 해결을 위한 노하우를 축적하고 시스템을 개발해야 하는 도전에 직면했습니다.

　우리 학회가 표방하고 있는 '융합'은 이런 요구에 부응할 수 있는 시대정

신입니다. 학문 공동체 안에서는 학제 간의 대화와 협업이 되겠습니다만, 범위를 넓히면 '융합'은 세대 간, 지역 간, 계층 간의 거리를 줄이고 이해의 폭을 넓히는 노력이기도 합니다. 젠더 갈등, 언어문화적 갈등, 국가 간의 경쟁 등에서 필수적이고 효과적으로 역할을 할 수 있는 것이 '융합' 그리고 '소통'이라 하겠습니다.

이번에 발행되는 총서는 학문 영역 간의 대화와 소통을 위한 것이자, 그 성과물입니다. 개별 도서는 각각 디지털 세계, 리터러시, 교양기초교육, 문학과 미학, 문화와 예술, 사회 시스템 등 각 학문 분야에서의 핵심적인 이슈를 담고 있습니다. 그러면서 이들 시리즈들은 '다름'에 대한 대화의 장을 열면서 동시에 소통과 융합의 사례와 노하우를 '공유'하는 시도입니다. 회원 여러분과 독자들의 응원을 기대합니다.

2022년 7월
한국문화융합학회 회장 지현배

· 발간사 ·

〈문화와 융합〉 총서 시리즈는 교육, 문학, 문화, 예술, 행정, 사회 등 각 분야의 연구자들이 시도한 융합 연구 가운데 우수한 성과물만을 엄선하여 독자들의 눈높이에 맞춰 깊이 있는 지식을 전달하고자 기획되었다.

최근 융합 연구는 공존과 통합을 추구하며 새로운 가치를 창조하는 혁신적인 과제로서 중요성이 점차 강조되고 있다. 이제는 거의 모든 분야에서 융합적 탐구를 위한 학문적 접근을 시도하고 있다. 특히 학문 간의 융합은 다양한 분야의 경계를 넘나들며 미래 사회를 준비하기 위한 필수적인 역량이자, 시대의 요구이기도 하다. 그런 의미에서 〈문화와 융합〉 총서 시리즈는 융합 연구가 나아가야 하는 방향성에 대해 실제적인 해답을 제시해 줄 수 있다.

이 책은 그동안 〈문화와 융합〉 학술지를 통해 발표된 융합 연구의 학술적 담론을 재구성하여 집필되었다. 학문 간의 융합 연구가 어떻게 이루어질 수 있는지, 어떤 방식으로 우리의 삶에서 활용될 수 있는지를 다각도로 탐색하여 실용적인 논의들을 담고자 했다. 이 책을 통해 우리는 융합 연구의 실체에 조금 더 가까워질 수 있으며, 유용한 아이디어를 얻을 수 있을 것이다. 나아가 궁극적으로는 학문 간의 협력과 상호 소통, 통합과 공존을 이루어 갈 수 있는 융합적 연구 환경의 기반을 확립할 수 있을 것이다.

한국문화융합학회는 앞으로도 연구 성과물을 대중들과 공유하고, 사회 발전에 활용하기 위해 총서를 발간하는 사업을 지속적으로 추진할 계획이다. 이것은 융합적 사고가 경쟁력이 되는 '융합의 시대'에 융합 연구의 활성화를 도모하기 위한 학회의 실천적인 노력이자 역할이라 할 수 있다.

이번에 발간되는 6권의 총서 시리즈를 시발점으로 삼아 향후 융합 연구의 외연을 확장해 나가는 도약의 기회가 되기를 바란다.

총서 시리즈로 이 책이 나오기까지 많은 분들의 협조와 수고가 있었다. 먼저 학회 발전과 총서 발간을 위해 아낌없이 지원해 주신 지현배 회장님, 각 분야별로 책이 출간되기까지 물심양면으로 애써 주신 출판 TF 위원님들, 실질적인 업무로 든든한 보탬이 되어준 김진국 선생님께 감사드린다. 무엇보다 여유롭지 못한 출판 일정에도 불구하고 적극적으로 협조해 주신 저자들께 무한한 감사를 드린다. 마지막으로 학술적인 연구물의 출판이 어려운 상황 속에서 이 책의 기획 의도에 공감하여 결실을 맺도록 도움을 주신 한국문화사에 깊은 감사 인사를 드린다.

2022년 7월
한국문화융합학회 출판 TF 위원장 강소영

· 서문 ·

융합의 시대, 대학 교양교육의 현장과 과제

 교양교육을 의미하는 영어 'liberal education'은 라틴어 artes liberales에서 차용한 것이다. 우리말로는 '교양교육, 자유교육, 인문교육, 인문교양교육, 교양기초교육, 융합교양교육' 등으로 사용되고 있다. 고대 그리스의 전통에서도 두 가지 의미로 사용된다. 교양교육이란 노예나 이민자가 아니라 시민권을 가진 자유인을 위한 교육이라는 의미와 사회적 속박과 제한은 물론 마음이 가지고 있는 편견, 선입견, 무지, 독단, 탐욕 등으로부터 해방되고 자유롭게 하는 교육을 의미한다. 사실 대학이 전문화되기 전에는 대체로 교양교육이 중심이 되었으며, 미국에는 일찍부터 수백 개의 교양대학(liberal arts college)이 설립되었다.

 한국문화융합학회에서는 이러한 교양교육에 대한 논의를 지속적으로 하며 2022년부터 연구 총서 발간 작업을 진행하였다. 그 결과 '융합의 시대: 대학 교양교육의 현장과 과제'라는 제목의 첫 총서를 출간하였다. 지나치게 학구적인 수준을 지양하여 일반 대중들이 접근하기 쉬운 융합 주제 내용을 담고자 했다. 고답적인 내용으로 아카데미즘의 틀 속에 갇혀 교양교육의 대중화를 가로막고 있다는 반성을 반영한 것이다.

 이번 총서에서 다루고자 한 내용은 제목에서도 알 수 있듯이 융합의 시대에 대학 교양교육의 현장의 모습과 앞으로의 과제에 대해 다루고자 했다. 1부는 대학 기초교육에서의 융합 연구, 2부는 대학의 수업과 환경의 융합 연구, 3부는 대학 교양 수업의 융합 연구이다.

대학 기초교육에서의 융합 연구에서는 5장으로 나누어 '대학 교양교육에서 핵심역량 적용에 관한 성찰', '인성교육에 대한 지식사회학적 탐구', '타자와 사회와 소통하는 글쓰기 교육', '핵심역량 증진을 위한 대학 영어교육', '디지털 미디어 리터러시'를 논의하였다.

대학의 수업과 환경의 융합 연구는 4개의 장으로 '게이미피케이션으로 즐기는 미학', '대학생 대상 국내 예술치료 연구 동향', '대학생 상담 경험이 대인관계에 미치는 영향', '온라인 동료 첨삭피드백 활동과 학습자의 반응'에 대해 논의하였다.

대학 교양 수업의 융합 연구에서는 5개의 장으로 구성하여, '스토리텔링을 활용한 통합적 교양 음악교육이 대학생의 음악적 흥미에 미치는 영향', '푸코의 자기 배려 이론으로 본 자기 성찰 글쓰기 탐색', '대학생의 지속가능발전교육 참여 여부에 따른 '가능한 기여' 인식의 차이', '융복합교육으로서의 글로벌 K-뷰티', '대학생의 교수·학생상호작용, 교우관계, 자기효능감이 대학 몰입에 미치는 영향에 대해 다루었다.

이러한 문제를 쉽고 명쾌하게 설명하기란 결코 쉬운 일이 아니다. 그럼에도 불구하고 20명의 저자분들의 노력으로 총서가 세상과 마주하게 되었다.

총서가 발간될 수 있도록 지원해 준 한국문화융합학회 회장님을 비롯한 학회 관계자분들, 그리고 무엇보다도 바쁜 가운데서도 원고 작성을 해 주신 필진 분들에게 감사를 표한다.

2022년 7월
한국문화융합학회 출판 TF
교양교육 분야 위원 김은정

· 차례 ·

축사 | 5
발간사 | 7
서문 | 9

1부 대학 기초교육에서의 융합 연구

  01장 대학 교양교육에서 핵심역량 적용에 관한 성찰   **17**
      1. 핵심역량(core competence) 개념과 대학교육에의 적용   17
      2. 교양교육에서 핵심역량의 적용을 둘러싼 논란   19
      3. 교양교육과 인문정신 그리고 핵심역량   24
      4. 역량 중심 교양교육 내실화를 위한 전제   31
      5. 대학 역량교육의 본질에 관한 성찰   35

  02장 인성교육에 대한 지식사회학적 탐구   **39**
      1. 엔데믹 시대의 인성교육   39
      2. 인성교육정책과 지식사회학   40
      3. 대학에서의 인성교육   44
      4. 국내 대학 인성교육 사례: 가톨릭대학교   45
      5. 인성교육을 위한 제언   52

  03장 타자와 사회와 소통하는 글쓰기 교육   **57**
      1. 교양교육의 위상과 글쓰기 교육의 현실   57
      2. 콘텐츠와 연계한 사회문제형 글쓰기 수업 설계 방향   59
      3. 사회문제형 글쓰기 사례 분석과 교육적 함의   66
      4. 수업 결과에 관한 반성적 탐색   82
      5. 사회문제형 글쓰기 교육과 학습자 경험 지평의 확장   86

04장 핵심역량 증진을 위한 대학 영어교육　　　　　　　　89
　　1. 핵심역량과 대학교육　　　　　　　　　　　　　　89
　　2. 역량 증진을 위한 대학 영어 수행활동　　　　　　91
　　3. 핵심역량 수행활동의 효과성　　　　　　　　　　97
　　4. 역량 기반 교육에 대한 인식 제고　　　　　　　　101

05장 디지털 미디어 리터러시　　　　　　　　　　　　　105
　　1. 리터러시 개념의 확장　　　　　　　　　　　　　105
　　2. 디지털 기반 미디어 리터러시에 대한 대학생의 생각과 태도　107
　　3. 디지털 기반 미디어 리터러시에 대한 대학생의 인지　112
　　4. 대학생의 디지털 기반 미디어 리터러시에 대한 인식과 태도　132

2부　대학의 수업과 환경의 융합 연구

06장 게이미피케이션으로 즐기는 미학　　　　　　　　139
　　1. 비대면 수업에 게임을 반영하기　　　　　　　　139
　　2. 게이미피케이션 미학 강의　　　　　　　　　　　141
　　3. 게이미피케이션 미학 수업 학생 의견　　　　　　154
　　4. 게이미피케이션에서 미학으로　　　　　　　　　160

07장 대학생 대상 국내 예술치료 연구 동향　　　　　　163
　　1. 대학생의 건강한 성장과 예술치료　　　　　　　163
　　2. 예술치료의 이해　　　　　　　　　　　　　　　165
　　3. 자료수집 및 분석　　　　　　　　　　　　　　　169
　　4. 대학생 대상 국내 예술치료 연구 동향　　　　　　171
　　5. 예술치료의 성찰과 새로운 방향　　　　　　　　179

08장 대학생 상담 경험이 대인관계에 미치는 영향　　**185**
　　1. 대학생, 심리적 어려움을 겪다　　185
　　2. 대학생 상담과 대인관계　　187
　　3. 대학생 상담이 대인관계에 미치는 영향 분석 방법　　190
　　4. 대학생 상담이 대인관계에 미치는 영향 분석 결과　　193
　　5. 상담, 대인관계를 향상시키다　　196

09장 온라인 동료 첨삭피드백 활동과 학습자의 반응　　**203**
　　1. 첨삭피드백에 관한 연구 경향　　203
　　2. 연구를 위한 수업 설계　　207
　　3. 동료의 글에 대한 학습자의 반응　　217
　　4. 동료로부터 제공받은 첨삭논평에 대한 학습자의 반응　　220
　　5. 학습자의 반응과 활용 방안　　229

3부 대학 교양 수업의 융합 연구

10장 스토리텔링을 활용한 통합적 교양 음악교육이
　　　대학생의 음악적 흥미에 미치는 영향　　**235**
　　1. 교양교육에서의 통합적 교양 음악교육　　235
　　2. 스토리텔링을 활용한 통합적 교양 음악교육 프로그램 개발　　238
　　3. 스토리텔링을 활용한 통합적 교양 음악교육 프로그램 효과검증　　245
　　4. 스토리텔링을 활용한 통합적 교양 음악교육 프로그램 시행 결과　　247
　　5. 통합적 교양 음악교육의 방향성 논의 및 제언　　248

11장 푸코의 자기 배려 이론으로 본 자기 성찰 글쓰기 탐색　　**253**
　　1. 자기 배려 이론의 의미와 적용의 필요성　　253
　　2. 〈대학 글쓰기〉 강의에서 글쓰기의 의미　　256
　　3. [자기 성찰과 글쓰기]에 관한 설문조사 내용 및 연구 방법　　262
　　4. 푸코의 자기 배려 이론으로 본 대학생 내러티브 글쓰기의 성과　　267
　　5. 남은 과제　　277

12장 대학생의 지속가능발전교육 참여 여부에 따른
'가능한 기여' 인식의 차이 **281**
   1. 인류의 지속가능한 미래와 지속가능발전교육 281
   2. 지속가능발전교육 참여와 대학생의 '가능한 기여' 인식 285
   3. 지속가능발전을 위한 가능한 기여: 키워드, 연결 중심성, 관계성 288
   4. 더 나은 지속가능발전교육을 위하여 295

13장 융복합 교육으로서의 글로벌 K-뷰티 **303**
   1. 국경을 넘는 시대적 요구, K-뷰티의 확산 303
   2. K-뷰티 교육의 현재 306
   3. K-뷰티 융복합 교육과정을 위한 요구 분석 315
   4. 글로벌 K-뷰티 융복합 교육과정 설계 318
   5. 미래 대학 사회를 위한 K-뷰티 융복합 교육과정 325

14장 대학생의 교수-학생상호작용, 교우관계, 자기효능감이
대학 몰입에 미치는 영향 **329**
   1. 대학 몰입, 왜 연구되어야 하는가 329
   2. 대학 몰입에 영향을 미치는 요인은 무엇인가 332
   3. 교수-학생상호작용, 교우관계, 자기효능감은 대학 몰입에
      어떤 영향을 미치는가 334
   4. 대학생의 대학 몰입 향상을 위해 대학은 어떤 노력을
      해야 하는가 340

저자 소개 | 347

1부
대학 기초교육에서의 융합 연구

01장
대학 교양교육에서 핵심역량 적용에 관한 성찰 | **서정일**

02장
인성교육에 대한 지식사회학적 탐구 | **노선희·오혜림**

03장
타자와 사회와 소통하는 글쓰기 교육 | **최호영**

04장
핵심역량 증진을 위한 대학 영어교육 | **김혜경**

05장
디지털 미디어 리터러시 | **안미애**

01장

대학 교양교육에서 핵심역량 적용에 관한 성찰

1. 핵심역량(core competence) 개념과 대학교육에의 적용

최근 우리 사회 전반에 '핵심역량'이 핵심키워드로 부상하였다. 그런데 핵심역량을 둘러싼 논의는 여러 경제포럼 및 학술회의에서 도출된 결과를 토대로 해외에서 먼저 시작되었다. 이 논의가 이루어지게 된 배경에는 미래사회에 부응하는 핵심역량을 발굴하여 활용하자는 산업계의 합의가 있다. 역량 개념이 본격적으로 주목을 받게 된 계기는 1997년부터 시작된 OECD 프로젝트『핵심역량의 정의와 선별』(Defining and Selecting Key Competencies, 약칭『DeSeCo』)과 그 결과를 담은 연구보고서였다 (OECD, 2005). 이 연구보고서는 역량 측정 확대를 위한 틀을 제시한 것으로 제도권 교육에서 역량에 대한 관심을 촉발시켰으며(소경희, 2007), 이후에도 교육 부문에서 역량 논의는 영·미권 및 OECD 전(全)회원국으로 이어졌다.『DeSeCo』기획안을 바탕으로 OECD 회원국은〈국제학업성취도평가〉(PISA)를 도입하였다. 이것은 의무교육이 끝날 무렵의 학생들을 대상으로 읽기, 수학, 자연과학, 문제해결 영역에서 지식과 능력을 비교하는 평가체계이다.

우리나라에서도 해외에서 기획된 이 역량 개념을 수용하여 전국경제인연합회(전경련)와 교육부에서 국내 상황을 반영하여 핵심역량을 개발하였다. 그리고 2010년 이후, 전경련과 교육부 지침에 따라 핵심역량을 교육 부문에서도 수용하기 시작하였다. 우리나라 대학들은 이에 따라 수년 전부터 전경련과 교육부가 설정한 핵심역량을 참조로 각 대학의 특성에 부합한 역량을 개념화하여 교육과정에 적용하고 있다. 그런데 핵심역량 개념이 부각되기 전부터 이미 대학들은 각 대학 고유의 건학 이념과 특성, 비전을 상징하는 인재상을 표방하였다. 국내 대학이 표방한 교육목표를 개략적으로 분석하여 다섯 개의 교육목표로 집약하면 다음과 같다.

첫째, 기초학습 능력과 인문학적 소양을 쌓고 비판적으로 사유할 줄 아는 인식능력으로, 대학교육을 받은 지성인이라면 갖춰야 할 기본능력을 강조하고 있다. 두 번째, 창의적·통섭적 사고력, 즉 창의성을 토대로 지식의 통합적 이해 및 적용과 해석 능력, 융합적 역량도 주창하고 있다. 세 번째, 인간에 대한 깊이 있는 이해와 도덕적 인성, 올바른 인품을 갖추는 고전교육의 이상도 간과할 수 없는 요인으로 강조하고 있다. 특히 종교계 대학은 건학 이념인 신앙 윤리를 봉사와 헌신의 교육목표로 주창함으로써 올바른 인격 형성의 요소로 강조하고 있다. 네 번째, 세계화 시대에 부응하는 글로벌 역량, 적극적인 능동성과 공동체적 정신, 다문화성 이해도 공통의 핵심 요인으로 부각하고 있는데, 글로벌적 감각과 문화적 다양성을 이해하는 감수성 등이 이에 포함된다. 마지막으로 지식정보화 사회에 필요한 전문인력 양성도 중요한 교육목표로 설정하였다.

주지하다시피 국내 대학들은 혁신의 압박 속에 절치부심하고 있다. 이러한 상황에서 재정지원을 매개로 한 정부 주도의 대학혁신 정책은 큰 영향을 끼칠 수밖에 없다. 핵심역량을 교육과정에 직접 적용하려는 시도는 정부(교육부) 주도의 대학지원사업이 결정적이었다. 즉 핵심역량을 고등교육의 맥락에서 접합·응용하는 과정에서 대학 스스로의 교육철학에 기인한 것이기보다는 재정지원사업 선정이라는 절박함이 크게 작용한 것이다. 현재〈대학기본역량진단사업〉에서도 이 기조는 계속 이어지고 있다. 이로 인해 대학들은 대학 고유의 기존 교육목표를 표방하고 있음에도 핵심역량 진단도구를 개발하는 추세가 이어지고 있으며, 심지어 교육부가 직접 한국직업능력개발원과 함께〈대학생 핵심역량진단〉을 준거로 제시하였다.

〈대학생 핵심역량진단〉은 "대학생들의 핵심역량 수준을 파악하여 진로개발을 지원할 뿐만 아니라 대학의 교육역량 강화 지원"을 목적으로 한 진단도구인데,〈대학생 핵심역량진단〉에서 규정한 핵심역량은 "직무를 성공적으로 수행하는 데 공통적으로 요구되는 지식, 기술, 태도"로 철저히 기업과 경영 논리에 부합한 역량에 초점이 맞춰져 있다. 그렇지만 지난 10년 가까이〈대학자율역량강화지원사업〉(ACE 사업)과〈대학생 핵심역량진단〉,〈대학기본역량진단사업〉등 정부 주도로 추진한 핵심역량 중심의 교육과정 개편이 과연 고등교육과 대학 교양교육의 내실화에 실질적으로 기여할 수 있을지 교육 전문가들과 인문학자들 사이에서는 논란이 분분하다.

2. 교양교육에서 핵심역량의 적용을 둘러싼 논란

대학들이 교육 핵심역량을 본격적으로 연계하기 시작한 계기는 2010년 시행된 교육부 주도의〈대학자율역량강화지원사업〉이다. 교육부는 "제4차 산업혁명 등 거시적인 사회 구조적 변화에 따른 대학의 기능과 역할 변화"와 "미래사회 변화 요구에 탄력적으로 대응하기 위하여 교육역량을 키우는 질적 개선 노력"이 필요함을 근거로(교육부, 2020), 2019년부터 "기본역량진단"을 통해 교양교육에서 핵심역량을 기반으로 교육과정을 개편하고 핵심역량 능력을 제고(提高)할 것을 요구하였다. 그리하여 『2021년 대학기본역량진단 편람』에는 교양교육의 핵심역량이 명시되어 있다. 구체적으로 "대학의 인재상, 산업 수요, 사회적 흐름 등 대내·외적 여건 분석, 학생 요구 분석 등을 고려한 발전 계획과의 연계성"을 기준으로, "대학의 특성화 방향 등을 고려하여 설정된 기초학문을 통한 인간, 사회, 자연을 종합적으로 이해하는 능력"을 구체적 핵심역량으로 제시하였다(교육부, 2020). 그러나 대학교육에서 이렇게 단기간에 핵심역량을 교육지표나 평가 기준으로 설정한 것에 대한 비판도 적지 않다.

해외에서도 전통적인 인문교육의 전통을 훼손하면서 객관적 수치를 기준으로 교육의 질을 측정하려는 〈국제학업성취도평가〉에 대한 비판의 목소리도 강하다. 특히 교육 전반에 관해 비(非)교육기관인 OECD, 세계은행, WTO, 〈세계경제포럼〉 등 글로벌 경제기구들이 교육 부문에 군림하려는 행태와 그동안 신자유주의 경제 노선을 충실하게 입안하고 수행한 강력한 이 경제기구들이 보편가치를 지향해야 할 교육 분야에까지 개입하고 영향력을 행사하려는 현상과 의도에 대한 우려와 비판이 만만치 않다.

세계적으로 막강한 영향력을 가진 이 경제기구들은 "교육 개념의 의미변화와 교육제도의 개조"(Krautz, 2007)를 향한 거침없는 질주에 적극 동참하였다. 특히 〈OECD 교육지표〉를 통한 교육경제학(Economics of education)은 "교육제도와 경제발전의 연관성"을 연구목적으로 삼는다. 게리 베커 Gary Becker가 처음 주창한 교육경제학은 전통적 인문교육 이상의 구현이 아닌 '교육의 경제학'으로서 초등교육부터 고등교육에 이르기까지의 교육 형식과 내용을 규정한다(Bank, 2012). 이러한 흐름에서 경제학은 더 이상 경제에 관한 분석을 위한 개별 학문에 머무르지 않고 현실의 모든 현상을 규정하는 유일한 사유방식으로 안착하였다. 따라서 교육 부문에도 이른바 "보편적 경제화"는 빠른 속도로 확산되고 교육 자체의 내재적 가치마저 재단하는 "교육체계의 경제화" 흐름이 퍼지게 된 것이다.

그러나 인문학자들은 OECD가 주창하는 이러한 역량 중심의 교육이데올로기에 비판적 입장을 취하고 있다. 그것이 한결같이 비판적·성찰적 세계관과는 거리가 멀고, 주어진 환경을 긍정하고 순응하게 하는 함의가 있다고 보기 때문이다. 실제로 『DeSeCo』는 이 역량들을 "환경에 맞춰 적응시켜야 한다."고 명시하고 있다. OECD 역량에 대한 비판의 요점은, 교육의 목표는 적응이나 순응이 아니라 인간애, 가치에 입각한 이성적 판단, 비판 정신(Krautz, 2009)인데, 효용성과 효율의 가치를 추구하는 교육은 필연적으로 순응주의로 귀결될 수밖에 없다는 것이다(Frost, 2013). 특히 "활용 가능한 역량 습득"이 교육 행위의 중심이 될 때, 사회 규범에 맞춰 적응하는 재주만 갖출 뿐, 문제를 제기하고 의미 있는 삶, 더 인간적인 세계를 구현하기 위한 대안의식을 갖지 못하며 비판적인 사유역량을 기르지 못한다는 비판이 그 핵심이다. 이 교육이데올로기는 인간을 객체로, 관리와 통제의 대상으로 여겨 사회적 문제의식이 결여된 조직의 일원으로 규정한다.

해외에서의 비판과 논쟁은 차치하고서라도, 국내에서도 대학별 특수성과 교육철학이 각기 다름에도 불구하고 교육목표 및 인재상과 이를 바탕으로 한 핵심역량 설정이 천편일률적이라는 지적이 많다. 대학마다 핵심역량을 설정하는 것은 개별 대학 고유의 교육 이념과 특화된 교육과정을 위해 바람직하지만, 역량 개념이 추상적이며 애매하다는 비판이 제기되고 있다. 이와 함께 핵심역량 개념의 토대가 약하고 추상적이며 단순 체험이나 수행 활동에 방점을 두고 있다는 지적도 있다. 이외에도 "대학의 특성에 따라 설정"하고 "대학 특성화 방향을 고려"하여 설정하라는 요구사항에 대한 염려도 크다. 보편성을 기본으로 하며 '특성화'에 따라 편성해야 할 교육체계가 아닌 교양교육을 어떻게 대학 특성화에 따라 바꾸라는 것인지, 시대의 흐름에 따라 다른 특성화가 요구되면 그때마다 교양교육체계가 또 바뀌어야 한다는 것인지 혼란스럽다. 그래서 교육부의 『2021년 대학기본역량진단 편람』을 분석한 최근 연구들 역시 교양교육에서 핵심역량 적용에 대한 여러 문제점을 지적하고 있다(백승수 2020, 손승남 외 2021 등)

대학 교양교육의 내재적 가치는 근대교육의 토대를 확립한 빌헬름 폰

훔볼트(Wilhlm von Humboldt)의 교육 이념에 근거하고 있다. 프로이센 귀족 출신의 정치가이자 교육 관료였던 훔볼트의 교육 이념은 고대 그리스적 이상, 즉 "파이데이아"(Paideia)에 입각한 "자유, 비판능력, 인간애"를 표방한 것으로, 전인적(全人的) 인간 형성을 의미하는 교양(교육 혹은 교양을 의미하는 독일어 '빌둥 Bildung'은 '무언가를 형성'한다는 의미에서 유래함: 필자)을 지칭한다(서정일, 2019). 훔볼트는 이 빌둥의 핵심적, 실천적 의미를 자유와 휴머니즘에 기초한 인격 형성으로 보았고, 이를 제도권 교육을 통해 구현하고자 했다. 훔볼트의 교육 이념에 입각한 교육 실천의 구상은 대학에 뿌리내리기 시작했으며 그는 독일의 대학을 근대교육의 이상적 모델로 만들고자 하였다. 실제로 그가 기초한 대학의 교육 이념은 대학의 보편적 이념으로 확립되었다(서정일, 2019). 훔볼트가 교육에서 가장 중요하게 생각한 것은 인격 형성 및 자아 형성을 위한 교육이었다. 이것은 "인간(人)품성의 문양(文)을 형성"하는 교양(Bildung)교육이 보편적 가치를 지향하고 인문교육이어야 하는 당위를 말해 준다.

교양의 학문, 인간 형성(人文)의 학문인 보편교양이야말로 4차 산업혁명과 인공지능 개발, 포스트휴먼 사회로 이어지는 도구적 지성의 증대상황에서 기술의 지배를 인간의 보편 이성에 의한 통제를 가능케 하는(백종현, 2017) 가장 강력한 도덕적 힘임을 의미한다. 그러나 『2021년 대학기본역량진단 편람』에서 교육부가 교양교육에서의 핵심역량을 대학의 특성화 계획 및 방향과 연계한 것은 교육부의 교양교육의 본래 방향성과도 모순된다. 한국교양기초교육원은 2016년, 교양교육 과정의 모델로 『교양교육 표준안. 대학 교양기초교육의 표준모델』(한국교양기초교육원, 2019)을 정립하고 각 대학에 교양교육의 기본 틀을 확산하고 있다. 한국교양기초교육원은 『교양교육 표준안』에서 "기초학문 분야 교과목들로 채워지는 것"을 원칙으로 교과목 자체의 적정성 요건을 제시하였다. 즉 교양교육은 "보편적 포괄성, 학술적 대표성, 전인교육"의 요건을 두루 갖추어야 하며, 직업교육이나 특수 전문교육을 위한 준비가 아니라 "학문 전 분야에 기초가 되는 넓은 범위의 지적 식견을 포괄적으로 학생들에게 제공"해야 한다고 적시하였다.

그럼에도 불구하고 교육부가 대학기본역량진단 지침에 추상적인 역량을 제시하고 다른 한편으로 취업 및 진로개발을 위한 진단도구를 설정함으로써 대학 교양교육 현장에 혼란을 초래하고 있다. 2021년 대학기본역량진단 내용과 관련, 국회에서 정치인과 교양교육 관계자, 언론인, 교육부 대학정책 담당자들이 모여 진행한 토론(2019.11)에서도 교육부의 핵심역량 지침에 대한 문제점이 지적되었다. 이 토론회에서는 교양교육이 특성화될 수 없는 보편교육임에도 핵심역량 개발에만 초점을 맞추어 "수요자 요구를 빙자한 경박한 교과목"이 여전히 개설되고 있는 상황과 『대학기본역량진단 기본계획 시안』 작성에 교양교육 전문가가 배제된 문제점에 대한 비판도 제기되었다. 실제로 핵심역량의 의미가 무엇이며, 그것이 교육과정에 어떻게 효과적으로 침윤되어야 하는지 교양교육 구성원 간의 충분한 이해와 토론, 숙의 과정 없이 결정되는 사례가 빈번하다는 우려가 제기되었다.

구체적으로 언급하면, 교양교육 평가에서 역량 연계성을 강조함으로써 대학들이 역량 개념을 비판적으로 성찰하는 대신 역량 연계 방안에만 몰두하는 결과를 빚었다는 지적이 제기되었다(손승남 외, 2021). 핵심역량과 하위 역량 간의 적합성에 대한 치밀한 연구 과정 없이 추상적이고 일반적 덕목을 핵심역량이라고 치장·나열하는 행태에 대한 비판도 거세다(백승수, 2020). 예컨대 『2021년 대학기본역량진단 편람』에서 제시한 세부역량 가운데 '비판적·창의적·종합적 사고력', '문제해결력'을 어떻게 계량화할 수 있는지 의아하다. 특히 세부역량으로 적시한 '신체적·정신적 건강 관리능력' 항목은 대학생 스스로 몸과 마음의 건강에 신경을 쓰라는 것인지, 몸이 아프고 심적으로 힘든 학생들은 역량이 부족한 사람으로 취급하겠다는 것인지 이해하기 힘들며, 더 나아가 그것이 교양교육의 역량과 무슨 관계가 있는지도 애매하다. 이 같은 혼란을 낳은 근본적인 배경에는 기존 대학교육에서는 핵심역량을 전혀 키우지 못했다는 인식이 깔려 있기 때문이다. 그래서 정보화 사회에서 전통적인 지식 개념은 완전히 진부한 것이며, 그렇기 때문에 기초학문 중심의 교과지식 전수를 통한 기초지(基礎知) 습득 및 이를 기초로 한 내재적 가치 지향의 교육은 주입식 교육으로 단정하는 것이다.

3. 교양교육과 인문정신 그리고 핵심역량

현재 대학에서 교양교육을 중요시하는 일차적인 이유는 노동력 중심의 산업 구조에서 인간 배제적인 기계화・자동화 체계, 인공지능 시스템으로의 변화 흐름과 무관치 않다. 이러한 급격한 변화 과정에서 역설적으로 시대 변화와 무관하게 항시 중요한 내재적 가치들, 이를테면 휴머니티, 공감, 연대, 더 나아가 인간 자체에 대한 이해의 중요성을 절감했기 때문이다. 아울러 사회와 기업에서도 과거와는 다른 창의적 인재, 문화에 대한 이해력을 가진 사람을 선호하는 추세로 가고 있다. 컨베이어벨트로 상징되는 근대 공업사회의 출현 이후 20세기 산업사회에 이르기까지 분업과 전문화는 생산성을 향상시켰으며 개인의 창조적 역량보다는 철저한 위계질서하의 일사불란한 조직 중심의 시스템이 합리적인 것으로 여겨졌다. 그러나 이제 기업의 인재상도 과거와 달라지고 있다. 업무 체계가 위계질서와 계층적인 구조에 의한 것이 아니라 협업과 팀워크, 개개인의 창의성이 점점 중요해진 것이다. 그리고 이 흐름의 한 가운데 자리한 중요한 키워드가 바로 통섭과 융합, 문화적 혼종이다(서정일, 2016).

그런데 이를 위해서는 전공(전문)지식과 기술의 습득만이 아닌 전통적인 자유교육과 보편 교양교육을 통해 이루어질 수 있다는 인식도 갖게 되었다. 더 나아가 지식의 순환 주기가 전례 없이 짧아지는 추세에서 제도권 교육에서 습득하는 지식은 새로운 지식으로 빠르게 대체될 개연성이 있고, 따라서 변화에 능동적으로 대응하여 새로운 지식과 정보를 습득할 줄 아는 기초 학습역량을 교양교육을 통해 함양할 수 있으리라는 기대도 깔려 있다. 인류는 장구한 농업사회에서 산업사회, 미디어사회 그리고 2000년대 이후에는 정보화사회와 지식사회를 거쳐, 이제는 인공지능으로 상징되는 포스트휴먼 사회로 접어들고 있다. 그러나 이러한 단절적 구분은 엄밀히 말해 기술 및 문명 발전과 그로 인한 생활 유형의 변화에 따른 구분일 뿐이다. 어느 시대건 인간이 자유롭고 독립적인 주체, 옳고 그름에 대한 이성적 판단을 할 줄 아는 성숙함으로 이끌었던 것은 보편교육이었다.

인간의 지식 축적은 자신과 세계에 대한 이해의 확장에서 비롯되었는데, 인간과 삶의 본질에 관해 성찰하고 공동체를 이해할 수 있는 역량은 인문교양을 통해서만 가능하다. 우리가 사는 세상은 눈에 보이는 현상이나 유기적인 질서만이 아니라 미적·윤리적 가치를 담고 있는 세계이기 때문이다. 인문학의 기본가치는 "vērum", "bŏnum", "pulchritúdo"의 세 명제에 근간을 두고 있다. "진리(眞)에 관한 탐구(vērum)", "선함(善)에 대한 성찰(bŏnum)", "아름다움(美)의 추구(pulchritúdo)"가 그것이다. 그 본질은 공동체적 의미에서는 무엇이 옳은 것(참된 것)이고 그른 것인지에 관한 인식, 선한 것에 관한 감성적 이해, 동물적·물질적 욕망에 앞서는 근원적 아름다움에 대한 동경이다. 개인적인 의미에서는 자율적이고 책임 있는 행위 주체로서 각 사람에게 "나는 누구인지", "어떻게 살 것인지", "창조적인 삶은 무엇인지"에 관한 물음과 맞닿아 있다.

최근 우리 사회의 인문학적 소양에 대한 갈망은 경쟁의 압박 속에 항상 불안과 소외에 시달리는 현대인들이 근원적으로 추구하는 되돌아봄의 성찰, 진정 자신이 원하는 삶에의 소망을 반영한다. 세상과 타자를 인간적 시선, 휴머니즘적인 관점으로 보는 공감 능력의 향상은 근대 이전의 비(非)이성적·종교적 도그마, 미신적 세계관이 횡행한 문화에서 계몽주의 사회로의 진전 때문이며, 그 토대가 바로 독서의 대중화와 보편화 과정에서 인문정신의 배태를 통한 이성의 확장이었다. 독일의 역사학자, 롤프 엥겔징(Rolf Engelsing)은 이를 "독서혁명"(Leserevolution)이라 일컬었는데, 이후 사람들은 스스로의 "교양을 위한 자유로운 선택과 사유의 성찰"(Nipperdey, 1983)의 시대로 접어든 것이다.

이 역사적 과정에서 근대 보편교육 및 인문교육 철학을 확립한 훔볼트는 자유롭고 개성 있는 인격체, 비판적 지성인으로 교육하는 (보편 교양교육인) 빌둥을 고등교육의 핵심으로 강조하였다(서정일, 2019). 이러한 인식은 오늘날 대학 교양교육의 근간을 형성하고 있다. 한국교양기초교육원의 『교양교육 표준안』에서도 '인간다운 인간' 형성의 의미로서의 빌둥을 환기하고 있다. "인간의 인간다움 자체만을 위한 주체적 자아의 형성", "자기 형성의 이상을 준거로 하는 자기반성적 태도의 도야이자 타자 및 세계에 대한 관계의 형성"이라는 훔볼트의 교육 이상이 우리나라 대학의 교양 및 교양교육의 이론적 토대임을 밝히고 있다(한국교양기초교육원, 2019). 중요한 관건은 역량중심 교육, 역량기반 교육이 강조되면서 대학교육 및 교양교육의 기본이념과 조화롭게 호응할 수 있을지에 관한 것이다. 그럼에도 불구하고 대학교육, 특히 교양교육에서의 핵심역량 설정 과정에 심각한 우려가 생기는 것도 사실인데 구체적으로 네 가지 사항으로 나누어 보면 다음과 같다.

첫째, 핵심역량 중심 교육관은 경영계와 산업계의 직무역량 요구에 무릎 꿇고 신자유주의 가치에 입각한 자본주의 체제에 선선히 따르고 순응케 하는 수동적 가치를 위한 교육 프로그램이다.

둘째, 지식 개념 자체에 대한 몰(沒)이해가 전제되어 있다는 인상을 갖게 한다. 정보통신 발달 및 정보화 시대를 거치면서 하루가 다르게 교체되고 폐기될 수 있으며 심지어 조작될 수 있는 정보를 지식이라 착각하는 오해가 그것이다.

셋째, 핵심역량 중심 교육을 주창하는 이른바 교육 혁신주의자와 교육개혁가들은 전통적인 교양교육 이상과 교육철학이 시대에 뒤쳐진 것이라는 뿌리 깊은 거부감을 갖고 사회구조 및 사회상의 변화를 항시 교육개혁의 근거로 내세우고 있다는 비판이다. 이들은 그동안 대학이 변화 속도를 따르지 못한다고 지적하면서 교육혁신을 줄기차게 주창해 왔으며, 4차 산업혁명과 인공지능의 발전을 더더욱 혁신과 개혁의 빌미로 삼고 있다.

넷째, 핵심역량이 교육과정에서 가시적으로 성과를 도출할 수 있고 데이터와 수치화·계량화가 가능한 역량이라는 잘못된 믿음에 대한 염려이다. 역량 중심으로의 교양교육 과정 개편을 통해 핵심역량의 효과를 증명하고 규격화·표준화 방법을 모색하려는 것도 그 때문일 것이라는 추정이 가능하다.

이 네 가지 쟁점의 주요 사항과 문제점들을 분석하도록 하겠다. 이는 핵심역량을 둘러싼 논의에서 중요한 시사점을 줄 것이다.

첫 번째, 경영계와 산업계에서 강조하는 직무역량과 관련, 언급한 바와 같이 OECD와 세계은행, WTO, 〈세계경제포럼〉 등 글로벌 경제기구들은 교육 부문, 특히 대학교육 과정에 노골적인 영향력을 행사하고 있다. 조직 생활에 "마찰을 빚지 않고 유연성과 활동성, 팀워크 능력이 뛰어난"(리스만, 2018) 인재를 기르는 것이 교양교육의 본질이라고 생각하는 기업의 인식이 반영된 것이다. '역량'은 대학에서 경제교육 강화를 적극 독려해 온 글로벌 경제기구들의 구상에서 핵심키워드로 부상하였다. 경제 부문을 넘어 세계화 정책에 지대한 영향력을 갖는 글로벌 기구의 경제전문가들은 전통적인 교육 개념을 역량으로 표현하면서 "마치 인공 조미료로 맛을 내는 효과가 있는 대용품"(Krautz, 2009)으로 삼기 시작했다는 것이다.

2005년, OECD는 독자적으로 "OECD 핵심역량"을 발표한 바 있다. 여기서 OECD는 "현대 생활에서 필요한 핵심역량과 요구들"에서 "새로운 일자리를 찾고 유지하기 위해 필요한 역량", "기술적 변화에 발맞추는 적응능력 있는 특성들"을 강조하였다(OECD, 2005). 세부역량의 자질로는 "유연성, 기업가정신과 독자적 책임" 및 "혁신능력, 창조성, 자기책무 및 자기 동기부여"를 들었다. 세계은행의 교육관련 보고서, 『교육 부문 전략』(education sector strategy)에서도 교육을 "지식경제 Knowledge Economy"라고 규정하면서 "산출 및 결과에 초점을 둔 교육"의 우선순위로 "경제적 분석, 표준설정, 표준성과 측정"에 맞춰 교육 방향을 결정하라고 요구하였다(World Bank, 1995). 〈세계은행〉이 규정한 교육시스템은 "생산, 선별, 적응, 상업화, 지식활용을 위한 국력신장"에 우선을 두는 것을 의미한다(World Bank, 2005). OECD와 세계은행 이외에 WTO도 이러한 교육관에 인식을 같이 하고 있다.

이 경제기구들에게 교육은 변화하는 기업 환경에 맞춰 최적화된 인간, 사회경제적 요구에 유연하고 빠르게 적응하는 능력과 활동을 기르는 것을 의미한다. 보편교육의 목표는 적응이 아니라, 인간애, 이성능력, 비판력임에도 이들이 주창하는 역량들은 비판적·성찰적 역량이 아니라, 기존질서를 긍정하고 순응하는 것이다(Krautz, 2009). 이들의 교육관은 전통 교육 이상과 크나큰 괴리감을 갖고 있다. 교육 본연의 목적에 충실한 교육, 내재적 목적에 근거한 교육, 직업적으로 실용적인 것과 무관한 인간됨 자체를 추구하는 인간형성 교육으로(백승수, 2020) 교양교육을 이해하는 것과 동떨어져 있는 것이다. 철저한 직무중심 역량을 강조하는 글로벌 경제기구 전문가들의 이러한 경제지상주의 교육관과 달리 부퍼탈대학 예술학부, 요헨 크라우츠(Jochen Krautz)는 "보편교육은 목적으로부터 자유롭지만 목적이 없는 것이 아님"을 강조한다. 보편교육이야말로 인간의 "자립심, 비판능력, 책임감, 평화애호, 행동의 자유"를 위한 교육에 기여하고, "인간을 진정 인간으로 만드는" 교육이기 때문이다(Krautz, 2009).

두 번째, 지식 개념 자체에 대한 몰(沒)이해와 관련, 자유시장주의자, 경제전문가, 자칭 교육혁신주의자들이 말하는 지식은 항상 시대 변화와 시류에 적용되고 수용되는 새로운 지식, 그래서 변화를 추동하지 못하는 '낡은' 지식을 새로운 지식으로 대체해야 함을 의미한다. 따라서 의미 있는 지식은 변화에 능동적으로 대처하고 적응하도록 역량과 자질을 끊임없이 향상시키는 지식, 교육학에서도 어느덧 익숙한 "자기 최적화"를 위한 지식뿐이다. 그러나 명심해야 할 분명한 사항은 유용성과 활용성 그리고 직무역량의 효율성 제고라는 기준에 따라 지식을 재단하고, 숱한 정보를 지식이라 착각하면서 그것을 고등교육에 대입시키려는 시도는 교육을 황폐화로 이끈다는 점이다.

오스트리아 철학자, 콘라트 파울 리스만(K. Paul Liessmann)은 활용 가능성의 기준에 따라 유통되거나 제거될 여지가 있는 재료로 지식을 취급하는 세태를 비판하면서, 지식이란 "사유의 노력 없이 간단하고 단순하게 성취할 수 없다."고 단언한다(리스만, 20018). 인격화하는 지식이 아니라 직무 효용성의 관점에 매몰되어 정보응용과 활용을 위한 것으로 지식을 보는 관점은 지식 이해의 천박성을 드러낸 것에 불과하다. 전통 교양이념에서는 "목적으로부터 자유롭고 위대한 문화를 지향"하는 지식, 개인의 "인성 형성에 영향을 끼치고 시류의 강요에서 자유로운" 지식을 추구하지만 교육 개혁가들은 이러한 교양이념을 노골적으로 혐오한다(리스만, 2018). 무지와 천박한 지식 이해에서 비롯된 이른바 핵심역량 설정이 어떤 결과를 초래할지는 너무도 분명하다.

세 번째, 교육혁신 및 교육개혁 맹신주의자들의 주장과 관련, 최근 수십 년 동안 교육개혁과 교육혁신을 강조하지 않았던 때는 거의 없음을 상기하고자 한다. 그 명분도 언제나 똑같았다. 급변하는 미래에 대비하는 변화를 이끌 인재 양성을 위한 혁신과 개혁이 그것이다. 이러한 인식의 전제는 언급한 바와 같이 기초학문의 습득을 통한 교육이 미래사회의 경쟁력과 효용성이 부족하다는 선입견이 깔려 있다. 그러나 인문정신을 고양하고 내재적 가치를 지향하는 교양교육이 내적 역량을 도모하지 않았던 적은 없었다. 교양교육의 본질은 항시 "유의미한 삶을 형성하도록 이끄는 활동의 토대"였다. 이것은 교양이 인간 전체의 삶과 관련이 있으며, "내 삶을 어떻게 형성해야 하며, 내 삶이 어떤 모습으로 어떻게 그려지고, 어떤 형상을 부여해야 할까?", "나는 삶을 어떻게 이끌며, 어떤 방식으로 살아야 하는가?"라는 실존적 정체성의 물음을 갖게 하는 것이다(Thomé, 2015). 따라서 교양은 지식의 모음이나 집합이 아니라, 성숙한 인격으로 이끄는 정신적 기초체력이다.

그럼에도 불구하고 교육혁신과 개혁을 주창하는 사람들은 정작 무엇을 위해, 어떤 것을 개혁하고자 하는지 핵심과 본질에 대해서는 외면하고 있다(리스만, 2018). 관행적으로 교육혁신과 개혁은 의당 필요하고 그래서 당연한 과제라고 생각하는 듯하다. 과거에 시행했던 교육혁신 및 개혁 정책 내용과 부작용에 대한 성찰은 없이 그저 조만간 또 다시 혁신과 개혁을 이야기하면 된다는 식이다. 앞으로도 교육혁신과 개혁이라는 화두는 끊임없이 제기될 것이기 때문이다. 과거에 대한 급격한 단절의 조급함과 혁신에 대한 과도한 맹신이 빚어낸 결과가 아닐 수 없다.

마지막 네 번째, 핵심역량을 규격화·표준화하려는 관료주의 관점과 관련하여, 언급한 바와 같이 미래 사회상의 설계를 독점한 글로벌 경제기구의 압도적인 요청과 교육 방향이 국내의 핵심 경제단체에 영향을 끼치고, 연쇄적으로 재정지원사업을 매개로 한 정부의 대학 교육정책 방향과 역량 중심의 교양교육 과정 개편에 지대한 영향을 주고 있음에 주목하지 않을 수 없다. 문제는 이 과정에서 핵심역량의 일방적인 규정이다. 대학 특성화를 강조하면서 이를 교양교육 편성체계에 적용토록 함으로써 의도했건 의도하지 않았건 보편 교양교육의 기초를 와해하는 결과를 초래할 우려가 크기 때문이다. 이것은 핵심역량에 대한 오해 및 오독(誤讀)이다. 핵심역량은 계량화할 수 없는, 학생 스스로의 "존재의 변화를 이끄는 내면적 힘"이며, 이 때문에 대학의 "교육과정을 충실히 이수하면 핵심역량을 함양할 수 있다"는(백승수, 2020) 당연한 명제를 외면하고 있다.

재정지원사업에 따라 설정된 핵심역량이기에 지표상의 성과로 역량의 성과를 제시해야 한다면, 표준화 및 단순화만이 교양교육 현장을 뒤덮을 것이다. 주입식 지식에서 벗어나 역량을 키우라는 역량 중심 교육이 뜻하는 역량은 도덕적·지성적·인격적 성찰을 통한 내면의 역량, 스스로 함양하는 의미의 역량임을 명심할 필요가 있다. 교양교육에서의 핵심역량에 대한 논의는 교육 자체의 목적, 내재적 가치를 담보하면서 이루어져야 한다. 핵심역량을 의미 있는 교양교육 과정을 통해 자연스럽게 길러지는

'효모'로 이해하지 않고 직접 대입할 수 있는 '음식'으로 잘못 이해하는 우(愚)를 범해서는 안 된다.

교양교육 과정이 외부 충격에 취약하고 교육당국의 평가에 민감하게 반응(손승남 외, 2021)할 수밖에 없으며 쉽게 휘둘릴 수 있기에, 교양교육에서의 핵심역량에 관한 교육 당국의 인식전환과 함께 대학 스스로 인문정신에 기초한 교육철학에 대한 이해가 절실히 필요하다. 따라서 교양교육 전담기관의 책무는 교양교육 담당자를 대상으로 한 심포지엄이나 학술회의 보다 (교양교육 향방의 결정권을 가진) 교육정책 실무자들과 대학 내 교과과정의 수립하는 주요직책자들을 대상으로 교양교육의 근본적인 교육이념을 상기시키는 것이다.

4. 역량 중심 교양교육 내실화를 위한 전제

굳이 교육 당국에서 강조하지 않아도 대학 교양교육은 "인성과 지성과 역량을 내면화하는 보편교육"이다(백승수, 2017). 그렇지만 핵심역량과 관련하여 대학에 대한 사회 저변의 당부는 고등교육을 받은 예비 사회인들이 "사회적 삶에서 필요한 역량"에 더 적극적으로 관심을 기울이라는 것이다. 그러나 이것은 기존의 학문 중심·교과 중심의 지식전수 교육을 포기하라는 것이 아니라, 실천적 의미에서 핵심역량을 강화하라는 요청이다(소경희, 2007). 대학 교양교육을 통해 함양해야 할 진정한 핵심역량을 종합적·사회적 역량이라고 할 때, 이 역량들이 발휘할 전제 사항들이 있다. 이에 관한 성찰과 문제의식, 제도적인 개선 노력을 하지 않고 도식적인 핵심역량을 제시·적용한다면, 수치상으로 포장될지는 몰라도 내실 있는 교육 효과를 기대하기는 어려울 것이다.

첫 번째 중요한 사항은 질문이 사라진 강의실, 질문을 허용할 수 없게 만드는 교육환경을 바꾸는 것이다. 그것이야말로 자유로운 토론을 통한 창의적인 자기주도 학습역량을 기르는 토대를 구축하는 첫 과정이다. 창의적인 자기주도 학습은 서로 질문하고 논리적으로 소통함으로써 스스로 생각하는 힘을 기르는 것에서 시작된다. 그런데 우리 강의실은 너무나 '조용'하다. 이것은 구조적 문제이다. 질문이 불가능한 교육문화를 바꾸지 않고서는 창의성, 주체성, 자립성, 비판력 같은 핵심역량이 함양되리라 기대하는 것 자체가 어불성설이다. 기원전 그리스 시대부터 인류는 묻고 답하는 '문답법'(問答法)을 통해 비판적으로 사유하고 바른 언어사용을 통해 사고력을 증진시킬 수 있다고 믿어왔다. 질문을 통해 호기심을 해결하고 타인의 질문을 공유함으로써 미처 생각해 내지 못했던 사고의 단초를 발견할 수 있으며 의사소통 역량의 기초를 다질 수 있기 때문이다.

그럼에도 불구하고 한 학기 내내 출석 체크 이외에 강의 내용과 관련한 의미 있는 질문 한 마디 던지지 않고도 학점을 받는 수업은 상호교육이 아닌 일방적인 교육에 불과하다. 질문을 할 수 없고, 허용하지 않는 문화는 중등교육의 교실부터 대학 강의실까지 계속 이어진다. 우리 교육현장에서 익숙한 모습, 수업시간에 잠을 자거나 집중하지 못해 결국 책을 읽어도 무슨 내용인지 파악할 수 없는 상태의 청소년들이 대학에 진학한 이후에도 어떤 역량을 강화하고 함양할 수 있을지 의문이다. 강의 내용이 완벽해서 질문거리가 없는 수업이란 없다. 초등학교부터 대학 4년까지 20여 년에 걸친 거의 한 세대 동안 학교에 다니면서 의미 있는 물음을 던지지 않고, 학문적 주제에 관한 토론도 없이 사회인이 된다는 것이 어떤 의미인지 이해할 수 있을 것이다.

두 번째 중요한 사항은 강의실(교실) 문화가 (본래 어렸을 때부터 길러야 할) 광범위한 독서습관을 익히지 못하게 하는 환경을 바꾸는 것이다. 책을 읽는다는 것은 단순한 역량이 아니다. 읽고 이해하고 사안의 핵심을 파악하는 것이야말로 전공을 불문하고 모든 학습의 기초능력인데 이러한 문제를 극복하지 않는 상황에서 핵심역량을 수행 활동이나 체험학습 중심으로 도모한다는 것은 위험한 발상인 동시에 반(反)교육적 처사와 다름없다. 그러므로 역량기반 교육이 전통적인 지식교육을 대체해서는 안 된다. 인문학 텍스트의 내재적 내용에서 사회와 현실의 담론을 적용하고 이해하는 능력을 배우는 것이 필요하다. 텍스트를 이해하는 것은 그 텍스트를 낳은 사회적·역사적 의미에 대한 성찰이기도 하다. 모든 공부는 사회적 의미를 갖는 것임을 인식해야 한다.

세 번째 중요한 사항은 인문학적 교양교육, 비판정신의 함양을 통한 내적 역량에 대한 교육철학적 이해를 가져야 한다는 점이다. 현재 우리 사회에서는 교양교육에 관한 논의와 별개로 인문학 열풍이 하나의 현상으로 부각되고 있다. 방송 매체들도 교양 관련 강좌에 관심을 기울이면서 일반인을 대상으로 한 인문학 프로그램이 주목받고 있다. 그러나 본질적으로는 사회에서 (심지어 대학에서도) 인문교육에 대한 거부감이 있음을 간과할 수 없다. 인문학과 교양의 중요성을 강조하면서도 단순히 사회와 조직 생활에서 갖춰야 할 '에티켓'이나 상식적인 지식 습득 같은 의미로 교양을 이해하고, 정작 인문교육의 본질인 비판적으로 사고하는 인간보다 자본과 기업경영 논리에 복종하는 순종적 근로자형 인간을 선호하는 것은 아닌지 성찰해 볼 필요가 있다. 따라서 "비판적 사고"에 대한 오랜 편견과 오해를 극복해야 한다. 우리 사회에서는 집단 문화에 순응하고 따르는 관습이 오랫동안 지속되어 왔다. 그리하여 '비판'의 의미를 '비난' 혹은 '불평, 불만'과 같은 의미로 오해해 왔다.

우리 교육은 해방 이전부터 지금까지 늘 기존체제와 제도에 순응하고 복종하는 것만 가르쳐 왔다. 한일병탄 직후부터 시행된 일제(日帝)의 〈조선교육령〉(1911)은 1943년 4차 개정안까지 시종일관 일왕(日王)과 군국주의에 대한 충성교육에 초점을 두었다. 그래서 국민은 곧 황국신민(皇國臣民)이었으며, 해방 이후에도 박정희 정권의 〈국민교육헌장〉과 이후 군사정권에 이르기까지 거의 100여 년 가까이 '교훈과 급훈, 애국조회와 국기에 대한 맹세, 두발검사, 소지품 검사, 체벌, 군사교육(교련)' 등, 국가와 교육청의 지침이 학교에서 교사로, 다시 학생으로 이어진 국가주도·수직적인 체계가 철저히 관철되었다(EBS, 2018). 이렇듯 오랜 유교적 가부장문화, 황민화 교육, 반(反)민주적 권위주의 군사정권의 교육제도에서 '다른 관점에서 보고 생각'하는 것을 수용하는 사회적 인식은 부재(不在)했다. 이 순응문화가 지금은 글로벌 자본주의 체제에 대한 순응적 기제로 작동하고 있다. 누구도 명령을 내리지 않지만, "시장(市場)종교"에 대한 신앙을 내면화하여 "평가, 검증 규정된 목표에의 순응, 성과에 대한 합의, 조절메커니즘으로 이루어진 네트워크" 요구로 점철된 통제사회 체계에 교육도 철저히 복속되어 있다는 것이다(리스만, 2018). 푸코(Michel Foucault)와 들뢰즈(Gilles Deleuze)도 이미 자본주의가 더 이상 외적인 훈육에 의해서가 아니라 자기통제로 기능하는 통제시스템을 구축하는 경향이 있음을 지적한 바 있다.

지금 대학에서는 학생들의 역량을 극대화하고 강의실 현장에서 학습자들의 참여도를 높이기 위한 다양한 교수법에 관한 연구와 탐색이 활발하게 진행되고 있다. 예컨대 팀 기반 학습(Team-based learning), 플립드 러닝(Flipped learning), 블렌디드 러닝(Blended learning), 활동기반 학습(Activity-based learning) 등 여러 방식의 학생 참여형 통합네트워크 교수법들은 교수자 일방의 강의 전달방식에서 벗어나, 학생들이 교수자의 권위에 억눌리지 않고 학습을 통해 이해하고 생각하는 내용과 쟁점을 논리적·이성적으로 당당하게 표출하는 학습 능력을 기르는 데 목적이 있을 것이다. 그런데 이 교수법들이 효과를 거두기 위해서는 위에서 언급한 전제 사항들이 충족되어야 가능할 것이다. 그렇지 않고서는 본말이 전도된, 말 그대로 피상적인 교육공학적 접근에 그치게 될 것임을 분명히 인식해야 한다. 현재 우리 사회는 전체 노동활동 인구 가운데 비정규직이 50%가 넘고 OECD 국가 중 십수 년째 자살률이 가장 높다. 그 뿐만 아니라 청년세대에게는 끊임없는 자기계발의 압박을 가하면서도 실패와 좌절의 문제를 당사자의 몫으로 돌리면서 파편화·원자화시키고 있다. 결국, 효율성과 경쟁 일변의 문화는 "사색적 성찰의 삶"(Vita contemplativa)과

"활동적 삶"(vita activa)이 아니라, "번아웃"(burnout)의 극단까지 몰고 간다.

이러한 현실에서 대학의 교양교육이 지향해야 할 바는 기초학문의 기초지를 체화 및 습득함으로써 주체적 인식과 문제의식을 토대로 더불어 사는 사회를 위한 철학적·지성적 판단, 연대의 덕목, 윤리적 탁월성(arete)을 각성케 하는 것이다. 행복한 삶의 의미는 혼자만의 안녕을 누리는 것이 아니라, 약탈적 자본주의의 실체를 통찰하는 비판적 인식과 윤리적 가치를 공유하는 공동체성과 연결되어야 한다. 교육학자 마이클 애플(Michael W. Apple)은 "민주주의를 확장하고 지지하는 방향"으로 역할을 하지 않는 학교라면 "기껏해야 자신이 먹고사는 데에만 관심 있는 사람들을 길러내는" 것에 불과하므로, 그런 학교는 사회적으로 "쓸모없거나 위험할 뿐"이라고 경고한 바 있다(EBS, 2018). 제4차 산업혁명 시대와 글로벌 소통 및 융합 교육의 시대가 요구하는 상상력과 창의성의 발현을 위해서도 비판적 사고의 바탕인 '삐딱하게 생각'하는 훈련은 너무 필요하다. 제도권 교육에서 이러한 훈련이 이루어져야 이익만을 쫓는 인간이 아니라 독립적이며 주체적인 민주시민으로 성장할 것이다.

5. 대학 역량교육의 본질에 관한 성찰

테크놀로지의 발달 및 온라인 소통 문화의 확산에 따라 인문소양의 필요성이 증대되는 상황에서 교양교육의 근간인 감성적·이성적 사고는 상상력과 공감 능력, 사회적 가치에 대한 이해, 커뮤니케이션 능력의 기초이다. 대학 교육과정에서는 인문주의 교육철학과 공적 가치에 대한 문화적 의미를 환기시켜야 하며 교양교육에서 핵심역량은 이러한 인문정신을 토대로 삼아야 한다. 문해(文解)능력을 근간으로 문학과 예술, 역사와 철학, 사회와 세계, 문화 관련 기초지 이해를 통한 세계관과 역사의식이 토대가 되어야 총체적인 교육역량이 발현될 수 있다.

  교양교육의 진정한 의미는 자신과 세계에 대한 올바른 물음을 발견하고 제기하는 것이며, 바로 여기서 그 밖의 역량들이 배양된다. 중요한 것은 성과가 아니라, 성과를 만들어가는 과정이기 때문이다(Thomé, 2015). 이러한 맥락에서 대학 교양교육에서 핵심역량의 적용 및 접합 과정에서 혹시 일어날지 모를 사항을 다시 정리하여 점검함으로써 교양교육의 본질을 환기하고자 한다.

  첫째, 대학마다 다양하게 설정된 핵심역량들은 분절된 역량이 아니다. 측정지표에 따라 교양 교과에 특정 핵심역량을 표기하려는 발상에 흔들려서는 안 된다. 둘째, 종합적 능력으로서의 핵심역량 교육은 체험이나 활동 중심에 국한해서도 안 된다. 역량 중심 교육은 명시적 지식과의 연관성 속에서 의미를 찾아야 한다. 셋째, 역량은 사회에서 필요한 실무적 직무수행 능력만을 의미하지 않고 그래서도 안 된다. 핵심역량 중심의 교양교육을 직무역량으로 인식하면 대학지원사업의 취지를 심각하게 오해하는 결과를 빚을 것이다.

  핵심역량과 관련한 교육에서는 어떤 교육이어야 하는지에 관한 교육철학적 성찰이 선행되어야 한다. 시장 논리에 적합한 인재를 위한 교육인지, 인간의 가치와 휴머니즘을 고양하기 위한 교육인지에 관한 교육목표와 역량 정체성의 정립이 필요하다. 우리 젊은이들로 하여금 기성세대에 맹종하는 것이 아니라 옳고 그름의 판별능력으로 사회와 제도의 모순점을 극복하고 수정하는 혜안과 의지를 갖는 능력을 기르게 해야 한다. 그것이 기성세대의 역할이고 교육의 본질이다. 환경 및 생태, 기후 문제, 빈부 격차, 사회적 갈등과 국제 분쟁, 난민, 이주, 기근, 내전 등 인류가 온 지혜를 모으고 연대의 가치와 공동체 정신을 기르는 교육이야말로 융합적 교양교육의 지향점이며 무엇보다 중요한 교육 핵심역량이다. 그리고 그 전(前)단계가 각 학문 분야의 기초적 의미와 개념 이해(텍스트) 그리고 역사적 맥락과 사회현실에 대한 응용(콘텍스트)능력을 구축하는 교양교육의 튼튼한 토대이다.

  이러한 교육의 본질이 정착되어야 무분별한 정보에 휩쓸리지 않고 비판의식을 갖는 성숙한 지식인, 갈등과 배제, 욕망의 문화를 벗겨내고 인간 공동체의 참모습에 대해 성찰하는 자유시민을 위한 교육 터전으로서의 대학 교양교육이 꽃피울 것이다. 핵심역량이 발휘되는 교육에서 중요한 것은 특히 학생 스스로 자존감을 갖게 하고 고유한 개성, 개별성, 독창성을 가진 자율적 주체임을 인식하게 하는 것이다. 비판적으로 생각할 줄 아는 능력, 세계시민으로서 지구촌의 다양한 현안과 과제들을 통찰하는 능력, 타자의 아픔을 자신의 내면에 받아들일 줄 아는 역량은 오로지 인문교양교육으로만 가능하기 때문이다.

참고문헌

교육부(2020). *2021년 대학 기본역량 진단 편람 설명회 자료집*.
백승수(2017). "4차 산업혁명 시대의 교양교육의 방향 모색", *교양교육연구* 11(2), 13-51.
_____(2020). "핵심역량기반 교양교육의 당면 과제와 개선 방향", *교양교육연구* 14(3), 11-23.
백종현(2017). "제4차 산업혁명 시대, 인문학의 역할과 과제", *철학사상* 65, 117-148.
서정일(2016). 문화융합의 기초로서의 인문고전 교육의 의미, *문화와융합* 38(3), 39-65.
_____(2019). "자율적 주체를 위한 인문정신의 구현으로서의 교양(Bildung)", *독어교육* 74, 279-299.
_____(2021). "대학 교양교육에서 핵심역량 적용에 관한 비판적 분석", *문화와융합* 43권 7호, 135-151.
소경희(2007). "학교교육의 맥락에서 본 역량의 의미와 교육 과정적 함의", *교육과정연구* 25(3), 1-21.
손승남 외(2021). "고등교육에서의 역량기반 교육과 핵심역량", *교양교육연구* 15(1), 11-30.
콘라트 파울 리스만(2018). *몰교양 이론. 지식사회의 오류들*, 라영균, 서송석, 서정일, 정현경, 최성욱 옮김, 한울아카데미.
한국교양기초교육원(2019). "교양교육 표준안. 대학 교양기초교육의 표준모델",

http://konige.kr/sub02_08.php

Bank, Volker(2012). "Vom Wert der Bildung. Bildungsökonomie vs. Qualifikationsökonomie", in: Deutscher Lehrerverband(Hrsg.): *Wozu Bildungsökonomie?*, Berlin 2012, 21-33.

EBS(2018). "지식채널e- 조선의 교육은 해방되지 않았다."

Frost, Ursula(2013). "Bildung ist auch Widerstand!", *Vortrag von Prof. Dr. Ursula Frost(Universität zu Köln) am 17 April 2013(Moderation: Bernd Georgy und Erwin Junker)*, 259-297.

Krautz, Jochen(2007). "Pädagogik unter dem Druck der Ökonomisierung. Zum Hintergrund von Standards, Kompetenzen und Modulen", in: *Pädagogische Rundschau 1*, 81-93.

_____(2009). "Bildung als Anpassung? Das Kompetenz-Konzept im Kontext einer ökonomisierten Bildung", in: *Fromm Forum Nr.13*,
https://www.uni-bamberg.de/fileadmin/uni/fakultaeten/sowi_didaktik/sozialkunde/Texte_und_Literaturtipps_Teil_B/Krautz_J_2009.pdf 1-21.

Nipperdey, Thomas(1983). *Deutsche Geschichte 1800-1866. Bürgerwelt und starke Staat*. München 1983.

OECD(2005). *Definition und Auswahl von Schlüsselkompetenzen. Zusammenfassung*. www.oecdorg,6. =https://www.oecd.org/pisa/35693281.pdf)

Thomé, Martin(2015). "Bildung"-was ist das? In: Silja Graupe und Harald Schwaetzer(Hrsg.): *Bildung gestalten Akademische Aufgaben der Gegenwart*. Kueser Akademie. Bernkastel-Kues, 15-25.

World Bank(1995). "Priorities and Strategies for Education" - *A World Bank Review*. Washington.
http://www-wds.worldbank.org/servlet/WDS_IBank_Servlet?pcont=details&eid=000009265_396121 9101219.

_____(2005). "EDUCATION SECTOR STRATEGY UPDATE: *Achieving Education For All, Broadening our Perspective, Maximizing our Effectiveness*". December 22, 2005 Final Draft.
http://web.worldbank.org/WBSITE/EXTERNAL/TOPICS/EXTEDUCATION/0,,contentMDK:20262538~menuPK:282402~pagePK:148956~piPK:216618~theSitePK:282386,00.html ,6.5.07

● 이 장은 문화와융합 학술지 43권 7호에 실린 필자의 논문(서정일, 2021)을 바탕으로 재구성되었다.

02장

인성교육에 대한 지식사회학적 탐구

1. 엔데믹 시대의 인성교육

엔데믹 시대(Endemic Era)를 바라보는 현재 우리사회의 교육정책은 지속적으로 수정되고 있다. 무엇보다 코로나(COVID-19)라는 전대미문의 질병이 신자유주의와 세계화의 물결 속에 놓였던 교육의 미래를 급격하게 변화시켰기 때문이다. 면대면 수업이 아닌 비대면 수업이라는 교육 환경의 극적인 변화는, 예측하기 어려운 사회변동만큼 교육의 미래 또한 예상하기 어려울 것이라는 전망을 낳고 있다. 그러나 이러한 사회문화적 변혁의 시기에도 분명한 것은, 앞으로의 교육은 미래 교육의 방법론을 적극적으로 수용·활용하여 교육의 방식을 전면적으로 변화시킬 것이라는 점이다.

그렇다면 이러한 교육 변혁의 단계에 내몰린 인성교육은 과연 어떻게 이루어져야 할까? 본고는 교육의 위기로 불리는 오늘날 인성교육의 향방을 논의하고자 한다. 특히 본 장에서는 고등교육과정에서의 인성교육을 지식사회학의 시각에서 분석하고자 한다. 지식사회학이란 "사회 내 권력집단이 '지식' 전체의 질서를 형성하여 사회적 위계질서를 어떻게 강화해 나가는지에 대해 논의하는 학문"(노선희, 2021:1449)으로서, 지식사회학의 시선으로 본 인성교육은 그 이면에 "지배집단의 정치적 의도가 이미 내재된 상태"(노선희, 2021:1455)로서 그 안에 정치성을 이미 배태하고 있다고 평가할 수 있다. 아울러 국내학계에서 인성교육의 정치적 성격에 대해서 논의된 바가 없다. 따라서 본고는 지식사회학의 시각에서 고등교육 내 인성교육을 분석할 것이다.

이번 연구는 지식사회학의 관점으로 국내 고등교육과정에서의 인성교육에 대해 논의하는 것이 목적이다. 이를 위해 먼저, 현재까지 두 차례에 걸쳐 발표된 인성교육 5개년 종합계획을 비교하고 이를 지식사회학의 시각으로 논의할 것이다. 이를 통해 국내 인성교육정책에 내재된 정치성 외에 어떠한 특성이 또한 배태되어 있는지를 분석하고자 한다.

다음으로는, 국내 고등교육에서의 이루어지고 있는 인성교육에 대해서 논의할 것이다. 이를 위해 대학기관 내 인성교육에 관한 선행연구를 분석할 것이다. 고등교육에서의 인성교육에 대한 연구 경향을 파악하고 이러한 연구의 흐름이 어떠한 한계점을 내포하고 있는지를 지적할 것이다.

마지막으로, 가톨릭대학의 인성교육과정을 분석하고자 한다. 가톨릭대학은 국내 대학들 가운데 특성화된 인성교육을 시행하는 대학 중 하나로서, 현재 모듈식 인성교육 프로그램을 개발하여 시행하고 있다. 가톨릭대학은 학점 중심의 인성교육과는 달리 인성교육의 모듈화를 통해 체계화된 인성교육을 실행하고 있다는 점에서 여타 대학과는 차별화된 성격을 보여준다. 따라서 본 연구에서는 고등교육 내 구체적인 인성교육사례를 분석하고, 분석결과에서 도출된 결과가 국내 인성교육정책에 어떠한 함의를 제공할 수 있는지에 관한 시사점을 최종적으로 논의할 것이다.

2. 인성교육정책과 지식사회학

지난 2016년에 교육부에서 「인성교육 5개년 종합계획(2016~2020)」을 공표한 이래로, 2020년 10월에 「제 2차 인성교육 종합계획(2021~2025)」

이 발표되었다. 지난 제1차 인성교육 정책은 "미래사회가 필요로 하는 인성역량을 갖춘 민주시민 육성"이라는 비전 아래, 각 사회기관 내에서 '인성을 깨우치는 교육을 실현'하는 것이 그 목적이었다(교육부, 2015:7).

반면 제2차 인성교육은 제1차와 동일한 비전 아래, 시민적·도덕적 인성의 함양을 제시하고 있다(교육부, 2020:14). 제1차와 비교한 제 2차 인성교육 종합계획의 특이점은, 지난 2018년 제정된 「민주시민교육 활성화를 위한 종합계획」을 토대로, "민주시민 양성"이라는 교육이념 아래 인성교육활동이 곧 "인성교육이면서 동시에 민주시민교육이 될 수 있음"을 명시한 것이다(교육부, 2020:12).

국내 인성교육정책의 역사를 간략하게 살펴보면, 교육부에서 인성교육진흥법 제6조를 근거로 5년의 주기로 인성교육종합계획을 수립하고 있다. 특히 2010년부터는 1년의 주기로 인성교육 기본계획도 발표되고 있다. 즉 국내 인성교육정책은 교육부 주관 아래 1년 주기를 거쳐 5년 단위의 중장기적인 인성교육의 정책을 중앙정부 차원에서 수립하고 추진하며 관리하고 있다고 볼 수 있다. 이와 같은 인성교육 정책은 한국교육개발원에 위탁된 인성교육지원센터를 통해 이루어지고 있다. 본래 인성교육 정책은 인성교육범국민실천연합에서 2013년에서 2015년 동안 추진하였으나 2016년부터 인성교육지원센터에서 수행하고 있다.

〈그림 1〉에서 확인할 수 있듯이, 한국교육개발원 주관 아래, 초중등교육연구본부가 개설되었고 다시 초중등교육연구본부 아래 민주시민교육연구실이 개설되었다. 이러한 인성교육지원센터에서의 구조적 변화는 크게 두 가지를 시사한다. 첫째로, 초중등교육연구본부를 상위기관으로 두고 이루어지는 국내 인성교육 정책에서, 고등교육기관을 대상으로 한 전문적 정책수립은 기대하기 어렵다는 것이다. 둘째로, 민주시민교육연구실을 중심으로 지원·개발되는 인성교육정책에서, 인성을 위한 인성교육 정책수립보다는 정치적 색채가 가미된 인성교육의 가능성이 존재한다는 점이다.

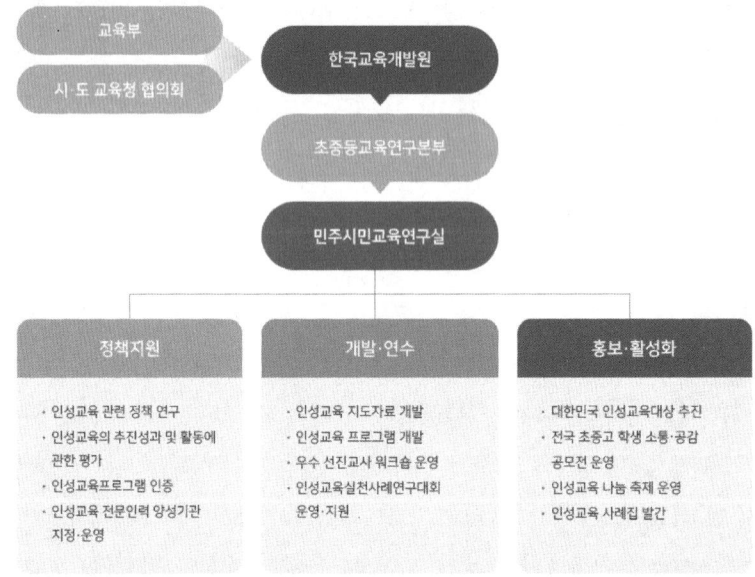

그림 1   인성교육지원센터의 추진체계 (출처: 인성교육지원센터 홈페이지)

지식사회학의 시각으로 인성교육을 분석한 결과에 따르면, 인성교육 정책은 기능적으로 정치성을 배태한다. 역사적으로 인성교육이 국가정책으로서 제도화된 것은 본래 미국에서였다. 청교도 정신을 바탕으로 종교적 색채를 가미한 도덕교육이 그 시작이었기 때문이다. 이후 미국의 제도화된 인성교육은 이후 여러 나라에 영향을 주었고 이는 아시아 국가들도 예외는 아니다.

예컨대 인도네시아의 인성교육 사례연구에서 드러나듯이, 중앙정부의 성격에 따라 교육정책이 변화되기 때문이다. 특히 2차 세계대전 이후 독립한 인도네시아의 경우, 독재정권, 권위주의 정부, 민주화정부의 각 단계에서 인성교육 정책방향의 변화가 감지되었다. 요컨대 인성교육이라는 또 다른 형태의 '지식'을 매개로, 지배집단인 국가는 그 통치의 정당성을 유지하려는 것이다. 이러한 측면에서 볼 때, 인성교육은 권력집단이 통치수단의 강화를 위한 '지식'의 향유물로 이용되는 경향이 존재한다(노선희,

2021).

    국내 인성교육의 역사를 연구에 따르면 국내 상황도 인도네시아의 사례와 별반 다르지 않다. 국내 인성교육은, 해방 이후 반공교육과 함께 도덕교육으로서 인성교육이 시작되었기 때문이다. 특히 신자유주의와 세계화라는 거대한 이데올로기의 영향 아래, 1995년 5·31 교육개혁이 일어났다. 5·31 교육개혁 추진 하에 인성교육이 세계시민교육과정에 포함된 이후로, 인성교육에 대한 국가적 관심이 증가하였다(김상철, 2018). 즉 국내 인성교육 정책의 흐름은 정치적 이데올로기에 따라 변모한 경향성이 존재한다. 이는 인성교육이 태생적으로 국가라는 가장 큰 규모의 사회기관에 의해 설계·수립·시행되기 때문이다.

    이와 같은 구조화된 한계성으로 인해 인성교육은, 정치성과 함께 사회문화적 특수성을 또한 반영하고 있다. 예컨대 미국의 경우, 식민시기 이후로 다소 시들해졌던 인성교육이 다시 활기를 찾게 된 것은, 미국 내 발생한 여러 총기사건이 영향을 주었다. 이는 아시아의 상황도 마찬가지이다. 가령 인도네시아의 경우에도 1970년대 이후 급격한 경제성장과 함께 청소년의 일탈이 사회문제로 불거지자, 인도네시아 중앙정부 차원에서 인성교육을 강화시키는 정책들이 도입되기 시작했기 때문이다.

    사실 국내에서 고등교육기관 내 인성교육의 중요성이 새롭게 대두된 것도 바로 사회문제에서 비롯되었다. 특히 강남역 살인사건, N번방 사건, 데이트폭력과 같은 여러 문제가 청년세대의 인성 문제와 밀접히 연관되기 때문이다. 요컨대 인성교육의 역사적 흐름과 오늘날 사회문화적 맥락을 종합해 볼 때, 결국 인성교육정책은 정치적 이데올로기와 함께 당대 사회문화적 특수성을 동시에 배태한 채 발생하고 있음을 확인할 수 있다.

3. 대학에서의 인성교육

고등교육기관 내 인성교육은 대학이라는 교육기관을 중심으로 논의할 수 있다. 대학기관에서 융합된 인성교육의 사례연구는 다양하다. 즉 대학기관 내 인성교육은 크게 대학교, 종교, 비교과, 단과대, 전공이라는 5가지 키워드로 그 선행연구를 정리할 수 있다.

먼저, (1) 인성교육과 관련된 대학교 내 사례연구의 경향은 주로 여자대학교를 중심으로 이루어진 경향이 있다(이배용, 2009; 주영애, 박홍석, 김선주, 2018). (2) 종교에 따른 고등교육기관 내 인성교육 사례연구들은 제한적이다. 주목할 만한 것으로는 기독교 대학 내 교양과목을 통한 인성교육의 활용 사례(이은성, 2017)와 불교 기반 인성교육 교육과정에 대한 논의가 있다(조기룡, 2019). (3) 인성교육과 비교과가 융합된 연구는 그 경계가 자유롭고 다양하다. 특히 인성교육과 관련된 비교과 연구들은 교양교육으로서 글쓰기와 융합(김용하, 신윤주, 2016; 최윤희, 2018)하거나 혹은 봉사활동이나 집단 미술프로그램 참여와 같은 활동에 중점을 둔 인성교육 논의들이 많다. (4) 단과별 인성교육연구는 학문의 종류에 따라 구분된다. 그 분야를 나누어보면 인문대학, 교육대학, 미술대학, 음악대학, 체육대학, 간호대학 그리고 전문대학으로 구분할 수 있다. 그중 교육대학 내 대학생들을 대상으로 한 인성교육 연구는 교원양성이라는 목적 아래 교육대학 내 인성교육의 강화를 논의하고 있다(김운종, 2016). 그리고 마지막으로 (5) 전공에 따른 인성교육연구는 학과에 따라 상이하다. 유아교육과, 특수교육과, 수학교육과, 역사학, 한문학, 애니메이션학, 비서과 등에서 전공의 특성에 맞는 인성교육이 개별적 방식으로 논의되고 있다.

고등교육에서의 인성교육 관련 연구를 정리해보면, 국내 대학 내 인성교육은 크게 대학교, 단과대, 전공에 따라 구분되는 경향이 있다. 무엇보다 교양교육으로서 인성교육과 교육대학에서 교원양성을 목적으로 한 인성교육 프로그램 사례연구들이 가장 대표적이다. 그러나 최근 연구를 살펴보면, 미래교육과 결합하여 인성교육을 비교과 프로그램으로 개발한 사례연구들이 다수 발표되는 경향성이 있다. 가장 대표적으로 원격수업을 통한 서양 고전을 활용한 인성교육(이지연, 2021)과 문학과 영화를 활용한 인성교육(안영희, 2021) 등이 있다. 이는 코로나19로 인해 대학교의 교수법이 온라인으로 전환되는 사회적 변화가 가장 큰 요인으로 작동하였을 것으로 추정 가능하다.

고등교육기관 내 인성교육의 선행연구에서 한 가지 더 확인 가능한 것은, 대학기관을 중심으로 한 인성교육과정에 관한 연구가 부족하다는 것이다. 즉 인성교육의 구체적 내용을 토대로 고등교육기관을 중심으로 분석한 한 연구는 드물다. 이러한 연구 부재 현상은 국내인성교육정책에서 고등교육에 내 인성교육에 대한 인식의 부족이 그 원인이 되었을 것으로 생각한다. 이는 사실 구조적 문제와 연관된다.

예컨대, 〈그림 1〉에서 살펴본 것처럼, 인성교육정책은 한국교육개발원 내 초중등교육연구본부에서 총괄하고 있기 때문이다. 즉, 인성교육정책기관의 정책입안자들이 초·중고 인성교육에 주목한 나머지 고등교육에서의 인성교육에 대한 논의가 부족한 것으로 추정됨에 본 연구는 고등교육기관 내 인성교육의 사례분석을 통해 고등교육에서의 인성교육에 대한 논의의 확장을 시도하고자 한다. 다음에서는 인성교육이 학부대학 내 기초 교양필수과목으로서 제도화한 가톨릭대학의 사례를 소개하고 분석해 보고자 한다.

4. 국내 대학 인성교육 사례: 가톨릭대학교

가톨릭대학은 '인간존중의 대학'을 건학이념으로 표방하고 가톨릭정신에 바탕을 둔 진리, 사랑, 봉사라는 교육이념을 바탕으로 인성, 지성, 영성을 갖춘 '윤리적 리더'를 인재상으로 제시하고 있다. 따라서 가톨릭대학 교양교육의 목적은 윤리적 리더에 부합한 '인성'을 함양하는 것이기에 본 대학의 교육목적을 달성하기 위해 윤리성, 봉사성, 창의성, 전문성, 국제성이라는 5대 핵심역량을 제시하였다. 특히 가톨릭대학에서는 인성교육을 위해 '인간학'이라는 교과수업을 독자적으로 개발하여 인성교육의 주 안점과 결부시켜 윤리성을 강화하고 있다.

가톨릭대학 인성교육은 '인간학' 수업을 기초교양과목으로 개설했던 1996년부터 본격화되었다. 가톨릭대학이 자체 개발한 『인간의 이해』(가톨릭대학교 학부대학, 인간학연구소, 2017)와 『인간의 이해 2』(가톨릭대학교 학부대학, 인간학연구소, 2017) 교재들을 통해 '인간학' 수업이 시작되었고 이를 심화시키기 위해 인간학교육원을 설립하였다. 가톨릭대학이 자체 개발한 『인간의 이해』(가톨릭대학교 학부대학, 인간학연구소, 2017)와 『인간의 이해 2』(가톨릭대학교 학부대학, 인간학연구소, 2017) 교재들을 통해 '인간학' 수업이 시작되었고 이를 심화시키기 위해 인간학교육원을 설립하였다.

이후 2011년 윤리적 리더 프로그램(Ethical Leaders Rearing Program, 이하 "ELP")을 개설하였고 인간학교육원이 인간학연구소로 변경·통합되어 대학 내 인성교육 연구를 지속하고 있다. 가톨릭대학의 인재상은 윤리적 리더를 양성하는 것을 목표로 하고 있다. 따라서 ELP 프로그램에서 '인성'은 가장 중요한 덕목이자 역량이다. 이러한 배경 아래 가톨릭대학에서 '인간학' 수업은 기초교양필수 과목으로 지정되어 현재까지 운영되고 있다. 즉, 가톨릭대학의 인성교육은 1학년 학생들을 대상으로 하여 1학기와 2학기로 나누어 2학점씩 총 4학점을 수강하는 형태로 제도화되어 있다. 따라서 가톨릭대학에서 인성교육은 보편적인 기초교양수업이자, 소속 대학생들이 1학년 때 수강해야 하는 필수과목이다.

이상의 인성교육 특성을 종합하며 필자는 인성 함양을 위한 교육과정을 25년 이상 운영하며 체제를 수립한 가톨릭대학의 학부대학을 주목하고자 한다. 무엇보다 독자적으로 개발·개정한 인성교육 교재를 활용한 교육내용을 모든 학부생에게 동일하게 제공한 제도를 도입한다는 점에서, 국내 대학기관 중 가장 특성화된 인성교육 기관 중 하나로 평가할 수 있다.

따라서 본고는 고등교육 현장에서 인성교육을 효과적으로 실천하기 위한 구체적 실천전략으로서 가톨릭대학의 '경계-모듈형' 인성교육과정을 소개하고자 한다. 가톨릭대학이 제안하는 '경계-모듈형' 인성교육은 『인간의 이해』 교재를 바탕으로 하여 모듈식 인성교육을 개발한 것으로서, 국내 고등교육기관 내 인성교육에 시사점을 제공하기 때문이다. C-대학의 '경계-모듈형' 인성교육 사례를 통해 고등교육기관 내 인성교육의 논의 범주를 확장하고 대학 내 인성교육 논의를 밀도 있게 진행해 보고자 한다.

가톨릭대학 신입생들이 1년 동안 의무적으로 수강해야 하는 '인간학' 수업은 보편적 인간을 이해하는 인문 교양수업이다. 가톨릭대학 교양필수과목인 '인간학' 수업에서 다루어지는 인성교육의 주제들은 '나를 알기', '관계 맺기', '더불어 살기', '희망하며 살기' 4개의 주제 아래 총 18개의 세부내용으로 구성되어 있다. 총 2권으로 구성된 교재 『인간의 이해』는 세부내용마다 구체적인 질문으로 구성되어 있으며 학생 스스로 각 질문에 답변을 생각하며 찾아갈 수 있는 수업 활동을 제시하고 있다.

1) 경계-모듈형 인성교육과정

경계-모듈형 인성교육과정이 개발되기 이전의 '인간학' 수업은 자아 정체성을 형성하고 발전시키는 과정에서 타인과의 관계를 조화롭게 맺으며 미래를 지향하기 위한 사회질서와 인성을 함양하기 위한 지식정보를 교재의 교과과정에 따라 계획적으로 전달하는 데 집중하였다. 교재에 담긴 인성교육 지식을 학생들에게 전달하고 예시 또는 예화에서 드러난 수업 주제질문에 대한 의견을 토론하는 방식이었다.

표 1 '인간학' 수업 주제

교재	핵심 주제	세부 주제 영역	
인간의 이해 1	나를 알기	자아정체성:	나는 누구인가?
		인간의 기원:	우리는 어디에서 온 것일까?
		인간의 구조:	우리는 어떻게 구성되어 있는가?
		자유:	나는 자유로운가?
		존엄성:	인간은 존엄한가?
	관계 맺기	인격적 관계:	인격적 관계는 어떻게 형성되어야 하는가?
		사랑과 우정:	성숙한 사랑이란 무엇일까?
		윤리:	윤리란 필요할까?
		생명:	세상에서 가장 소중한 것은 무엇일까?
인간의 이해 2	더불어 살기	배려:	약자를 우선적으로 배려해야 하는가?
		공동체:	행복한 가정을 어떻게 실현할 수 있을까?
		과학:	과학은 인간의 삶에 어떤 의미인가?
		환경:	환경보호는 인간의 의무인가?
	희망하며 살기	행복:	행복에도 노력이 필요할까?
		고통:	고통은 왜 존재할까?
		죽음:	죽음은 어떤 의미를 지닐까?
		종교:	하느님은 계시는가?
		인간다움:	인간답게 살아간다는 것은 무슨 의미일까?

예를 들어, 『인간의 이해 I』(가톨릭대학교출판부, 2017)의 1장 '나는 누구인가?'는 '자기 이해의 시작', '자기 존중감', '자아 정체성', '자아 정체서의 발달', '청년기의 자아실현', '자아실현의 과정', '자아실현의 과정', '자아실현의 방법', '자아실현 과정의 참된 의미' 차례로 구성되어 있다. 교재 1장의 구성에 따라 수업을 설계할 경우, 교수자는 우선 자기이해, 자기 존중감, 자아 정체성의 정의, 발달과정, 그리고 자아실현 방법에 대한 이론을 체계적으로 설명할 수 있다(가톨릭대학교출판부, 2017:15-40). 이후 현재 한국 청년들의 자아 정체성을 실현한 사례를 통해 학생들의 자아실현 경험을 나눌 수 있는 방식으로 교재가 구성되어 있다.

기존의 인성교육과정이 "존중, 배려, 예 등의 고전적 가치 함양"(「인성교육진흥법」 2조)에 초점을 맞춘 추상적 교육이라는 대학 내 비판적 문제의식을 수용하며 교재 중심 수업 운영의 한계를 개선하고자 2020학년도부터 개별학습자 맞춤형 인성교육과정 연구·개발에 착수하였다(가톨릭대학교 인간학연구소, 2021:200).

학부대학 차원에서도 학생들의 실천적 역량을 함의해야 한다는 역량 중심의 교육과정 개편을 추진하고 있었기에 신입생들이 새로운 환경에 적응하는 과정에서 직면하는 가운데 파생된 문제를 스스로 해결해 나갈 수 있는 실천적 역량을 함의하는 데 주력하였다. 현재 경계-모듈형 인성교육과정의 성과 분석 고도화를 위해 매 학기 학생들이 가족, 친구, 동료 등과의 주변 관계 속에서 일어나는 가치갈등의 문제를 이해하고, 성찰하며 실천할 수 있는 방법론을 제시하는 데 주력하고 있다.

경계-모듈형 인성교육의 핵심개념인 '경계'란 학생들의 자아(Ego)를 둘러싼 사회를 조망할 수 있는 심안을 여는 것을 지향하며, 타인과의 개방된 관계를 형성하고, 궁극적으로 공동의 이익과 선을 찾아가는 사유의 과정을 의미한다. 사유의 경계인 '구분 짓기', '넘어가기', '넘나들기'는 대립하는 세계관을 표상하는 개념(예: 선택-포기, 혐오 → 관용, 사랑 ↔ 우정)들을 범주에 따라 제시한다.

경계의 특성을 아래 표 2를 통해 살펴보면 첫째, 학생들은 구분 짓기를 통해 일상에서 맞닥뜨릴 수 있는 불확실하고 모호한 상황 속에서 분별해야 하는 인간다움의 가치를 스스로 찾는다. 학생들은 필요에 따라 자신의 왜곡된 개념을 탐색할 수 있다. 둘째, 학생들은 넘어가기를 통해 관찰자의 처지에서도 사유하고 판단하는 능력을 가질 뿐만 아니라 성숙한 관계를 형성할 수 있다. 세 번째, 학생들은 넘나들기를 통해 사랑 대 우정, 구세대 대 신세대, 국민 대 세계시민과 같은 대립하는 가치에서 파생된 모순 또는 갈등을 해결할 수 있는 실천적 대안을 마련하고 제안할 수 있다.

따라서 경계-모듈형 인성교육을 통해 "의사소통능력"과 "갈등해결능력" 등이 통합된 "역량"을 익히게 함으로써 국민/세계시민을 양성하는 목표를 달성할 수 있다. 경계-모듈형 인성교육에 포함된 역량은 초·중등학교에서 실시하고 있는 학교 내 인성교육의 근거인 「인성교육진흥법 제 2조 3항」에서 제시한 핵심 가치와 덕목을 실행을 위해 제시된 역량과 일치한다.

그러나 철학, 정치학, 심리과학 분야의 주제를 경계의 사유로 모듈화하여 인성교육에 적용하였다는 점은 초·중고 인성교육과정과 변별점을 갖는다. 무엇보다 고등교육 단계에서 학생들은 "대립과 갈등의 선상에서 서로의 경계를 재빠르게 인식하고 타인의 경계에 민감하게 반응할 수 있는 경계의 사유(가톨릭대학교 인간학연구소, 2020:141)"를 모듈 단위로 스스로 학습할 수 있다.

표 2 경계-모듈형 인성교육에서 다루는 사유의 경계

구분 짓기	넘어가기	넘나들기
다름 – 틀림	손님 → 주인	인싸(Insider) ↔ 아싸(Outsider)
소유 – 나눔	익명 → 실명	구세대 ↔ 신세대
배려 – 의무	의존 → 독립	농촌 ↔ 도시
다가서기 – 거리두기	아마추어 → 프로페셔널	국민 ↔ 세계시민
선택 – 포기	혐오 → 관용	사랑 ↔ 우정
비판 – 공감	무관심 → 참여	원본 ↔ 모사

요컨대 경계-모듈형 인성교육은, '경계'라는 매개를 통해 우리 사회의 변화를 포용하고 이를 구체화한 것으로 볼 수 있다. 예컨대 '국민/세계시민'에서 드러나듯이, '민족주의와 세계화'라는 첨예한 이념적 대립을 포함시킨 데서 인성교육과정에서의 정치성을 확인할 수 있다. 이는 인성교육 내 지배집단의 정치적 의도가 내재된 상태이기 때문에, '국민-민족주의/세계시민-세계화'라는 이분법적인 키워드를 통해 정치성을 내포한다고 할 수 있다. 뿐만 아니라 '구세대/신세대'와 '인싸/아싸'에서 확인할 수 있듯이, 사회문화적 갈등구조에서 기인한 세대 간 문제와 청년세대의 정체성 문제를 담고 있다. 이는 경계-모듈형 인성교육이 사회문화적 특성 또한 반영하고 있음을 유추할 수 있다.

경계-모듈형 인성교육의 핵심개념인 '모듈'은 체계적으로 조직된 개별 학생 맞춤형 프로그램 단위이다(가톨릭대교 인간학연구소, 2021). 모듈을 통해 통합된 인성교육 주제에 대한 지식과 실천적 활동을 수행하는 데 필요한 정보를 제공하고 학생들이 학습 목표에 도달했는지 스스로 평가할 수 있는 통합형 단위학습을 제공할 수 있다.

가톨릭대학은 경계-모듈형 인성교육을 구현하는 방법으로 앞서 소개한 '경계' 기반 보편적 인성교육 이론을 구축하였다. 더 나아가 인성교육 교과과정을 비교과 프로그램과 연계하여 학생의 교육경험을 확대하였다. 또한, 학습자의 선택 다양성과 자율성 제고를 위해 교육콘텐츠인 '모듈북'과 온라인 공개수업(Massive Open Online Course, MOOC) 강의를 제작하였다. 현재까지 온라인 강의 콘텐츠를 확장하여 플립러닝 및 비교과 활동과 연계하여 활용할 수 있는 온라인 공개수업(MOOC) 24편이 제작되었으며 2022년까지 총 68여 편이 제작될 계획이다(2021.06 기준).

온라인 공개수업은 교수자의 강의 중심 수업에서 벗어나 학생들이 교육 영상 또는 프로그램을 시청할 수 있는 온라인 강의 콘텐츠이다(가톨릭대학교 인간학연구소, 2021). 온라인 강의 콘텐츠는 모듈식 수업에 적합한 다음 두 가지 형식으로 구성되어 있다.

첫 번째 MOOC 유형은 '인간학' 수업의 주교재인 『인간의 이해』에서 다루는 소주제(표 2)에 따라 제작된 교육콘텐츠이다. 각 교수자의 학문적 전공특성에 따라 소주제(표 2)를 심화한 '질의 응답형식의 강의영상은' 경계-모듈형을 고전을 소개하는 '고전 읽기' 영상과 접목하여 제작되었다. 예를 들어 "나는 누구인가?(표 2)의 주제에 대한 교수자의 이론 강의는 '고전 읽기' 사르트르의 '실존주의는 휴머니즘이다'를 바탕으로 구성되었다. '질의응답형식의 강의 영상' 내 고전 읽기 부분은 '고전 읽기' 영상으로 분화하여 편집하였기에 교수 상황에 따라 각각 활용할 수 있다. 두 번째 유형인 '현장의 목소리로 인간 읽기'(가제)는 소주제(표 2) 관련 전문가들이 직접 실천적 인성교육과정과 내용을 소개한다.

이상의 내용을 종합해보면, 가톨릭대학은 지난 25년간 '인간학'이라는 교과목을 신설해 기초교양과목 중 필수과목으로서 학부생들에게 공통된 인성교육과정을 제공해왔다. 특히 최근 들어 '경계-모듈형' 인성교육을 개발해 시행하고 있다. 이는 '인간학' 수업의 『인간의 이해』의 교재 안에 '경계'라는 키워드를 첨가하여 콘텐츠의 확장을 시도하고 '모듈'이라는 형식을 차용하여 교수자/학습자 모두가 선택 가능한 인성교육을 제시하는 것이다.

이와 같은 포괄적인 방식으로 체계화된 가톨릭대학의 인성교육 사례는, 국내 초·중등 과정뿐만 아니라 대학교육에서 인성교육의 방향이 어떻게 나아가야 할지를 보여준다. 무엇보다 고등교육에서 인성교육의 구체적 방안을 제시해준다는 점에서 학술적·정책적 의미가 있다고 평가할 수 있다.

5. 인성교육을 위한 제언

본 연구에서는 지식사회학의 시선으로 고등교육에서의 인성교육을 논의하였다. 지식사회학은 사회 내 권력집단이 지식 전체의 질서를 형성하여 어떻게 사회적 위계질서를 재생산하는지에 관심을 두는 이론으로, 본고에서는 국내 인성교육정책에서도 이와 같은 지배집단의 정치적 의도가 이미 내재되어 있음을 논의하였다.

예컨대 지난 2015년과 2020년에 각각 발표된 제1차와 제2차 인성교육 종합계획의 분석을 통해 인성교육정책 안에도 정치적 성격이 존재함을 확인하였다. 또한, 해외 인성교육 사례들을 국내 인성교육과 비교·분석함으로써 국내 인성교육에도 사회문화적 특수성이 내재되어 있음을 확인하였다. 다음으로 본 연구는 국내 고등교육기관에서의 인성교육과 관련한 선행연구들을 분석하였다. 이를 통해 국내 인성교육정책에서 고등교육과정에 대한 논의의 부족은 기존의 연구 경향이 구체적 내용분석보다는 고등교육에서 이루어지는 인성교육과 관련한 방법론에 치우친 것에서 비롯된 것임을 지적하였다.

또한, 인성교육정책의 설계가 구조적으로 초중등 인성교육을 중심으로 이루어지는 것에서 기인한 것임을 더불어 지적하였다. 따라서 우리 연구자들은 이러한 고등교육에서의 인성교육에 관한 정책과 연구의 부재를 인식하고 대학기관 내 인성교육 논의의 확장을 위해 새로운 인성교육 사례를 소개하고자 하였다. 본고에서 다룬 가톨릭대학의 인성교육 사례는 현재 가톨릭대학이 연구·개발한 경계-모듈형 인성교육과정을 인성교과 수업에 적용한 구체적 운영방식과 교수-학습방법이다. 가톨릭대학의 수업 사례는 보편적 인간의 이해에 대한 이해가 추상적 개념을 전달했던 기존의 인성교육과정을 탈피하였다는 점에서 의미가 있다. 특히 대학에 진입한 학생들이 겪고 있는 문제의 상황을 경계별로 인식하고 사유하여 행동으로 옮길 수 있는 활동을 제공했다는 점에서 매우 유의미한 학생맞춤형 인성교육 사례라 평가할 수 있다.

그러나 현재 모듈식 교육을 통해 수업 참가자들의 사회·심리 및 행동적 변화를 이끌었는지에 대한 교육의 효과가 검증되지 못했다는 한계가 있다. 따라서 가톨릭대학의 경우, 인성교육과정에서 모듈의 의미가 중요한 만큼 본 경계-모듈형 인성교육에서 제시한 경계 단위의 구체적인 내용을 학습할 수 있는 모듈북, MOOC, 비교과 프로그램의 연계를 구체적으로 제시하며 이에 따른 교육 효과의 측정에 대한 후속 연구를 위한 제언을 명시하고자 한다.

특히 가톨릭대학의 경계-모듈형 인성교육은 그 내용 면에서 경계라는 매개를 통해 정치·사회문화적 특성을 포용하는 경향성을 보여준다. 즉 가톨릭대학의 인성교육 또한 정치·사회문화적 특성을 내포하고 있는 셈이다. 이런 맥락에서 보면 가톨릭대학의 사례는 고등교육에서의 인성교육에 대한 새로운 시사점을 제공한다는 점에서 의미가 있다고 평가할 수 있다.

이상에서 논의한 것처럼 국내 고등교육에서의 인성교육은 정치·사회문화적 특성을 내포하고 있음이 확인되었다. 이러한 고등교육에서의 인성교육의 특성은 향후 인성교육정책의 수립에 시사하는 바가 크다. 무엇보다 인성교육정책이 정치성을 배태하고 있음을 확인하였으므로 이후 정책 수립에 있어서 보다 가치중립적 정책설계가 엄밀하게 요구됨을 지적할 수 있다. 또한, 인성교육은 국내 상황의 사회문화적 특성이 내재한 교육정책이기 때문에, 고등교육과정에서의 인성교육은 초·중등교육과정의 인성교육과는 차별화되어 이루어져야 할 필요성도 대두된다.

본고의 연구결과를 토대로 후속 연구를 위한 제언은 다음과 같다. 첫째, 고등교육과정에서 더욱 전문적인 인성교육과정을 개발하고 적용하기 위해서는 국내외 인성교육에 관한 사례연구가 더 발굴되어야 한다. 둘째, 국내 고등교육과정에서의 인성교육의 다양성을 함양하기 위해서 해외 고등교육기관과의 협력이 요구된다. 고등교육기관에서의 유효한 인성교육체계를 확립하기 위해서도, 대학기관 간 협력은 필요하다. 이를 위해서는 현재 개별적으로 인성교육을 운영하고 있는 기관 간 공동연구가 선행되어야 한다. 무엇보다 고등교육기관에서의 공동연구가 오늘날 교육의 위기로 불리는 코로나 시대에 인성교육에 대한 유의미한 시사점을 제공할 수 있기 때문이다.

참고문헌

가톨릭대학교 인간학연구소(2020). *인성교육, 경계에 서다*. 북코리아.
　　　　　　　　　　　　　(2021). *인성교육, 방법을 묻다*. 북코리아.
가톨릭대학교 학부대학, 인간학연구소(2017). *인간의 이해 1*, 가톨릭대학교출판부.
　　　　　　　　　　　　　　　(2017). *인간의 이해 2*, 가톨릭대학교출판부.
김상철(2018). "한국의 인성교육정책에 대한 이데올로기적 비판: 역사적 전개과정을 중심으로", *한국교육학연구* 24(4), 83-113.
김용하, 신윤주(2016). "대학생의 인성교육을 위한 온·오프라인 글쓰기 수업 모델과 설계: 동의대학교 기본 교양 〈글쓰기와 표현〉 강좌를 중심으로", *인성교육연구* 1(1), 1-26.
김운종(2016). "교원양성과정에서 인성교육 강화의 필요성에 관한 고찰", 한국교육학연구 22(4) 5-22.
노선희(2021). "지식사회학의 시각으로 보는 인성교육 및 시사점", *인문사회21* 12(6), 1447-1460.
노선희, 오혜림(2022). "고등교육과정에 대한 지식사회학적 고찰: -C-대학의 인성교육을 중심으로," *문화와융합* 44(2), 389-402.
신동호(2021). "한국의 인성교육 정책 동향 탐색", *학습자중심교과교육연구* 21(16), 803-817.
안영희(2021). "팬데믹시대의 인성교육: 문학과 영화를 활용한 수업모델", *학습자중심교과교육연구* 21(12), 579-594.
이배용(2009). "대학교양교육과 이화여자대학교의 비전", *교양교육연구* 3(1), 5-20.
이은성(2017). "교양과목을 통한 기독교대학 인성교육의 전략적 운영 방안 탐색", *기독교교육논총* 51, 101-124.
이지연(2021). "인성 교육 교양 과목 원격 수업에서의 서양 고전 작품 활용", *교육발전* 40(3), 721-740.
주영애, 박홍석, 김선주(2018). "인성교육 프로그램이 여대생의 사회적 상호작용 불안 및 주관적 안녕감에 미치는 영향", *도덕윤리과교육* 61, 135-158.
조기룡(2019). "불교종립대학의 불교기반 인성교육 교과과정 개선방향", *불교학보* 88, 317-339.
최윤희(2018). "영상매체와 쓰기활동을 통한 대학생 인성교육 방안", *인문사회21* 9(2), 1025-1034.
인성교육지원센터(n.d.). 인성교육지원센터 추진체계
http://insung.kedi.re.kr/introduction.do?mid=3

● 이 장은 문화와융합 학술지 44권 2호에 실린 필자의 논문(노선희, 오혜림, 2022)을 바탕으로 재구성되었다.

03장
타자와 사회와 소통하는 글쓰기 교육

1. 교양교육의 위상과 글쓰기 교육의 현실

    대학을 비롯한 고등교육기관에서 교양교육의 위상은 나날이 높아져가고 있다. 이러한 점은 이른바 4차 산업혁명 시대로 접어듦에 따라 학문 간의 경계가 무너지거나 학문 간의 융합이 강조되고 있는 현상에서 충분히 짐작할 수 있다. 이 현상의 근저에는 교양교육이 모든 학문을 연결시키는 가교의 역할을 한다는 판단 아래 실제 교육현장에서 교양교육을 적극적으로 실행해야 한다는 논리가 깔려있기 때문이다. 이에 따라 대부분의 국내 종합대학에서는 교양교육전담 기관 및 부서를 설치하여 교양교육의 질적 관리에 앞장서는 한편, 대학의 교육이념과 별개로(혹은 그것과 연동하여) 교양교육의 목표와 그에 걸맞은 핵심역량을 설정하고 있기도 하다. 실제로 대부분의 대학에서는 교육과정 운영 시 교양교육에 모든 학문의 근간이 되는 위상을 부여하고 있는데, 통상적으로 교양교육과정은 기초교육, 교양교육, 소양교육으로 구성된다.
    이 글에서 논의하고자 하는 글쓰기 교과목은 교양교육과정에서 기초교육 영역에 속해있다. 글쓰기 자체가 대학이라는 학문공동체를 뒷받침하는 데 주된 요소이자 사회의 각 부문을 소통시키는 데 중요한 매개체가 되기 때문이다. 이를 말해주듯이 대학 글쓰기 교과목은 그간 사고력의 측면에서나 의사소통의 측면에서 점차 통합 교과의 성격을 지니며 발전해 왔다. 좀 더 구체적으로 말해, 대학 글쓰기 교과목이 '교양국어(대학국어)'에서 '사고와 표현'으로 전환하게 된 것은 불과 2000년대 초반의 일이었다(나은미, 2021:709). 그 전까지 글쓰기 교과목이 다소 기능적 차원의 교육에 머물러 있었다면, 이 시기를 기점으로 글쓰기 교과목은 교과목의 분화, 교과목 내용 및 성취 수준의 정비를 통해 기초 교육과 보편 교육을 동시에 지향할 수 있게 되었다(지현배, 2021:227-228). 이제 글쓰기 교과목은 논리적, 비판적, 창의적 사고력을 함양하는 한편, 읽기, 말하기, 쓰기와 같은 종합적인 의사소통능력을 배양할 수 있는 교양교과목으로 정착하게 된 것이다.

이처럼 그동안 글쓰기 교과목의 입지가 점차 공고화되는 가운데 실제 교육현장의 사례를 바탕으로 그에 관한 다양한 논의가 이루어져 왔다. 물론 20여 년에 이르는 글쓰기 교과목의 역사만큼 글쓰기 교과목을 둘러싼 연구가 상당수에 달하고 있어 그것들을 일일이 살피기에는 역부족이지만, 대략 다음과 같은 경향성을 보인다. 첫 번째로는, 수업 여건이나 학습환경 등 글쓰기 교과목의 교육환경을 개선하기 위한 논의를(김윤희, 2021; 김지윤 외 2인, 2021), 두 번째로는, 말하기, 읽기, 쓰기와 연계한 수업 커리큘럼을 조성하기 위한 논의를(이내관, 2018; 박현이, 2020), 세 번째로는, PBL, 프로젝트, 플립러닝 등 효과적인 교수-학습방법을 도입하기 위한 논의를(안숙현, 2020; 이지영, 2021), 네 번째로는, 특정한 콘텐츠나 글쓰기 장르를 활용하여 수업 모형을 개발하기 위한 논의를 들 수 있다(양현진, 2015; 손미란, 2020).

이러한 논의들을 통해 그간 글쓰기 교과목의 질적 개선이 충분히 이뤄졌다는 것을 알 수 있지만, 그럼에도 실제 교육현장에서는 교과목 자체의 이상과 교육현실 간의 간극에서 빚어지는 어려움을 심심치 않게 목도할 수 있다. 이에 대해서는 여러 가지 원인을 상정해볼 수 있을 텐데, 학생들의 설문조사 결과로 미뤄볼 때 글쓰기 행위 자체에 관한 두려움, 글쓰기 내용에 관한 막연함 등에서 비롯한 것이라 판단된다. 이런 점을 감안하여 필자는 학생들이 글쓰기 행위에 관한 동기를 고취하고 글쓰기 대상에 관한 내용을 형성하도록 하기 위해 콘텐츠를 활용한 사회문제형 글쓰기 교육을 시도하고자 했다. 물론 기존 연구에서도 광고, 뉴스, 다큐멘터리, 영화 등 다양한 콘텐츠를 동원하여 글쓰기 교육의 효율성을 높이고자 했으나, 그 시도가 일회적인 차원에 그치거나 특정한 글쓰기에 편중되는 한계를 보인 바 있다.

따라서 이 글에서는 커리큘럼이나 수업환경을 고려하여 콘텐츠와 연계한 단계별 글쓰기 교육을 시행하고자 했다. 이 글에서는 실제 교육현장에서 그러한 내용을 설계하고 시행한 사례를 분석함으로써 그것의 교육적 성과와 한계점을 타진하고 향후 발전 방향을 모색하도록 할 것이다.

2. 콘텐츠와 연계한 사회문제형 글쓰기 수업 설계 방향

이 글에서 수업의 사례로 다루고자 하는 대상은 2021년도 A대학교에서 개설된 〈글쓰기와 토론〉 교과목이다. 이 교과목은 교양교육과정에서 필수교양으로 지정되어 있으며, 보통 1학년 신입생들이 수강하고 있다. 필자는 2020년도 1학기에는 생명공학부 반을, 2학기에는 창의융합학부(인문사회계열) 반을 담당하였다. 이 수업들은 기본적으로 글쓰기와 말하기의 기초적인 자질을 배양하는 방향으로 전개되는 한편, 특히 다음과 같은 사항에 주안점을 두고자 했다.

1) 전공 특성을 고려한 수업 내용과 콘텐츠 도입

이 수업에서는 수강생들의 전공 특성을 고려한 수업 내용을 구성하고 그에 걸맞은 콘텐츠를 적극 도입하고자 했다. 앞서 언급했다시피, 이 교과목의 수강생들은 대부분 학과별·계열별로 편성되어 있기 때문이다. 이에 따라 필자는 해당 교과목에 관한 수강생들의 학습욕구를 고취시킬 뿐만 아니라 해당 교과목을 통해 수강생들이 전공 분야로 진입하기 위한 기초적인 소양을 배양하도록 하기 위해 전공의 특성을 고려하여 수업 내용을 구성하였다. 물론 수업 중간 중간마다 다양한 사례를 동원하여 학생들의 이해를 보충하는 것은 당연한 일이지만, 학생들의 학습능률을 점진적으로 향상시키기 위해 한 학기 동안 일관된 주제를 적용하고자 했다. 이때 필자는 수업 초반부터 전공 분야와 관련하여 특정 사회문제에 관한 관심을 유도하고 이를 둘러싼 다양한 문제 상황을 설정함으로써 학생들의 문제해결능력을 증진하도록 하였다.

주지하다시피, 사회문제는 우리의 일상생활과 직·간접적으로 연결되어 있다는 점에서 개인과 공동체를 둘러싼 여러 가지 사유를 촉진하는 데 중요한 계기가 된다. 실제로 학생들은 지방대학의 위기 상황, 청년세대의 취업난 등과 같이 자신의 현실과 직결되어 있는 사회문제를 비롯하여 코로나19로 인한 팬데믹, 인공지능 시대의 인간 등과 같이 공동체의 현실과 연결되어 있는 사회문제를 거론하였다. 이 중에서 필자는 이 수업의 기본 방향이 전공 분야와 관련되는 주제를 구체화하는 데 있다는 것을 학생들에게 주지시킨 다음, 구성원들의 합의에 따라 특정 사회문제를 한 학기의 수업 주제로 선정하였으며, 그것의 쟁점을 학생들이 숙지할 수 있도록 하였다. 이를테면, 생명공학부 반의 경우 포스트휴먼 시대의 사회와 인간을 주제로 설정한 다음 그에 관한 쟁점으로서 미래의 사랑 형태, 미래사회 인간의 모습, 기술매체의 윤리성 문제 등을 탐색할 수 있었고, 창의융합학부 반의 경우 조현병과 사회 병리적 현상을 주제로 설정한 다음 그에 관한 쟁점으로서 주체와 타자의 문제, 미디어와 사회적 인식의 관계, 사회적 질환의 제도적 개선 등을 탐색할 수 있었다.

또한 이 수업에서는 학생들이 선정한 주제들을 보다 구체화시키고 점진적으로 심화시키기 위해 그에 걸맞은 콘텐츠를 활용하고자 했다. 이 수업에서 학생들은 매 시간 정해진 커리큘럼을 소화하고 그에 관한 문제 상황을 해결하는 과정에서 신문자료, 논문, 책, 동영상 등 다양한 자료를 접하게 되지만, 그 중에서도 영상물을 주된 콘텐츠로 접하게 되었다. 이는 학생들이 문자보다는 영상의 이미지에 보다 익숙하기 때문이기도 하지만 매체와 플랫폼을 통한 콘텐츠의 생산과 향유가 보편화되는 상황에서 미디어 리터러시에 관한 학습이 점차 요구되는 상황에 처해 있었기 때문이다. 이런 점을 감안하여 이 수업에서는 수업 주제와 관련하여 다양한 콘텐츠를 활용하는 한편, 콘텐츠 간의 연계성을 높이고자 했다. 보다 구체적으로, 생명공학부 반의 경우 30분 분량으로 수업 시간에 소화할 수 있는 단편영화 〈아임 히어〉(스파이크 존슨 감독)를 시청한 다음, 주제의 관련성에 따라 2시간 분량의 영화 〈Her〉(스파이크 존슨 감독)을 시청하였다. 창의융합학부 반의 경우 다큐멘터리 중에서 45분 분량으로 수업 시간에 소화할 수 있는 〈우리는 조현병 당사자입니다〉(EBS 다큐 시선 방영)를 시청한 다음, 주제의 관련성에 따라 2시간 분량의 영화 〈뷰티풀 마인드〉(론 하워드 감독)를 시청하였다.

2) 공감 형성과 쟁점 구성을 위한 상호작용

이 수업에서는 수업 내용에 관한 학생들의 집중도를 높이고 수업 주제를 둘러싼 학생들의 문제해결능력을 키우기 위해 수업 구성원 간의 활발한 상호작용을 지향하고자 했다. 애초 이 수업은 정교한 글쓰기 능력을 비롯하여 논리정연한 말하기 능력을 배양하려는 목표를 가지고 있음에도, 사실상 주차별 2시간이라는 제한된 조건으로 인해 그러한 목표를 수행하기에는 다소 역부족인 상황에 처해 있었다. 주지하다시피, 한 편의 완결된 글을 작성하기 위한 과정 자체가 만만치 않은 상황에서, 말하기 영역 중 가장 고도의 사고능력과 표현능력을 요구하는 토론까지 학생들이 감당하기에는 현실적인 어려움을 안고 있기 때문이다. 이러한 난점을 고려하여 이 수업에서는 토론 자체에 관한 학습 내용을 커리큘럼에 포함하기보다는 수업 구성원 간의 상호작용을 지향하는 과정에서, 혹은 글쓰기 주제를 둘러싼 문제 상황을 해결하는 과정에서 말하기를 불가피한 수단으로 사용할 수밖에 없었다.

먼저, 수업 구성원 간의 상호작용 측면에서 보자면, 이 수업에서는 교수자와 학생, 학생과 학생 간의 상호작용이 원활하게 이루어질 수 있는 분위기를 이끌어내고자 했다. 오늘날 교양교육을 비롯하여 전공교육에서도 학습자 스스로가 능동적인 학습주체가 되어야 한다는 점을 점차 강조하고 있다. 마찬가지로 이 수업에서 교수자의 역할은 기존의 규범화된 지식을 학생들에게 일방적으로 전달하는 데 있다기보다는 학생들 각자가 자신들의 학습목표를 세우고 거기에 도달할 수 있도록 도움을 주는 데 있다고 판단되었다. 이에 따라 필자는 질문하기와 피드백의 방식을 활용하여 학생들의 실질적인 참여를 독려하고자 했다. 질문하기의 경우 수업 내용에 관한 이해도를 확인하는 기능도 있지만, 문제 상황과 결부하여 학생들의 능동적인 생각을 이끌어낼 수 있기 때문이다. 그리고 피드백의 경우 학생들의 발표 내용을 정확하게 구성하는 기능도 있지만, 문제 상황에 관한 학생들의 창의적인 생각을 이끌어낼 수 있기 때문이다. 특히, 후자의 방식은 학생과 학생 간의 논의 이후 수업 구성원 전체와 논의를 이끌어나갈 때 유효하게 작용하였던 것으로 보인다.

다음으로, 글쓰기 주제의 실현이라는 측면에서 보자면, 이 수업에서는 수업 주제의 수용과 확장이 효율적으로 이루어질 수 있는 방식을 장려하고자 했다. 그것이 바로 조별 모둠 단위로 이루어지는 발표와 토론의 방식이다. 앞서 언급했다시피, 이 수업에서는 학생들의 전공 분야를 고려하여 수업 주제를 선정하고 그에 걸맞은 콘텐츠를 선정하였는데, 콘텐츠 시청 후 조별 모둠의 토론과 발표는 대체적으로 다음과 같은 방향으로 이루어졌다. 첫 번째로, 학생들은 콘텐츠의 내용과 관련한 자신의 체험이라든지 주변의 사례를 공유함으로써 사회문제에 관한 공감대를 형성하거나 사회문제를 자신의 처지에서 내면화할 수 있는 계기를 마련하게 되었다. 이를 통해 학생들은 사회문제에 관한 기존의 자기인식이나 사회적 인식을 새롭게 바라볼 수 있는 여지를 가지게 되었다. 두 번째로, 학생들은 콘텐츠의 내용을 둘러싼 입장 차이를 확인하고 쟁점을 파악하게 됨으로써 사회문제에 관한 자신의 주장을 객관화시킬 수 있는 방법을 모색하게 되었다. 이를 통해 학생들은 합리적인 근거나 대안적인 관점을 바탕으로 자신의 주장을 설득시킬 수 있는 자세를 가지게 되었다. 이러한 점들은 차후 글쓰기 과정에서 보다 구체적으로 실현된다는 것을 알 수 있다.

3) 콘텐츠와 연계한 단계별 글쓰기의 실현

이 수업에서는 수업 주제와 관련한 사회문제형 글쓰기를 체계적으로 전개하도록 하기 위해 콘텐츠와 연계한 단계별 글쓰기를 실현하고자 했다. 이 수업에서는 1주차부터 4주차까지는 기초적인 글쓰기 학습과 말하기 연습을 통해 수업 주제에 관한 인식을 구체화하는 시간을 가지고자 했다. 이를 바탕으로 5주차 수업부터는 수업 주제와 관련한 콘텐츠를 시청하여 사회문제에 관한 각자의 인식을 예각화하는 한편, 콘텐츠와 연계한 단계별 글쓰기를 통해 사회문제에 관한 각자의 견해를 구조화하고자 했다. 이는 다음과 같이 총 두 차례에 걸쳐 시행되었다.

첫 번째로, 이 수업에서 학생들은 콘텐츠를 시청한 후 조별 논의를 거쳐 개별 에세이를 작성하였다. 이때 학생들은 30~45분 남짓한 콘텐츠를 시청하고 나서 콘텐츠에서 제기하는 사회문제에 대해 각자 충분히 사유하는 한편, 조원들과 그에 대한 의견을 교환할 수 있는 시간을 가질 수 있었다. 그런 다음 학생들은 콘텐츠 내용을 바탕으로 사회문제에 관한 에세이를 작성하였는데, 이는 이번에 실시할 글쓰기가 기초적인 학습 이후 처음으로 이루어진다는 점, 그리고 에세이라는 형식 자체가 비교적 자유로운 글쓰기를 실시하기에 용이하다는 점을 고려한 결과였다. 이에 따라 필자는 에세이 작성 시 콘텐츠의 내용을 기반으로 하되 사회문제에 대한 학생들의 생각과 의견을 자유롭게 이끌어내도록 장려하였다. 그리고 나서 학생들은 에세이에 관한 교수자의 첨삭과 피드백을 통해 자신의 생각과 의견을 좀 더 체계적인 방향으로 글쓰기에 담아낼 수 있는 방법을 모색하게 되었다.

두 번째로, 학생들은 콘텐츠를 시청한 후 조별 논의를 거쳐 개요문을 작성하고 교수자의 피드백을 참조하여 영화비평문을 작성하였다. 앞선 과정을 통해 학생들이 사회문제에 관한 성찰을 어느 정도 진척시킬 수 있었다면, 이번에는 앞선 콘텐츠와의 연계를 통해 사회문제에 관한 성찰을 보다 심화시킬 수 있었다. 이때 학생들은 앞선 콘텐츠의 주제와 연속성을 확보하면서도 내용이나 형식적 측면에서 좀 더 섬세한 접근을 요하는 영화를 시청하였다. 주지하다시피, 영화는 인물, 사건, 연출 등 여러 요소들이 결부된 종합예술이라는 점에서 다양한 관점에서 접근할 수 있는 여지가 있을 뿐만 아니라 수용자의 사회·문화적인 맥락과 상호작용하여 새로운 의미로 다가설 수 있는 여지를 가지고 있다. 이에 따라 필자는 영화 시청 전 학생들의 인식에 개입하는 않는 선에서 영화를 둘러싼 생각거리를 제시하였고 그에 따라 영화를 시청하도록 했다. 영화를 시청한 다음 학생들은 영화 내용을 비롯하여 사회문제를 둘러싼 생각과 의견을 교환하였으며, 개요문 작성을 통해 자신들의 관점을 구조화할 수 있었다. 그리고 나서 학생들은 개요문에 관한 교수자의 첨삭과 피드백을 거쳐 좀 더 체계적인 내용을 비평 글쓰기에 담아낼 수 있었다. 비평 글쓰기는 대상에 관한 객관적인 근거를 담아내고 그에 관한 능동적인 가치평가를 보여주기 때문이다.

4) 수업 내용을 반영한 평가항목의 개발

이 수업에서는 이론과 실습, 학습과 평가가 적절하게 균형을 이루도록 하기 위해 수업 내용과 연계한 평가항목과 평가기준을 개발하고 이를 적용하고자 했다. 먼저, 이론과 실습의 병행이라는 측면에서 볼 때, 이 수업에서 학생들은 주차별로 정해진 커리큘럼을 소화하는 것에서 나아가 수업 주제와 관련한 문제 상황에 직면하여 이를 해결해보는 시간을 가지고자 했다. 보다 구체적으로, 학생들은 2주차 수업 시간에 사회문제를 선정한 다음 이에 관한 인식을 구체화할 수 있는 기회를 가졌는데, 그 중 하나로서 3주차 수업 시간에는 자료의 활용과 접근 방법을 학습하고서 실제로 수업 주제와 관련한 자료를 수집해보았다. 이때 학생들은 자료의 요지를 요약해보거나 자료에 관한 역개요문을 작성하여 조원들과 공유하였다. 그리고 9주차 수업 시간에는 실제 글쓰기 상황에서 활용할 수 있는 여러 글쓰기 방법을 학습한 다음 수업 자료를 분석하는 데 적용해보거나 14주차 수업에는 포스터 발표와 프레젠테이션 활용 방법을 학습한 다음 자신의 비평글쓰기를 발표하는 데 적용해보기도 했다. 이를 통해 학생들은 수업 주제에 관한 배경지식을 형성할 수 있었으며 다양한 문제 상황에 관한 문제해결능력을 배양할 수 있었다.

다음으로, 학습과 평가의 측면에서 볼 때, 이 수업에서는 학생들의 학습 내용과 연계한 평가항목과 평가기준을 개발하여 적용하고자 했다. 주지하다시피, 교육현장에서의 학습 내용이 일회적이거나 형식적인 것에 그치지 않고 학습자의 경험 지평을 구성하기 위해서는 그에 걸맞은 평가항목과 평가기준의 마련이 요청된다. 이에 따라 필자는 모든 수업 과정의 종합이라 할 만한 기말시험을 활용하여 시험의 평가항목과 평가내용을 최대한 수업의 내용과 연계될 수 있는 방법을 강구하였다. 이를테면, 생명공학부반의 경우 수업 시간에 시청한 영화 〈아임 히어〉와 〈Her〉을 대상으로 하여 기준별 비교에 따른 글을 작성하는 문제를 제시하였다. 이 문제는 9주차 수업 시간에 학습한 글쓰기 방법 중 비교를 정확하게 이해하는 한편, 콘텐츠 간의 내용 연계에 따라 비교의 기준을 이끌어내고 콘텐츠의 내용을 구체적으로 활용할 수 있는가를 측정하기 위해 고안되었다. 창의융합학부 반의 경우 수업 시간에 시청한 다큐 〈우리는 조현병 당사자입니다〉와 영화 〈뷰티풀 마인드〉를 대상으로 하여 조현병에 관한 자신의 입장을 담은 글을 작성하는 문제를 제출하였다. 이 문제는 9주차 수업 시간에 학습한 글쓰기 방법 중 정의를 활용하여 조현병에 관한 정의를 내리는 한편, 콘텐츠의 내용을 주장의 근거로 삼을 수 있는가를 측정하기 위해 고안되었다. 이처럼 학생들이 학습한 수업 내용과 학생들이 수행한 글쓰기는 실제적인 평가항목과 평가기준으로 활용될 수 있는 가능성을 충분히 안고 있었다.

3. 사회문제형 글쓰기 사례 분석과 교육적 함의

이 수업들은 앞서 제시한 강의계획과 주안점에 따라 한 학기동안 진행되었으며 실제로 강의가 진행되는 과정에서 애초 강의 설계 시 겨냥했던 목적을 일정 부분 달성할 수 있었다. 여기서는 학생들이 제출한 글쓰기 결과물에 초점을 맞춰 이 수업이 거둔 성과와 그것의 교육적 함의를 분석해보고자 한다. 이 수업에서 학생들은 여러 콘텐츠를 통해 사회문제에 관한 정보를 수용함으로써 글쓰기 주제에 관한 배경지식을 형성할 수 있었으나, 거기서 나아가 기존의 경험 지평이 점진적으로 변화해가는 상황과 마주하게 되었다. 이러한 현상은 다음과 같은 두 가지 양상으로 나타나고 있다.

1) 타자에 대한 공감대 형성과 정서적 영역의 확대

이 수업에서 학생들은 사회문제를 다룬 콘텐츠를 접하게 됨에 따라 타자를 향한 열린 자세를 가지게 되었으며, 타자의 입장에 대한 공감능력을 획득하게 되었다. 이 수업의 5주차에 학생들과 시청한 콘텐츠들은 공통적으로 타자의 이야기를 다루고 있다. 말하자면, 생명공학부 반에서 시청한 단편영화 〈아임 히어〉에서는 미래사회의 일상생활에서 보편화될 존재로서 로봇의 이야기를, 창의융합학부 반에서 시청한 다큐 〈우리는 조현병 당사자입니다〉에서는 우리사회에서 숱한 오해를 불러일으키는 존재로서 조현병 환자의 이야기를 다루고 있다. 이때 학생들은 영상물에서 이들이 처해있는 사회적 배경이나 이들이 전해주는 목소리에 주목함으로써 타자의 삶과 처지를 이해하려는 시도를 보여준다.

(가) 영화가 처음 시작할 때 셸든이 창밖을 보며 버스를 타고 가는데 교통사고가 난 장면에서 사람들이 다친 로봇을 챙기기보다 다른 곳에 신경을 써서 많이 놀라웠습니다. 또 셸든이 버스를 기다린다고 버스정류장에 서 있을 때 로봇인 프란체스카가 운전을 하는 것을 보고 셸든 옆에 있던 아주머니께서 로봇은 운전하면 안 된다고 단호하게 말씀하시는 것을 보고 **이 사회에서는 로봇을 단순한 기계로 생각한다는 것이 너무 안타까웠습니다.** 하지만 저는 영화에서 봤듯이 **프란체스카가 팔을 잃으면 자신의 팔을 떼어주고, 심지어는 신체의 중요한 부위인 몸통까지 한 치의 고민 없이 떼어주는 셸든의 모습을 보고 자신을 희생하면서까지 한 여자에게 사랑에 빠진 남자라는 생각이 들었습니다.**

— 생명공학부 반 학생의 에세이

(나) 다큐 〈우리는 조현병 당사자입니다〉에서는 폐쇄병동에 대한 이야기가 여러 번 나온다. 폐쇄병동과 일반병동에서 치료 받은 사람들 중 자살한 사람의 수는 폐쇄병동에서 치료 받은 사람이 그렇지 않은 사람보다 26배가 많다고 한다. **평소 조현병에 무지했던 난 조현병의 폭력성에만 초점을 맞춘 기사들로만 조현병을 접했고, 나 또한 조현병은 '치료할 수 없는 폭력적인 정신병'이라고 생각했기에 그들은 폐쇄병동에 갇히는 게 당연하다고 생각했다. 그들은 내가 생각했던 이미지와 달랐으**

며 일방적인 가해자가 아니었다. 오히려 피해자에 가까운 이들이 많았다.
아버지의 성폭력에 대한 트라우마로 폐쇄병동에 '갇혀버린' 사람 등등······
폐쇄병동의 시스템 때문에 피해자가 더 나오지 않나 생각이 든다.
― 창의융합학부 반 학생의 에세이

(가)에서는 단편영화 〈아임 히어〉에 나타난 로봇의 사회적 위치에 주목하여 로봇의 사랑에 대한 자율적인 의미를 부여하고 있다. 이 영화에서 로봇은 인간의 일상생활 곳곳에 일반화되어 있음에도 소외되거나 무기력하게 살아가는 존재로서 그려지고 있다. 이는 영화의 첫 부분에서 주인공 셸든이 버스를 타고 가다가 창밖에서 마주하는 풍경으로 나타난다. 이때 셸든의 시야에는 로봇과 승용차 간에 큰 사고가 났음에도 사람들이 산산조각 난 로봇을 신경 쓰기는커녕 승용차의 피해에 더 신경을 쓰는 풍경이 스쳐 지나간다. 그리고 셸든은 버스 정류장에서 버스를 기다리던 중 나중에 자신의 여자 친구가 될 프란체스카가 운전하는 것을 보고 자신의 옆에 있던 한 아주머니가 하는 이야기를 듣게 되는데, 그때 아주머니는 로봇이 사회에 큰 위험을 끼치는 존재라고 보면서 절대 운전을 해서는 안 된다고 비난한다. 이처럼 영화에서 로봇은 인간에 의해 철저히 도구화되거나 인간에게 무참히 차별받는 대상으로 나타나 있다. 이에 대해 (가)에서는 놀라움이나 안타까움과 같은 정서적 반응을 보이면서 셸든이 다친 프란체스카에게 신체의 일부를 떼어주는 행동에 대해 사랑의 감정에서 우러나온 희생이라고 보고 있는 것이다.

물론 이러한 관점은 다른 학생들의 글에서도 심심치 않게 찾아볼 수 있다는 점에서 일회적인 것에 그치지 않는다. 이를테면, 한 학생의 경우 사랑과 감정의 측면에서 로봇의 행위에 접근하고 있다. 이 학생이 보기에 "사랑의 형태는 매우 다양하고, 한 가지로 정의할 수 없는 의미를 내포하고 있다"는 점에서, 그리고 로봇이 감정을 선천적으로 가지지 못해도 점차 배워나갈 수 있다는 점에서, 로봇 간의 사랑은 충분히 가능한 일이라 할 만하다. 이에 따라 이 학생은 인간의 시선으로 로봇의 행위를 재단하기보다 로봇의 입장에서 로봇의 행위를 바라볼 필요성을 제기하는 것이다. 마찬가지로, 다른 학생 또한 로봇이 처한 외적 환경에 따라 로봇의 처지를 이해하는 가운데 로봇이 보여주는 행동에 대해 '내가 저 상황에 놓인다면 저렇게 할 수 있을까'와 같이 자기 성찰적 태도를 보여주기도 하였다.

이처럼 학생들은 타자의 입장에 따라 타자의 삶과 처지를 이해하고자 했는데, 이러한 시도는 (나)에서도 살펴볼 수 있다. (나)에서는 다큐 〈우리는 조현병 당사자입니다〉에 나타난 조현병 환자들의 실상에 공감하는 가운데 조현병 환자들의 자율적인 치료 의지에 대한 적극적인 지지를 표출하고 있다. 이 영상을 시청하기 전에 대부분의 학생들은 조현병 자체에 대해 무관심하거나 조현병 환자가 사회적 위험성을 안고 있는 대상으로 인식하고 있었는데, 이 학생 또한 마찬가지였다. 하지만 이 학생은 영상을 통해 폐쇄병동에서 치료받은 사람들 중 자살한 사람들이 그렇지 않은 사람들보다 26배가 많다는 사실을 알게 되고 조현병의 요인에는 가정폭력과 같은 외부 환경이 개입해 있다는 사실을 알게 됨으로써 기존의 자기 인식에 대한 반성의 태도를 보여주었다. 나아가 "당장 나부터 시작해서 내 주변인들의 시선을 차차 변화시켜야겠다"라며 자신의 공감을 확장해갈 것을 다짐하고 있다.

이 학생과 같이 조현병 환자의 입장에 서서 조현병의 문제를 바라보려는 시도는 다른 학생들의 글에서도 찾아볼 수 있었다. 이를테면, 한 학생은 조현병 환자들에 대한 부정적인 이미지를 양산하게 된 원인 중 하나로서 미디어의 허구성을 간파하는 가운데 종래의 자기 인식에 대한 성찰의 태도를 보여주기도 했다. 이 학생의 경우 그동안 각종 매체를 통해 조현병 환자들이 충동적으로 범죄를 저질렀다는 기사를 봄에 따라 "조현병 환자는 무조건 경계의 대상이며 사회에서 악을 끼치는 사람"이라고 인식했다고 한다. 그래서 이 학생은 조현병 환자들에게 '잠재적 범죄자'라는 낙인과 편견을 씌우는 것에서 벗어나 올바른 사회적 인식을 형성할 수 있도록 매스컴이나 언론의 역할을 강조하고 있는 것이다. 마찬가지로 다른 학생의 경우 영상을 통해 조현병 환자의 문제를 단순히 개인의 문제로 치환하기보다 사회 전체의 문제로 받아들이는 가운데 "다원적 가치 추구"에 따라 조현병 환자를 포용해야할 필요성을 제기하고 있다. 이 학생은 특히 조현병 환자들을 둘러싼 부정적인 시선들이 실제로 사회적 관계를 형성할 때 악순환으로 작용한다는 점에 주목하고 있다. 이 학생은 결국 이러한 현상들이 제도적인 개선과 같은 사회의 실질적인 노력이 뒷받침될 때 해결할 수 있다고 보고 있으며, 그 대안으로는 정부 차원에서 지역치료센터를 늘이거나 사회재활시설을 활성화시키는 것을 제안하고 있기도 하다.

이처럼 학생들은 타자의 입장에 서서 타자의 삶과 처지에 대한 공감의 태도를 보여주었는데, 이러한 정서적인 반응은 주제와 연관된 다른 콘텐츠를 시청할 때에도 유효하게 작동하고 있었다. 이 수업의 10주차에 학생들과 함께 시청한 영화에서 또한 사회적 관계망 속에 놓인 타자의 이야기를 다루고 있기 때문이다. 말하자면, 생명공학부 반에서 시청한 영화 〈Her〉에서는 불안정한 미래사회에서 인공지능 운영체제와 사랑에 빠진 한 남자의 이야기를, 창의융합학부 반에서 시청한 영화 〈뷰티풀 마인드〉에서는 전후 미국사회에서 조현병에 시달린 천재 수학자 존 내쉬의 이야기를 담고 있다. 이때 학생들은 영화의 특성상 등장인물의 내면에 감정이입을 하여 타자가 처한 상황을 있는 그대로 이해하려는 시도를 보여준다.

(다) 영화의 초반부에서 사람들은 육체적인 사랑을 원하지만 이를 전화상으로 해결하는 등 실질적인 만남에 큰 의의를 두지 않는다는 것을 보여준다. (중략) 하지만 **테오도르는 관계를 갖는 것보다 정신적으로 교감하는 것에 사랑이라는 감정을 느끼며, 이는 영화 내에서 사만다가 주선한 다른 여성이 사만다를 대신하여 관계를 맺는 것을 테오도르가 거부하는 장면에서 알 수 있다.** (중략) 영화 후반부에 사만다의 운영체제 업그레이드에 따른 잠깐의 공백이 생긴다. 이 사실을 몰랐던

테오도르는 사만다와 연결되지 않았던 시간 동안 사만다를 찾으며 불안함을 표현했다. (중략) **사랑을 확인하고 싶어 하며 관계를 확실히 하고 싶어 하는 태도, 관계를 정리하며 테오도르가 느끼는 감정과 생각, 행동들은 이별을 겪은 우리의 모습과 닮아있다고 생각된다.**

— 생명공학부 반 학생의 영화비평문

(라) 존 내쉬가 재학하던 프린스턴 대학의 총장으로 보이는 사람이 학생들에게 "2차 세계대전을 승리로 이끈 것은 수학자들이다. 현재 소련이 전 세계를 공산화시키기 위해 우릴 위협하고 있다. 이 중에 누가 자유민주주의와 발견의 선봉에 서겠는가?"라고 말한 것을 보아 **시대적 배경은 소련과 미국이 다투고 있는 냉전 시대이며 수학자의 중요성이 돋보이는 시대이다.** 프린스턴 대학의 많은 학생들이 이론을 낸 가운데 존 내쉬도 이론을 내야 한다는 심리적 압박과 부담감이 있었다. (중략) **이는 시대적 배경에서 기인한 심리적 압박과 환경적 부담감으로부터 후천적으로 조현병이 발병될 수 있다는 점을 잘 묘사하였다. 또한 조현병 증상인 환각과 그로 인한 심리적 압박이 악순환되어 조현병 증상을 더욱 악화시킨다는 점을 보여주었다.**

— 창의융합학부 반 학생의 영화비평문

(다)에서는 영화 〈Her〉에 나타난 한 남자의 입장에 공감하는 가운데 인공지능 운영체제와의 사랑에 대해 언급하고 있다. 이 영화를 시청한 후 적잖은 학생들이 '인공지능과 인간 간의 사랑이라는 게 과연 가능한 일인가'에 대해 문제제기를 하였는데, 이 학생의 경우 그것을 따지기에 앞서 인물을 둘러싼 사회적 배경에 따라 인물의 상황을 이해하는 것이 보다 중요한 문제인 것으로 보인다. 이 학생이 보기에 영화에서 미래사회 사람들은 대부분 육체적 쾌락과 피상적 만남에 의존하고 있을 뿐만 아니라 자기중심적인 가치관으로 인해 대인관계에서 서툰 모습을 보여주고

있기 때문이다. 이와 달리 주인공 테오도르는 인공지능 운영체제 사만다가 주선한 여성과 육체적 관계를 거부하고 정신적 교감에 따른 감정에 충실하는 등 주체적인 모습을 보여주고 있다. 나아가 이 학생은 영화의 후반부에서 사만다의 공백 시 테오도르가 보여주는 모습에 공감을 표출하기도 한다. 물론 인공지능 운영체제가 인간과 다른 시공간에 속해 있다는 한계에 부딪히기도 하지만 사만다의 공백 시 테오도르가 보여준 불안감은 인간이 다른 인간과의 관계성에서 느끼는 감정과 닮아있는 것으로 보이기 때문이다.

이처럼 학생들은 영화에 나타난 사회문제에 대해 논쟁점을 형성하기에 앞서 타자의 삶과 처지에 대한 정서적 반응을 보여주었는데, 이는 다른 학생들의 글에서도 확인할 수 있었다. 예를 들어, 한 학생의 경우 소통이라는 매개항에 따라 영화에서 "인간-인간의 사랑과 인간-인공지능의 사랑"을 동일선상에서 바라보고 있다. 이 학생이 보기에 전자와 후자는 사랑의 대상과 형태라는 측면에서는 상당한 차이를 유발할지 모르지만, 소통의 측면에서는 공통적으로 사랑의 본질이라는 주제를 던져주기 때문이다. 보다 구체적으로, 전자의 측면에서 볼 때, 테오도르가 캐서린과 행복한 가정을 꾸렸음에도 결국 이혼을 할 수밖에 없었던 것은 가정형편과 현실적인 문제도 있겠지만 가장 근본적으로는 소통의 갈등이라는 문제가 개입해 있었다. 마찬가지로 이 학생은 후자의 측면에서도 테오도르가 사만다와 충분한 정서적 교류를 나누고 있음에도 결국 이별을 맞이할 수밖에 없었던 것을 소통의 갈등이라는 각도에서 바라보고 있는 것이다. 또한 다른 학생의 경우 인공지능 운영체제와의 관계를 통해 점차 변해가는 테오도로의 모습에 주목하고 있다. 이 학생이 보기에 테오도르는 사만다를 통해 자신의 글에 대한 회의적인 태도를 버리거나 게임공간에서 한 곳에만 머물던 태도를 버리는 등 자신의 인생을 바꾸고 이별에 마침표를 찍는 법을 배우게 된다.

이와 같이 학생들은 인물이 처한 상황을 고려하여 인물의 행위에 관한 내적 동기를 이끌어내고 있는데, 이러한 점은 (라)에서도 살펴볼 수 있다. (라)에서는 영화 〈뷰티풀 마인드〉에 나타난 주인공의 조현병 발생 요인이 그를 둘러싼 사회적 배경에 있다고 보고 있다. 앞서 학생들은 다큐를 통해 조현병 환자의 실상을 구체적으로 파악하는 한편, 조현병 환자들에 관한 자기 인식을 성찰한 바 있다. 그 연장선상에서 이 학생은 영화 〈뷰티풀 마인드〉에서 주인공 존 내쉬가 보여준 조현병 증상이 개인적 문제라기보다 외적 환경에서 기인한 사회적 문제라고 보고 있는 것이다. 보다 구체적으로, 이 학생은 존 내쉬가 세계 냉전체제를 구축하고 있던 전후 미국사회의 분위기 속에서 조현병 증상을 보이고 있는 점에 주목하고 있다. 영화 초반부에 드러나듯이 전후 미국사회에서는 소련의 공산주의에 맞서 자유민주주의의 선봉에서 패권을 장악하려는 움직임이 나타났으며, 지식인들에게 군사와 보안 부분에서 중요한 역할을 담당하도록 요청하는 상황이 조성되었던 것이다. 이때 존 내쉬는 당대 최고의 엘리트들이 모인다는 프린스턴 대학원에서 다른 누구보다 탁월한 성과를 이뤄 윌러 국방연구소에 들어가야 한다는 강박관념에 시달린다. 이 학생은 사회적 배경에서 기인하는 이러한 심리적 압박감이야말로 존 내쉬를 극심한 조현병으로 내몰았다고 보는 것이다.

물론 이 영화에서 존 내쉬가 처한 상황은 실존인물인 수학자 존 내쉬가 처했던 상황과 비교해볼 때 다른 부분들이 많을 것이다. 하지만 이 학생은 그러한 사실적 여부를 떠나 영화의 플롯과 연출 자체가 조현병의 발병과 그 극복에 초점을 맞추고 있다는 점에서 등장인물이 처한 사회적 맥락에 따라 조현병의 문제에 접근해야 할 필요성을 느꼈던 것이다(박현희, 2020:23). 이런 관점에서 보자면, 영화에서 주인공의 환각이 빚어낸 허구적 인물은 외적 환경과 상호작용하는 주인공의 내면과 욕구를 파악하는 데 중요한 실마리를 제공하는 것으로 보이며(윤소영, 2002:175-178), 실제로 많은 학생들이 이에 초점을 맞춰 글쓰기를 진행하였다. 이를테면, 존 내쉬의 룸메이트로 등장하는 찰스 허먼은 대인관계에서 낙천적이고

사교적인 사람이 되고 싶은 존 내쉬의 욕망을, 존 내쉬가 소련의 암호해독 프로젝트에 투입될 때 정부 보안요원으로 등장하는 윌리엄 파처는 자신의 지적 능력을 인정받아서 사회에 큰 공을 세우고 싶은 그의 욕망을, 찰스의 조카 마시는 안정적인 가정을 이뤄서 친밀한 감정을 나누고 싶은 그의 욕망을 나타내는 것으로 해석될 수 있었다. 이처럼 학생들은 타자의 삶과 처지에 대한 공감대를 형성함에 따라 정서적인 영역이 확대될 수 있는 가능성을 보여주었다.

2) 쟁점에 관한 주체적 판단과 인지적 영역의 확장

이 수업에서 학생들은 사회문제에 관한 콘텐츠를 시청하고 나서 사회적 쟁점에 관한 주체적인 태도를 보여주었으며, 사회문제를 담아내는 콘텐츠의 방식에 대해 비판적인 입장을 표출하였다. 앞서 언급했다시피, 이 수업에서 시청한 영상은 타자의 이야기를 다루고 있다는 점에서 정서적 반응을 유발하기도 하지만, 특정 사회문제에 대한 논쟁점을 제기하고 있기도 하다. 말하자면, 생명공학부 반에서 시청한 단편영화 〈아임 히어〉의 경우 로봇과 로봇이 사랑을 하는 상황을 설정하고 있다는 점에서 수용자의 입장에서는 과연 로봇과 로봇 간의 사랑이 가능한 일인지, 또는 그러한 관계에서 파생하는 감정을 사랑이라고 부를 수 있는지에 관해 의문을 느낄 법하다. 그리고 창의융합학부 반에서 시청한 다큐 〈우리는 조현병 당사자입니다〉의 경우 최근 조현병 환자가 심심치 않게 사회적 이슈로 등장하는 상황을 다루고 있다는 점에서 수용자의 입장에서는 오히려 조현병 환자들이 처한 실상에 대해 현실적인 각도에서 접근해야하는 것은 아닌지 우려를 표명할 만하다. 실제 학생들의 글을 통해 이를 살펴보자.

(가) 이 영화에서 로봇이 사랑하는 모습을 보면 그저 인간과 다름없는 것처럼 사랑을 나누는 것 같다. (중략) 이러한 모습을 봤을 땐 그저

인간이 사랑하는 모습을 모방하는 것과 다름이 없으며 부품을 주는 장면에서도 그저 헌신적인 듯한 모습을 보인다. **나는 단순히 로봇이 사랑하는 것에 대한 모방일 뿐이며 그저 타인에게 헌신적인 모습을 보이는 거라고 생각한다.** 로봇이 아무리 진화하여 인공지능이 되었더라도 그것은 단순히 지능을 가진 것을 뿐 감정이나 타인에게 느낄 수 있는, 인간이 설명하기도 어려운 것을 인공지능이 배우고 사용할 수 있는 것은 무리이기 때문에 영화에서 나오는 로봇들의 사랑은 단순히 사람에게서 사랑이라는 감정을 모방한 것이라고 생각한다.

- 생명공학부 반 학생의 에세이

(나) **나는 조현병 환자들, 정신적으로 문제를 가지고 있는 사람들을 이해하고, 도움을 주고, 문제를 해결해야 한다고 생각하기보다 환자들이 먼저 사회적으로 일반인들이 느끼는 감정을 생각해줬으면 좋겠다고 생각한다.** 왜냐하면 요즘 시대에는 내가 언제, 어떻게 위협에 가해질지 모를 상황에서 정신적 질환을 가지고 있기 사람의 수는 증가하고 있기 때문이다. 조현병 환자들이 자기가 병에 걸렸다는 사실도 모르고 일상생활을 하다가 갑자기 어느 순간 일반인들에게 해를 끼친다면 피해와 상처는 결국 일반인들이 감당해야 한다. **조현병을 앓고 있는 환자도 도움이 필요하지만 조현병 환자에게 피해를 입은 사람은 그보다 더 심한 고통 속에서 살아가야 할 상황이 생길 수도 있다고 생각한다.**

- 창의융합학부 반 학생의 에세이

위에서 학생들은 영상물에 나타나는 사회문제를 비판적인 각도에서 바라보면서 자신의 주체적인 입장을 개진하려 하고 있다. 먼저, (가)에서는 단편영화 〈아임 히어〉에 나타난 로봇과 로봇 간의 사랑이 감정의 모방이라는 측면에서 볼 때 중요한 논쟁점을 안고 있다고 보고서 이들의 사랑에 대한 부정적인 관점을 내치비고 있다. 이 학생은 특히 감정의 모방이라는 측면에 초점을 맞춰 로봇과 로봇 간의 사랑이 인간의 사랑의 감정을 모방한 것에 불과하다고 보고 있다. 보다 구체적으로, 이 학생은 영화에서 로봇과 로봇 간의 사랑을 마치 인간과 다름없는 것처럼 형상화하고 있으나, 셸든이 다친 프란체스카에게 자신의 신체를 나눠주는 것은 쉽사리 교환할 수 있는 부품을 나눠주는 것에 다름 아니라고 보고 있다. 이런 관점에서 이 학생은 셸든이 프란체스카에게 꿈을 꾸지도 않았는데 마치 꿈을 꾼 것처럼 이야기하는 것 역시 인간의 사랑을 모방하는 것에서 별반 멀리 떨어져 있지 않다고 말한다. 이 학생이 보기에 로봇이 아무리 진화하여 인공지능을 갖추더라도 그것은 결국 지능의 고도화에 불과하며, 인간이 타인에게 느끼는 감정 자체가 설명할 수 없는 영역이기에 이를 로봇이 배우고 사용한다는 것은 가능하지 않은 일이기 때문이다.

앞서 학생이 감정의 모방이라는 측면에서 로봇의 사랑을 비판적인 각도에서 바라보았다면, 다른 학생의 경우 영상의 상황 설정이라는 측면에서 로봇의 사랑을 비판적인 각도에서 바라보고 있기도 하다. 이 학생이 보기에 영화의 연출 방식 자체가 관객으로 하여금 로봇과 로봇의 관계에 감정이입을 하여 마치 사랑이라는 감정을 유발하도록 설정되어 있다. 말하자면, 이 학생은 영화에서 셸든과 프란체스카를 제외하고 대부분의 로봇들이 감정이 없이 그저 인간을 돕기 위한 도구적인 존재로 설정되어 있다는 점에서 셸든과 프란체스카를 특별한 존재인 것처럼 느끼도록 한다고 보고 있다. 그리고 영화에서 두 로봇이 우리의 일상생활과 다름없는 행위를 하는 것으로 설정함에 따라 관객들에게 자신의 감정을 로봇에 이입하게 만들고, 나아가 셸든이 프란체스카를 위해 자신의 몸을 떼어주는 것으로 설정함에 따라 관객들의 감정을 극대화하게 만든다고 보고 있다. 이런 점에서 볼 때 이 학생은 로봇과 로봇의 사랑이 영화의 연출 방식에서 기인한 효과에 불과하며, 결국 삭막한 미래사회에서 로봇이 "자신의 존재 가치를 확립시키기" 위한 행위에 불과하다고 보고 있는 것이다.

다음으로, (나)에서는 다큐 〈우리는 조현병 당사자입니다〉에 나타난 조현병 환자들의 실상을 무조건 두둔하려는 자세를 경계하고 좀 더 거시적인 차원에서 접근해야 할 필요성을 제기하고 있다. 이 학생이 보기에 조현병 환자는 사회적인 차원에서 관심을 가지고 도움을 줘야 하는 존재임에 틀림없지만 우리와 같은 사회의 일원이라고도 볼 수 있다. 그래서 이 학생은 조현병 환자들을 이해하고 도움을 주며 문제를 해결하기에 앞서 그들이 우리 사회에서 "일반인들이 느끼는 감정을 먼저 생각해줬으면 좋겠다"며 조현병 환자들을 향한 인식의 촉구를 요청하는 것이다. 왜냐하면, 최근 우리 사회에서 언제, 어떤 상황에서 사람들에게 위협을 가할지 모르는 정신적 질환을 가지고 있는 사람의 수가 급증하고 있다는 것을 목도할 수 있기 때문이다. 물론 영상에 나타났다시피 매스컴의 정보를 일방적으로 수용한다거나 조현병 환자들을 잠재적 범죄자로 낙인찍는 것은 당연히 경계해야 할 일이다. 그럼에도 이 학생은 많은 조현병 환자들이 자신의 병식을 제대로 받아들이지 않은 경우도 있다는 점에서 언제라도 일반인들에게 해를 끼칠 수 있는 상황에 놓여 있다고 말하고 있다. 그로 인해 어떤 일반인들은 조현병 환자들보다 더한 상처와 고통을 감내하며 살아야 할지도 모를 일이기 때문이다. 이런 관점에 따라 이 학생은 조현병 환자와 일반인 모두 사회 전체의 구성원으로서 서로를 배려하며 서로 함께 사회적 인식을 바꿔나갈 필요성을 제안하는 것이다.

이처럼 학생들은 조현병 환자들을 둘러싼 사회문제에 대해 비판적인 각도에서 접근해야 한다는 입장을 보여주었는데, 다른 학생들의 글에서는 편향된 인식과 관련하여 이 문제를 다루려는 시도를 보여주고 있다. 이를테면, 한 학생의 경우 영상의 내용 자체가 조현병 환자 당사자의 입장에서 구성하려 했다는 점에서 조현병에 관한 편향된 인식을 파생하고 있다고 보고 있다. 보고 구체적으로, 이 학생은 영상물에 등장하는 조현병 환자 당사자들이 자신들을 일반사람과 똑같이 봐달라고 강조하는 부분에 대해 오히려 그러한 입장을 성급하게 일반화해서는 안 된다고 지적하고 있다. 왜냐하면, 조현병 환자들 중에는 병식을 가지고 있음에도 치료하려는 의

지가 없는 사람이 있을 수 있고, 어떤 경우 보다 전문적인 치료가 필요한 사람도 있을 수 있기 때문이다. 마찬가지로 다른 학생 역시 이 영상의 관점이 "조현병 당사자들에게 너무 편향되어 있다고" 보고서 사회적 문제에 대한 실질적인 검토가 필요하다고 말하고 있다. 영상에서는 조현병 환자들에게 재활을 통한 사회적 진출의 길을 열어줄 필요성을 강조한 바 있는데, 이 학생이 보기에 만약 기업에서 "조현병 당사자를 채용해 이윤의 감소나 부채가 발생하게 되면 그것은 전적으로 기업의 책임"으로 돌아갈 문제에 속하는 것이다.

이렇듯 학생들은 사회문제를 둘러싼 쟁점에 대해 비판적인 목소리를 내고 주체적인 자세로 접근하고자 했는데, 이러한 인지적인 반응은 주제와 연관된 다른 콘텐츠를 시청할 때에도 유효하게 작동하고 있었다. 앞서 언급했다시피, 생명공학부 반에서 시청한 영화 〈Her〉에서는 인간과 인공지능 운영체제 간의 사랑에 대한 논쟁점을 제시하고 있으며, 창의융합학부 반에서 시청한 영화 〈뷰티풀 마인드〉에서는 조현병 환자의 조현병 극복 방식에 대한 논쟁점을 제시하고 있다. 이에 대한 학생들의 인지적인 반응을 실제 글을 통해 살펴보자.

(다) 미래사회에서는 거의 모든 사람이 1인 1운영체제를 사용하고 있으며, 지나다는 사람들 또한 운영체제와 대화를 나누고 있는 것을 볼 때 우리들의 모습 안에 운영체제는 미래사회에 완전히 녹아들어 있으며 많은 사람이 사용할 수 있도록 보편화되어있고, 접근성이 매우 **편리하다.** (중략) 그렇지만 운영체제와 인간 간의 사랑은 불가능하다고 생각한다. 왜냐하면 운영체제와 인간 간의 사랑에서 물리적 접촉을 하기 위해서는 제3자인 대리자가 필요하나, 인간과 인간 간의 사랑에서는 대리자가 필요하지 않기 때문이다. **후반부에서는 운영체제인 사만다가 1대 1로 대화하는 것이 아니라 몇 십만 명과 동시에 대화를 나누고 몇 백명과 동시에 사귀는 모습을 보여주는데 과연 이게 사랑이 맞는**

것일까라는 생각이 들었다.
- 생명공학부 반 학생의 영화비평문

(라) 나는 영화에서 조현병 치료 과정을 보며 느낀 것이 있다. 병원에서 치료를 받는 주인공의 모습과 사랑으로 치료하는 부분에서 주인공의 반응은 매우 다르게 나타났다는 점이다. (중략) **이 부분에서 나는 조현병 환자들에게 병원은 오히려 환자를 불안하게 만든다는 점에서 병원에서의 치료법이 아닌 오직 사랑이라는 힘으로 조현병을 이겨낼 수 있다고 말하는 것처럼 느껴졌다.** (중략) 하지만 불가능하다고 생각한다. 왜냐하면 치료 과정이 매우 복잡하고 힘든 병으로 들었기 때문이다. **그래서 치료 과정을 의학적인 방법이 아닌 사랑으로 해결할 수 있는 모습은 영화에서만 가능한 이야기라고 생각한다.**
- 창의융합학부 반 학생의 영화비평문

위에서 학생들은 영화에서 등장인물의 행위와 결부되어 있는 외적 조건에 대해 비판적인 각도에서 접근하면서 자신의 의견을 적극적으로 개진하고 있다. 먼저, (다)에서는 영화에 나타난 인간과 인공지능 운영체제 간의 사랑의 문제를 미래사회에 처한 인간의 상황에 따라 바라보고 있다. 이 학생이 보기에 대부분의 미래사회 사람들은 1인 1운영체제를 사용하고 있으며, 일상생활 곳곳에서 인공지능 운영체제의 편리함에 길들여져 있다. 이때 주인공 테오도르는 자신의 감정을 제대로 파악하지 못하고 이를 솔직하게 표현하지 못하는 성격으로 인해 맞춤형 운영체제인 사만다를 사용하게 된 것이다. 이런 점에서 이 학생은 인간과 인공지능 운영체제 간의 사랑이 과학기술의 보편화와 그 수단화의 결과에 다름 아니라고 말하고 있다. 이는 다른 학생들의 글에서도 확인할 수 있다. 한 학생의 경우 이 영화에서 "'왜' 테오도르는 인간이 아닌 인공지능과 사랑에 빠질 수밖에 없는 상황에 이르렀을까"에 주목하여 주인공을 둘러싼 외적 환경에 대해 언급하고 있다. 말하자면, 이 학생이 보기에 영화에 나타난 미래 사회는 과학기술이 발전했음에도 불구하고 대필업을 하고 있는 테오도르에게서 알 수 있듯이 감정을 공유하려는 인간의 고유성마저 상실한 상황에 놓여 있다. 이런 점에서 이 학생은 이 영화에서 "기술의 발전과 인간의 발전을 동일선상"에 둘 수 없는 한계점을 읽어내는 것이다.

이처럼 학생들은 인간과 인공지능 운영체제 간의 사랑이 결국 미래사회의 환경에서 비롯된 결과로 판단하고 있는데, 이는 학생들의 글에서 인간과 인공지능 운영체제 간의 근본적인 차이를 이끌어내는 방향으로 나타나기도 한다(이경희, 2016:268-270). 이에 대해 (다)에서는 "인간과 인간 간의 사랑에서는 대리자가 필요하지" 않지만 "인공지능 운영체제와 인간 간의 사랑에서 물리적 접촉을 하기 위해서는 제3자인 대리자가 필요"하다는 점을 제시한다. 실제로 이 부분은 영화에서 적잖은 논란을 불러일으킨 장면인데, 이 학생은 여기서 인간과 인공지능 운영체제 간의 간극을 읽어내는 것이다. 마찬가지로 다른 학생은 영화의 결말 부분에 초점을 맞춰 인간과 인공지능 운영체제 간의 사랑이 인공지능 운영체제의 시스템 특성에서 비롯한 결과라고 보고 있다. 보다 구체적으로, 영화의 후반부에서 테오도르를 통해 인간의 감정을 배우던 사만다는 테오도르와 사귀는 사이에도 8,316명의 사람과 대화를 나누고 있었으며 641명의 사람과 사귀고 있다는 말을 남기고 떠난다. 이에 대해 이 학생은 인간과 인공지능 운영체제 간의 사랑이 인공지능 운영체제의 자기학습능력에서 비롯된 산물이라는 점에서 테오도르가 사만다에 의해 감정을 이용당한 것이라 보고 있는 것이다.

다음으로, (라)에서는 조현병 환자의 조현병 치료 과정과 그 극복 방식에 초점을 맞춰 영화의 허구성에 대해 비판적인 입장을 표명하고 있다. 주지하다시피, 영화 〈뷰티풀 마인드〉에서는 전반부와 후반부의 내용과 분위기가 극명하게 대비되어 나타나는데, 전반부에는 주인공 존 내쉬가 사회적인 성공을 거두고 안정적인 가정을 이루는 과정을, 후반부에는 존 내쉬가 조현병을 극복하여 노벨상을 수상하기까지의 과정을 다루고 있다. 이 학생은 주로 후자에 초점을 맞춰 영화에서 조현병의 치료 과정을 사실과 다르게 미화하고 있다고 보고 있다. 말하자면, 영화에서 존 내쉬가 병원에서 조현병을 치료하는 경우 대체로 불안정하고 환각을 쉽사리 떨쳐내지 못하는 모습으로 나타나는 데 반해, 병원이 아닌 다른 곳에서 조현병을 치료하는 경우 안정적이며 환각으로부터 적절한 거리감을 두는 모습으로 나타나 있다. 물론 이는 주인공이 아내의 격려에 힘입어 조현병을 극복할 가능성을 보여주긴 하지만, 이 학생의 입장에서는 의학적인 방법이 아닌 사랑이라는 낭만화된 방식으로 포장된 것이라 볼 법하다. 실제로 존 내쉬가 조현병 투병 당시 아내와 별거했다가 어느 정도 조현병이 호전되고 나서 다시 결합했다는 사실로 미루어본다면 이 학생의 입장은 크게 무리인 것 같지는 않다.

  이러한 관점은 다른 학생의 글에서도 살펴볼 수 있었다. 이를테면, 한 학생의 경우 조현병 환자가 주변의 인물들에게 미치는 위험성을 지적하면서 영화의 허구성을 비판하고 있기도 하다. 보다 구체적으로, 영화의 후반부에서 존 내쉬는 조현병 치료 중 아내 몰래 약을 복용하지 않다가 또 다시 조현병이 재발하는 상황에 처하게 되는데, 이때 그는 환각에 사로잡혀 아내와 아이에게까지 폭력적인 행동을 보이는 등 가족을 위험에 빠트릴 위기에 직면하였다. 이런 점에서 이 학생은 그가 자신의 병이 호전되지도 않았는데 가족과 함께 지내는 상황을 두고 영화의 현실성을 떨어트린다고 말하는 것이다. 이와 함께 이 학생은 영화에서 주인공의 조현병 치료를 위해 여성이 일방적으로 희생해야 하는 상황에 문제제기를 하고 있다. 이 학생은 특히 영화 후반부에서 알리샤가 존 내쉬를 위해 가장으로서 역할을 한다는 점, 영화의 말미에서 존 내쉬가 노벨상을 수상하는 장면으로 마무리된다는 점을 지적하고 있다. 이처럼 학생들은 사회적 쟁점에 관한 주체적인 판단을 실현함으로써 인지적인 영역이 확장될 수 있는 가능성을 보여주었다.

4. 수업 결과에 관한 반성적 탐색

이 수업에서는 앞서 학생들의 글쓰기 결과물에서 확인한 성과를 진단하기 위해 학기말 개별 설문조사를 실시하였다. 생명공학부 반의 경우 20명의 학생이 수강하였으며, 창의융합학부 반의 경우 36명의 학생이 수강하였는데, 결석 등의 사유로 최종 설문조사에 응한 학생은 각각 18명과 28명이었다. 설문조사는 선택형과 서술형을 혼합하여 크게 5개 문항으로 구성되었으며, 이 중에서 수업 전반에 대한 학생들의 만족도를 측정한 문항에서는 다음과 같은 결과를 확인할 수 있었다.

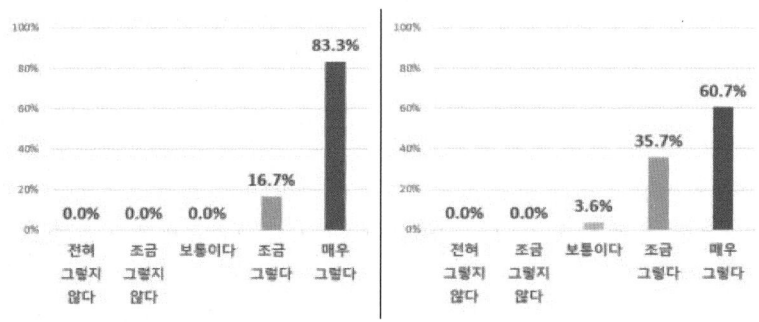

그림 1 생명공학부 반과 창의융합학부 반 수업만족도 결과

위의 그래프에서 확인할 수 있듯이, 학생들은 이 수업에서 대체로 높은 만족도를 성취한 것으로 평가하였다. 이 문항은 수업내용, 수업운영, 학습참여 등 세부 문항에 대한 판단을 종합화하고 있다는 점에서 중요하다. 보다 구체적으로, 생명공학부 반에서는 수업 전반의 만족도를 측정하는 문항에 대해 '조금 그렇다'의 경우 16.7%, '매우 그렇다'의 경우 83.3%의 결과를 보였는데, 여기서 '조금 그렇다' 또한 일정 부분 긍정적인 함의를 담고 있다고 본다면, 이 수업에 대한 학생들의 만족도는 높은 편이었던 것으로 확인된다. 그리고 창의융합학부 반에서는 위의 문항에 대해 '보통이다'의 경우 3.6%, '조금 그렇다'의 경우 35.7%, '매우 그렇다'의 경우

60.7%를 보였는데, 마찬가지로 '조금 그렇다'와 '매우 그렇다'를 동등한 계열에 두고 본다면, 이 수업에 대한 학생들의 만족도는 높은 편이었던 것으로 확인된다. 이러한 점들은 실제로 학생들의 서술형 문항에서 구체적으로 살펴볼 수 있었다. 이를테면, 학생들은 이 수업에 대해 수업 분위기, 수업 내용, 과제물 등에 대해 긍정적인 반응을 보여주었으며, 특히 과제물 수행에 대한 높은 만족감을 표출하고 있었다. 이와 관련하여 글쓰기 과제에 대한 학생들의 의견을 수렴하려는 문항에서는 다음과 같은 결과를 확인할 수 있었다.

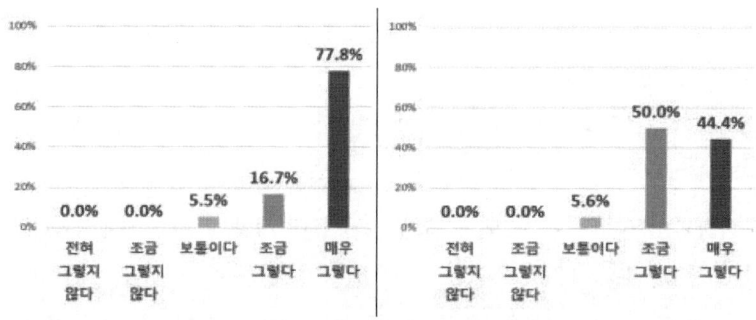

그림 2 생명공학부 반 글쓰기 관련 설문결과

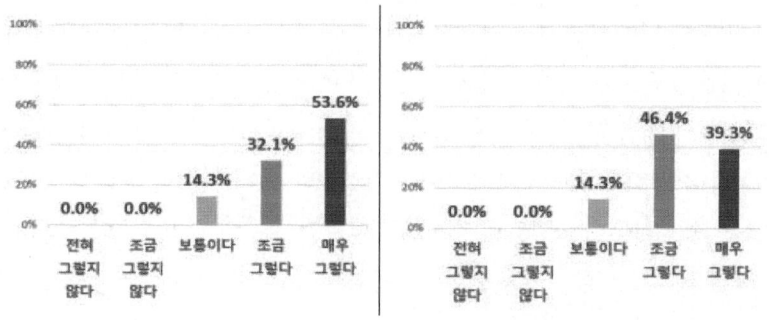

그림 3 창의융합학부 반 글쓰기 관련 설문결과

위의 그래프에서 전자는 '나는 이 수업을 통해 글쓰기의 필요성을 좀 더 느끼게 되었다.'의 문항을, 후자는 '나는 이 수업을 통해 글쓰기의 능력을 보다 향상시킬 수 있었다'는 문항에 대한 결과를 나타내고 있다. 보다 구체적으로, 생명공학부 반에서는 전자에서 '보통이다'의 경우 5.5%, '조금 그렇다'의 경우 16.7%, '매우 그렇다'의 경우 77.8%의 결과를 나타내고 있으며, 창의융합학부 반에서는 전자에서 '보통이다'의 경우 14.3%, '조금 그렇다'의 경우 32.1%, '매우 그렇다'의 경우 53.6%의 결과를 나타내고 있다. 이때 '조금 그렇다'와 '매우 그렇다'를 동등한 계열에 두고 본다면, 이 수업을 통해 학생들은 대체로 글쓰기의 필요성을 절감할 수 있었던 것으로 보인다. 그리고 생명공학부 반에서는 후자에서 '보통이다'의 경우 5.6%, '조금 그렇다'의 경우 50%, '매우 그렇다'의 경우 44.4%의 결과를 나타내고 있으며, 창의융합학부 반에서는 후자에서 '보통이다'의 경우 14.3%, '조금 그렇다'의 경우 46.4%, '매우 그렇다'의 경우 39.3%의 결과를 나타내고 있다. 마찬가지로 여기서 '조금 그렇다'와 '매우 그렇다'를 동등한 계열에 두고 본다면, 이 수업을 통해 학생들은 어느 정도 글쓰기의 능력을 향상시킬 수 있었던 것으로 보인다. 이러한 점들은 서술형 문항을 통해 좀 더 구체적으로 확인할 수 있었는데, 학생들의 의견을 종합해보면 이 수업에서 수업 내용과 실습 활동을 연계시키고자 한 점, 수업 내용과 과제물 수행을 연결시키고자 한 점이 주효하게 작용한 것으로 판단된다.

이처럼 이 수업에서는 애초 지향하려 했던 학습 목표를 일정 부분 달성하였던 것으로 보이지만, 실제 수업을 진행하는 과정에서 수업의 목표와 괴리되는 점들을 발견하기도 했다. 여기서는 앞으로 이 수업에서 감당해야 할 한계점을 타진해보고 그것의 보완 및 발전 방향을 모색해보고자 한다. 첫 번째로, 학생들은 특정 사회문제를 수용할 수 있는 매개체로서 콘텐츠에 대해 좀 더 섬세하게 접근할 필요성을 제기하였다. 이 수업에서 학생들이 시청한 영상물들은 기본적으로 수업 주제를 둘러싼 내용을 형성하거나 사회문제에 관한 정보를 형성하는 주된 발판이 되었음에도, 많은 경우 학생들이 이를 피상적인 측면에서 받아들이고 있다는 것을 보여주었다. 말하자면, 학생들이 콘텐츠를 일방적으로 수용하려는 입장이 아니라 주체적으로 향유할 수 있는 입장에 서기 위해서는 콘텐츠에 대한 텍스트적, 콘텍스트적 이해를 비롯하여 콘텐츠에 대한 매체적 이해를 심화시킬 수 있는 환경이 조성되어야 하는 것이다. 이를 위해 향후 이 수업에서는 제한된 수업환경 아래 콘텐츠의 시청과 그에 대한 문제해결학습을 병행하는 방식에서 벗어나 플립러닝 등 여러 교수법을 활용하거나 수업 주제와의 연계성으로 인해 하나의 콘텐츠에 초점을 맞추는 방식에서 벗어나 여러 콘텐츠를 체험하고 공유할 수 있는 기회를 부여하고자 한다.

두 번째로, 학생들은 콘텐츠를 활용한 단계별 글쓰기를 수행할 시 글쓰기 과제물의 편차를 극복하기 위해 실질적인 대책이 마련되어야 할 필요성을 제기하였다. 보다 구체적으로, 이 수업의 전반부에는 글쓰기의 과정을 둘러싼 기초적인 학습을 실시하고 이를 바탕으로 사회문제형 글쓰기를 실현한 바 있다. 하지만 실제 학생들의 결과물을 검토해보면, 여전히 선정된 주제가 모호하다든지, 제목이 글의 주제를 제대로 담아내지 못한다든지, 구성상의 역할과 연결이 불분명한 것과 같이 글쓰기의 기초적인 자질이 부족한 경우를 종종 목도할 수 있었다. 또한 콘텐츠와 연계하여 실시한 학생들의 글쓰기를 검토해보면, 에세이와 비평문의 특성을 제대로 이해하지 못하거나 각 장르적인 요건을 제대로 성취하지 못한 경우를 자주 목도할 수 있기도 했다. 이런 점에서 향후 이 수업에서는 학생들이 개별 글쓰기의 문제점을 체계적으로 파악하도록 하기 위해 성취기준표를 마련하여 피드백을 실시하거나 자기 글쓰기의 문제점을 구체적으로 보완하도록 하기 위해 수정한 글을 비교과 프로그램과 같은 수업 외적 환경과 연결하여 피드백 받을 수 있는 환경을 조성하고자 한다.

세 번째로, 학생들은 사회문제를 둘러싼 내용 공유와 쟁점 형성을 위해 실시한 조별 발표와 토론에 대해 좀 더 생산적으로 운영되어야 할 필요성을 제기하였다. 이 수업에서는 애초 대부분의 수강생이 1학년생이라는 점을 감안하여 조별 토론과 발표 시 학생들의 자율성과 능동성을 최대한 장려하려고 했으나, 실제 토론과 발표를 실시할 때에는 다소 형식적이거나 수동적으로 이루어지는 상황을 종종 목도할 수 있었다. 이는 특히 발표와 토론을 특정 학생들이 점차 주도해갔다는 점, 그리고 발표와 토론에서 제기된 내용에 입각하여 많은 학생들이 개별 글쓰기를 실현하려고 했다는 점 등에서 확인할 수 있었다. 이 수업에서는 향후 이러한 문제를 해결하기 위해 조별로 역할 분담에 따른 토론과 발표가 이루어지고 수업을 진행해 갈 때마다 조별로 역할 분담이 순환적으로 수행될 수 있는 분위기를 조성하고자 한다. 그리고 이 수업에서는 사회문제와 관련한 수업 구성원 간의 논의가 보다 활발하게 이루어지도록 하기 위해 학습관리시스템(LMS)과 같은 온라인 게시판을 적극 활용하고자 한다. 보다 구체적으로, 수업 이전에 특정한 조가 사회문제와 관련하여 게시판에서 문제제기를 한 후 이를 가지고 수업 시간에 조별 논의를 진행하거나 수업 이후에 게시판 댓글 등을 활용하여 수업 시간의 논의를 심화시키는 방식을 강구하고자 한다.

5. 사회문제형 글쓰기 교육과 학습자 경험 지평의 확장

지금까지 이 글에서는 콘텐츠를 활용한 사회문제형 글쓰기 교육 사례를 바탕으로 대학생들의 글쓰기 능력을 향상시키기 위한 방향을 탐색하고자 했다. 통상적으로 대학에서 글쓰기 교과목은 기초교양으로서 그 중요성을 인정받아 왔으나, 실제 교육현장에서 대다수의 학생들은 글쓰기 자체에 관한 막연함이나 글쓰기 행위에 관한 두려움을 안고 있었다. 이에 따라 이 글에서는 학생들이 글쓰기에 관한 동기를 부여하고 글쓰기 대상에 관한 이해를 도모하도록 하기 위해 수업 설계 시 다음과 같은 점들을 고려하고자 했다. 보다 구체적으로, 이 수업에서는 수업 방법의 측면에서 말하기와 글쓰기, 콘텐츠와 콘텐츠, 콘텐츠와 글쓰기 간의 연계성을 높이는 방향으로 진행되었으며, 과제물의 측면에서는 콘텐츠를 둘러싼 개별 입장을 단계별 글쓰기를 통해 확장시키는 방향으로 진행되었다.

그 결과 학생들은 콘텐츠를 통해 일방적인 정보를 수용하는 것에서 나아가 타자를 향한 열린 태도를 기반으로 타자가 처한 상황에 대해 공감대를 형성할 수 있었다. 또한 학생들은 콘텐츠의 연출 방식에 대한 비판적인 태도를 바탕으로 사회적 쟁점에 관한 주체적인 판단을 실현할 수 있었다. 물론 수업을 진행하는 과정에서 많은 학생들이 콘텐츠에 평면적으로 접근한다는 점, 장르적 특성에 따른 글쓰기의 수행에 어려움을 느낀다는 점 등 몇몇 한계점을 노출하기도 했다. 그럼에도 이 글에서는 콘텐츠를 활용한 사회문제형 글쓰기 교육을 통해 학생들이 기존 경험 세계에서 벗어나 정서적 영역과 인지적 영역을 확장시키는 계기를 마련할 수 있다는 것을 확인하였다.

참고문헌

김윤희(2021). "비대면 환경에서의 소통적 글쓰기 교육 방안 고찰 - 학습자 중심 교육으로의 전환을 중심으로", *리터러시연구* 12(3), 333-363.

김지윤 외 2인(2021). "온라인 글쓰기 피드백 시스템 개발 사례 및 개선점 - 숙명여자대학교 온라인 글쓰기 피드백 시스템을 중심으로", *교양학연구* 15, 7-48.

나은미(2021). "〈사고와 표현〉 교육의 흐름과 의사소통교육의 확장적 방향 탐색", *문화와융합* 43(1), 709-729.

박현이(2020). "의사소통역량 강화를 위한 글쓰기와 말하기 연계 교육 연구", *문화와융합* 42(7), 193-227.

박현희(2020). "온라인 수업(online learning)에서 대학생의 사회적 공감 능력 향상을 위한 단계별 사회성찰글쓰기 교육 - 영화를 활용한 수업 사례를 중심으로", *사고와 표현* 13(3), 7-46.

손미란(2020). "영화 리터러시를 활용한 미디어리터러시 글쓰기 교육 - 영화비평문 작성법을 중심으로", *인문연구* 91, 59-98.

안숙현(2020). "대학생 학습자 대상의 글쓰기 프로젝트 학습 방안 연구", *학습자중심교과교육연구* 20(6), 45-67.

양현진(2015). "비평적 에세이 쓰기를 통한 대학생 글쓰기 교육 연구", *한국문예창작* 14(1),

135-169.

윤소영(2002). "네모의 세계를 깨고 나온 뷰티풀 마인드", *문학과영상* 3(1), 171-180.

이경희(2016). "영화 〈그녀 Her〉를 활용한 글쓰기 교육모형 연구", *사고와 표현* 9(2), 255-291.

이내관(2018). "〈글쓰기와 말하기〉 수업의 교수-학습 사례", *문화와융합* 40(8), 445-480.

이지영(2021). "PBL 과제를 활용한 디지털 협력적 읽기-쓰기 교수학습 모형 연구", *사고와 표현* 14(3), 39-76.

지현배(2021). "대학에서의 글쓰기 교육의 목표", *국학연구론총* 27, 227-249.

최호영(2022). "콘텐츠를 활용한 사회문제형 글쓰기 교육 사례 연구", *문화와융합* 44(3), 337-361.

● 이 장은 문화와융합 학술지 44권 3호에 실린 필자의 논문(최호영, 2022)을 바탕으로 재구성되었다.

04장
핵심역량 증진을 위한 대학 영어교육

1. 핵심역량과 대학교육

급변하는 사회적, 시대적 변화에 따라 대학이라는 고등교육 기관의 교육 목표는 이제 지식과 정보의 전달이 아닌, '인적자원'으로서의 교육 수요자의 '역량 증진'이 되었다. 최근 10년간 대학에서의 역량 중심 교육의 이와 같은 필요성에 대해 자의적이든, 타의적이든 공감한 대학들을 중심으로 역량 기반 교육이 시행되어왔고, 특히 2~3년 전부터 교육부 기본역량진단과 관련하여 역량 교육은 국내 대다수 대학의 가장 큰 관심사가 되어왔다. 즉 지식기반사회의 도래 및 신자유주의의 등장에 따른 인적자원개발의 강조, OECD DeSeCo(Definition and Selection of Key Competence) 프로젝트의 교육 역량 규명 등 대외적 배경 및 2015년 국가교육과정에 핵심역량의 도입, 대학 학부교육의 역량평가 중심의 각종 대학재정지원사업을 통한 교육부의 강도 높은 개혁 유도 등 대내적 배경에 기인하여, 많은 대학이 핵심역량을 도출하고 교과목별 역량을 선정하여 운영토록 하는 등 이른바 '역량 기반의 교육과정 운영'에 온 힘을 기울이고 있다.

그러나 문제는 대학에서의 핵심역량 기반 교육이 해당 역량을 계발 및 증진시키기 위한 교과목의 설계 및 운영에 초점이 맞추어져 있는 것이 아니라, 가시적인 역량의 선정 및 교과목별 역량 매핑, 그리고 핵심역량 진단도구의 개발에 편중되어 있다는 점이다(백승수, 2020:16). 즉 각종 대학재정지원사업 및 기본역량진단 등 교육부의 대학 평가를 우선적 목표로 하는 많은 대학이 교육 내용과 교수법 및 성적평가는 역량 중심으로 기획 및 운영되고 있지 않음에도 대학 차원의 진단도구로 표준화된 지표로서의 사전 사후 테스트 결과만을 강조하고 있다는 것이다. 역량 중심으로 구성되고 운영되지 않은 교과목을 이수한 학습자의 역량 성취는 결국 진정성을 담보하기 어려운 보여 주기 식의 형식적인 성과일 수밖에 없으며, 학습자 개개인의 실제적 역량 증진에도 도움이 될 수 없다. 결국 핵심 역량을 평가하고 검사를 통해 역량 성취도를 파악 및 분석하기 이전에 실제 수업 현장에서 역량 중심의 개발이 일어나야 하며(백승수, 2020:17), 이를 위해서는 사전 기획된 수행 활동 중심으로 교과목을 설계 및 운영하는 것이 필수적이다. 수행 활동 중심의 역량 교육의 중요성은 역량이라는 것 자체가 교과목 이수를 통해서 자연적으로 생겨나는 것이 아니라, 실제 수행 활동의 과정에서 학습자가 실제로 구체적인 그 수행상황을 통해 스스로 이행해 봄으로써 발현되는 학습자 고유의 능력이자 특성이라는 역량의 기본 개념에서도 확인할 수 있다(White, 1959; McClelland, 1973).

역량의 개념을 처음 도입한 심리학자 Robert White는 역량을 인간이 환경과 효과적으로 상호작용하는 능력, 즉 구체적인 수행상황을 통해 주위 환경과 상호작용하며 학습되고 개발될 수 있는 능력으로 규정하였고(1959:297), 성인 대상의 직업교육과 관련한 일의 성과로서의 관점에서 역량을 새롭게 바라본 하버드 대학의 심리학 교수, McClelland 역시 역량을 실제 수행과정에서 발현되는 인간의 다양한 능력 중 성공적인 수행을 가능하게 하는 수행자의 탁월한 특성으로 정의하였다(1973:9). 이처럼 특정 상황에서 특정 직무 수행의 성과를 가늠하는 인간의 고유한 내적 특성으로 정의된 역량은 DeSeCo 프로젝트를 계기로 2000년대 이후 학교교육에 도입되어 역량 기반 교육의 필요성이 더욱 강조되었다(김민정,

2019:201-202). 국내에서의 핵심역량 기반 교육은 내부 구성원들 간의 상대적 마찰이 적다는 이유에서 교양과 비교과 단위에서 먼저 접근이 이루어져 왔고(김대중 외, 2017:39), 최근에는 각종 국책사업 및 특히 대학기본역량진단과 관련하여 교양 교육에서 주요 화두가 되어 연구들이 활발하게 진행되어 왔으나, 역량 기반 교양 영어교육에 관한 연구는 양적인 면에서 아직 미흡하다고 할 수 있다.

이러한 점에서, 본 연구는 핵심역량 중심으로 설계한 교양영어 수업 활동을 공유하고, 역량 성취도 및 만족도 분석을 통해 역량 기반 교양영어 수업의 효과성을 검증해 봄으로써 교양영어 교육의 다양한 현장에 참고할 만한 사례가 될 수 있을 것으로 기대한다.

2. 역량 증진을 위한 대학 영어 수행활동

충청권에 소재한 H대학에서는 2019학년도 이래로 현재까지 필수교양 교과목을 중심으로 설정된 핵심역량을 증진시키기 위한 '역량 수행 활동'을 학습자 모두가 참여 가능하도록 교과 내 수업 활동으로 개발하여 운영해 왔으며 2020학년도 기준으로 총 8개 필수교과목의 수강생 7,656명이 참여하였다. "핵심역량 강화활동"이라는 명칭으로 운영되는 이 역량 수행 활동은 핵심역량과 연계된 각 교과목별 수업 목표 및 내용, 교수법, 성적 평가 등을 고려한 것으로, 교과목별 대표교수를 중심으로 개발 및 운영되었다. "핵심역량 강화활동"은 대표교수 대상 사전 교육, 활동 개발, 외부 전문가 자문, 교과목별 소속 담당교원 활동 이행 교육, 학기 중 활동 운영, 사전 사후 역량 검사 및 활동 평가, 역량 경진대회, 역량활동 만족도 조사, 교과목별 운영보고서 제출의 절차로 운영되고 있다. 본 연구에서는 H대학의 "핵심역량 강화활동"에 참여해 온 필수교양 교과목 중, 협업역량(Teamwork)을 중점 역량으로 설계한 교양영어 교과목의 본 연구자가 담당한 3개 분반 역량 수행활동 운영 사례를 중심으로 해당 활동에 참여한 수강생들의 역량 성취도 및 만족도를 조사하고 그 결과 분석을 통한 본 역량 수행활동의 효과성을 확인해 보고자 한다.

우선, 본 연구는 2021학년도 1학기에 연구자가 담당한 H대학 교양영어 필수 교과목인 '대학영어강독2'의 3개 분반 수업을 통해 실시하였다. 해당 3개 분반의 수강생은 총 132명이나 이중 7명은 성취도 사전 검사에 참여하지 않았고 1명은 사후 검사의 마지막 문항에 답변하지 않았기에, 이들을 제외한 총 124명을 최종 연구대상으로 정하였다. 연구 참여자의 성별과 학년 및 전공분야에 따른 특성은 다음과 같다.

표 1 연구대상 특성

성별		학년				전공분야					계
남	여	1	2	3	4	인문	사회	자연	공학	예체능	
92	32	0	48	40	36	0	13	8	93	10	124
(74.2%)	(25.8%)	(0%)	(38.7%)	(32.3%)	(29%)	(0%)	(10.5%)	(6.5%)	(75%)	(8.1%)	(100)

단위: N(%)

연구자가 담당한 분반이 주로 공학계열이다 보니 연구 참여자 총 124명 중 남학생이 92명으로 여학생에 비해 3배 가까이 많은 분포를 차지하였고, '대학영어강독2' 교과목의 선/후수제 이수라는 특성상 강독1을 1학년 때에 수강 완료한 학생들만 강독2를 수강하기 때문에 1학년 학생은 연구대상에 포함되지 않았다.

H대학교 교양의 핵심역량은 '협업역량'(하위역량: 공동체의식, 의사소통), '선도역량'(하위역량: 전문성, 자기관리), '창의성'(하위역량: 비판적사고, 창의적 문제해결능력), '자원관리역량'(하위역량: 정보기술 활용, 데이터관리)의 4대 역량으로 구성되어 있다. 본 연구의 대상 교과목인 '대학영어강독2'는 이 중에서 '협업역량'을 중점 역량으로 설정하고 각 하위역량인 공동체의식과 의사소통 역량의 수행준거를 반영한 '협업역량 강화활동'

을 개발하여, 학생 체험형 역량 수행활동의 이행을 통해 역량을 증진시키고자 하는 목적으로 2020학년도부터 전체 분반에서 공통운영하고 있다.

표 2 H대학교 교양 핵심역량 구성요소

핵심역량	하위역량	수행준거
협업역량 (Teamwork)	공동체 의식	공동체 의식에 대한 내용 지식과 함양을 위한 절차적 지식 및 태도를 형성할 수 있다.
	의사소통	의사소통 역량의 내용 지식과 그의 신장을 위한 절차적 지식 및 태도를 형성할 수 있다.
선도역량 (Entrepreneurship)	전문성	전공 교과 수학에 필요한 기초 지식과 타당한 도구 사용 지식 및 전공에 대한 이해를 형성할 수 있다.
	자기관리	인간에 대한 이해와 자기관리 역량을 함양하고 자신을 아끼는 태도를 형성할 수 있다.
창의성 (Creativity)	비판적사고	논리적 사유를 이해하고 타당한 절차에 따라 추론하고 비판하는 태도를 형성할 수 있다.
	창의적 문제해결	다양한 지식을 분석하고 종합할 수 있는 체계적 지식을 갖추어 창의적으로 문제를 해결하는 태도를 형성할 수 있다.
자원관리역량 (Harnessing Resources)	정보기술 활용	인간과 사회에 대한 지식을 습득하고 정보 기술을 활용하여 문제를 해결하려는 태도를 형성할 수 있다.
	데이터관리	데이터 관리에 대한 절차적 지식을 습득하고 객관적 세계에 대한 다양한 문제를 해결하려는 태도를 형성할 수 있다.

'협업역량 강화활동'은 1인 1 이메일 영작을 개별 수행활동으로 하되, 2~3인의 모둠원이 함께 이메일의 포맷 및 구성, 내용의 디테일 및 논리성, 영어 어휘 및 문법 등 피어리뷰(peer review)를 하여 각자의 최종작을 완성하는 활동이다. 평가는 수행 과제의 특성을 중심으로 역량에 접근하는 경우 각 직무마다 만족시켜야 하는 기준이나 표준을 정하고 수행자가 그러한 기준이나 표준을 달성하였는지를 살펴보는 것이 중요하므로(윤정일 외, 2007:252), 역량별 평가 준거를 담은 루브릭과 체크리스트를 통해 동료평가와 교수평가를 함께 진행하였다. 연구를 진행한 2021학년도 1학

기에는 코로나19 상황으로 인해 불가피하게 온라인 줌(zoom)을 활용하여 본 수행활동을 실시간 화상으로 진행하였다. 연구 참여자들은 2주차에 핵심역량 진단 사전검사를 시행한 이후, 역량 강화활동을 수업시간을 통해 총 4회 수행하고 교수 및 동료 평가를 받았으며, 학기 마지막 주차인 15주차에 사후검사 및 만족도 설문조사를 시행하였다. '협업역량 강화활동'의 구체적 내용 및 평가방식은 다음과 같다.

표 3 교양영어 '협업역량 강화활동' 운영안

구분	구성	내용
활동명칭	• 협업역량 강화를 위한 이메일(e-mail) 영작활동	• '협업역량'의 하위역량인 공동체의식과 의사소통 역량 균형 증진 반영하여 활동 구성
활동방법	• 개별활동 • 모둠활동	• 1인 1 비즈니스 이메일 영작 • 피어리뷰 통한 동료피드백. 2~3인 모둠 구성 (zoom 실시간, 소회의실 기능 활용) • 개별 및 모둠활동 각 활동지 제작, 배포
진행횟수	• 총 4회 • 회차별 50~100분 진행	• 각 8,9,10,11주차 • 활동 내용 고려하여 8,9주차 50분, 10,11주차 100분 진행
운영절차	강의 비즈니스 이메일 작성 요령 특강 교수자 ▶ 브레인스토밍 및 초고작성 대상, 목적, 주제 결정 후 초고 작업 개별활동 ▶ 피어리뷰 및 수정 형식, 구성 논리, 문법 등 동료 검토 및 개별수정 모둠/개별활동 ▶ 최종본 작성 및 동료, 교수평가 개별 최종 원고 작업 후 모둠 내 동료평가 및 교수평가 시행 개별/모둠활동	
성적반영	• 15점	• 총 100점 성적산출, 상대평가 운영 수업
평가방식	• 개별활동 (의사소통)	• 10점: 교수평가 • 이메일 형식, 내용 논리, 어휘 및 문법 영역의 10개 문항으로 구성된 체크리스트 활용
	• 모둠활동 (공동체의식)	• 5점: 교수자 평가 2점, 동료평가 3점 • 교수평가는 모둠별 활동지 작성 및 참여도, 동료평가는 모둠원에 의견 및 코멘트 중심의 루브릭 활용

본 역량 수행활동이 역량 증진을 위해 기획된 활동이므로 평가 또한 역량 중심의 평가 방안을 마련하여 진행하였는데, 세부적 운영 방법과 관련해서는 학습자의 수행활동을 객관적인 준거로 평가하기 위해 루브릭 및 체크리스트를 활용하였고, 중점 역량의 하위역량인 '공동체 의식'과 '의사소통' 역량을 평가할 수 있는 문항들로 평가 항목을 구성하였다. 다만 배점에 있어서 '공동체 의식' 역량을 5점, '의사소통' 역량을 10점으로 차등을 두었는데, 이는 영어로 이메일 형식의 글을 작성하는 해당 수행활동이 '의사소통' 영역에 더 밀접하게 연계되어 있음을 고려한 것이다.

역량 기반 수행활동 평가를 위해 활용된 루브릭과 각 체크리스트는 해당 활동 이전에 수업 참여자들에게 미리 배포하고 설명하였으며, 평가의 상세 내용은 다음의 〈표 4〉와 〈표 5〉에서 확인할 수 있다.

표 4 교양영어 '협업역량 강화활동' 평가 루브릭

역량	항목	배점	평가자	내용
공동체 의식	활동	2	교수	회차별 활동지 작성 및 제출의 성실성
	동료 평가	3	학생	동료(모둠원) 활동 결과물에 대한 평가(코멘트 포함)
의사 소통	형식	2	교수	글(이메일) 형식의 적합성
	구성	5		글의 대상과 목적, 주제의 명확성 및 내용의 논리성
	문법	3		문장부호, 동사의 시제, 수일치(수업에서 학습한 문법 내용 범위) 등 문법 사용의 정확성
계		15		• 세부 내용은 체크리스트 참고

표 5 교양영어 '협업역량 강화활동' 역량별 평가 체크리스트

공동체 의식	의사소통
교수평가	교수평가
동료평가	

교양영어 '협업역량 강화활동' 운영을 통한 핵심역량 성취도를 확인하기 위하여 본교 핵심역량 진단을 위해 개발된 역량검사 문항을 사용하였으며, 이 중에서 교양영어 교과목의 핵심역량이자 역량 수행활동의 기획 및 운영을 통해 증진시키고자 하였던 협업역량의 10개 문항을 활용하였다. 협업역량의 10개 문항은 각 하위역량인 공동체의식 역량 관련 5개 문항과 의사소통 역량 관련 5개 문항으로 구성되어 있다.

자가 보고형의 사전-사후 설문의 각 문항은 '전혀 그렇지 않다(1점)'에서 '매우 그렇다(5점)'의 5점 리커트 척도로 구성하였으며, 설문 진행은 분반별로 수업 2주차와 15주차에 각 수업 및 기말시험이 완료된 이후, 자발적 참여유도를 통해 실시하였다. SPSS 23.0 프로그램을 사용하여 사전, 사후검사 진단 설문의 동일한 문항에 대한 두 변수의 평균값을 비교 분석하는 대응표본 t-검증을 실시하였다. 참여자의 만족도를 확인하기 위해서는 3개의 선택형 문항과 1개의 개방형 문항으로 구성된 설문을 마지

막 주차에 역량 사후진단 검사와 함께 온라인으로 시행하였고, 응답자의 의견 분석을 위해 빈도와 비율을 활용한 기술통계를 실시하였다.

3. 핵심역량 수행활동의 효과성

협업역량 강화를 위해 기획 및 운영된 교양영어 역량 수행활동을 통한 참여자의 역량 성취를 사전-사후 진단검사 문항별 평균 및 표준편차, 그리고 t-검증을 통해 비교한 결과는 다음과 같다.

표 6 핵심역량(협업역량) 성과 사전-사후 결과

(N=124)

	문항	사전		사후		t
		M	SD	M	SD	
1	(공동체의식) 팀 안에서 구성원들과 협력적 관계를 형성한다.	3.59	.721	4.03	.709	-5.356***
2	(공동체의식) 팀 안에서 토론과 중재를 담당한다.	3.02	.841	3.81	.803	-8.569***
3	(공동체의식) 팀 구성원들을 격려하고 동기를 부여한다.	3.43	.756	3.98	.786	-6.534***
4	(공동체의식) 팀 작업 수행 시 책임의식이 높다.	3.66	.742	4.27	.688	-6.510***
5	(공동체의식) 팀 구성원들의 의견을 적극적으로 경청하고 이해하려고 노력한다.	3.90	.748	4.27	.629	-4.472***
6	(의사소통) 나의 생각을 설득력 있게 전달할 수 있다.	3.37	.791	4.04	.737	-7.323***
7	(의사소통) 기초(외)국어 실력을 갖추고 있다.	2.58	1.005	3.73	.847	-11.051***
8	(의사소통) 비언어적(몸짓, 표정) 의사소통능력이 높다.	3.23	.745	3.86	.747	-6.950***
9	(의사소통) 타인이 말하는 것을 듣고 타인의 생각을 이해할 수 있다.	3.73	.756	4.14	.691	-4.152***

10	(의사소통) 협상을 위해 필요한 의사소통 전략을 구상할 줄 안다.	3.32	.771	4.09	.699	-8.048***
	계	3.38	.788	4.02	.734	-6.897***

***p<.001

사전-사후 분석 결과, 협업역량 진단을 위한 모든 10개 문항에서 평균값의 향상도를 보였으며, 이는 t-검증 결과 각 문항별 0.1% 수준의 통계적으로 매우 유의미한 것으로 나타났다. 사전검사에서는 5번 문항인 '(나는) 팀 구성원들의 의견을 적극적으로 경청하고 이해하려고 노력한다($M = 3.90$)'가 가장 높게 나왔고, 9번 문항인 '타인이 말하는 것을 듣고 타인의 생각을 이해할 수 있다($M = 3.73$)'가 두 번째로 높은 결과를 보였다. 그 다음으로는 '팀 작업 수행 시 책임의식이 높다($M = 3.66$)'와 '팀 안에서 구성원들과 협력적 관계를 형성한다($M = 3.596$)'의 각 4번과 1번 문항 순으로 평균값이 높게 나왔다. 사전검사에서 가장 낮은 결과를 보인 문항은 7번인 '기초외국어 실력을 갖추고 있다($M = 2.58$)'이며 이는 사전-사후 문항별 결과를 통틀어 유일한 2점대 평균값이었다. 사후검사에서는 4번 문항인 '팀 작업 수행 시 책임의식이 높다($M = 4.27$)'가 사전검사에서도 가장 높은 결과를 보였던 5번 문항과 함께 가장 높은 결과를 보였는데, 이는 모둠활동 교수자 3점 평가를 참여자가 모둠원의 활동결과물을 정해진 시간 안에 적극적으로 검토하고 피드백 주는 것을 토대로 진행한 점에 일부 기인한 것으로 보인다. 그 다음으로는 사전검사에서도 높은 결과를 보였던 9번 문항, '타인이 말하는 것을 듣고 타인의 생각을 이해할 수 있다($M = 4.14$)'의 순으로 성취 향상도를 보였다. 한편, 7번 문항인 '기초외국어 실력을 갖추고 있다($M = 3.73$)'는 사전검사와 동일하게 사후검사에서도 가장 낮은 결과가 나타났는데, 이를 통해 대부분의 참여자들이 기초외국어, 즉 영어 사용 능력이 부족하다고 지속적으로 인식하고 있음을 확인할 수 있었다.

흥미로운 점은 사전-사후 문항별 분석결과, 사전-사후에서 각각 가장 낮은 평균값을 보였던 기초외국어 실력 관련한 이 7번 문항에서 역량 증가 폭이 가장 크게 나왔다는 점이다. 즉 학습자들은 자신의 기초외국어 실력이 낮다고 자가보고 하였으나, 본 역량 수행활동을 통해 해당 능력을 가장 큰 폭으로 증진시킨 것이다. 이는 해당 교과목의 특성상 기초외국어에 지속적으로 노출되어 참여자가 본인의 외국어 능숙도가 향상되었음을 인지한 것이라고 분석할 수도 있겠으나, 다른 한편으로는 학습자가 꾸준한 역량활동 수행을 통해 본인의 요구와 필요에 따른 특정 능력을 충분히 향상시킬 수 있음을 보여주는 의미 있는 결과라고도 볼 수 있다. 이 외에 또 하나 눈 여겨 살펴볼 부분은 사전검사에서 첫 번째, 두 번째로 가장 높은 결과를 보였던 5번 문항, '팀 구성원들의 의견을 적극적으로 경청하고 이해하려고 노력한다($M = 3.90$)'와 9번 문항, '타인이 말하는 것을 듣고 타인의 생각을 이해할 수 있다($M = 3.73$)'가 역량 수행활동 이후의 사후검사에서는 각각 첫 번째와 두 번째로 가장 낮은 성취도를 보였다는 점이다. 다시 말해서 5번과 9번 문항이 사전-사후 문항별 비교 분석결과 가장 소폭으로 증진된 것인데, 이는 참여자들이 역량활동의 수행 여부와 상관없이 집단 공동체에서 타인과의 의사소통을 위한 기본적인 기술 및 태도 등의 역량을 이미 지니고 있었음을 유추할 수 있는 부분이다.

이와 더불어, 핵심역량 함양을 위해 기획 및 운영된 교양영어 역량 수행활동에 참여한 학습자들의 만족도 결과는 다음과 같다.

표 7 참여자 만족도 및 수요도 결과

(N=124)

문항		응답 내용				
		매우 그렇다	그렇다	보통 이다	그렇지 않다	전혀 그렇지않다
1	수업에서 진행했던 협업역량 강화활동에 대해 전반적으로 만족하십니까?	33 (26.6%)	60 (48.4%)	31 (25.0%)	0 (0%)	0 (0%)
2	협업역량 강화활동 수행이 본인의 역량 증진에 도움이 되었다고 생각하십니까?	매우 그렇다	그렇다	보통 이다	그렇지 않다	전혀 그렇지않다

				38 (30.6%)	55 (44.4%)	29 (23.4%)	2 (1.6%)	0 (0%)
3	협업역량 강화활동의 운영과 관련하여, 가장 만족스러운 부분은 무엇입니까?			활동 내용	운영 횟수	모둠 활동	평가 방식	성적 반영
				28 (22.6%)	18 (14.5%)	21 (16.9%)	46 (37.1%)	11 (8.9%)
4	협업역량 강화활동의 개선점 관련 자유로이 의견을 작성해 주시기 바랍니다.(선택)	• 모둠구성 (N=12)	• 모둠을 자율적으로 구성할 수 있으면 더 좋겠다. (7) • 모둠이 수준에 맞는 학생들로 구성되어야 한다. (5)					
		• 대면진행 (N=4)	• 비대면이라 줌 소회의실로 의견 내고 피드백 주고받는 것이 불편했다. (3) • 대면으로 했으면 더 좋았을 것 같아요. (1)					
		• 활동시간 (N=2)	• 모둠 활동시간이 많이 부족했습니다. (2) • 소회의실 종료 기능 때문에 활동 하다말고 끝남 (1)					
		• 기타 (N=1)	• 영작을 개별로 하면 되지 팀 활동 왜하는지 몰랐는데 팀원 의견이 도움이 되었다. (1)					

〈표 7〉에서 확인할 수 있는 바와 같이, 응답자의 23.6%에 해당하는 33명이 '매우 그렇다'로 답하여 본 '협업역량 강화활동' 운영에 매우 높은 만족도를 보였고, 48.4%인 60명이 '그렇다', 남은 25.5%인 31명의 응답자가 '보통이다'로 답변하여, 총 75%에 해당하는 대부분의 참여자가 긍정적인 평가를 한 것으로 확인되었다. 두 번째로 '협업역량 강화활동'을 수행한 것이 역량 증진에 도움이 되었는지를 묻는 문항에 응답자의 44.4%에 해당하는 55명이 '그렇다'로 답하였고, 30.6%인 38명의 응답자가 '매우 그렇다'로 답변하여, 역시 높은 비율인 총 75%에 해당하는 대부분의 참여자가 본 활동이 핵심역량 증진에 도움이 되었다고 그 필요성을 인지하고 있는 것으로 분석되었다. 세 번째 객관형 문항인 '협업역량 강화활동의 운영과 관련하여, 가장 만족스러운 부분은 무엇입니까?'에 대한 응답으로는 '평가방식'이 37.1%(46명)로 가장 높은 결과를 보였는데, 이는 동료평가와 교수평가를 함께 시행하되 각 평가 항목별 루브릭 및 체크리스트를 제공하여 평가의 공정성을 확보한 점이 참여자들에게 긍정적인 영향을 미친

것으로 예상된다. '평가 방식'(37.14%) 다음으로는 '활동내용'(22.6%), '모둠활동'(16.9%), '운영횟수'(14.5%), '성적반영'(8.9%)의 순으로 만족도 결과가 높게 제시되었다.

마지막으로 본 역량 수행활동에 대한 개선점을 묻는 개방형 문항은 필수가 아닌 선택 응답으로 안내하여 설문 참여자 총 124명 중 19명만이 의견을 제시하였는데, 답변들은 크게 '모둠의 구성 방식', '대면/비대면 운영방식', '활동 시간'으로 분류되었다. 우선 모둠 구성방식과 관련하여, 기존 '협업역량 강화활동'의 모둠은 교수자 재량으로 본교 LMS의 팀 활동 구성 기능을 활용하여 랜덤으로 구성하였는데 7명의 응답자가 학생들이 자율적 구성에 대한 요구를 보였고, 5명은 모둠원의 영어 수준 차이가 커서 활동하기 어려웠다는 의견들을 제시하였다. 두 번째로 운영방식과 관련하여, 총 5명의 응답자가 비대면보다 대면 수업에서의 효과성이 더 좋았을 것 같다는 답변을 하였다. 또한 주어진 모둠 활동 시간의 부족과 zoom 소회의실의 종료 시간 타이머 설정 기능에 대한 부정적인 시각이 있었으며, 그럼에도 모둠활동의 긍정적 효과에 대한 기타 의견도 있었다.

4. 역량 기반 교육에 대한 인식 제고

본 연구에서는 역량은 특정 교과목의 수강 및 이수를 통해서 당연하게 성취되는 것이 아니라 역량의 수행 준거들을 바탕으로 사전에 기획하여 운영된 학습 활동의 수행을 통하여 성취되고 증진될 수 있다는 이론적 배경을 토대로, 2021학년도에 중부권에 위치한 H대학교의 핵심역량 수행활동 기반 교양영어 수업의 효과성을 역량 성취도와 만족도를 통해 살펴보았다.

우선 핵심역량 수행활동 기반으로 운영한 교양영어 수업 참여자들의 역량 성취도를 분석한 결과, 해당 교과목의 핵심역량인 협업역량의 공동체의식 하위역량 5개 및 의사소통 하위역량 5개로 구성된 모든 진단 문항에서 역량이 향상되었음을 확인하였다. 역량 성취의 폭은 문항별 낮게는 평균값(M) 0.371에서 높게는 1.153까지의 증진 결과를 보였으며, 가장 큰 폭으로 향상된 부분은 기초외국어 능력 영역이었다. 만족도 설문조사 분석 결과는 역량 수행활동 참여자의 75% 이상이 활동에 전반적으로 만족함과 동시에 해당 활동이 본인들의 역량 증진에 도움이 되었다고 인식하고 있음을 보여주었으며, 역량 수행활동의 구성요소 중 특히 평가 방식에 참여자들이 가장 크게 만족한 것으로 나타났다.

역량 수행활동 중심으로 운영한 교양영어 수업 참여자들의 핵심역량의 증진과 높은 만족도를 확인한 본 연구의 분석 결과는 역량 기반 교과목 운영의 효과성을 입증한 것이며, 이는 결국 교양수업이 이제는 각종 평가를 위해 가시적으로 핵심역량을 매핑하는 수준에서 벗어나, 실제로 학습자들이 해당 역량을 강화할 수 있도록 새롭게 설계 혹은 개선되어야 함을 보여준다. 다시 말해서, 본 연구는 우정원 외(2017:47)에서도 언급되었듯이 역량 기반 교육과정 운영에서 중요한 점은 전체 교육과정 커리큘럼의 종합 설계보다도 개별 교수가 역량 함양의 중요성을 인식하고 본인의 수업을 역량 기반으로 개발 및 개선하는 것이 더 절실하게 요구됨을 시사한다는 점에서 의의가 있다. 다만 본 연구자가 운영한 교양영어 역량 수행활동은 교과목의 특성 및 중점 핵심역량과 하위역량들의 수행준거 등을 반영하여 개발하고 운영된 것임에도 불구하고 역량 성취도는 기존 대학 차원의 진단검사 문항을 그대로 활용했다는 연구의 한계점이 있다. 이를 개선하기 위해서는 역량 수행활동을 확대하고 보완하되, 출결점수를 제외한 지필고사를 역량 수행활동 평가로 대체하고, 무엇보다 본 역량 수행활동 맞춤형 수행평가 도구를 개발하여 역량 성취를 진단하는 수업 평가 전반의 패러다임의 변화가 필요하다고 사료된다.

참고문헌

김대중, 김소영(2017). "대학교육에서의 핵심역량과 역량기반 교육에 대한 이해와 쟁점", *핵심역량교육연구* 2(1), 23-45.

김민정(2019). "역량기반 대학교육의 통치성에 대한 비판적 고찰", *사고와표현* 12(1), 195-220.

김영아, 현일선(2021). "글로벌 역량 제고를 위한 글로벌역량- 교양영어 융합수업 운영의 효과 연구", *교양교육연구* 15(1), 135-148.

김혜경(2021). "핵심역량 수행활동 기반 교양영어 수업의 효과성 연구", *문화와융합* 43(9), 307-323.

백승수(2020). "핵심역량기반 교양교육의 당면 과제와 개선 방향", *교양교육연구* 14(3), 11-23.

우정원, 박영신, 안현아 김경이(2017). "교수지원 프로그램을 통한 역량기반 교육과정 개발이 대학생의 학업 성과에 미치는 효과 연구", *학습자중심교과교육연구* 17(2), 29-51.

윤정일, 김민성, 윤순경, 박민정(2007). "인간 능력으로서의 역량에 대한 고찰: 역량의 특성과 차원", *교육학연구* 45(3), 233-260.

이효진, 차성현(2020). "핵심역량 함양과 수업 질 제고를 위한 교양 교육과정 개편 방안 탐색-C대학교 사례를 중심으로", *교양교육연구* 14(6), 253-565.

McClelland, D.C.(1973). "Testing for competence rather than for intelligence", *American Psychologist* 28(1), 1-14.

OECD(2003). *Definition and selection of competencies: Theoretical and conceptual foundation(DeSeCo)*, OECD Press.

White, R.(1959). "Motivation reconsidered: The concept of competence", *Psychological Review* 66, 279-333.

● 이 장은 문화와융합 학술지 43권 9호에 실린 필자의 논문(김혜경, 2021)을 바탕으로 재구성되었다.

05장

디지털 미디어 리터러시

1. 리터러시 개념의 확장

 2021년 3월, EBS에서 '당신의 문해력'이란 제목의 교양 방송이 방영된 이후, '리터러시(literacy)'가 대중들의 주목을 받고 있다. '리터러시'는 문식력 또는 문해력으로 번역해 온 용어이다. 최근에는 '문자 이해 능력'이란 리터러시의 정의가 '음성 언어와 문자 언어를 표현 언어로 하는', 다양한 미디어에 대한 이해와 표현 능력에까지 확장되는 경향을 보이고 있다. 기존의 리터러시 개념이 '이해 능력에 초점을 맞추었다면 지금의 '리터러시'는 '표현' 능력까지 요구하고 있는 것이다.

 여기 더해 미디어와 리터러시의 관련성이 높아지면서 그간 다양해진 미디어의 수만큼 여기서 파생된 리터러시의 개념도 학자들에 따라 다양하게 제시되었다. 미디어 리터러시, 디지털 리터러시, 데이터 리터러시, 메타 리터러시, 멀티 리터러시 등이 그 예이다.

 이중에서도 이 글에서는 미디어 리터러시와 디지털 리터러시에 대한 대학생의 인식과 수용 양상에 주목하고자 한다. 4차 산업 혁명이라는 새로운 시대적 변화와 사회적 요구에 대해 특히 표현 매체에 집중한, 미디어 리터러시와 디지털 리터러시가 주목 받고 있기 때문이다. 미국의 P21(Partnership for the 21st Century Skills)에서도 21세기 학습을 위한 프레임 워크로 4Cs(Critical Thinking, Creativity, Communication Skill, Collaboration)와 미디어 리터러시, 정보 리터러시, 디지털 리터러시 등을 강조하고 있기도 하다(Battelle for Kids, 2021; 김도헌, 2020).

그러나 이러한 관심에도 불구하고, 미디어 리터러시와 디지털 리터러시에 대한 연구들은 주로 교육 방법에 초점을 맞춰왔다. 김선태 외(2008), 김종윤 외(2015), 정현선 외(2016), 옥현진 외(2016), 옥현진 외(2017), 김윤경 외(2017), 김보현 외(2019), 이운지 외(2019), 양길석 외(2020a), 양길석 외(2020b) 등의 연구는 유아와 초중고등학생을 대상으로 한, '국어교육으로서의 리터러시 교육 방안'에 초점을 맞춰 진행되어온 연구들이다. 대학 교양 교육 분야에서는 최근 들어 관련 연구 결과가 보고되고 있으나 소수이다. 손혜숙(2020), 배윤정(2021)의 연구처럼 리터러시의 도구적 방법으로써 글쓰기와 말하기 교육 방안 또는 교육 결과물에 대한 논의나 김혜정 외(2016), 김민정 외(2020, 2021)의 연구처럼 미디어나 디지털 리터러시에 대한 대학생의 인식, 태도, 수준을 역량 평가 도구를 사용해 측정한 연구 결과들이 그것이다.

이중 김민정 외(2021)는 대학생의 디지털 리터러시는, 리터러시에 대한 태도가 수준보다 평균값이 높다고 보고하며, 대학생의 디지털 리터러시의 수준을 높이기 위해서 높은 태돗값을 바탕으로, 디지털 리터러시에 대한 긍정적인 태도 향상을 위한 교육이 필요하다고 주장하였다. 필자는 김민정 외(2021)의 주장 중 대학생들이 디지털 리터러시에 대해 긍정적인 태도를 형성할 방안이 필요하다는 데 동의한다. 그러나 디지털 리터러시는 '디지털'로 미디어의 범주가 한정되었다는 한계가 있다. 이러한 측면에서 이 글에서는 리터러시의 개념을 디지털 환경에서 구현되는 다양한 종류의 미디어를 포괄한 개념으로 확장하고, 대학생을 대상으로 디지털 기반 미디어 리터러시 능력 향상을 위한 교양 교육의 필요성을 제안한다.

대학 교양 교육 영역에서의 교수요목 개발을 위해서는 먼저 대상자가 해당 주제에 대해 어떤 인식을 가지고 있는지의 여부와 이에 대한 태도, 그리고 행동 양상을 파악할 필요가 있다. 이러한 관점에서 필자는 디지털 리터러시와 미디어 리터러시의 개념을 포괄하였다. 단순한 디지털 매개의 표현 도구가 아니라 복합 의사소통의 도구로써의 '디지털 기반 미디어'에 대한 '리터러시'가 그것이다. 이러한 개념 확장을 바탕으로, 이 글에서는 디지털 기반 미디어 리터러시 역량에 대한 대학생의 인식과 태도, 행동을 조사하여 대학 교양 교육 영역에서 필요한, 디지털 기반 미디어 리터러시 교육의 요소를 제안하고자 한다.

2. 디지털 기반 미디어 리터러시에 대한 대학생의 생각과 태도

필자는 두 학기에 걸쳐 미디어 리터러시와 관련된 교양 교과를 강의하였다. 해당 교과를 처음 강의할 때, 수강생들이 '리터러시'에 대해 얼마나 알고 있는지 의문을 가지고, 수강생을 대상으로 '리터러시'의 개념 이해도와 태도에 대한 설문 조사를 시행하였다. 먼저 2020년 2학기 A대학의 미디어 언어의 이해 강의 수강생 29명을 대상으로 설문 조사를 시행한 결과, 학생들이 '리터러시'의 개념을 매우 낯설어 한다는 것을 알게 되었다. 이어 2021년 1학기 B대학에서도 국어와 매체 언어라는 미디어 리터러시 내용을 다루는 강의를 진행하게 되었고, A대학에서의 설문과 같은 설문을 시행해보았다. 그 결과, 다른 대학, 다른 전공의 학생들이었지만 '리터러시'에 대한 이해도는 비슷한 것으로 나타났다. 이에 이 글에서는 이 두 설문을 통해 대학생들이 리터러시의 기본 개념 이해 정도와 함께 디지털 기반 미디어 리터러시에 대한 생각과 태도에 대해 설문한 결과를 소개하며 대학 교양 교육 영역에서 필요한 디지털 기반 미디어 리터러시 교육의 요소도 함께 제안해볼 것이다.

설문의 대상은 A대학 29명, B대학 57명으로 한국인 남학생 48명, 한국인 여학생 27명, 외국인 남학생 7명, 외국인 여학생 4명으로 구성되었다. 최종 분석에서는 외국인 유학생의 의견을 제외하였다. 이에 디지털 기반 미디어 리터러시에 대한 생각과 태도 분석의 대상은 A대학 29명, B대학 46명의 총75명이다. 이중 성별 구성은 남학생 48명(64%), 여학생 27명 (36%)이며 학년 구성은 수강 학기 기준으로 1학년이 2.3%, 2학년이 29.1%, 3학년이 12.8%, 4학년이 55.8%이다.

설문은 구글 폼을 사용하여 강의별 1주차 1차시 시간에 각 대학에서 제공하는 강의용 인터넷 게시판인 이클래스(A대학)와 LMS 시스템(B대학)을 활용해 진행하였다. 1주차 1차시에 진행된 설문은 미디어 사용 실태와 디지털 리터러시 역량을 파악하기 위한 설문으로 구성하였다. 설문은 동시에 이루어지도록 유도하였으며, 미디어 리터러시에 대한 개념 인지 여부에 수강자들이 동시에 설문하게 한 후, 미디어 리터러시의 개념을 교수자인 필자가 설명하였다. 수강자들이 해당 개념에 대해 인지하게 한 후 그 다음 항목들에 응답하도록 한 것이다. 이외에 질적인 분석의 대상으로 강의 시간에 활용한 패들렛(http://padlet.com) 활동의 결과물도 대학생들의 디지털 기반 미디어 리터러시에 대한 태도를 분석하는 데 활용하였다.

구글폼으로 진행한 설문 항목은 모두 67개이다. 이중 미디어의 사용 실태와 관련된 설문 항목은 20항목이다. 해당 항목은 W. James Potter(2016)에서 제안한 '대중 매체와 뉴미디어 사용 여부에 대한 생각거리'에서 착안하였다. 설문의 지시문은 '해당 미디어를 1주일 기준으로 몇 분 또는 몇 시간 동안 소비하는가'이며 질문한 미디어의 영역은 크게 4개 영역으로 나누어 제시하였다. 미디어의 표현과 소비 방식별로 멀티 미디어(여가 시간 활용을 위한 동영상 소비 목적), 전통적 청각 미디어, 여가 활용 목적 이외의 전통적 시각 미디어와 뉴미디어 기반 시각 미디어(종이 신문, 종이 잡지, 전공책 외의 책, 전공책, 유튜브(여가 이외의 멀티미디어 소비 목적), 인터넷 매체, 전자책, 웹툰, 웹소설, SNS), 게임(스마트폰, PC 또는 게임기)로 영역을 나누어 설문하였다. 이외에 인터넷 미디어에서 적극적인 '창작자이자 독자(작독자)'로 역할하는지의 여부를 추가로 질문하였으며, 주로 선호하는 미디어에 대해서는 주관식으로 질문하였다.

표 1 미디어별 사용 시간과 선호도 조사 항목

구분	순서	해당 미디어
멀티 미디어 (여가 시간 활용 목적)	1	케이블 방송, DVD 영화
	2	유튜브
	3	영화관 영화
청각 미디어	4	라디오
	5	MP3로 음악 듣기
전통적 시각 미디어와 뉴미디어 기반 시각 미디어	6	종이 신문
	7	인터넷 뉴스
	8	유튜브 인터넷 뉴스
	9	잡지(종이)
	10	전공책 이외의 책(종이)
	11	전공책(종이)
	12	인터넷 매체 읽기 자료
	13	전자책
	14	웹툰
	15	웹소설
	16	SNS
능동적 미디어(게임)	17	게임(휴대전화)
	18	게임(PC, 게임기)
적극적인 인터넷 활용 여부(작독자로서의 사용자)	19	콘텐츠 제작(SNS, 유튜브, 인터넷용)
미디어 선호도(주관식)	20	가장 많이 사용하는 미디어는?

다음으로 학생들의 미디어 활용 태도와 수준을 알아보기 위해 양길석 외(2020b)에서 제안한 디지털 리터러시 역량의 자기 진단 평가 도구를 활용하였다. 양길석 외(2020b)는 '디지털 리터러시'를 '4차 산업 혁명 시대'에 자신에게 필요한 지식과 정보를 주도적으로 찾고 관리하고 활용하며 텍스트를 직접 생산하고 공유하는 행위를 통해 삶의 제반 문제들을 스스로 해결해 나가는 능력이라고 정의하였다. 이 정의는 필자가 설정한

'디지털 기반 미디어 리터러시'의 개념을 포괄한다. 최근 미디어가 주로 디지털 기반으로 소비되고 창작되고 있는 현실을 고려할 때, 양길석 외(2020b)의 디지털 리터러시 역량 진단 평가 도구가 본 연구의 목적을 달성하는 데 유용한 진단 도구로 판단하여 조사 항목으로 활용하였다.

이에 최종 설문 조사의 항목은 양길석 외(2020b)의 설문 항목 중 '나는 인터넷에서 댓글로 다른 사람들과 의견을 나누는 것을 좋아한다.'란 질문을 제외한 총 44개 문항이다. 해당 문항은 행동2의 참여 부분의 문항인 '경험이나 느낌을 인터넷에서 나누고, 댓글을 쓴다'라는 문항과 중복되는 것으로 판단하였다. 설문의 응답 척도는 리커트 4점 척도를 사용하였다. 4점 척도를 사용한 이유는 응답자가 '보통이다'에 응답할 가능성을 줄여, 해당 항목에 대한 응답자들의 태도를 긍정적 반응과 부정적 반응으로 나누어 좀 더 명확하게 판단하기 위해서이다. 아래의 표는 양길석 외(2020b)를 바탕으로 구성한 설문 주제와 주제별 설문 항목 수이다.

표 2 설문 주제와 주제별 설문 항목 수

설문 주제	항목 수
인식1 / 가치	5
인식2 / 자기효능감	5
인식3 / 정서	4
행동1 / 자기 조절	5
행동2 / 참여	6
행동3 / 윤리	7
행동4 / 보안	6
행동5 / 비판적읽기	6
합계	44

이상의 설문 문항 외에 주관식 질문으로 아래의 3개 항목을 추가하였다. 3개 항목은 다음과 같으며, 이중 2번 항목에서 미디어 리터러시 개념을 인지하지 못하는 응답자에 대해서는 '모름'에 응답하도록 안내하였다.

ㄱ. 미디어 리터러시에 대해 알고 있는가? 알고 있다면 어디서 이 용어를 처음 접하였는가?
ㄴ. 미디어 리터러시에 대해 알고 있다에 응답한 경우, 미디어 리터러시에 대해 본인이 알고 있는 지식이 어느 정도 되는가?
ㄷ. 미디어 리터러시 능력이 필요하다고 생각하는가?

설문은 이상의 총 67개 항목으로 진행되었으며, 앞서 설문 대상에 대해 소개한 바와 같이 75명이 응답하였다. 그 결과, 객관식 설문 총 4,800개, 주관식 설문 총 225개가 수집되었다. 설문 조사 외에 응답자들의 응답 해석을 위해 질적 보조 자료로 사용한 패들렛 활동물의 일부를 예시로 보이면 〈그림 1〉과 같다.

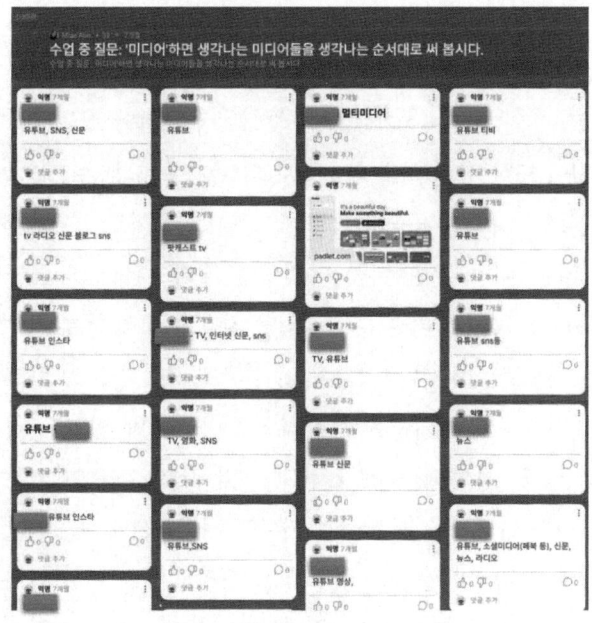

그림 1 패들렛 의견 공유 예시

설문 조사의 결과는 SPSS 25.0을 이용해 통계적으로 분석하였으며, 질적 조사는 주관식 항목이므로 키워드 중심으로 유사한 응답을 묶어 분석하였다. 응답값에 대한 통계적 분석은 기술 통계와 신뢰도 분석, 상관 분석을 시행하였으며, 응답의 유형에 따라 단일 표본 t 검정 또는 일원 배치 분산 분석을 추가로 시행하였다.

3. 디지털 기반 미디어 리터러시에 대한 대학생의 인지

설문의 대상이 두 대학에 걸쳐 있으므로, 강좌가 개설된 학교와 수강 집단의 구성원의 차이가 결과에 영향에 미칠 수도 있다. 이에 미디어 리터러시에 대한 인지 여부 항목의 응답을 대상으로, 학교 간 t 검정을 시행하여 집단 간 차이의 여부를 통계적으로 검증하였다.

검증 결과, 두 대학의 수강자 간의 차이는 유의확률 P〉0.05(p=0.74)로 통계적으로 유의미한 차이가 없는 것으로 나타났다. 학교 내, 학교 간, 학번 간 차이 또한 유의 확률 P〉0.05로 나타나 통계적으로 유의미한 차이가 없는 것으로 나타났다. 남녀 간 성별 차이를 알아보기 위해 해당 항목에 대해 일원 배치 분산 분석을 시행한 결과에서도, P〉0.05(P=.855, F=0.34)로 성별 차이가 이 설문의 응답을 해석하는 데 통계적으로 유의미하지 않은 것으로 나타났다. 따라서 이 설문에 응답한 2020년 2학기 응답군과 2021년 1학기 응답군은 통계적으로 유의미한 차이가 없는, 동일 대학생 집단으로 보는 데 문제가 없다. 이에 3장에서는 이들을 대상으로 설문한 결과를 바탕으로, 대학생의 미디어 리터러시에 대한 개념의 인지 여부와 개별 미디어의 활용 양상, 그리고 디지털 기반 미디어 리터러시에 대한 인식과 행동을 역량 평가 결과를 바탕으로 살펴볼 것이다.

1) 미디어 리터러시에 대한 인지

미디어 리터러시란 용어의 개념을 인지하고 있는지의 여부를 알아보기 위해 '미디어 리터러시(또는 미디어 언어, 매체 언어의 이해)'라는 용어를 들어본 적이 있는가?'란 질문과 질문을 들어본 적이 있는 사람 또는 관심이 있는 사람을 대상으로 '미디어 리터러시 능력이 필요하다고 생각하는가?'란 질문에 대한 응답을 조사하였다. 아래 그래프는 응답 결과를 빈도 비율 기준으로 도식화한 것이다.

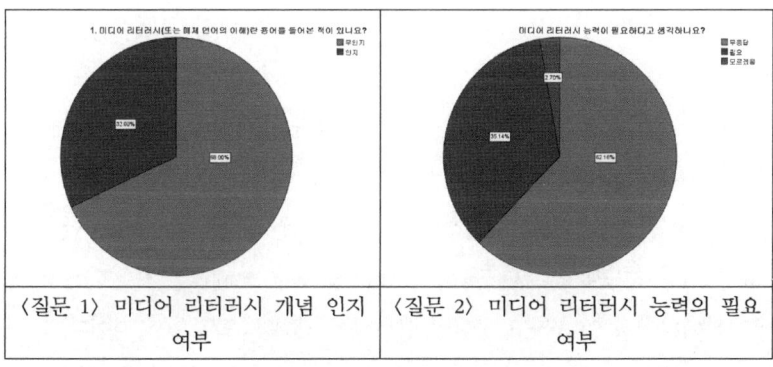

그림 2 미디어 리터러시 인지 여부

위의 도식에서처럼, 〈질문 1〉 '미디어 리터러시의 개념'에 대해서는 전체 응답자의 68%가 해당 용어를 '들어본 적이 없다'로 응답하였다. 〈질문 1〉의 응답에 대한 t 검정 결과, $p<0.05(p=.000, t=30.981)$로 나타나 이 연구의 응답자들이 응답한 '미디어 리터러시'란 용어에 대한 인지와 무인지 답변 간에는 통계적으로 유의미한 차이가 있는 것으로 나타났다. 즉, 이 설문의 대상인 대학생들은 '미디어 리터러시' 관련 과목을 자발적으로 수강 신청한 데도 불구하고 '미디어 리터러시'의 개념에 대해 과반수 이상이 인지하지 못하고 있는 것이다.

이들을 대상으로 다시 '미디어 리터러시 능력이 필요성 여부'에 대해 설문하였다. 〈질문 2〉는 '미디어 리터러시'란 용어를 좀 더 쉽게 이해하게 하기 위해 설문 시 '매체 언어'란 용어를 병기하였고, 설문을 진행하면서 이 용어에 대해 설명하였다. 설명에도 불구하고, 응답자들의 62.16%가 무응답, 35.14%가 필요함, 2.7%가 모르겠다에 응답 하였다. 이중 무응답은 관심이 없을 경우에 표시하도록 하였으므로, 미디어 리터러시 개념을 인지한 후에도 이 설문의 응답자들인 대학생들은 미디어 리터러시 능력의 필요성을 크게 인식하고 있지 않은 것으로 볼 수 있다. 이 응답 간에는 $p < 0.05(p=.000, t=5.787)$로 통계적으로 유의미한 차이가 있는 것으로 나타났다. 이상의 결과로 볼 때, 이 연구의 대상인 대학생들은 '미디어 리터러시'의 개념을 다수 인지하지 못하고 있으며, '미디어 리터러시' 능력의 필요성에 대해서도 모르거나 관심이 없는 것으로 판단된다.

다음으로 '미디어 리터러시'란 용어를 인지하고 있는 학생들을 대상으로, '미디어 리터러시'를 얼마나 알고 있으며, 언제, 어떤 경로로 해당 개념을 인지하게 되었는지를 설문하였다. '얼마나 알고 있느냐'란 질문에 대해 리커트 4점 척도로 질문한 결과, 전체 응답자의 51%가 '잘 모른다' 이상에 응답하였다. '잘 안다'라고 응답한 응답자는 전체 응답자 중 1명이다. 미디어 리터러시의 개념을 인지한 시기와 경로에 대해서는 '대학 교양 수업 시간에 들었다'란 응답이 전체의 21.1%, '전공 수업 시간에 들었다'는 응답이 1.3%, '중고등학교 수업 시간에 들었다'는 응답이 전체의 2.6%로 나타났다. 이외에 인터넷이나 유튜브, 매체를 통해 알게 되었다는 응답자가 각 1명씩으로 집계되었다.

2) 미디어 활용의 양상

미디어 사용 시간은 설문 항목에 대한 설명에서 언급한 바와 같이 기존의 매체와 뉴미디어로 나누어 조사하였다. 양적 조사 결과, 유튜브를 가장 많이 이용하는 것으로 나타났으며, 인터넷 미디어를 이용한 콘텐츠 소비가 상위에 위치하는 것으로 나타났다. 이 결과는 B대학에서 수업 중 46명에게 시행한 패들렛에서 '미디어'라고 하면 가장 먼저 떠오르는 미디어로 유튜브를 첫 번째로 꼽은 응답이 14명인 것과는 차이가 있다. 즉, 대학생들이 실제로 활용하는 미디어는 '유튜브'인데, '미디어'란 개념으로 접근할 때는 유튜브보다는 다른 미디어가 더 우위에 있는 것이다.

'미디어별 사용 시간 실태'는 '가장 자주 사용하는 응답'을 '1일 2회 이상 1시간 이상'으로 설정하여 1점을 부여하고, '가장 덜 사용하는 응답'을 '사용하지 않음'으로 설정하여 9점으로 부여하였다. 사용 횟수나 소비 시간이 적을수록 응답 값이 높게 나타난다. 아래의 그래프는 응답 결과의 평균값(막대 그래프)과 표준 편차(선 그래프)를 그래프로 나타낸 것이다.

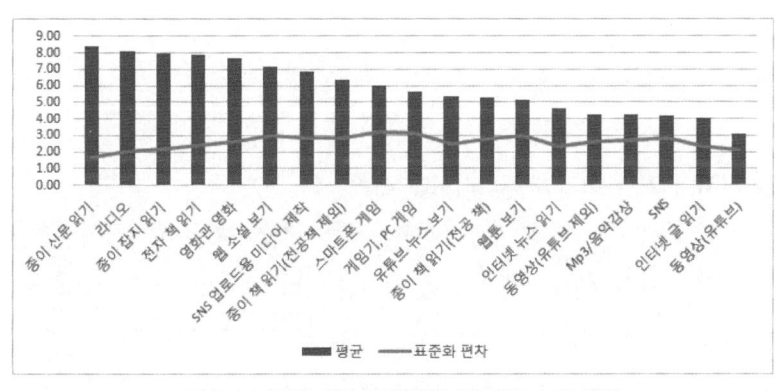

그림 3 미디어별 사용 실태 응답 평균값과 표준 편차

설문 결과, '1일 2회 이상~1시간 이상' 사용하는 매체는 유튜브, SNS, 음악 감상, PC게임, 유튜브를 제외한 넷플릭스 등의 동영상, 스마트폰 게임의 순서로 나타났으며, '1일 1회 1시간 이상 사용'하는 매체는 유튜브, 유튜브를 제외한 동영상 매체, 인터넷 글, 음악 감상, SNS의 순서로 나타났다. 유튜브 뉴스까지 포함하면, 제시한 미디어 중에서는 유튜브의 사용 횟수와 시간이 가장 많다.

응답 항목별 표준 편차의 분포가 주목할 만하다. 최댓값과 최솟값 기준으로 볼 때, 스마트폰 게임이나 일반 게임, 웹툰은 표준 편차가 3 이상이며 종이 신문 읽기는 1.710이다. 표준 편차는 응답의 균일성을 보여준다. 게임이나 만화와 같이 취향에 따라 사용 여부에 차이가 있는 미디어는 표준 편차가 크게 나타나고, 거의 사용하지 않는 것으로 판단되는 종이 신문의 경우, 응답자 전체의 표준 편차가 작게 나타난 것이다.

성별에 따른 응답 차이 여부를 살펴보기 위해 이 네 개 항목에 대해 독립 표본 검정을 시행한 결과, 이 네 항목 중 웹툰이 성별에 따른 선호도의 차이가 있는 것(p〈0.05, t=.105)으로 나타났고, 나머지 세 항목은 성별이 영향을 미치지 않는 것으로 나타났다. 이상의 설문 결과에서 주목할 만한 점은 응답자들이 실제로 웹 기반 콘텐츠를 1일 1회 30분 이상 즐기면서(동영상(유튜브) 보기, 인터넷 글 읽기, SNS 활용 등의 응답 평균 4점대 이상) 스스로 콘텐츠를 제작하는 데는 소극적(평균 6.91)으로 주 1회 30분 미만이라는 점이다.

3) 디지털 기반 미디어 리터러시에 대한 태도

미디어 리터러시에 대한 태도는 디지털 리터러시 역량 진단 평가(양길석 외(2020b)) 영역 중 인식1, 2, 3 항목을 바탕으로 파악하였다(이하 설문 항목(진단 평가 도구)의 출처는 생략한다.). 설문 항목의 내용이 주로 '인터넷 등의 디지털' 미디어에 대한 내용이므로, 해당 평가의 결과는 디지털 기반 미디어 리터러시에 대한 응답자의 태도를 나타내는 것으로 볼 수 있다고 판단하였다.

(1) 미디어로서의 '인터넷'의 가치 인식

먼저 인식1은 '인터넷'의 가치를 어떻게 인식하고 있는가에 대한 항목이다. '인식1:가치' 영역에서 제시한 설문 항목과 설문에 대한 응답 평균값, 표준 편차는 아래 표와 같다.

표 3 '인식1:가치' 항목별 기술 통계

		설문 항목	평균값	표준 편차
인식 1 / 가치	1	인터넷은 학습에 도움이 된다.	1.41	.660
	2	인터넷은 우리 생활을 편리하게 해 준다.	1.33	.502
	3	책 읽기만큼 인터넷에서 읽기가 중요하다	1.31	.464
	4	인터넷은 나의 자유 시간을 즐겁게 사용할 수 있는 곳이다.	1.19	.425
	5	종이에 글을 쓰는 것만큼 컴퓨터로 글을 쓰는 것이 중요하다.	1.04	.197
		합계 평균	1.26	

항목별 응답에 대한 신뢰도 평가 결과, 크론바흐 알파 계수가 .446으로 나타나 '인식1:가치' 영역에 속하는 설문 항목에 대한 응답에는 일관성이 없는 것으로 나타났다. 이에 '인식1:가치'를 측정하는 5개의 항목은 각 항목을 따로 살펴볼 필요가 있다. 다음으로 '그렇다'인 2점을 기준으로 한 일표본 검정 결과, 각 항목 모두 p<0.05로 응답 결과에 통계적으로 유의미한 차이가 있는 것으로 나타났다.

위의 기술 통계 결과와 같이, 인터넷의 유용성 여부와 컴퓨터 기반, 즉 컴퓨터를 도구로 한, 인터넷 기반 읽기와 글쓰기의 중요성에 대한 응답자의 태도는 평균값이 2점 이하로 나타났다. 이는 인터넷의 유용성을 인정하고 있는 것으로 해석이 가능하다. 다만 학습에 도움이 된다는 항목에 대해서는 표준 편차가 .660으로 다른 항목에 비해 높게 나타난 점이 특기할 만한다. 해당 항목에서는 부정적인 반응이 0이므로, 이 결과는 인터넷이 학습적인 측면에서는 매우 도움이 되거나 또는 적절하게 도움이 된다고 생각하는 입장의 차이라고 해석이 가능하다. 종이에 글을 쓰는 것만큼 컴퓨터로 글을 쓰는 것이 중요하다는 응답은 분산값이 해당 영역의 설문 항목 중 가장 낮게 나타나 응답자들 모두가 컴퓨터를 매개로 한 글쓰기의 중요성을 인지하고 있다고 판단할 수 있다.

이상과 같이 인터넷의 유용성과 인터넷에서의 읽기와 글쓰기에 대한 응답자의 평가는 긍정적인 편이다. 항목별 응답 내용을 좀 더 상세히 살펴보면, '인터넷이 학습에 도움이 된다' 항목은 '그렇다' 이상의 응답이 100%이다. 이중 '매우 그렇다'가 69.3%이다. 다음으로 '인터넷이 우리 생활을 편리하게 해준다'는 항목에 대해서도 '매우 그렇다'가 96%로 나타났다. '인터넷에서의 읽기의 중요성'에 대한 항목에는 96% 이상이 '그렇다' 이상에 응답하였으며 이중 65.3%가 '매우 그렇다'에 응답하였다. 컴퓨터로 글쓰기의 중요성 또한 98.7%가 '그렇다', 즉 중요하다고 생각한다는 응답 이상에 응답하였으며 '인터넷이 자유 시간을 즐겁게 사용할 수 있는 것'이라는 항목에 대해서는 98.7%가 '그렇다' 이상에, 이중 82.7%가 '매우 그렇다'에 응답하였다.

위의 각 변인 간에 어떤 상관관계가 있는지 알아보고자 pearson의 이변량 상관 분석을 시행하였다. 그 결과, 아래 표와 같이 항목 간 상관관계가 있으나 대체로 약한 것으로 나타났다. 주목할 만한 것은 인터넷이 생활에 유용하다는 항목에 대해 종이책 읽기만큼 인터넷 글 읽기가 중요하다는 항목이 서로 - 상관관계를 나타낸 것이다. 이는 인터넷이 생활에 유용하다고 응답할 경우, 인터넷 글 읽기에 대한 응답은 부정적으로 나타날 가능성을 보여주는 결과이나 그 상관관계가 -0.025로 약한 부정적 상관관계임을 고려할 때, 실제 응답 간 반비례 차이는 크지 않은 것으로 해석할 수 있다. 또한 인터넷이 생활에 유용하다는 항목은 컴퓨터로 쓰는 글이 종이로 쓰는 글만큼 중요하다는 항목과는 상관계수가 0.000으로 나타나 항목 간 서로 상관관계가 거의 없는 것으로 볼 수 있다(상관계수는 변수 간의 관계의 정도와 방향(양, 긍정, +, 음, 부정, -)을 볼 수 있는 계수로, 0.7이상이면 상관관계가 어느 정도 크다고 판단한다.).

표 4 '인지1:가치'의 항목 간 상관관계

질문 번호	1	2	3	4	5
1	1				
2	.307**	1			
3	0.198	-0.025	1		
4	.254*	0.071	0.203	1	
5	0.077	0.000	.231*	0.084	1

**. 상관관계가 0.01 수준에서 유의합니다(양측).
*. 상관관계가 0.05 수준에서 유의합니다(양측).

(2) 자기 효능감 인식

'자기 효능감'은 어떤 문제를 자신의 능력으로 성공적으로 해결할 수 있다는 자기 자신에 대한 신념이나 기대감이다(『한경 경제 용어 사전』, 2022). 대학생의 '인식2:자기 효능감' 인식 여부는 항목의 내용으로 볼 때, '인터넷 사용에서의 자기 효능감'으로 볼 수 있다. 이를 측정하기 위한 항목은 아래 표의 5개 항목이다. 항목들에 대한 신뢰도 평가 결과, 크론바흐 알파 계수가 .700으로 항목별 응답에 일관성이 있는 것으로 나타났다. 이에 전체 설문 항목의 응답 평균값을 살펴보면, 1.55로, '자기 효능감' 측정 항목들에 대해 응답자들이 모두 '그렇다' 이상에 응답한 것으로 나타났다. 즉, 이 설문의 응답자들은 인터넷을 사용하는 데 있어 상당히 긍정적인 자기 효능감을 인식하고 있는 것으로 볼 수 있다.

표 5 '인식2:자기효능감'의 항목별 기술 통계

		설문 항목	평균값	표준 편차
인식2 / 자기 효능	6	나는 인터넷에서 읽기를 잘할 수 있다.	1.56	0.775
	7	나는 인터넷에서 필요한 정보를 쉽게 찾을 수 있다.	1.40	0.569
	8	나는 컴퓨터로 글을 쓸 때 깊이 생각하며 쓸 수 있다.	1.76	0.836
	9	나는 인터넷에서 찾은 정보가 쓸모 있는지 확인할 수 있다.	1.69	0.753

감	10	나는 인터넷을 사용해서 친구들과 대화하는 데 어려움이 없다.	1.33	0.577
		합계 평균	1.55	

자기 효능감은 인터넷의 가치 인식보다는 부정적인 반응이 소수 나타났다. 먼저 '인터넷에서 읽기를 잘 할 수 있다'는 항목에 대해서는 전체 중 90.7%가 '그렇다' 이상에 응답하였으며, 이중 57.3%가 '매우 그렇다'에 응답하였다. '필요한 정보를 쉽게 찾을 수 있다'는 항목에 대해서는 전체 중 95%가 '그렇다' 이상에 응답하였으며 그중 64%가 '매우 그렇다'에 응답하였다. '컴퓨터로 글을 쓸 때 깊이 생각해서 쓸 수 있다'는 항목에 대해서는 전체 중 85.3%가 '그렇다' 이상에 응답하였으며 '매우 그렇다'에는 44%가 응답하였다. '인터넷 정보의 유용성 판단이 가능하다'는 항목에 대해서는 90.7%가 '그렇다' 이상, 이중 44%가 '매우 그렇다'에 응답하였다. '인터넷을 사용해 친구들과 대화하는 데 어려움이 없다'에 '그렇다' 이상으로 반응한 응답 비율은 전체 중 97.3%로 이중 70.7%가 '매우 그렇다'에 응답하였다. 항목별 평균값으로 볼 때도 '친구들과 인터넷으로 대화하는 데 어려움이 없다'가 가장 긍정적인 자기 효능감을 가지고 있는 것으로 나타났으며, 다음이 '정보를 쉽게 찾을 수 있다'는 항목이었다. 항목 중 가장 부정적인 반응이 우세인 것은 글쓰기이다. '컴퓨터로 글을 쓸 때 깊이 있게 생각하며 쓴다'는 항목은 다른 항목에 대비해 부정적인 반응이 높게 나타났으나 이 항목 또한 '그렇다' 이상에 응답한 비율이 높다. 그러므로 자기 효능감 항목 또한 '인터넷'과 '컴퓨터 글쓰기'에 대해 긍정적인 반응을 보인 것으로 볼 수 있다.

다음으로 각 변인 간에 어떤 상관관계가 있는지 알아보고자 pearson의 이변량 상관 분석을 시행하였다. 그 결과, 항목 간에 상관관계가 있는 것으로 나타났으나, 강한 상관관계가 나타나는 항목은 나타나지 않았다. 다만 '인터넷에서 읽기를 잘한다'는 항목에 대해서는 '필요한 정보를 쉽게 찾고, 찾는 정보의 유용성을 판단하는 능력'에 대한 항목과 상관계수 0.460에 유의확률<0.01의 정적인 상관 관계를 가지는 것이 주목된다. 나머지 항목들도 서로 정적인 상관 관계를 가지고 있는 것으로 나타났으나 상관계수 값이 모두 0.7 이하인데다가 0.4 이하도 있으므로 상관관계가 그리 강하지는 않은 것으로 볼 수 있다.

표 6 '인식2:자기효능감'의 상관관계

질문 번호	6	7	8	9	10
6	1.000				
7	0.282*	1.000			
8	0.210	0.375	1.000		
9	0.460**	0.416**	0.375**	1.000	
10	0.121	0.205	0.420**	0.363**	1.000

**. 상관관계가 0.01 수준에서 유의합니다(양측).
*. 상관관계가 0.05 수준에서 유의합니다(양측).

(3) 정서 인식

해당 항목은 인터넷에서의 표현과 이해에 대한 정서를 측정하기 위해 제시한 인식 항목이다. 신뢰도 평가 결과, 크론바흐 알파 계수가 .882으로 응답에 일관성이 있는 것으로 나타났다. 전체 설문 항목의 응답 평균값은 2.13으로, 이 설문의 응답자들은 인터넷에서 자신의 생각을 표현하는 것에 대해 다른 항목에 비해 부정적인 쪽의 응답이 다소 나타난 것으로 보인다.

그러나 인터넷에 자신의 생각을 표현하는 것과 관련된 항목에 대해 대체로 부정적인 반응을 보인 것에 비해 인터넷 공간에서 다른 사람들과 생각이나 경험을 주고 받는 것에 대해서는 긍정적인 반응을 보이고 있다. 항목 평균값은 아래 표와 같으나 실제로 항목 내에서의 응답별 비율을 보면, 아래 항목 모두 '그렇다' 이상에 대해 50% 이상의 응답하였기에 앞서 살펴본 '인식1:가치', '인식2:자기효능감'에 비해, 이 설문의 응답자들은 상대적으로 인터넷에서 표현하는 행위에 대해 부정적인 인식을 가지고 있다고 해석하는 것이 타당한 것으로 보인다.

표 7 '인식3:정서'의 기술 통계

		설문 항목	평균값	표준 편차
인식 3 / 정서	11	나는 인터넷에서 나의 생각을 표현하는 것이 즐겁다.	2.07	0.935
	12	내가 인터넷에 올린 글을 많은 사람들이 읽었으면 좋겠다.	2.21	0.963
	13	나는 인터넷에 새로운 글이나 사진, 동영상을 올리는 것이 즐겁다.	2.23	0.894
	14	나는 인터넷에서 다른 사람들과 생각이나 경험을 주고 받는 것이 즐겁다.	1.99	0.951
		합계 평균	2.13	

응답 세부 내역을 살펴보면, 항목11번은 긍정적 반응이 전체 중 72%, 부정적 반응이 전체 중 28%로 나타났으며, 항목12번은 긍정적 반응:부정적 반응이 62.7%:37.4%, 항목13번은 68%:32%, 항목14번은 77.3%:22.7%로 전반적으로 인터넷에서의 의사소통 의지와 경험에 대해 긍정적으로 인식하고 있는 것으로 보인다.

위의 각 변인 간의 상관 관계를 알아보고자 pearson의 이변량 상관 분석을 시행하였다. 그 결과는 아래 표와 같으며 항목 간 서로 정적인 상관 관계를 가지고 있는 것으로 나타났다. 특히 내가 올린 글을 다른 사람이 읽으면 좋겠다는 항목과 새로운 글이나 사진 동영상을 올리는 것이 즐겁다, 그리고 새로운 글이나 사진 동영상을 올리는 것이 즐겁다와 다른 사람들과 생각이나 경험을 주고 받는 것이 즐겁다 간의 강한 정적 상관관계가 주목된다. 이로 볼 때, 인터넷에서 적극적으로 표현하는 경우, 인터넷을 통한 소통에 적극적으로 참여하는 것으로 볼 수 있다.

표 8 '인식3:정서'의 상관관계

질문 번호	11	12	13	14
11	1.000			
12	0.510**	1.000		
13	0.580**	0.744**	1.000	
14	0.563**	0.697**	0.830**	1.000

**. 상관관계가 0.01 수준에서 유의합니다(양측).
*. 상관관계가 0.05 수준에서 유의합니다(양측).

위의 상관관계 분석 결과와 같이 항목 간 응답의 결과로 본 상관관계는, 내 생각을 표현하는 것이 즐거울 경우, 새로운 글이나 사진, 동영상을 인터넷 공간에 올리는 것을 즐거워한다는 항목과 강한 정적 상관 관계를 보이고 있으며, 새로운 글이나 사진을 올리는 것이 즐거울 경우, 자신이 올린 글을 다른 사람들이 읽으면 좋겠다는 항목과 강한 정적 상관관계를 보이고 있는 것으로 나타났다.

4) 디지털 기반 미디어 리터러시에 대한 행동

(1) 자기 조절 행동

자기 조절 행동을 측정하기 위해 제시한 항목에 대한 신뢰도 평가 결과, 크론바흐 알파 계수가 .631로 일관성이 있는 편인 것으로 나타났다. 전체 설문 항목의 응답 평균값은 1.71로 나타나 대체로 인터넷에서의 자기 조절 행동감은 긍정적인 것으로 판단된다. 다만 스마트폰 사용 시간을 스스로 정한다는 항목에 대해서는 평균값이 2.49로 다른 항목에 비해 부정적인 반응이 우세하게 나타난 것이 주목할 만하다. 이외에는 대체로 그렇다 이상의 긍정적인 반응을 보이고 있다.

표 9 '행동1:자기조절'의 항목별 기술 통계

		설문 항목	평균값	표준 편차
행동1/자기조절	15	나는 스마트폰 사용 시간을 스스로 정한다.	2.49	0.876
	16	나는 놀 때와 공부할 때를 구분해서 인터넷을 사용한다.	1.80	0.788
	17	나는 필요한 정보가 있을 때 포기하지 않고 계속 검색한다.	1.44	0.598
	18	나는 원래 찾으려 했던 것을 생각하면서 인터넷 검색을 한다.	1.29	0.487
	19	나는 인터넷에서 정보를 읽을 때 나에게 필요한 것을 골라 읽는다.	1.51	0.665
		합계 평균	1.71	

항목별 세부 응답을 긍정적인 반응과 부정적인 반응으로 나누어 살펴보면 다음과 같다. 먼저 항목15의 경우, 긍정적인 반응:부정적인 반응의 비율이 46.7%:53.4%로 나타났으며, 항목 16은 82.7%:17.4%, 항목17은 94.7%:5.3%, 항목18은 98.7%:1.3%, 항목18은 93.3%:6.6%이다. 이로 볼 때, 이 설문의 응답자들은 '스마트폰'을 콘텐츠가 아니라 콘텐츠 소비의 매개체로 인식하고 스마트폰으로 '인터넷' 외의 다른 활동도 하는 것으로 판단된다. 다음으로 '정보 검색'의 도구로써 인터넷의 효용성과 정보에 대한 활용도 판단은 모두 '그렇다' 이상인 평균 1점대로 나타났다. 이로 볼 때, 응답자들의 정보 검색 행동과 활용 행동은 긍정적인 것으로 판단된다.

위의 각 변인 간의 상관 관계를 알아보고자 pearson의 이변량 상관 분석을 시행하였다. 그 결과, 아래 표와 같이 항목 간의 상관 관계가 있지만 약하게 나타났다. 스마트폰 사용 시간을 스스로 정한다는 항목이 놀 때와 공부할 때를 구분해 인터넷을 사용한다는 항목이 큰 상관값은 아니지만, 정적인 상관관계를 보이는 점이 주목할 만하다. 이는 앞서 추측한, '스마트폰'이란 매체를 '인터넷' 활용을 위한 도구로만 쓰고 있지 않다는 것을 의미한다. 다음으로 상황을 구분해 인터넷을 사용한다는 항목은 원래 의도한 목적에 맞게 인터넷을 활용한다는 항목과 정적 상관관계를 가지며, 이 항목과는 필요한 정보를 포기하지 않고 검색하는 항목과 아울러 정적 상관관계를 가지는 것으로 나타났으나 모두 상관계수가 크지 않다. 약한 상관관계긴 하나, 설문 응답자들의 응답 결과로 볼 때, 정보와 관련된 행동을 평가하는 항목 17, 18, 19는 서로 상관관계를 가지는 항목으로, 이 설문의 응답자들은 인터넷으로 목적에 맞게 정보를 찾는다고 응답할 경우, 포기하지 않고, 필요한 정보만 일관되게 찾는, 긍정적인 행동을 취하는 편인 것으로 해석할 수 있다.

표 10 '행동1:자기조절'의 항목 간 상관관계

질문 번호	15	16	17	18	19
15	1.000				
16	0.341**	1.000			
17	0.199	0.275	1.000		
18	0.068	0.260*	0.525**	1.000	
19	0.168	0.222	0.349**	0.411**	1.000

**. 상관관계가 0.01 수준에서 유의합니다(양측).
*. 상관관계가 0.05 수준에서 유의합니다(양측).

(2) 참여 행동

인터넷에서의 참여 행동을 측정하기 위해 제시한 항목에 대한 신뢰도 평가 결과, 크론바흐 알파 계수가 .744로 일관성이 있는 것으로 나타났다. 전체 설문 항목의 응답 평균값은 1.82로 긍정적으로 나타났다. 다만 경험이나 느낌을 인터넷에 올려 친구들과 나눈다와 인터넷 게시판에 내 생각이나 의견을 표현한다에 대해서는 2점 대 이상으로 아니다 이상의 반응이 다른 항목에 비해 다소 나타난 것으로 나타났다. 항목별 반응을 보면, 경험이나 느낌을 인터넷에서 친구들과 나눈다는 항목에 대해 그렇다 이상이 72%이며 이중 32%가 매우 그렇다로 응답하였다. 아니다 이하는 28%로 나타났다. 인터넷 게시판에 생각이나 의견을 표현한다는 항목에 대해서는 66.7%가 그렇다 이상에 응답하였으며 이중 26.7%가 매우 그렇다에 응답하였다. 아니다 이하는 33.4%이다. 응답 평균값으로 볼 때는 인터넷에서의 의사 표현 행동과 관련된 항목22와 25가 다른 항목에 비해 부정적인 응답이 다소 많은 것으로 해석할 수 있다.

표 11 '행동2:참여'의 기술 통계

		설문 항목	평균값	표준 편차
행동2 / 참여	20	나는 친구들이 올린 소식을 인터넷에서 확인한다.	1.63	0.785
	21	나는 경험이나 느낌을 인터넷에 올려 친구들과 나눈다.	2.01	0.878
	22	나는 필요한 경우에 다른 사람들이 올린 글에 댓글을 쓴다.	1.92	0.926
	23	나는 읽을 사람의 기분을 생각하며 인터넷에 댓글을 단다.	1.40	0.697
	24	나는 좋은 정보를 컴퓨터나 스마트폰으로 주변 사람들에게 알린다.	1.80	0.788
	25	나는 필요한 경우에 인터넷 게시판에 내 생각이나 의견을 표현한다.	2.13	0.890
		합계 평균	1.82	

항목별 세부 응답을 긍정적인 반응과 부정적인 반응으로 나누어 살펴보면 다음과 같다. 항목20의 경우, 긍정적인 반응:부정적인 반응의 비율이 86.7%:13.4%, 항목21은 72%:28%, 항목22는 72%:28%, 항목23은 90.7%:9.3%, 항목24는 80%:20%, 항목25는 66.7%:33.4%로 나타났다. 평균 점수로 볼 때는 항목22와 25가 인터넷에서의 표현 행동에 대한 항목으로 다른 항목에 비해 평균값이 높게 나타났지만, 세부 응답의 비율로 볼 때는 5개 항목 모두 긍정적인 반응이 과반수 이상으로 나타난 것이다.

위의 각 변인 간의 상관관계를 알아보고자 pearson의 이변량 상관 분석을 시행하였다. 그 결과, 항목 간의 상관관계를 나타내는 상관계수는 필요한 경우에 댓글을 달고, 게시판에 자신의 의견을 표현한다는 문항 간의 상관계수 외에는 모두 약한 상관관계를 나타내고 있다. 인터넷으로 소식과 경험, 감정을 확인한다는 자신의 경험과 감정도 공유한다는 항목과 정적인 상관관계를 보이고 있으며, 이 항목은 나머지 항목들과도 모두

정적인 상관관계를 가지고 있다. 인터넷에 자신의 생각이나 의견을 표현한다는 항목은 친구들의 소식을 인터넷에서 확인한다는 항목과 다른 사람의 기분을 생각해 인터넷에 댓글을 단다는 항목과는 다른 항목에 비해 상대적으로 상관관계가 약하게 나타났다.

이상의 결과로 볼 때, 이 설문의 응답자들은 인터넷을 매개로 '참여'하는 행동은 표현과 이해로 나눠볼 때, 표현보다는 이해 행동에 참여하는 경우에 더 긍정적인 반응이 많이 나타났고, 생각이나 의견보다는 경험이나 감정을 공유하는 쪽이 좀 더 긍정적인 반응을 많이 보인 것으로 볼 수 있다.

표 12 '행동2:참여'의 항목 간 상관관계

질문 번호	20	21	22	23	24	25
20	1.000					
21	0.478**	1.000				
22	0.274*	0.483**	1.000			
23	0.252*	0.079	0.155	1.000		
24	0.315**	0.180	0.311**	0.098	1.000	
25	0.362	0.586**	0.603**	0.065	0.462**	1.000

**. 상관관계가 0.01 수준에서 유의합니다(양측).
*. 상관관계가 0.05 수준에서 유의합니다(양측).

(3) 윤리 의식

인터넷에서의 윤리 의식을 측정하기 위해 제시한 항목으로, 신뢰도 평가 결과, 크론바흐 알파 계수가 .697으로 일관성이 있는 편인 것으로 나타났다. 다만 익명 설문으로 진행하지 않아 윤리 의식에 대해 부정적인 부분이 적게 나타났을 수도 있다는 점을 고려할 필요가 있다. 윤리 의식 부분에 대한 전체 설문 항목의 응답 평균값은 1.18로, 이 설문의 응답자들은 인터넷에서의 윤리 준수에 긍정적인 행동을 보이고 있는 편이다. 윤리 의식 항목의 경우, 익명 설문이 아니었고, 민감한 항목일수도 있어 결과에 영향을 받았을 가능성도 있으나 응답 결과로 볼 때, 의식적으로는 응답자들이 해당 항목들에 대해 대체로 긍정적인 윤리 의식을 가지고 있는 것으로 판단할 수 있다.

표 13 '행동3:윤리'의 기술 통계

		설문 항목	평균값	표준 편차
행동 3 / 윤리	26	나는 불법 사이트에 접속하지 않는다.	1.37	0.712
	27	나는 인터넷에서 음란물을 유포하지 않는다.	1.09	0.440
	28	나는 인터넷에서 다른 사람의 초상권을 보호한다.	1.12	0.464
	29	나는 인터넷에서 모욕적인 언어를 사용하지 않는다.	1.20	0.465
	30	나는 인터넷에 있는 정보를 무단으로 사용하지 않는다.	1.23	0.452
	31	나는 인터넷에서 친구를 괴롭히는 행동을 하지 않는다.	1.09	0.440
	32	나는 인터넷에서 다른 사람의 지적 재산권을 존중한다.	1.19	0.512
		합계 평균	1.18	

항목별 응답에서 긍정적인 반응의 비율을 살펴보면, 항목 순서대로 각각 92%, 97.3%, 97.3%, 97.3%, 98.7%, 97.3%, 97.3%이다. 항목26을 제외하고는 97% 이상이 '그렇다' 이상에 응답한 것으로 나타났다.

다음으로 각 변인 간에 상관관계를 살펴보기 위해 pearson의 이변량 상관 분석을 시행하였다. 그 결과, 항목 간 상관관계는 있으나 약하게 나타났다. 먼저 불법 사이트에 접속하지 않는다는 항목은 인터넷에서 음란물 유포를 하지 않는다는 항목과 다른 항목에 비해 상대적으로 큰 상관계수를 가지는 것으로 나타났다. 또한 약하지만, 모욕적인 언어를 사용하지 않는다, 지적 재산권을 존중한다는 항목과 정적 상관관계가 있는 것으로 나타났다. 그외에 인터넷에서 정보를 소중히 여긴다 항목은 인터넷에서 친구를 괴롭히지 않는다, 다른 사람의 지적 재산권을 존중한다는 항목과 정적인 상관관계가 성립되는 것으로 나타났다. 이외의 다른 항목들도 항목 간 상관관계 계수를 아래 표와 같이 확인할 수 있다.

표 14 '행동3:윤리'의 항목 간 상관관계

질문 번호	26	27	28	29	30	31	32
26	1.000						
27	0.534**	1.000					
28	-0.015	0.077	1.000				
29	0.302**	0.040	0.388**	1.000			
30	0.195	0.028	0.513**	0.617**	1.000		
31	-0.026	0.094	0.341	0.172	0.503**	1.000	
32	0.288*	0.042	0.474**	0.238*	0.398**	0.281*	1.000

**. 상관관계가 0.01 수준에서 유의합니다(양측).
*. 상관관계가 0.05 수준에서 유의합니다(양측).

(4) 보안 의식

다음으로 보안 의식에 대한 행동이다. 이 항목들은 응답자들이 인터넷 사용 시의 보안 의식을 측정하기 위해 제시한 항목이다. 신뢰도 평가 결과, 크론바흐 알파 계수가 .675으로, 응답에 일관성이 있는 편인 것으로 나타났다. 이에 전체 설문 항목의 응답 평균값을 살펴보면, 1.27로 '그렇다' 이상에 응답한 비율이 높다. 따라서 항목들의 전체 평균값으로 볼 때, 이 설문의 응답자들은 인터넷을 사용하는 데 강한 보안 의식을 가지고 있는 것으로 해석이 가능하다.

항목별 세부 응답 또한 항목33, 34의 경우, 긍정적인 반응이 100%, 항목35가 92%, 항목36이 93.3%, 항목37이 96%, 항목38이 98.7%로 나타나 이 설문의 응답자들은 대체로 인터넷에서의 개인 정보와 보안에 노력하는, 긍정적인 행동을 가지고 있는 것으로 판단된다.

표 15 '행동4:보안'의 기술 통계

		설문 항목	평균값	표준 편차
행동 4 /	33	나는 공용 컴퓨터에서 인터넷에 접속할 때 개인정보에 더 주의한다.	1.15	0.356
	34	나는 나의 인터넷 활동이 기록으로 남을 수 있다는 것을 생각한다.	1.07	0.251

보안	35	나는 개인정보를 입력할 때 그 사이트가 얼마나 믿을 만한지 판단한다.	1.44	0.793
	36	나는 이메일이나 문자에 첨부된 파일을 열기 전에 안전한 것인지 확인한다.]	1.48	0.742
	37	나는 인터넷에서 다른 사람들이 나를 찾아낼 만한 단서가 되는 정보를 노출하지 않는다.	1.40	0.658
	38	나는 개인 정보를 입력할 때 필수사항으로 입력할 것과 선택 사항으로 입력할 것을 확인한다.	1.09	0.336
합계 평균			1.27	

다음으로 각 변인 간의 상관관계를 살펴보고자 pearson의 이변량 상관분석을 시행하였다. 그 결과, 대체로 상관계수가 0.6미만으로 나타나, 상관관계가 있으나 개인정보를 입력할 때 그 사이트가 얼마나 믿을 만한지 판단한다 항목과 이메일에 첨부된 파일을 확인한다 항목, 그리고 개인 정보를 입력할 때 필수 입력과 선택 입력을 구분한다 항목 이외에는 상관관계가 있으나 낮은 것으로 나타났다.

표 16 '행동4:보안'의 항목 간 상관관계

질문 번호	33	34	35	36	37	38
33	1.000					
34	0.191	1.000				
35	0.199	-0.081	1.000			
36	0.344**	-0.029	0.509**	1.000		
37	0.208	0.164	0.384**	0.488**	1.000	
38	0.336**	-0.075	0.504**	0.197	0.257*	1.000

**. 상관관계가 0.01 수준에서 유의합니다(양측).
*. 상관관계가 0.05 수준에서 유의합니다(양측).

(5) 비판적 읽기의 정도

다음은 인터넷 글에 대한 비판적 읽기의 정도를 측정하기 위해 제시한 항목이다. 신뢰도 평가 결과, 크론바흐 알파 계수가 .858으로 일관성이 있는 것으로 나타났다. 전체 설문 항목의 응답 평균값은 1.55로 '그렇다' 이상에 응답한 것으로 나타났다. 따라서 평균값에 따르면, 이 설문의 응답자들은 인터넷의 글을 읽는 데 대체로 비판적인 관점을 가지고 읽는 것으로 보인다. 이 설문의 응답자들은 뉴스 기사를 기준으로 미디어를 읽을 때, 뉴스 기사의 최신성, 작성자, 편파성을 긍정적으로 확인하는 행동을 가지고 있으며, 의심이 갈 경우 사실 여부를 확인하는 데 적극적인 편이다. 다만 뉴스 기사의 출처 중 하나인 웹 사이트의 주소를 확인하는 것과 뉴스 기사에 대한 생각을 정리할 때, 댓글을 확인한다는 항목은 다른 항목에 비해 상대적으로 부정적인 응답이 다수이다. 표준편차로 볼 때 이 설문의 응답자들은 특히, 41번 뉴스 기사를 작성한 사람이 믿을 만한지 항목에 대해 다른 항목에 비해 다양한 행동을 취하고 있는 것으로 판단된다.

표 17 '행동5:비판적 읽기의 정도'의 기술 통계

		설문 항목	평균값	표준 편차
행동 5 / 비판적 읽기	39	나는 뉴스 기사가 최신의 것인지 확인한다.	1.29	0.673
	40	나는 뉴스 기사가 게시된 웹 사이트의 주소를 확인한다.	1.63	0.912
	41	나는 뉴스 기사를 작성한 사람이 믿을 만한지 확인한다.	2.05	1.064
	42	나는 뉴스 기사에 대한 내 생각을 정리할 때 댓글을 참고한다.	1.68	0.932
	43	나는 뉴스 기사의 내용이 특정한 사람이나 단체의 입장을 지지하지 않는지 확인한다.	1.59	0.856
	44	나는 뉴스 기사의 내용에 의심이 갈 경우, 다른 자료를 찾아 사실 여부를 확인한다.	1.52	0.875
		합계 평균	1.63	

다음으로 각 변인 간의 상관관계를 알아보기 위해 pearson의 이변량 상관 분석을 시행하였다. 그 결과, 아래 표와 같이 상관계수가 0.6이상으로 강한 정적 상관 관계를 보이는 항목은 뉴스 기사를 작성한 사람이

믿을 만한 사람인지 확인한다로, 뉴스 기사에 대한 내 생각을 정리할 때 댓글을 참고한다 항목 외의 다른 항목과는 강한 정적 상관관계를 가지고 있는 것으로 나타났다.

표 18 '행동5:비판적 읽기의 정도'의 항목 간 상관관계

질문 번호	39	40	41	42	43	44
39	1.000					
40	0.599**	1.000				
41	0.412**	0.661**	1.000			
42	0.259*	0.477**	0.481**	1.000		
43	0.448**	0.631**	0.544**	0.459**	1.000	
44	0.471**	0.686**	0.390**	0.372**	0.724**	1.000

**. 상관관계가 0.01 수준에서 유의합니다(양측).
*. 상관관계가 0.05 수준에서 유의합니다(양측).

4. 대학생의 디지털 기반 미디어 리터러시에 대한 인식과 태도

지금까지 대학생을 대상으로 '미디어 리터러시' 개념과 능력의 필요성에 대한 인식 정도와 함께 대학생의 미디어 활용 실태 및 대학생의 디지털을 매개로 한, 미디어 리터러시에 대한 태도와 행동 양상을 살펴보았다. 그 결과는 다음과 같다.

첫째, 대학생의 미디어 리터러시 개념에 대한 인식은 낮은 편이다. 개념을 아는 경우에도 응답자 중 과반수 이상이 해당 개념을 자세히 알지 못하는 것으로 나타났다. 또한 미디어 리터러시란 개념도 주로 대학에 진학한 후 접한 것으로 나타났다.

둘째, 미디어 리터러시의 개념을 인지한 후에도, 미디어 리터러시 능력의 필요성에 대해 관심이 없거나 잘 모르겠다는 반응이 전체의 64.86%로 나타났다. 이러한 결과로 볼 때, 이 연구의 응답자인 대학생들은 미디어

리터러시 능력에 대해 크게 관심이 없다.

셋째, 현재 대학생들이 실제로 가장 자주, 많이 활용하는 미디어는 유튜브이다. 이는 미디어 하면 생각나는 미디어를 순서대로 나열해보라는 주관식 응답(패들렛)의 결과, 전체 46명 중 14명, 즉 35% 정도가 유튜브라고 대답한 것과는 차이가 있다. 즉, 유튜브를 미디어의 원형적 개념으로는 인지하는 비율이 실제 사용 비율보다는 낮은 것이다.

넷째, 디지털 기반 미디어 리터러시에 대한 대학생의 태도는 가치, 자기 효능감, 정서에 대한 인식 정도로 판단할 때, 대체로 긍정적인 편이다. 이 설문의 응답자들은 인터넷의 생활과 학습에서의 가치를 인정하였으며, 도구로써 인터넷을 적절하게 사용하는 자기 효능감을 보였다. 또한 인터넷에서 이루어지는 의사소통의 이해와 표현에 대한 정서도 긍정적인 것으로 나타났다. 항목별 응답 평균값으로 볼 때는 인터넷의 가치 인식(평균 1.26), 자기 효능감(평균 1.55), 정서(평균 2.13)의 순서로 긍정적인 반응이 나타났다. 그러나 인터넷의 가치 인식은 항목별 응답에 대한 신뢰도 값이 낮은 것으로 나타나 양길석 외(2020b)가 목표로 한 '가치' 영역을 일관적으로 평가하는 데는 문제가 있는 것으로 보인다.

다섯째, 디지털 기반 미디어 미터러시에 대한 대학생의 행동의 경우, 자기 조절 행동, 참여 행동, 윤리 의식, 보안 의식, 비판적 읽기로 판단할 때, 응답 평균 값이 2점 이하로 긍정적인 것으로 나타났다. 긍정적인 행동은 윤리 의식(평균 1.18), 보안 의식(평균 1.27), 비판적 읽기(평균 1.63), 자기 조절 행동(평균 1.71), 참여 행동(평균 1.82)의 순서로 나타났다. 다만, 인터넷에서의 읽기와 글쓰기, 경험과 의견, 느낌과 생각을 나누는 데 있어 보인 긍정적인 반응에 비해서는 상대적으로 자신의 글과 생각, 경험, 느낌을 나누는 것에 부정적인 반응을 보이는 것으로 나타났다.

이 글의 논의 대상인 대학생들은 미디어 리터러시의 개념을 인지하지 못하고 개념을 알더라도 스스로 제대로 알고 있지 못하다고 인식하고 있다. 그러나 이들은 개념의 인지 여부를 떠나 실제로는 디지털 기반 미디어 리터러시 환경을 긍정적으로 인지하고, 적극적으로 활용하는 태도와 행동을 보이고 있는 것으로 보인다. 하지만 이해와 표현 행동 중에서는 주로 이해 행동이 표현 행동보다 긍정적인 것으로 나타났다. 이러한 결과는, 김아미(2015)가 현 대학생들과 같은 디지털 네이티브는 디지털 활용 능력이 뛰어나다는 생각에 디지털 리터러시에 대한 자신감이 결여되어 있다고 보고한 기존의 연구 결과를 뒷받침한다. 또한 디지털 기반 미디어 리터러시에 대한 대학생의 태도와 행동에 대한 분석 결과는 대학생을 대상으로 미디어 리터러시의 개념과 필요성에 대한 긍정적인 태도를 함양하는 교육과 함께, 인터넷 미디어에 대한 긍정적인 표현 경험을 하도록 하여 균형 있는 디지털 기반 리터러시 역량 교육이 필요함을 시사한다.

마지막으로 이 글에서 디지털 기반 미디어 리터러시 역량 평가 도구로 활용한 양길석 외(2020)의 진단평가 도구는 '디지털 리터러시 진단 역량 평가 도구'로 개발되었으나 활용 결과, 제시된 평가 항목은 디지털을 기반으로 한 미디어 리터러시와 미디어 활용 양상을 측정하는 데도 효용성이 있는 것으로 판단된다. 하지만 이 조사의 분석 결과로 볼 때, 인터넷의 가치에 대한 인식 측정 항목은 항목 간 응답의 일관성이 떨어지는 것으로 나타나 보완이 필요하다. 또한 자기 조절 행동 평가의 '스마트폰' 관련 항목은 같은 항목에 속하는 항목들의 응답과 비교해볼 때 이질적이다. 이는 '스마트폰'이 인터넷 콘텐츠가 아니라 콘텐츠를 소비할 수 있는 매개체이며 인터넷 콘텐츠뿐만 아니라 다양한 멀티미디어 기능을 활용할 수 있는 매개체이기 때문에 나타난 이질성으로 판단된다. 또한 컴퓨터, 태블릿과 같은 디지털 표현 도구에 대한 평가와 대학생들이 많이 활용하는 멀티미디어인 유튜브에 대한 인식과 행동에 대한 평가도 추가할 필요가 있다.

이 글의 한계는 조사 결과를 바탕으로 대학생들의 디지털 기반 미디어 리터러시 능력 향상을 위한 교수요목 개발이라는 실용적인 결과를 도출하지 못한 데 있다. 이 글의 논의에 이어 대학 교양 교육 영역에서 대학생들의 디지털 기반 미디어 리터러시 역량 함양을 위한, 구체적인 교수요목의 개발이 실질적으로 이어지기를 기대한다.

참고문헌

김도헌(2020). "국내 미디어, 디지털, 정보, ICT 리터러시의 연구 동향 분석", *교육문화연구* 26(3), 93-119.

김민정, 최건아(2020). "대학생의 읽기 및 쓰기 태도와 디지털 리터러시 태도 간 관계 분석", *리터러시연구* 11(3), 131-160.

김민정, 박영민(2021). "대학생의 디지털 리터러시 태도가 디지털 리터러시 수준에 미치는 영향 분석," *학습자중심교과교육연구* 21(6), 495-507.

김보현, 이홍재, 박미경(2019). "유아 교사의 디지털 리터러시 잠재 계층 유형화 및 영향 요인", *학습자중심교과교육연구* 19(12), 157-181.

김선태, 남영호(2008). "초등학생의 디지털 리터러시 역량에 관한 연구", *정보교육학회논문지* 12(2), 151-161.

김아미(2015). *미디어 리터러시 교육의 이해*, 커뮤니케이션북스.

김윤경, 백목원, 권순희(2017). "실천적 미디어 리터러시 교육을 위한 인터넷 포털 뉴스의 담화 구조 분석: '구의역 사건'을 중심으로", *한국독서학회* 42, 133-171.

김종윤, 서수현, 옥현진(2015). "디지털 리터러시 태도의 개념에 대한 이론적 탐색", *국어교육* 150, 263-294.

김혜정(2016). "디지털 리터러시 교육 경험에 대한 대학생의 인식 분석", *학습자중심교과교육연구* 16(8), 937-958.

박주현(2018). "독서, 정보, ICT, 디지털 리터러시의 개념화 모델 개발 연구", *한국도서관정보학회지*, 267-300.

배윤정(2021). "대학생들의 사회적 소통 능력 향상을 위한 미디어 리터러시 수업 방안", *문화와융합* 43(6), 47-66.

손혜숙(2020). "대학에서의 미디어 리터러시 교육 방안 연구- 뉴스를 활용한 미디어 글쓰기 교육 사례를 중심으로, *리터러시연구* 11(3), 339-362.

안미애(2021). "대학생의 디지털 기반 미디어 리터러시에 대한 태도와 행동 연구", *문화와융합* 43(11), 277-302.

양길석, 서수현, 옥현진(2020a). 디지털 활동 양상과 디지털 리터러시 역량의 관계 분석: 중학교 1학년 학생을 중심으로", *교육문화연구* 26(5). 639-664.

양길석, 서수현, 옥현진(2020b). "디지털 리터러시 역량의 자기진단 평가도구 개발", *Journal of Digital Convergence* 18(7). 1-8.

옥현진, 조병영, 서수현, 김종윤, 김지연, 김희동, 고진아, 오은하, 서수현(2016). "디지털 리터러시 태도 평가 도구 개발 및 타당화 연구", *국어교육* 152, 521-283.

옥현진, 김지연, 유상희, 김희동, 서수현(2017). "디지털 리터러시 표현 영역의 인지적 특성 탐색", *작문연구* 33, 31-63.

이운지, 임선아, 김한성, 이현숙(2019). "초중학생의 디지털 리터러시 수준 예측 요인에 대한 다층 모형 분석", *한국교육* 46(2). 35-60.

정현선, 김아미, 박유신, 전경란, 노자연(2016). "핵심 역량 중심의 미디어 리터러시 교육 내용 체계화 연구", *학습자중심교과교육학회* 16(11). 211-238.

McClure, C. R.(1994). *Network literacy: A role for libraries?*, *Information Technology and Libraries* 13(2), 115. Retrieved from https://www.proquest.com/scholarly-journals/network-literacy-role-libraries/docview/215834931/se-2?accountid=11933.

W. James Potter(2016). *미디어리터러시 Media Literacy*, 소통.

Battelle for Kids(2021). http://www.p21.org.

Unesco(2014). https://en.unesco.org/events/international-literacy-day-2014

● 이 장은 문화와융합 학술지 43권 10호에 실린 필자의 논문(안미애, 2021)을 바탕으로 재구성되었다.

2부
대학의 수업과 환경의 융합 연구

06장
게이미피케이션으로 즐기는 미학 | **황혜영**

07장
대학생 대상 국내 예술치료 연구 동향 | **김소형**

08장
대학생 상담 경험이 대인관계에 미치는 영향 | **김경리 · 오방실**

09장
온라인 동료 첨삭피드백 활동과 학습자의 반응 | **박준범**

06장

게이미피케이션으로 즐기는 미학

1. 비대면 수업에 게임을 반영하기

미학은 감성 인식에 기반한 인문학의 한 분야로 미학 수업에서는 아름다움의 정의, 미적 체험의 주체와 객체의 문제, 아름다움과 예술의 관계, 여러 예술 장르에 나타난 미에 대한 인식 등 미학의 기본 개념과 미학사의 주요 쟁점에 대해 고찰하고, 여러 장르의 예술 작품 감상을 통해 감성적인 인식을 함양한다. 그동안 강의 경험에서 감성적 인식을 철학적 방법론으로 접근하는 미학 이론을 학생들이 다소 어렵게 여기는 것을 볼 수 있었다. 더구나 어릴 때부터 컴퓨터나 스마트폰 등 디지털 기기를 사용하는 시간이 많은 Z세대가 주를 이루고 있는 현 대학생들은 멀티태스킹에 익숙하며 한 가지에 집중하는 시간이 매우 짧다. 오늘날 대학생들이 수업에 집중하여 학습 성과를 얻게 하기 위해서는 학생들에게 수업에 대한 자발적 동기를 부여하고 흥미와 집중력을 높일 수 있는 다양한 교수학습방법을 도입하는 것이 필요하다. 뿐만 아니라 2019년 처음 시작된 코로나 19 바이러스 팬데믹이 지속되면서 2020년에서 2021년에 걸쳐 사회적 거리두기가 시행되고 강의 방식이 급속히 비대면으로 전환됨에 따라 변화된 교육패러다임에서 학습효과를 향상시키기 위한 방안 모색이 필요하였다.

비대면, 대면 모든 방식에서 일방향의 교수자 강의에서는 학생들이 지속적으로 수업에 집중하기 어렵고 학습효과가 저하되기 쉽다. 특히 비대면 상황에서는 강의의 질적 제고를 위해 이캠퍼스 게시판과 쪽지, 오픈채팅방 운영으로 학습자와 교수자 간, 동료 간 소통을 보완하고 실시간 화상플랫폼 적극 활용으로 수업 현장성을 높이며, 하브루타Havruta, 플립러닝 Flipped learning, 문제 중심 학습PBL 등의 교수학습법을 도입하여 수업의 효율성을 높이는 다각적 시도들이 필요하다.

 2021학년도 1학기 〈미학의 이해〉 수업에서는 한 학기 15주 중 총 4주 수업에서 게이미피케이션(gamification) 학습법을 도입하여 학생활동 중심 수업 혁신을 시도하였다. 게이미피케이션은 '게임game'과 '~화하기~fication'가 합쳐 만든 신조어로 2011년 1월 미국 샌프란시스코에서 처음 개최된 게이미피케이션 서밋(Gamification Summit)에서 처음 사용되었다. 물론 게이미피케이션 용어가 통용되기 전에도 이미 게임적 요소를 게임이 아닌 영역에 도입하는 방식을 지칭하는 다양한 용어들이 소개되어 왔다. 인센티브 제도가 게임에서의 보상과 같은 면을 반영하듯이, '퍼놀로지(funology)', '에드버게임(advergames)', '레이버테인먼트(labortainment)', '엑서게임(exergames)'과 같은 신조어나 '게임의 침투(games invade real life)', '게임 층위(game layer)', '게임에 의한 더 나은 변화(game makes a better world)'(권보연, 류철균, 2015:103) 등의 표현들도 게임적 요소와 비게임 영역의 융합을 지칭한다. 또 '에듀테인먼트(edutainment)', '헬스테인먼트(healthtainment)', '에드버게이밍(adver gaming)', 사회문제를 해결하는 '변화를 위한 게임(game for change)'(신동희, 김희경, 2013:152) 등도 게임 요소를 다양한 영역에 결합하는 방식을 의미하는 신조어들이다. 게이미피케이션은 게임이 아닌 분야에 게임의 규칙이나 원리를 도입하는 방식을 총칭하는 용어로 최근 다양한 분야에 응용, 도입되어 사용되고 있다. 게이미피케이션의 취지나 의의는 다양한 각도에서 살펴볼 수 있겠지만 종합적으로 볼 때 게이미피케이션은 게임이 아닌 분야에 게임의 긍정적 요소들을 도입하여 흥미를 북돋우고 참여자의 몰입과 집중을 유도하여 그 분야의 효율성을 높이는 방법이다. 교육에서도 게이미피케이션은 몰입과 집중을 유도하는 게임적 요소를 도입하여 사고력과 창의성을 높이는 유효한 학습법으로 활용되고 있다.

2021년 〈미학의 이해〉 수업에서는 총 15주 수업 중 4주 수업에서 미학과 게임적 요소를 연계하여 학습자에게 자연스럽게 강의에 관심과 흥미를 가지도록 하고 주어진 미션들에 집중하고 몰입하여 적극적으로 참여할 수 있도록 유도하여 수업을 활성화하고자 하였다. 총 4회 게이미피케이션에서 1회는 게이미피케이션으로 T차트 퍼실리테이션 응용 활동, 2회는 감정 단어 찾기로 감정 들여다보기와 감성사전 만들기, 3회는 미학 질문에 답하기로 번호 맞히기와 수업 내용 단어 알아맞히기, 4회는 조별 가사 창작하기와 합창하기로 진행하였다. 비대면으로 시행된 4주 실시간 수업에서 각자의 공간에서 학습하는 상황에서 동료들 간의 상호작용의 기회를 제공하여 생각의 폭을 넓힐 수 있도록 해주고 화상플랫폼 소회의실 조별 활동을 통해 협력 능력을 강화해주고자 하였다. 더불어 코로나 여파로 사회적 거리두기가 장기간 지속되면서 사람들과의 교류가 제약 받고 고립되어 지내는 시간이 많아지면서 집단 정서 위기를 맞고 있는 현실을 감안하여 게임에 감성 체험 요소를 반영하여 정서 치유와 회복의 효과도 제고하고자 하였다. 미학 수업에 도입한 총 4회 게이미피케이션으로 궁극적으로 장기적인 학습효과 향상을 도모하고 학생들로 하여금 미와 예술에 대해 흥미와 관심을 가지고 깊이 성찰하며 예술적 체험에 역동적인 주체가 될 수 있도록 안내해주는 체험 실천 강의 모델을 구축해나가고자 하였다.

2. 게이미피케이션 미학 강의

미학은 아름다움과 예술에 대한 근원적인 질문을 던지는 학문이다. 아름다움에 대한 정의는 수천 년 동안 수많은 학자들이 시도해왔으나 하나의 개념으로 수렴되지 못하였다. 미학에서 중요한 것은 자연과학에서처럼 하나의 해답을 결론으로 내리는 것이라기보다 결론에 이르는 생각의 과정과 방법이라고 할 수 있다(이중톈, 2009:39). 예술을 연구하는 학문은 크게 음악, 미술, 연극, 무용, 영화 등 개별 예술 장르에 대해서 연구하는 개별예술학과 예술들을 통합해서 연구하는 일반예술학, 개별예술학과 일반예술학을 아우르며 예술의 철학 문제 혹은 철학 중의 예술 문제를 연구하는 미학으로 구분된다(이중톈, 2009:18). 미학은 크게 미론(theory of beauty)과 예술론(theory of art)의 두 가지 축으로 발전해왔다(조지 딕키, 1983:11). 미론에서는 아름다움을 어떻게 정의할 것인가, 아름다움의 기준은 무엇이며, 아름다움이 대상의 속성인지 아니면 주체의 인식에 달린 것인지와 같은 아름다움에 관한 근본적인 질문을 던진다. 예술론은 아름다움을 추구하는 인간의 활동인 다양한 예술들에 대해 분석하고 예술과 아름다움의 관계에 대한 다양한 질문들을 던진다.

미학은 감성적 인식에 근거한 철학적 사유로 미 인식, 성찰적, 분석적, 감성적 사고력을 강화하고, 주체의 자유로운 정신성을 향유하도록 하여 자기관리에 도움을 주며 동, 서양 미에 대한 인식을 바탕으로 세계문화 이해력을 높여주는 것을 학습목표로 한다.

본 강의의 주차별 내용을 간략히 소개하면 1주차에는 미학이란 무엇인가? 라는 주제로 미학의 두 범주인 미론과 예술론에 대해 그리고 4차 산업혁명시대 감성학의 가치를 재조명해주며 매 주차별 강의 계획에 대해 소개하고 또 수업의 평가 방식과 내용에 대해 안내해준다. 2주차에는 고대 그리스에서의 미에 대한 인식과 예술에 대한 인식에 대해 살펴보고, 3주차 수업에서는 서구 유럽을 중심한 서양 예술을 이끌어온 두 가지 큰 사상적 원류인 그리스-로마 문화의 헬레니즘과 유대교-그리스도교 전통의 헤브라이즘에 대해 알아본다. 4주차에는 동아시아 미학 특히 중국 고대 미학의 두 원류가 되는 남종선과 북종선 두 사상과 이들에서 발생한 남종화풍과 북종화풍의 예술의 경향에 대해 살펴본 뒤, 5주차, 6주차 수업에서는 서양 미학의 무게 중심이 객관론에서 주관론으로 이동하여 근대 미학이 탄생하는 과정을 살펴보고 바움가르텐, 디드로 미학과 칸트 미학의 핵심적인 논의를 학습한다. 7주차에는 최치원의 「난랑비서」에 소개된 풍류 사상으로부터 출발한 한국미학과 한국 전통예술에 대해 살펴본다. 8주차 중간고사에서는 수업 전반부 내용을 바탕으로 자신이 경험했거나 생각하는 아름다움에 근거해 아름다움을 판단하는 기준을 논하고, 예술의 사실성과 내면성 두 가지 경향 중 자신이 더 공감하는 입장에 대해 성찰하고 정리하는 시간을 가진다. 9주차에는 간송 전형필과 우리 문화재 수장 이야기를 함께 살펴봄으로써 우리 선조들이 남긴 소중한 문화유산에 대해 돌아보고, 10주차 수업에서는 4차 산업 혁명시대 감성학의 중요성을 조명해본다. 11주차에는 미학의 질문인 시선과 생각의 관계에 대해, 12주와 13주에는 예술에서의 틀에 대해 성찰해보고 예술 작품의 틀 속의 틀이 도입된 구성적 방식이 작품의 주제에 참여하는 방식에 대해 살펴본다. 14, 15주차에는 미학 테마 개별 발표로 〈미학의 이해〉 한 학기 수업을 마무리한다. 감성 인식을 함양하기 위해서는 이론적인 이해와 더불어 직접적인 체험을 통한 감성인식 향상이 필요하다. 이에 본 수업에서는 게이미피케이션 방식을 실시간 수업에 도입하여 미적 사유의 힘을 길러주고 예술적 체험을 향유할 수 있도록 안내해주고, 차원 높은 교양 역량을 기를 수 있도록 다양한 체험, 게임, 활동을 도입하여 수업에 역동성을 기하고 학생들에 수업 관심과 흥미를 고취하고자 하였다.

 2021년 1학기 미학 수업 게이미피케이션 활동은 수업 설계 당시에는 대면 강의를 염두에 두었으나 실제로는 수업이 비대면 방식으로 진행되어 대면 수업에 맞춰 고안되었던 T차트 퍼실리테이션 팀 활동, 짝과 생각 확장하기 게임, 조별 오감체험활동, 단어 알아맞히기 퀴즈 게임 등을 비대면 방식으로 변형, 대체하였다. 예를 들어 종이에 직접 단어를 적고 종이를 구기는 퍼포먼스를 하는 활동은 비대면 수업에서 각자 개별적으로 시행한 뒤 화상으로 결과물을 제시하여 공유하도록 하였고 활동지를 활용한 활동은 활동지 대신 채팅에 작성하는 방식으로 수정하였다. 비대면 수업 상황에서 카드게임, 스티커 등 대면 상황에서의 게임 방법을 활용하기 어려워 매 회 게이미피케이션에 참여한 학생들에게 참여 포인트를 제공하고 팀별, 혹은 개별 미션 수행의 성실성과 완성도, 창의성에 따라 포인트 점수를 차별화하고 학기 전체 평가에 반영하였다.

게이미피케이션 학습에서 동료들 간 소통과 나눔을 통한 소통 역량을 아울러 강화하도록 개별 활동과 함께 조별 활동을 병행하였다. 조별 활동에서는 매 차시 조원들이 상의하여 조장을 선정하여 조별활동이 원활하게 진행되도록 안내하는 역할을 맡도록 하였다. 게이미피케이션 활동 참여 포인트를 부여할 때 조원들이 협력하여 완성하는 활동의 경우 미션을 완수한 팀에 조별로 포인트를 차등하여 보상으로 지급하고 조별 활동에서 개별 활동을 조원들이 나누는 경우에는 조별로 게임을 한 뒤 활동을 완수하여 목표를 달성한 경우 포인트 점수를 개별로 부여하여 보상을 해주었다. 3회 차 게이미피케이션 활동에서는 미션 완수 포인트 지급 외에 음료 쿠폰제공 특별 이벤트도 시행하였다. 이때 게임적 요소를 수업에 반영함에 있어 경쟁이 전면에 본질적으로 부각되도록 하는 대신 게임으로 마음이 상하지 않을 정도로 재미로 하는 "친근한 경쟁"(한안나, 2018:567)이 되도록 음료쿠폰 당첨 이벤트는 일부 복불복 게임을 반영하였다. 게이미피케이션 활동의 목표는 수업에서 학습한 내용에 대해 학생들이 직접 예를 찾아보고 성찰하도록 함으로써 학습 효과를 높이는 것에도 있지만 코로나 사태로 수업에서 동료들과 함께 만나고 생각을 나누는 기회가 부족한 점을 감안하여 비대면 상황이지만 학생들 간에 생각을 나누는 기회를 제공하는 것에도 있다.

학기 시작 후 6주차에 시행한 1회 차 게이미피케이션에서는 2주차 교수자 수업에서 소개한 예술에 대한 두 가지 인식인 영감과 모방의 관점을 응용하여 영감의 산물로 여겨지는 작품과 모방의 산물로 여겨지는 작품의 예와 그에 대한 학생 자신의 생각을 T차트 퍼실리테이션으로 준비해와서 함께 나누었다. 2회 차 게이미피케이션는 인공지능 시대 감성학의 이해와 관련해 개별, 조별 감성 체험 힐링 게임, 부정적 감정 종이 구겨 버리기, 긍정적 감정 종이에 적어놓고 보기를 하고 조별로 감성 사전 만들기, 단어 새롭게 정의하기 게임을 하였다. 3회 차 게이미피케이션에서는 미학 질문에 답하기로 하는 자기 소개와 연계한 번호 맞추기 게임과 간송 전형필과 우리 문화재 수장 이야기 수업 단어 찾기 게임을 하였다. 4회차 게이미피케이션에서는 음악 미학 활동으로 작사와 합창, 감성체험하기로 진행하여 소회의실에서 조원들이 의논해서 한 가지 주제를 정한 뒤 멜로디를 공유할 수 있는 노래를 한 곡 선정하고 노래에 맞춰 가사를 작사하였고 추후 전체 회의실에서 조별 합창활동을 하였다.

게이미피케이션 유형을 대체(Substitution)형, 보강(Augmentation)형, 변형(Modification)형, 재정의(Redefinition)형, 기타 등으로 구분할 때(서원대학교 교육혁신원, 2021), 본 수업의 1회차 T차트 퍼실리테이션은 대체형, 2회차 감정 발현과 감성 사전 단어 정의하기는 대체형과 재정의형, 3회차 미학 질문에 답하기로 자기소개하기 및 한국미학 테마 단어 맞히기 게임하기는 보강형, 4회 차 조별 노래 작사하기와 노래 부르기 체험은 변형형 및 재정의형을 염두에 두었다.

1) T차트 퍼실리테이션 응용 게이미피케이션

1회 차 게이미피케이션으로 고대 그리스의 예술에 대한 인식 수업 내용에 대한 자신의 비판적 성찰 활동으로 예술 작품 중 모방의 산물, 영감의 산물의 예를 한 가지씩 각자 찾아온 뒤 조별활동으로 T차트 퍼실리테이션을 응용한 활동을 하였다. 4명 정도 인원으로 조를 편성한 소회의실에서 조원들 각자 자신이 영감의 산물의 예술, 모방의 산물의 예술의 예로 선정한 작품에 대해 자신의 의견을 소개하며 모방과 영감의 예술에 대한 인식을 확장하도록 하였다. 한 사람씩 자신이 생각해온 예와 생각을 소개하면 다른 조원들도 발표자의 의견에 대해 어떻게 생각하는지 자유롭게 의견을 나누도록 하며 소회의실에서 나눈 활동 보고로 조원들이 함께 있는 이미지 한 컷을 캡처해서 오픈 채팅에 올리는 것으로 안내하였다. 소회의실 활동이 마무리되면 전체 회의실에서 서로 다른 회의실에서 나눈 활동을 공유할 수 있도록 모방의 산물, 영감의 산물에 대해 나눈 것에 대해 각자 자신이 소회의실에서 소개한 내용을 전체 줌 채팅에 올리도록 하였다. 아래 〈표 1〉은 1회 차 게이미피케이션 활동의 예시이다.

표 1 영감 vs 모방 T차트 퍼실리테이션 활동 예시

영감	모방
박OO: 〈아담의 창조〉는 미켈란젤로가 시스티나 성당 천장에 그려진 프레스코화의 하나이다. 하느님이 최초의 인간 아담에게 생명을 불어넣은 창세기 속 이야기를 그리고 있다. 사람들은 신이라는 존재를 믿거나 믿지 않는다. 왜냐하면 보통 자신이 죽기 전까지는 신을 만나는 일이 불가능하기 때문이다. 그러나 인간의 상상력은 불확실한 존재를 신으로 받들며 이야기를 만들고 신이라는 존재를 써내려왔다. 신에 대한 믿음은 사람마다 다르지만 나는 '신' 자체 또한 영감의 산물이라고 생각한다. 그런데 이 작품은 '신'이 인간에게 생명을 불어넣는 허구의 장면을 상상력을 토대로 자아낸 점에서 영감의 산물이라고 여길 수 있다.	박OO: 영화 〈불한당〉에서 경찰에 속한 '현수', 조직에 속한 '재호'는 서로 사랑을 할 수 없는 관계다. 현수는 임무를 위해 감옥에 들어가 재호에게 접근한다. 재호도 현수에게 매력을 느끼지만 현수가 경찰이라는 것을 알고 현수의 엄마를 죽인 뒤 현수를 자기 세계로 들어오게 한다. 현수와 재호는 서로에게 이끌리면서 얽혀 파국에 다다른다. 모든 진실을 알게 된 현수는 재호와 대립하지만 재호를 믿고자 했고, 재호는 현수를 죽이려고 하지만 끝내 죽이지 못한다. 현수는 끝내 재호를 죽이고 혼자 남아 차에 앉아 눈물을 흘린다. 나는 비극적인 로맨스를 담은 〈불한당〉이 로미오와 줄리엣을 모방한 작품이라고 생각한다.
강OO: 잭슨 폴록의 '가을이 리듬'은 무의식 속에서 파생된 감각을 작품에 표현했는데, 이 작품은 물감을 작가에 의해 수동적으로 조절되는 물질이 아닌 스스로의 에너지를 가진 물질로 인식해서 작품을 표현했기 때문에 영감이라고 생각했습니다.	강OO: 쿠르베의 '돌 깨는 사람들'은 자신의 관념이 들어가지 않은 사생을 했으며, 사실주의 화가로써 전통표현기법에서 명암법과 원근법, 관념적인 고유색을 그대로 답습하였지만 가난한 사람들의 비참한 현실을 있는 그대로 그렸기 때문에 모방이라고 생각했습니다.

원래 강의실 대면 수업에서는 T 차트 활동지에 팀원들이 함께 의견을 채우도록 하였지만 비대면으로 수업이 진행되는 점을 감안하여 조별 활동에서 의견을 조원들과 나누도록 하고 대신 채팅에 영감, 모방으로 항목을 나누어 예를 작성하여 제출하는 방식으로 게임을 하였다. 교수자는 조별 활동의 결과를 전체 회의실에 공유하여 생각을 확장해나가도록 유도하였고 활동에 대한 보상은 개별 활동 결과물에 대해 타당성, 독창성, 성실성에 따라 차등해서 포인트를 부여하였다.

2) 감정 들여다보기 & 감성 단어 정의하기 조별 활동

2회 차 게이미피케이션에서는 감정 들여다보기 활동과 감성 단어 사전 만들기의 두 가지 활동을 하였다. 이번 차시 게이미피케이션에서는 인공지능시대 인간의 정체성으로 새롭게 주목되고 있는 감정, 감성, 감각과 같은 감성적 자질을 발굴하고 강화하는 것을 목표로 하였다. 게이미피케이션에서 발생하는 재미와 감정 변화는 감성적 인식과 관계된다. 예술 작품을 접할 때나 아름다운 자연을 볼 때 느끼는 힘을 감성이라고 할 때 감성은 미학의 본질적인 힘이다. AI가 우리의 일상 깊숙이 들어오고 있는 오늘날 인간의 정체성이 무엇인지, 인간에게 있는 고유한 자질이 무엇인지에 대해 성찰하면서 아름다움과 예술을 감상할 수 있고 느낄 수 있는 감정이나 감성과 같은 보이지 않는 자질들이 중요하게 여겨지고 있다는 점을 함께 나누어 보았다. 우선 전체 회의실에서 〈지혜 톡톡〉 앱의 감정 카드로 지금 현재 자신이 느끼는 감정을 찾아보기를 하면서 자신의 느낌을 들여다보는 시간을 가졌다. 이어 나에게서 덜어내고 싶거나 고치고 싶은 부정적인 감정을 골라 종이에 적은 뒤 종이를 구기고 던지고 버리는 퍼포먼스로 부정적 감정 덜어내기 힐링 체험을 하였다. 활동 마무리로 내가 간직하고 싶거나 강화하고 싶은 감정을 골라 종이에 적어 두고 보면서 생각날 때마다 그 감정을 머릿속으로 떠올리기를 하였다.

표 2 감정 단어 카드 예시(출처: 김정진, 〈지혜톡톡 앱〉)

활기참	안타까움	외로움	신남	답답함	황홀
떨림	귀찮음	자신감	재미	편안함	감사
만족	평화로움	억울	놀람	좌절	든든함
후회	불안	짜증	실망	지루함	미움
걱정	싸늘함	당황	부끄러움	혼란	화남
감동	뿌듯함	서운함	그리움	분함	괴로움
막막함	두려움	무관심	집중	미안함	깜짝놀람
사랑	무서움	홀가분함	기대	피곤	

비대면 화상 플랫폼 전체회의실에서 함께 활동을 한 뒤 소회의실 활동을 진행하였다. 소회의실에서는 조원들 사이에 전체 회의실에서 했던 감정 카드 게임에 대해 서로의 경험을 나누는 시간을 먼저 갖도록 하였다. 아래는 감정 카드 활동하기를 한 뒤 조별활동에서 조원들과 감정 카드 활동에 대해 서로 나누기를 한 내용의 예시이다.

표 3 감정 카드로 감정 들여다보기 예시

강○○
현재 나의 감정 - 피곤(아침에 일어났더니 조금 피곤한 감이 있다.)
피하고 싶은 감정 - 불안(잔걱정이 많아서 불안을 쉽게 느낀다.)
갖고 싶은 감정 - 자신감(앞에 나서는 것을 힘들어해서 자신감이 있었으면 좋겠다.)
황○○
현재 나의 감정 - 답답함(중간고사가 아직 끝나지 않았다)
피하고 싶은 감정 - 부러움(중간고사가 끝난 친구들이 부럽지만 참아야한다)
갖고 싶은 감정 - 통쾌함(중간고사가 끝났으면 좋겠는 마음이다)
최○○
현재 나의 감정 - 피곤(오전에는 피로감이 남아있다)
피하고 싶은 감정 - 좌절(좌절로 오는 허탈함은 일상생활에 큰 지장을 준다)
갖고 싶은 감정 - 뿌듯함(뿌듯함은 삶의 활력을 줘서 하는 일에 큰 도움이 된다)
박○○
현재 나의 감정 - 피곤(잠을 깊게 자지 못해 피곤하다.)
피하고 싶은 감정 - 불안(현재나 미래에 대한 불안감을 버리고 싶다.)
갖고 싶은 감정: 감사(언제나 감사하는 마음을 지니고 싶다.)

〈부정적인 감정 단어 종이
구겨 버리기 활동 예시〉

〈긍정적인 감정 단어
적어 두고 보기 활동 예시〉

    2회 차 두 번째 게이미피케이션으로 단어 새롭게 정의하여 감성 사전 만들기 조별 협력 활동을 하였다. 단어를 새롭게 정의하여 감성 사전 만들기 활동을 하기 위해 단어 새롭게 정의하기의 예를 보여주는 '청춘의 약도' 발췌 글(김미라, 2017:117-118)을 함께 나누었다.

표 4 단어 새롭게 정의하여 감성 사전 만들기 참고 지문

[……] 아들의 책상을 바라보다가 그는 책갈피에서 삐죽 얼굴을 내밀고 있는 메모지 하나를 발견했습니다. 거기엔 이런 글자들이 적혀 있었습니다.
"김포장지 속의 방습제
파슬리
비오지 않는 날의 우산
관광지에서 사온 열쇠고리"
암호를 푸는 탐정처럼 그는 다시 한 번 아들이 써놓은 것들을 읽어보았습니다. 그다지 불편하지 않은 것, 있으나 마나 한 것, 꼭 필요하지 않은 존재라는 공통점이 보였죠. 아들은 그런 것과 자신을 동일시하고 있는 것은 아닐까 싶었습니다. 처음엔 가슴이 철렁 내려앉았습니다. [……] 그는 빨간 사인펜을 찾아 들고 아들이 남긴 메모 아래에 이렇게 써놓았습니다.
"김포장지 속의 방습제 - 인생을 눅눅하지 않게 하는 기특한 녀석.
파슬리 - 훌륭한 셰프들은 반드시 챙기는 것
비오지 않는 날의 우산 - 비오지 않는 날에도 챙겨두어야 비오는 날 쓸 수 있는 소중한 존재.
관광지의 열쇠 고리 - 그것이 멋진 것이라면 가까운 친구가 되고, 만약 그렇지 않더라도 추억이 되는 것."
빨간 펜으로 남겨놓은 글자들이 '사랑한다'는 말을 대신할 수 있으면 좋겠다 싶었습니다.

발췌 글에서 한 아버지가 고등학생 아들의 책상 위 책갈피로 삐죽이 나온 포스트잇에 아들이 별 필요 없고 중요하지 않은 것을 의미하는 단어들을 열거해서 적어놓은 것을 보고 혹시 아들이 자기 자신을 중요하지 않고 별 필요 없는 존재로 여기고 있지나 않나 염려가 되어 아들이 적어놓은 각 단어 옆에 그 뜻을 새롭게 정의한 것을 적어놓아 아들을 말없이 격려해주고자 한다. 조별 활동에서는 아버지가 아들이 적은 단어들을 새롭게 정의하여 격려해주고자 한 것처럼 조원들이 의논해서 새롭게 정의하고 싶은 단어들을 선정해 의미를 다시 정의해보는 감성 사전 단어 정의하기 활동을 게임으로 하였다. 아래는 감정 사전 단어 새롭게 정의하기 활동 예시이다.

표 5 단어 새롭게 정의하기 감성 사전 만들기 활동 예시

- 먼지 쌓인 마스크: 코로나가 끝났다는 것을 암시하는 모습
- 빨래건조대: 항상 빨래를 잘 건조하기 위해 지지해주는 친구
- 밝은 무드등: 자기 전에 밝게 비쳐주는 기분 좋은 친구
- 켜지지 않는 오래된 핸드폰: 더 이상 켜지지는 않지만 나의 추억이 담겨져 있는 오랜 친구
- 택배 박스: 매일 기다려지지만 실제로 보면 더 매력적인 친구

3) 미학 질문에 답하기 자기소개와 수업 단어 알아맞히기

3회 게이미피케이션에서도 두 가지 활동을 하였다. 우선 미학 질문에 답하기로 자기 소개하기 활동을 한 뒤 각 번호에 대한 답의 순서를 임의로 바꾸어 적은 뒤 교수자가 임의로 변경한 번호와 가장 많이 일치하는 경우 승자가 되는 복불복 게임으로 진행하였다. 번호 맞히기 활동을 대면 수업으로 하였을 때는 실제로 빈 칸의 활동지에 각 번호의 질문의 답을 자신이 원하는 번호 칸에다 적어 제출하도록 하였다. 비대면 상황에서는 활동지

를 활용하기 어려워 각자 수업을 듣는 자리에서 종이에 칸을 그려서 미학 질문에 답하기로 번호 맞히기를 한 다음 자신이 임의로 연결시킨 번호를 채팅에 올릴 때는 1번부터 8번까지 각 질문 번호 옆에 자신이 선택한 번호를 연결하여 제출하는 방식으로 진행하였다. 실시간 줌 채팅에 답을 올릴 때 서로 다른 학생들의 번호들이 섞이지 않도록 기술적으로 각자 자신이 1번에서 8번까지 매칭한 번호들을 한꺼번에 올리도록 안내하였다. 학생들이 답을 실시간 화상 플랫폼 채팅에 올리기 전에 교수자도 1번부터 8번까지 질문 번호 옆에 순서를 임의로 변경한 번호 적기를 완료해서 번호는 드러나지 않도록 해서 확인시켜주었다. 학생들이 채팅창에 답을 다 올린 뒤 교수자가 각 질문 번호에 매칭한 번호를 불러주었다. 학생들이 교수자가 번호를 부르기 전에 자신이 연결한 번호를 올렸기 때문에 임의로 번호를 수정할 수 없게 하고 교수자도 번호 자체는 보여주지 않되 이미 정해놓은 번호를 화면상에 보여준 것을 불러주어 교수자가 불러주는 번호와 자기가 선택한 번호가 몇 개가 일치하는지 보는 복불복 게임이다. 이때 게임 이벤트 당첨에 유효한 답은 교수자가 번호를 불러주기 전에 채팅에 제출한 답변까지로 하였으며 대신 추후 게이미피케이션 참여 포인트를 부여할 수 있도록 그 이후에도 미션 결과를 채팅에 제출할 수 있도록 하였다.

게이미피케이션에서 게임과 비게임 요소가 결합되는 혼종 방식에는 게임 자체가 활동의 전면에 부각되는 전경적 게이미피케이션 방식과 다른 활동을 함에 있어 게임적 요소를 보조적으로 보완하여 그 활동을 더욱 효과적으로 운영되게끔 하는 후경적 게이미피케이션 방식의 두 가지 방향이 있다(권보연, 류철균, 2015:100). 본 수업에서는 게임 자체를 목적으로 하는 전경적 게이미피케이션보다는 수업에 흥미를 더하고 학생들이 다양한 활동에 체험하는 기회를 확대하는 데 게임적 요소를 도입하는 후경적 게이미피케이션을 보다 중점적으로 활용하였다.

또한 이 수업에서는 게임에서의 경쟁과 승부겨루기보다 자유로운 표현을 중시하고, 공동체 활동을 지원하는 방식을 강조하고자 하였다. 게이미피케이션 미션 완수에 대한 포인트를 추후 점수로 반영해 주지만 수업 내에서 경쟁과 비교로 게임의 승부욕을 강조하지는 않고자 하였다. 토론, 협력활동, 참여를 강조하는 게이미피케이션, 경쟁과 비교보다 나눔과 공유를 강조하는 게임으로 진행하고자 하였다.

표 6 미학 질문 자기소개하기 번호 맞히기 게임 답안 예시

〈질문〉	〈답안 예시〉
1. 가장 감동받은 음악은 ? 2. 가장 감동 깊게 본 영화는? 3. 가장 소중히 여기는 보물 1호는? 4. 코로나가 끝나면 여행하고 싶은 곳은? 5. 우리 시대 대표 문화 트랜드는 ? 6. 나의 취미는 ? 7. 여름 방학에 해보고 싶은 것은? 8. 우리 전통문화 중 외국친구에 소개하고 싶은 것은?	1-5(온라인-비대면 문화가 형성됨, 과거에는 없던 새로운 문화가 생겨났다.) 2-2(기생충/parasite) 3-7(제주도 직접 운전해서 올레길 돌아보기) 4-1(바트 하워드 – Fly to the moon) 5-8(한복 – 개인적으로 한국의 전통 문화 중 가장 접근성이 좋고 아름답다고 생각한다.) 6-4(필리핀 세부 – 전에 친구들에게 추천받은 여행지중 바다가 가장 인상 깊게 남았다.) 7-3(보물까진 아니나 굳이 뽑으라면 음향장비, 이어폰 스피커 헤드셋) 8-6(음악 감상, 친구들과 채팅 혹은 새로운 사람 만나기)

3회 차 두 번째 게이미피케이션에서는 가로 세로 각각 5칸으로 되어 있는 칸에 한 글자씩 적혀 있는 표에서 가로나 세로, 대각선으로 연속된 글자에서 수업에서 언급된 단어를 찾는 게임을 하였다. 이번 시간에 간송 전형필과 우리문화재 소장 이야기로 우리 곁에 남아 있는 것을 당연하게 생각하는 우리 문화유산에 대해 성찰해보는 시간을 가졌는데, 가로, 세로, 대각선 칸에서 연속된 글자에서 수업에서 학습한 내용에서 언급이 되었던 단어를 가장 많이 맞히는 학생이 승리하는 게임이다.

표 7 간송 전형필과 우리 문화재 수장 이야기 수업 단어 맞히기 게임 표

해	교	조	학	미
검	례	양	글	인
국	보	본	한	도
여	화	안	간	송
입	각	수	견	주

이 게이미피케이션에서는 위 〈표 7〉을 보고 제한 시간 내에 수업에서 언급된 단어를 찾는 게임을 하였다. 대면 수업에서는 표가 그려진 활동지에 수업에서 언급된 단어를 모두 골라(대각선이나 가로, 세로로 연속되는 단어 모두 가능하도록 함) 동그라미 표시를 해서 활동 후 제출하도록 하였으나 비대면 수업에서는 활동지를 배부하고 제출하는 데 제약이 있어 줌 전체 회의실 채팅창에 동시에 작성하여 제출하도록 하였다. 수업 참여와 미션 완수 포인트 부여를 위해 게임에서 제한 시간 이후에도 답을 올릴 수 있도록 하였고 대신 게임 등수에는 포함하지 않기로 하였다. 이 게임에서는 표에서 수업 내용 단어 8개(해례본, 안견, 간송, 교양, 미학, 미인도, 국보, 보화각) 맞힌 학생과 7개를 맞힌 학생까지 우수 게이머로 선정하여 모바일 커피 쿠폰을 제공하는 이벤트를 하였다. 첫 번째 미학 질문 답하기가 복불복 게임이라면 두 번째 수업 단어 맞히기 게임은 수업에 집중해서 경청하도록 유도하고 수업 흥미와 집중도를 높이도록 고안한 활동이다.

4) 가사 창작과 합창 조별활동

4회차 게이미피케이션에서는 소회의실 조별 활동으로 음악을 통한 감성 체험과 감정 발현 활동을 하였다. 우선 소회의실 활동에서 조원들은 우선 창작 가사의 테마를 정하기 위해 브레인스토밍으로 키워드를 제안한 뒤 제안된 키워드 중 하나를 선정하고 그 키워드에 어울릴 수 있는 곡을

선정하였다. 소회의실 활동에서 조별로 가사를 창작한 뒤에는 전체 회의실에서 각 조의 조장이 조원들 이름과 곡명, 그리고 곡의 테마 혹은 제목 그리고 가사를 전체 회의실 채팅창에 작성해주고 조별로 조원들이 함께 노래를 부르는 것으로 감성 발산, 감정 표현 체험을 나누었다. 이번 차시 가사 창작과 합창 경연 게이미피케이션 활동에서는 익숙한 멜로디에 가사를 붙여 함께 노래를 부르는 체험을 통해 청각적인 감각을 자극하며 퍼포먼스의 경험으로 재미를 느낄 수 있도록 하였다. 아래는 조별 작사 합창하기의 창작 예시이다.

표 8 조별 가사 창작과 합창 체험

강OO, 권OO, 박OO, 이OO
주제: 행복
많이 화려하진 않아도/가진 게 적어도/마음만큼 행복할거야/행복한 나니깐(나니깐) 나는야 꿈을 꿀 거야/나는야 잘 될 거야/나는 빛이 날거야/행복한 나니깐(나니깐)

호이징가의 호모루덴스 개념이 재미와 흥미가 인간의 활동과 성취에 본질적으로 관여하는 것을 보여주고 있듯이(신동희, 김희경, 2013:152) 기술의 발달로 놀이가 게임으로 변화되었고 게임의 구성요소들을 통해 참여자와 게임 간의 상호작용이 발생하게 되었으며, 이 상호작용은 참여자로 하여금 인지작용의 자극을 경험하도록 하여 재미를 느끼게 해준다(김종우, 김상욱, 2014:162). 게이미피케이션은 수업을 놀이와 연계하여 호모 루덴스적인 본성을 자극하여 학습효과를 향상시키는 데 기여할 수 있을 것으로 기대된다.

3. 게이미피케이션 미학 수업 학생 의견

2021학년도 1학기 〈미학의 이해〉 마지막 주차에 15주차까지 수업에 참석한 학생들을 대상으로 강의 전반에 대한 의견과 게이미피케이션 학습에 대한 의견을 수렴하고자 온라인 설문에 참여하도록 안내하였다. 전체 수강생 38명 중 실시간 게이미피케이션 수업에 참여한 학생 수는 26명 정도였으며 설명 응답자는 학기 마무리 주차 실시간 수업 출석자 26명 중 16명이다. 설문 문항은 크게 미학의 이해에서 향상시키고자 하는 교과목 핵심 역량과 관련한 질문과 수업에 도입한 게이미피케이션 학습에 대한 질문으로 구성되었다. 〈미학의 이해〉에서 강의에 대한 질문과 학생들의 응답은 아래와 같다.

표 9 〈미학의 이해 수업에 대한 의견 수렴

〈객관식 질문 문항〉

1. 〈미학의 이해〉 수업은 미와 예술에 대한 이해와 체험을 통해 감성 인식을 키우는 데 도움이 되었다.
2. 〈미학의 이해〉 수업은 동서양 미학의 흐름과 동서양의 미에 대한 인식을 이해하는 데 도움이 되었다.
3. 〈미학의 이해〉 수업은 미와 예술에 대한 인식을 자신의 체험에 적용하는 데 도움이 되었다.
4. 〈미학의 이해〉 수업은 우리 전통 문화와 예술을 이해하는 데 도움이 되었다.
5. 〈미학의 이해〉 수업은 미와 예술에 대한 다양한 이론과 작품 감상, 체험을 통해 자유로운 정신을 키우는 데 도움이 되었다.

*(보기 1. 전혀 아니다, 2. 아니다. 3. 보통이다. 4. 그렇다. 5. 매우 그렇다.)

보기	질문 1 응답 수		질문 2 응답 수		질문 3 응답 수		질문 4 응답 수		질문 5 응답 수	
1	0	0%	0	0%	0	0%	0	0%	0	0%
2	0	0%	0	0%	0	0%	0	0%	0	0%
3	1	6.3%	1	6.3%	2	12.5%	0	0%	1	6.3%
4	4	25%	5	31.3%	4	25%	6	37.5%	4	25%
5	11	68.8%	10	62.5%	10	62.5%	10	62.5%	11	68.8%

1번 문항, 〈미학의 이해〉 수업이 미와 예술에 대한 이해와 체험을 통해 감성 인식을 키우는 데 도움이 되었는가의 항목에 대해 11명의 학생이 매우 그렇다, 4명의 학생이 그렇다, 3명의 학생이 보통이라고 답하였고 2번 문항 〈미학의 이해〉 수업은 동서양 미학의 흐름과 동서양의 미에 대한 인식을 이해하는 데 도움이 되었다는 항목에 대해 10명이 매우 그렇다, 5명이 그렇다, 1명이 보통이다로 응답하였다. 〈미학의 이해〉 수업이 미와 예술에 대한 인식을 자신의 체험에 적용하는 데 도움이 되었는지 묻는 문항에서 10명이 매우 그렇다, 4명이 그렇다, 2명이 보통이다로 응답하였다. 〈미학의 이해〉 수업은 우리 전통 문화와 예술을 이해하는 데 도움이 되었는지 묻는 4번째 문항에서는 10명이 매우 그렇다, 6명이 그렇다고 응답하였다. 〈미학의 이해〉 수업은 미와 예술에 대한 다양한 이론과 작품 감상, 체험을 통해 자유로운 정신을 키우는 데 도움이 되었는지 묻는 5번째 질문에 대해서는 11명이 매우 그렇다, 4명이 그렇다, 1명이 보통이다로 응답하였다. 이상 〈미학의 이해〉 수업 전반에 대해 수업의 취지와 목표에 대해 학생들이 답해준 의견들을 참고할 때 대체로 이 수업을 통해 학생들에게 향상시켜주고자 하였던 역량에 대해 긍정적인 의견을 보여주었다.

아래는 4회에 걸친 게이미피케이션 활동에 대한 객관식 문항 질문과 응답 결과이다.

표 10 〈미학의 이해〉 게이미피케이션 학습에 대한 의견 수렴

〈객관식 질문 문항〉
1. 〈미학의 이해〉 게이미피케이션 학습은 감성적 인식을 이해하는 데 도움이 되었다.
2. 〈미학의 이해〉 게이미피케이션 학습은 수업에 능동적으로 참여하는 데 도움이 되었다.
3. 〈미학의 이해〉 게이미피케이션 학습은 비대면 방식에서 수업에 집중하는 데 도움이 되었다.
4. 〈미학의 이해〉 게이미피케이션 학습은 수업 참여에 재미와 관심을 가지는 데 도움이 되었다.
5. 〈미학의 이해〉 게이미피케이션 학습은 동료들과 상호작용을 나누는 데 도움이 되었다.

6. 〈미학의 이해〉 게이미피케이션 학습은 코로나 시대 정서적인 힐링에 도움이 되었다.
7. 〈미학의 이해〉 게이미피케이션 학습은 비대면 시대 직접 수업 참여에 도움이 되었다.
8. 〈미학의 이해〉 게이미피케이션 학습은 창의적인 사고를 자유롭게 발현하는 데 도움이 되었다.
9. 〈미학의 이해〉 실시간 수업은 동료들과 생각을 공유하고 나누고 배우는 데 도움이 되었다.

*(보기 1. 전혀 아니다, 2, 아니다. 3. 보통이다. 4. 그렇다. 5. 매우 그렇다.)

보기	질문 1 응답 수		질문 2 응답 수		질문 3 응답 수		질문 4 응답 수		질문 5 응답 수		질문 6 응답 수		질문 7 응답 수		질문 8 응답 수		질문 9 응답 수	
1	0	0%	0	0%	0	0%	0	0%	0	0%	0	0%	0	0%	0	0%	0	0%
2	0	0%	0	0%	0	0%	0	0%	0	0%	1	6.3%	0	0%	0	0%	0	0%
3	1	6.3%	2	12.5%	3	18.8%	2	12.5%	0	0%	0	0%	0	0%	1	6.3%	1	6.3%
4	5	31.3%	2	12.5%	2	12.5%	2	12.5%	5	31.3%	5	31.3%	5	31.3%	4	25%	2	12.5%
5	10	62.5%	12	75%	11	68.8%	12	75%	11	68.8%	10	62.5%	11	68.8%	11	68.8%	13	81.3%

〈미학의 이해〉 게이미피케이션 학습이 감성적 인식을 이해하는 데 도움이 되었는지 묻는 1번 문항에 대해 10명이 매우 그렇다, 5명이 그렇다, 1명이 보통이다로 응답하였고 〈미학의 이해〉 게이미피케이션 학습이 수업에 능동적으로 참여하는 데 도움이 되었는지 묻는 2번 문항에서는 12명이 매우 그렇다, 2명이 그렇다, 2명이 보통이다로 응답하였다. 〈미학의 이해〉 게이미피케이션 학습은 비대면 방식에서 수업에 집중하는 데 도움이 되었는지 묻는 3번 문항에서는 매우 그렇다 11명, 그렇다 2명, 보통이다 3명의 응답이 있었다. 〈미학의 이해〉 게이미피케이션 학습은 수업 참여에 재미와 관심을 가지는 데 도움이 되었는지 묻는 4번 문항에서는 매우 그렇다 12명, 그렇다 2명, 보통이다 2명의 응답이 있었다. 〈미학의 이해〉 게이미피케이션 학습이 동료들과 상호작용을 나누는 데 도움이 되었는지 묻는 5번 문항에서는 매우 그렇다 11명, 그렇다 5명의 응답이 있었고, 〈미학의 이해〉 게이미피케이션 학습이 코로나 시대 정서적인 힐

링에 도움이 되었는지 묻는 6번 문항에서는 매우 그렇다 10명, 그렇다 5명, 그렇지 않다 1명의 응답이 있었다. 〈미학의 이해〉 게이미피케이션 학습이 비대면 시대 직접 수업 참여에 도움이 되었는지 묻는 7번 문항에서는 매우 그렇다 11명, 그렇다 5명의 응답이 있었다. 〈미학의 이해〉 게이미피케이션 학습이 창의적인 사고를 자유롭게 발현하는 데 도움이 되었는지 묻는 8번 문항에서는 11명이 매우 그렇다, 4명이 그렇다, 1명이 보통이라고 응답하였다. 〈미학의 이해〉 실시간 수업이 동료들과 생각을 공유하고 나누고 배우는 데 도움이 되었는지 묻는 9번 문항은 게이미피케이션 학습에 대한 직접적인 문항은 아니지만 비대면 상황에서 게이미피케이션 학습을 도입하였기 때문에 비대면 상황에서 실시간 수업을 통해 동료들과 함께 협력하고 의견을 나누고 공유할 수 있도록 한 것에 대한 학생들의 의견을 수렴하고자 제시한 문항이며 이에 대해 매우 그렇다 13명, 그렇다 2명, 보통이다 1명의 응답이 있었다.

학교에서 실시한 〈미학의 이해〉에 대한 학생들 강의평가에서도 "복합적인 (e-campus와 zoom을 골고루 사용하는) 강의라 더 유익하게 강의를 들었던 것 같습니다.", "실시간의 수업 등을 통하여서 다른 사람들과 같이 소통하는 시간들이 되게 의미 있고 유익했다.", "질문에 친절하게 답해주시고 알찬 강의를 해주셔서 감사했습니다.", "줌 수업이 귀찮으실 수도 있는데 줌 수업을 주로 진행 하시고 재밌는 게임 같은 것도 많이 활용하셔서 학생들 참여를 이끔", "실시간과 이캠을 번갈아가며 수업하고 실시간 때는 수업 후 조 활동을 하여 비대면임에도 다른 학우들과의 소통을 할 수 있었던 점이 좋았습니다." 등 비대면 수업 진행 상황에서 실시간 강의를 반영하여 학생들의 참여를 독려하고 학생들과 교수자 간의 상호작용, 학생들 간의 상호작용을 강화한 것이 도움이 되었다는 의견을 주었다.

〈미학의 이해〉 수업에서 새롭게 배운 내용, 실시간 수업에서 도움이 되었던 내용 등에 대한 의견을 자유롭게 서술하도록 묻는 문항들에서 학생들은 게이미피케이션 수업과 관련해 다양한 긍정적인 의견들을 제시해주었다. 학생들 의견을 일부 발췌하면 아래와 같다.

표 11 〈미학의 이해〉 수업에 대한 자유 의견 발췌

"개사하여 노래 부른 것이 기억에 남습니다."
"저의 생각을 표현하고 감정을 생각해보는 것에 도움이 되었습니다."
"미학에 대해 좀 더 자세히 알아볼 수 있었습니다."
"가장 도움 되고 기억에 남는 것은 안 좋은 감정은 종이에 적어서 구겨버리고 얻고 싶은 감정은 남겨놓았던 그 수업이 부정적인 감정을 없애고 긍정적인 감정을 키울 수 있었던 좋은 계기가 되었습니다."
"줌을 활용하여 활동을 하는 것 자체가 처음이었다. 특히 소모임 기능을 활용하여 서로 토론한 후 발표하는 방식이 낯설고 어려웠지만 지나고 나니 의미가 있었다고 생각한다. 감성 사전을 만들고 자기소개를 만들고 이야기를 나누는 것이 타인과 감성을 나눌 수 있는 경험이 된 것 같아서 좋았다."
"생각하는 사고능력이 좀 더 넓어진 것 같습니다."
"우리 문화재 수장 이야기가 흥미로웠고 단어 맞히는 게임이 재미있었습니다!"
"멜로디에 가사 입히기 매우 즐거웠으나 듣는, 부르는 사람입장에서는 어쩔 수 없는 인터넷 환경 문제 때문에 아쉬웠습니다."
"감정 단어 사전 만들기가 가장 기억에 남습니다. 감정 단어 사전을 만들면서 부정적인 것을 긍정적으로 바꾸면서 저 역시도 긍정적인 영향을 받은 것 같습니다."
"감정 단어 사전이 가장 기억에 남습니다. 조원끼리 적극적으로 활동한 것이 이 활동이어서 기억에 남는 거 같아요."
"소회의실로 가서 사람들과 주제에 대한 얘기를 나누면서 각자 생각하는 것을 말하니 좋았던 것 같습니다. 주제에 대한 얘기를 다하면 각자 취미, 좋아하는 것 등에 대해 말하면서 모르는 사람들끼리 자신의 이야기를 말하는 것이 힘든데 소회의실 랜덤으로 들어가면서 즐거운 시간을 가진 것 같습니다!"
"단어 맞히기 게임이 수업을 다시 한 번 되새길 수 있는 시간이 되어서 내용이 기억에 오래 남았다."

이상의 설문 결과를 볼 때 비대면 상황에서 참여하는 체험활동이 기술적인 측면의 제한으로 인해 다소 아쉬운 점이 있을 수 있는 점을 제외하고는 게이미피케이션 학습법이 본 〈미학의 이해〉 강좌가 전반적으로 즐겁고 유익한 수업이 되는 데 도움이 되었고, 학생들이 자신의 생각을 표현하고 감정을 자연스럽게 발현함으로써 감성 역량을 강화하고 동료들과의 소통하고 생각을 나누는 데 도움이 되었던 것으로 볼 수 있다. 본 수업 수강인원이 38명이었는데 실시간 게이미피케이션 참가자 수가 26명 정도로 실시간에 참여하지 않고 실시간 수업 녹화 강좌를 추구 수강한 학생들이 많았던 점과 사전, 사후 설문 결과 비교를 하지 못하고 사후 조사만 한 것은 본 실험의 제한점이라고 할 수 있다.

4. 게이미피케이션에서 미학으로

〈미학의 이해〉 수업에서는 영감의 예술, 모방의 예술 T차트 퍼실리테이션 활동(1차), 감정 카드로 감정 들여다보기 및 감성 사전 단어 정의하기(2차), 미학 질문에 답하기와 간송 전형필과 우리 문화재 수장 이야기 수업 단어 맞히기 게임(3차), 조별 가사 창작과 합창 (4차), 총 4주차 실시간 수업에 미학과 연계한 다양한 게이미피케이션 학습법을 도입하였다. 교수자는 게임이 가미된 활동 과정에서 학생들이 자유로운 정신으로 창의적 사고를 발현하고 내적 동기와 도전 정신을 갖게 해주고 매 차시 미션을 완수하였을 때 부여받는 포인트로 외적동기와 성취감을 얻을 수 있도록 시도하였다(이준, 김미교, 2021:82). 일반적으로 게이미피케이션에서는 경쟁을 통한 보상을 추구하지만 본 수업에서는 경쟁적 요소를 줄이고 성취와 협력, 감성 체험과 흥미를 강조하였다. 게이미피케이션을 통해 우리는 체험 위주의 자기주도 학습이 되도록 하였으며, 공부와 재미가 대립적인 개념이 아니라 두 가지가 상호 긍정적 영향을 줄 수 있도록 수업을 운영하고자 하였다. 또한 우리는 감성 사전 단어 재정의 하기, 감정 카드로 감정 표현하기, 노래 가사 창작하여 조별 합창 등을 통한 감성 체험으로 코로나 시대 학생들의 지친 마음에 정서적인 위로로 도움을 주고자 하였다. T차트 퍼실리테이션, 감정 단어 사전 만들기, 조별 가사 창작과 합창하기 등은 조별 활동으로 실시간 줌 소회의실에서 동료들과 함께 생각을 나누고 함께 협력하여 미션을 공동으로 완수하도록 하여 비대면 상황에서 동료들과의 소통이 부족하고 고립되어 지내는 시간이 많은 대학생들에게 대화와 소통의 장을 마련해주고자 하였다. 조별 활동의 경우 팀별로 활동 결과에 따라 포인트를 제공하였으며 T차트 퍼실리테이션 활동처럼 개별 활동 내용에 대해 조별로 서로 생각을 공유하고 나누도록 한 경우는 개별로 포인트를 부여하였다. 이번 〈미학의 이해〉 수업 게이미피케이션 학습법 도입으로 우리는 비대면 수업에서도 학생들이 수업에 집중하고 몰입할 수 있는 동기를 부여하고자 하였고, 학생들로 하여금 세상과 예술을 들여다보며 아름다움을 음미하는 동안 아름다움과 예술을 음미하는 자신을 성찰하고 자기를 회복하며 다른 사람과의 소통과 협력 속에서 지적, 감성적으로 성장해가는 데 도움이 되고자 하였다.

참고문헌

권보연, 류철균(2015). "국내 게이미피케이션 연구의 메타 분석: 동향과 제안", *인문콘텐츠* 39, 97-101.
김미라(2017). "청춘의 약도", *저녁에 당신에게*, 117-118, 책 읽는 수요일.
김종우, 김상욱(2014). "게임요소가 재미와 몰입에 미치는 영향", *한국엔터테인먼트산업학회 학술대회 논문집*, 160-163.
신동희, 김희경(2013). "게이미피케이션과 대체현실게임 개념을 적용한 지식정보콘텐츠 레 연구", *한국디지털콘텐츠학회 논문지* 14(2), 151-159.
이중톈(2009). *미학강의*, 김영사.
죠지 딕키. 오병남, 황유경 옮김(1983). *미학 입문*, 서광사.
한안나(2018). "국내 게이미피케이션 연구동향에 관한 체계적 문헌고찰", *한국콘텐츠학회논문지* 18, 566-578.
황혜영(2021). "〈미학의 이해〉 비대면 게이미피케이션 강의 사례 분석", *문화와융합* 43(9), 287-306.

● 이 장은 문화와융합 학술지 43권 9호에 실린 필자의 논문(황혜영, 2021)을 바탕으로 재구성되었다.

07장

대학생 대상 국내 예술치료 연구 동향

1. 대학생의 건강한 성장과 예술치료

일반적으로 대학생이 되면 만 19세로 법적 성인의 연령으로 접어든다. 그러나 필자의 30여 년 교육 경험으로 비추어 볼 때 다수의 대학생들은 심리적 관점이나 사회적 관점에서의 성인으로 인정받기에 양·질적으로 좀 더 많은 성장의 시간이 필요하다고 여겨진다. 세상이 급변하고 교육, 정치, 사회, 문화 영역에서 새로운 패러다임이 형성됨에 따라 자신의 가치와 목표를 수립하는 것이 결코 쉽지 않다. 특히, 오랜 주입식 교육으로 인하여 창의적 사고가 익숙하지 못한 많은 대학생들에게는 안전한 성인기를 준비할 만한 성장 제도가 필요한 현실이다. 대학에 진학하는 과정에 있어서도 본인의 자질과 흥미를 중요시하기보다는 성적 우선과 부모님 혹은 담임선생님의 권유로 대학에 진학하는 경우가 대부분이다. 이처럼 장기간에 걸쳐 발달하는 본인의 의사결정이 아닌 선택으로 대학에 진학하게 되면 대학 생활의 적응, 자기 탐색, 가치관 확립, 교우관계, 등록금 문제 등 여러 예상치 못한 문제에 부딪혔을 때 정신적으로 혼란의 시기를 겪는다. 그러나 이러한 문제를 해결하고자 하는 시도도 하기 전에 취업을 위한 학점관리, 스펙 쌓기, 미래에 대한 불확실성 등으로 인하여 다수의 대학생들은 과도한 스트레스와 불안 그리고 우울 증상을 호소하기도 한다.

필자의 경험에 의하면 많은 대학생들은 자기효능감과 자기결정력이 아주 낮은 것으로 파악되었다. 필자는 월 1~2회씩 이루어지는 학생들과의 개별 혹은 집단 상담을 통한 대화 속에서 "모르겠는데요", "그런 거 같아요", "생각해본 적 없는데요" 등 그들 스스로에 대한 신뢰가 없으며 매사 자신 없어 하는 모습을 보아왔다. 이뿐만 아니라, 2017년 교육부 자료에 의하면 대학생의 60%가 졸업 후 진로문제를 고민하는 것으로 파악되었지만 낮은 자기효능감과 자기결정력으로 인하여 방향성을 잃은 채 불안해하고 있다고 보고되었다. 이러한 부정적인 요인들을 해소하지 못한 채 대학생들이 사회로 진출하게 되면 불안장애, 강박증, 공황장애, 중독 등의 또 다른 사회적·심리적 문제로 고통을 받는다. 이에 대학생들의 정신건강을 위한 다양한 프로그램이 절실히 필요한 현실이다.

예술치료 분야에서도 대학생을 대상으로 하는 연구가 꾸준히 이루어지고 있는데 손정희(2020:358)는 글쓰기문학치료가 대학생의 불안 감소와 자아정체감 향상에 긍정적인 영향을 미치는 것으로 보고하였다. 임혜선, 한상미, 신나라, 신지영(2019:184)은 대학생의 인권의식 증진을 위해 영화치료 집단상담 프로그램이 효과적이라고 발표하였으며 김정희(2016:131-132)는 동작중심의 표현예술치료가 대학생들의 불안과 우울을 감소시키고 감정표현능력을 증진시킨다는 결과를 발표하였다. 이은형, 이근매, 문종수(2013:98)의 연구에 따르면 콜라주 집단미술치료가 대학생의 자기효능감 향상에 긍정적인 영향을 끼친다고 하였으며 조진호(2011:124)는 대학생의 자기효능감 증대에 사진치료가 효과적이라고 발표하였다.

이처럼 부정적인 심리적 증상을 가진 대학생들을 위한 예술치료 프로그램 연구는 지속적으로 이루어지고 있지만 대학생들을 대상으로 이루어진 예술치료에 관한 연구 동향을 분석한 연구는 전무하다. 21세기 예술치료의 확장성과 전문성을 위해서는 대상별 연구에 대한 객관적이며 심층적인 분석이 꼭 필요한 시점이다. 이에 이 연구는 대학생을 대상으로 한 국내 예술치료의 연구 동향을 연구 연도, 연구 분야, 연구 유형, 연구 방법, 연구 대상의 다섯 가지 영역으로 분류하여 양적·질적인 혼합연구 방법으로 살펴보고 향후 발전 방향을 고찰하는 것이 그 목적이다.

2. 예술치료의 이해

예술치료(Arts Therapy)란 예술을 매개체로 인간의 신체와 정신을 치료하는 심리치료의 한 분야이자 정신건강의 핵심 영역이다. 내담자는 예술 활동을 통하여 언어적 한계를 극복하고 무의식을 자연스럽게 표출시킨다. 즉, 해소되지 않은 무의식의 욕구를 예술 활동을 통하여 대리 만족시킬 수 있다. 예술치료란 창의적인 예술의 범주에 포함되는 매체를 과학적인 치료와 접목한 분야로써 음악치료, 미술치료, 연극치료, 영화치료, 사진치료, 문학치료, 무용/동작치료 등과 같은 단일예술치료와 2가지 이상의 예술 매체를 융합하여 적용한 통합예술치료가 있다. 국내에서는 공식적으로 1992년 한국미술치료학회가 창단되었고 연이어 1994년에 무용동작심리치료학회, 1996년에 한국음악치료학회의 창단을 시작으로 예술치료에 대한 본격적인 사회적 관심과 체계적인 연구가 시작되었다(김소형, 2021:295). 그 후로 2003년에 한국문학치료학회, 2005년에 한국연극치료협회, 2008년에 한국영상영화치료학회, 2011년에 한국사진치료학회가 창립되었다. 이들 단체에서는 전문 자격증을 발급하기도 하고 매달 학술행사를 통하여 예술치료의 전문성과 활성화를 구축하고 있다. 물론, 위의 전문적이고 공식적인 단체가 설립되기 훨씬 이전부터 예술치료는 우리의 생활 속에 존재해 왔다. 병원·시설 내 임상센터를 통하여 다양한 예술치료가 행해져 그 효과를 증명해왔으며 개인에 의해서도 많은 연구가 이루어져 왔다. 대학에서도 1997년에 숙명여대 음악치료학과 개설을 시작으로 1999년 대구대에서 미술치료 전공을 신설하였고 동덕여대에서는 2006년에 연극치료학과를 개설한 후 2013년에는 통합예술치료학과까지 신설하여 예술치료에 대한 학문적 접근도 함께 이루어졌다.

각각의 예술치료는 매체별로 고유의 구조와 기법을 가지고 있으나 예술 활동을 통한 치료라는 공통점을 품고 있다. 즉, 예술치료에서의 예술 활동은 내담자의 정신세계를 표현하는 방편이며 예술 매체는 하나의 도구로서의 의미가 더 크다고 할 수 있다.

이 연구에서 예술치료란 음악치료(Music Therapy), 미술치료(Art Therapy), 연극치료(Drama Therapy), 영화치료(Movie Therapy), 사진치료(Photo Therapy), 문학치료(Literary Therapy), 무용/동작치료(Dance/Movement Therapy), 통합예술치료(Integrative Arts Therapy)를 의미하며 매체별 치료적 속성 및 특징은 아래와 같다.

음악은 클래식, 대중가요, 재즈, Pop, 종교음악 등 굳이 장르를 따지지 않더라도 우리 주변에서 쉽게 접할 수 있는 매체이므로 치료적인 접근이 용이하다. 음악은 비어어적 소통수단으로써 '연주' 활동을 통하여 내담자의 적응력을 증진시키고 주위 상황들에 대한 탐구를 가능하게 하며 '감상' 활동으로 기억력과 회상을 유발시키고 '창작'의 과정을 통하여 전체에 대한 통합력을 키운다(Bruscia, 1998:116-125). 특히, 집단 내에서의 동일한 음악적 경험은 목표를 향한 집단원 간의 응집력을 강화시킬 수 있으며 음악에 반응하는 자연스러운 신체적 움직임을 통하여 집단원의 라포 형성이 촉진된다.

미술치료에서 미술이란 내담자가 표현하는 회화, 조각 등의 시각적 요소뿐만 아니라 내담자가 경험하는 모든 미적 표현을 의미한다. 그러므로 치료의 범위는 시각적 이미지, 상징, 은유 모두를 포함한다(Brooke, 2006:3). 미술치료의 장점은 내담자의 내적 상황을 그림으로 표현하기 때문에 의식적인 조작이 어렵고 자아 검열을 덜 받으므로 무의식을 표출하기 용이하다. 그리고 결과물 보존이 가능하므로 추후에 거리두기를 통한 내담자의 감정을 재경험할 수 있을 뿐만 아니라, 창조적 활동을 통한 성취감과 만족감은 내담자의 감정을 정화시키고 자기애를 표출하며 내담자는 미술치료를 통하여 자기실현과 자아를 재발견할 수 있다(Wadeson, 1980:27).

연극의 치료적 기능은 내담자가 '무대'라는 안전한 공간을 통하여 본인을 재현하는 제3자를 바라봄으로써 내담자 스스로가 객관적인 시각으로 자신과 마주하는 것이다. 또한 무대에서의 직접적인 참여는 내담자의 내·외적인 소통이 가능하며 이를 통해 내담자는 카타르시스를 느끼고 불안을 해소할 수 있다(Landy, 1994:180-195). 또한 연극의 오락적이며 놀이적인 속성은 내담자의 창조성을 자극하여 자발적인 사회적 참여를 가능하게 하며(Brooke, 2006:314-315) 이를 통하여 타인과의 관계에서 새로운 해결 방법을 찾게 된다.

영화의 대중성과 오락성은 안전한 투사 도구로써 내담자에게 적용이 가능하다. 영화는 디렉터의 의도가 내포되어 있기 때문에 지시적이고 연상적이면서 정화적인 특성을 내포하고 있다(Wolz, 2004:165-176). 또한 영화는 시각, 청각, 언어를 동시에 활성화시키므로 내담자의 인지, 정서, 행동을 의식으로 빠르게 연결시킨다(Sharp, Smith, Cole, 2002:269-276).

사실, 전달, 기록의 특징을 지닌 사진(김은하 외, 2021:38-42)의 치료적 속성은 시각을 통한 무의식의 집중이며 이러한 무의식과 마주하는 시간은 내담자 스스로가 본인의 문제와 직면하는 시간이다. 이를 통하여 내담자는 스스로를 탐색하고 이해하며 표현할 수 있다. 사진은 타 예술 매체에 비하여 치료로써의 적용이 대중화되어 있지 않지만 진단과 치료가 동시에 이루어진다는 점과 내담자들이 창작에 대한 두려움 없이 초기 치료활동이 가능하다는 점이 장점으로 꼽힌다(조진호, 2011:113). 특히, 스마트폰에 익숙한 현대인들에게는 내담자의 연령 구분없이 치료적 매체로써 접근이 용이하다.

문학치료에서의 문학이란 언어와 활자를 치료적 매체로 사용하는 것으로써 독서, 이야기, 노랫말, 신문기사, 시, 일기 등을 포함한다. 이러한 문학은 치료의 촉매 역할을 하며 치료사의 촉진을 통하여 치료의 과정이 이루어진다. '글쓰기'는 내담자가 느끼는 감정을 안전하게 외현화시키는 작업이며 이 과정을 통하여 내담자가 다른 관점에서 스스로의 문제를 바라보게 함으로써 자신에 대한 올바른 인식을 유도하는 치료적 기능이 있다(이봉희, 2008:111). '독서'를 통하여 내담자는 책 속의 인물과 동일시함으로써 카타르시스를 느끼고 스스로에 대한 이해와 통찰의 시간을 가지며 최종적으로 문제해결 방법의 과정을 가진다(Pardeck, Pardeck, 1993:103). 또한 '이야기'의 치료적 기능은 내담자의 문제를 구체화시키며 생각을 정리하여 동기를 부여할 뿐만 아니라 타인과의 관계에서 소통 방법을 제시한다(박종수, 2005:76-77).

몸동작은 원시시대부터 언어로 표현하기 어려운 감정을 주술의 목적으로 행해져 왔다. 주로 집단적 공유를 통해 이루어졌으며 두렵고 억압된 감정의 발산을 몸으로 행함으로써 황홀경(ecstacy)에 빠지는 경험을 갖는다(류분순, 2008:348-349). 무용/동작치료는 내담자의 감정, 정신, 신체를 통합하기 위하여 몸의 움직임을 치료적으로 사용하는 것으로써(Hackney, 1998:4-6) 신체 움직임이 곧 내담자의 삶이며 욕구 충족을 위한 하나의 방법이다(Shawn, 1974:47-51). 언어적 접근에 방어적인 내담자에게 좀 더 효과적이며 몸의 움직임을 통하여 본능적이고 원초적인 무의식이 상징화된다(Davis, 1974:18-22). 몸의 움직임은 내담자가 경험한 삶의 기억이자 느낌이며 감각이고 정서이다.

통합예술치료는 여러 단일 예술 매체를 통합적으로 활용한 것이다. 다양한 예술 매체를 적용할 때 내담자의 의견이 적극 반영되므로 능동적인 참여가 이루어지며 이를 통하여 치료적 효과를 높일 수 있다. 또한 지식의 한계를 넘어선 통합과 통섭의 시대에 통합예술치료는 21세기 현대 학문의 핵심 분야라 할 수 있다.

3. 자료수집 및 분석

이 연구는 대학생을 대상으로 한 국내 예술치료의 연구 동향을 양적·질적으로 분석하는 것으로써 한국사진치료학회가 창립된 2011년을 기준으로 2011년 1월부터 2020년 12월까지 발표된 KCI 등재(후보) 학술지 논문과 학위 논문을 대상으로 하였다. 자료수집 기간은 2021년 2월부터 3월까지이며 연구 대상의 선정 절차는 아래와 같다.

첫 번째, 논문 전문 검색 사이트인 RISS4U, 국회도서관, DBpia, 스콜라, e-artical, kiss 등 주요 학술 데이터베이스를 활용하였다. 검색어로는 '대학생+예술치료', '대학생+음악치료', '대학생+미술치료', '대학생+연극치료', '대학생+영화치료', '대학생+사진치료', '대학생+문학치료', '대학생+무용/동작치료', '대학생+통합예술치료'를 사용하였다. 그 결과, 학술지 논문 146편, 석사학위 논문 95편, 박사학위 논문 32편 총 273편의 자료가 수집되었다.

두 번째, 총 273편의 자료 중 학위 논문의 일부를 수정하여 학술지에 게재한 경우에는 학위 논문만 분석 대상으로 선정하였으며 여러 검색 사이트에서 중복된 논문은 1편으로 선정하였다. 그 결과 1차로 선정된 논문의 편수는 136편으로 학술지 논문 65편, 석사학위 논문 55편, 박사학위 논문 16편이다.

세 번째, 1차로 선정한 136편의 논문 중 원문 검색이 불가한 석사학위 논문 5편, 박사학위 논문 1편은 제외한 후 130편의 논문을 2차 선정하였다.

네 번째, 130편의 2차 선정 논문 중 예술치료교육 및 예술치료 교양강좌 등 이 연구와 무관한 학술지 논문 13편, 석사학위 논문 4편, 박사학위 논문 1편을 제외하였다. 그리하여 학술지 논문 52편, 석사학위 논문 46편, 박사학위 논문 14편 총 112편의 논문을 이 연구의 최종 대상으로 선정하였다(그림 1 참조).

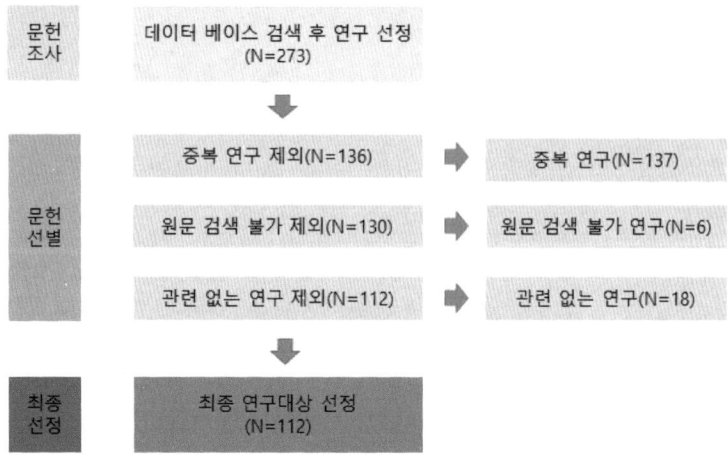

그림 1 연구 대상 선정 절차

이 연구의 분석 기준은 통합예술치료 국내 연구 동향을 분석한 김소형(2021:298-299)의 연구를 참조하여 이 연구에 맞도록 수정·보완의 과정을 거쳐 다섯 가지 영역으로 구분하였다.

2011년 1월부터 2020년 12월까지 지난 10년 동안 대학생 대상 국내 예술치료 연구 동향을 연도별로 등재(후보) 학술지와 석·박사학위 논문으로 구분한 뒤 분석하였다. 연구 분야로는 매체별로 음악치료, 미술치료, 연극치료, 영화치료, 사진치료, 문학치료, 무용/동작치료, 통합예술치료 등 여덟 가지 예술 매체로 나누어 분석하였다. 연구 유형은 독립변인의 조작 여부에 따라 실험연구와 비 실험연구로 구분하였으며 실험연구는 독립변인과 종속변인으로 재구분하여 분석하였다. 연구 방법은 수집된 자료의 형태에 따라 양적연구, 질적연구, 혼합연구로 구분하여 분석하였다. 연구 대상별 분석은 성별, 인원수, 특성별로 구분하였다(표 1 참조).

표 1 분석 기분

영역	구분	세부 구분
연구 연도	2011. 01 ~ 2020. 12	등재(후보) 학술지, 석사학위, 박사학위
연구 분야	치료 매체	음악치료, 미술치료, 연극치료, 영화치료, 사진치료, 문학치료, 무용/동작치료, 통합예술치료
연구 유형	독립변수 조작 여부	실험연구, 비 실험연구
연구 방법	수집된 자료 형태	양적연구, 질적연구, 혼합연구
연구 대상	대학생	성, 인원수, 특성

4. 대학생 대상 국내 예술치료 연구 동향

1) 연도별 동향

2011년 1월부터 2020년 12월까지 국내에서 발표된 대학생 대상의 예술치료 연구를 연도별로 분석해보면 2011년 6편(5.36%)의 논문을 시작으로 2018년에 최대 19편(16.96%)까지 급격하게 증가 추세가 나타난 후 2년 동안 감소 추세를 보였다. 학술지 논문의 경우, 2018년 최대 11편(9.48%)까지 발표되었으며 석사학위 논문은 2017년 최대 12편(10.52%)이 발표되었으며 박사학위 논문은 지난 10년 동안 1~3편의 비슷한 편수로 연구되었다. 우리나라에서는 예술치료 관련 학회가 먼저 설립된 후 대학에서 예술치료 전공 학과가 개설된 점을 미루어 볼 때 지난 10년 동안 학술지에서 좀 더 많은 논문이 발표된 것은 자연스러운 현상으로 이해된다(표 2 참조).

표 2 연도별 분석

구분	학술지	학위 석사	학위 박사	계(%)
2020	7	4	1	12(10.71)
2019	6	5	2	13(11.61)
2018	11	5	3	19(16.96)
2017	3	12	1	16(14.29)
2016	5	5	2	12(10.71)
2015	7	3	1	11(9.82)
2014	2	5	0	7(6.25)
2013	5	1	1	7(6.25)
2012	4	5	0	9(8.04)
2011	2	1	3	6(5.36)
계	52(46.43)	46(41.07)	14(12.50)	112(100.00)

2) 분야별 동향

지난 10년간 국내에서 발표된 대학생 대상 예술치료 연구 총 112편의 분야를 살펴보면 미술치료 연구가 69편(61.61%)으로 가장 활발히 이루어졌으며 그 다음의 문학치료 15편(13.39%)과는 많은 차이를 보였다. 그 다음 순으로 통합예술치료 연구가 8편(7.14%), 음악치료, 영화치료, 무용/동작치료가 각각 5편(4.46%)씩 발표되었다. 2017년에 1편(0.89%)의 연극치료 연구가 이루어졌음을 알 수 있다. 가장 많은 편수가 발표된 미술치료는 매년 꾸준히 연구가 이루어졌지만 그 외의 예술치료는 매년 연구가 이루어지지 않았음을 알 수 있다. 특히, 통합예술치료 연구를 세부 매체별로 분석해본 결과, 2011년 박사학위 논문에서는 미술, 음악, 동작을 통합 적용하였으며 2015년 발표된 석사학위 논문에서는 음악, 미술, 동작, 영상에 게임과 명상을 통합적으로 프로그램화하여 스마트폰 중독 대학생을 대상으로 연구하였다. 2016년에는 석사학위 논문 1편에서 음악, 연극, 미술, 문학, 사진을 통합적으로 프로그램화하여 탈증후군 대학생을 대상으로 연구하였으며 학술지 논문 1편에서는 음악과 미술을 통합 프로그램으로 설계하여 기숙사에서 생활하는 대학생에게 적용하였다. 2017년에는 음악, 미술, 문학을 통합 프로그램화한 논문이 학술지에서 1편, 석사학위 논문에서 1편 발표되었다. 2018년에는 미술과 문학을 통합 적용한 프로그램 개발논문이 1편 발표되었다. 2019년에는 학술지에서 음악, 미술, 문학, 사진, 연극에 놀이를 통합적으로 접목하여 학교부적응대학생에게 적용한 연구가 1편 이루어졌다.

주요학술 데이터베이스에 '대학생+예술치료'로 검색한 경우에는 본문 내용을 참고로 하여 연구 분야를 구분하였으며 두 가지 이상의 예술 매체를 적용한 연구는 통합예술치료로 분류하였다(표 3 참조).

표 3 분야별 분석

분야	2011	2012	2013	2014	2015	2016	2017	2018	2019	2020	계(%)
음악치료	·	2	·	·	1	·	1	·	·	1	5(4.46)
미술치료	1	4	5	5	7	8	11	14	8	6	69(61.61)
연극치료	·	·	·	·	·	·	1	·	·	·	1(0.89)
영화치료	·	1	·	·	·	1	·	·	2	1	5(4.46)
사진치료	2	·	1	·	·	·	·	·	1	·	4(3.57)
문학치료	1	1	1	1	3	·	1	2	·	5	15(13.39)
무용/동작 치료	·	1	·	1	·	1	·	2	·	·	5(4.46)
통합예술 치료	1	·	·	·	1	2	2	1	1	·	8(7.14)
계	5	9	7	7	12	12	16	19	12	13	112(100.00)

3) 유형별 동향

대학생 대상 국내 예술치료 연구를 유형별로 살펴보면 실험연구가 전체 112편 중 108편을 차지하며 비 실험연구는 4편에 불과하였다. 실험연구를 세밀히 살펴보면 예술치료의 과정과 성과를 발표한 과정·성과연구가 104편(92.86%)으로써 월등히 높은 발표율을 보였으며 성과만 밝힌 연구와 개발연구가 각각 2편(1.79%)씩 이루어졌다. 비 실험연구의 경우 프로그램 개발을 위한 기초 과정연구 2편(1.79%), 미술치료 모델에 관한 문헌연구와 학위논문을 중심으로 한 미술치료 실태분석 연구가 각각 1편(0.89%)씩 발표되었다. 박사학위 논문에서 발표된 개발논문 2편(1.79%)은 미술치료 프로그램 개발과 통합예술치료 프로그램 개발논문으로 분석되었다. 국내에서 예술치료 연구가 1990년대 초반부터 시작된 점으로 미루어 볼 때 예술치료의 치유적 가능성을 인정받기 위하여 과정·성과연구가 가장 활발히 이루어진 것으로 이해된다(표 4 참조).

표 4 유형별 분석

| 구분 | 세부 구분 | 학술지 | 학위 | | 계(%) |
			석사	박사	
실험연구	과정·성과연구	47	46	11	104(92.86)
	성과연구	1	0	1	2(1.79)
	개발연구	0	0	2	2(1.79)
비 실험연구	과정연구	2	0	0	2(1.79)
	문헌연구	1	0	0	1(0.89)
	실태연구	1	0	0	1(0.89)
계		52(46.43)	46(41.07)	14(12.50)	112(100.00)

연구 유형별 분석 중 실험연구에 해당하는 과정·성과연구 104편, 성과연구 2편, 개발연구 2편 108편을 독립변인별로 살펴보면, 미술치료가 전체 연구 중 66편(61.11%)을 차지하였으며 그 다음으로 문학치료 15편(13.89%)이 발표되었다. 학술지 논문을 분석해본 결과, 연극치료 연구가 단 1편도 진행되지 않았으며 석사학위 논문에서는 연극치료, 영화치료, 사진치료 연구가 전혀 이루어지지 않았고 박사학위 논문에서는 음악치료 연구가 단 1편도 이루어지지 않았다. 지난 10년 동안 통합예술치료 연구

가 7편(6.48%) 이루어졌는데, 그 이유로는 2010년 이후 4년제 대학교의 대학원 과정에 통합예술치료 전공 및 학과가 개설된 결과로 여겨진다(표 5 참조).

표 5 독립변인별 분석

구분	학술지	학위 석사	학위 박사	계(%)
음악치료	1	4	0	5(4.63)
미술치료	25	35	6	66(61.11)
연극치료	0	0	1	1(0.93)
영화치료	4	0	1	5(4.63)
사진치료	2	0	2	4(3.70)
문학치료	12	2	1	15(13.89)
무용/동작치료	2	2	1	5(4.63)
통합예술치료	2	3	2	7(6.48)
계	48(44.44)	46(42.59)	14(12.59)	108(100.00)

연구 유형별 분석 중 실험연구에 해당하는 과정·성과연구 104편, 성과연구 2편, 개발연구 2편 108편을 종속변인별로 살펴보면, 내적요인이 43.20%, 정서요인이 36.09%, 관계요인이 19.53%, 행동요인이 1.18% 순으로 분석되었다. 전체 비율과 다르게 석·박사학위 논문의 경우, 정서요인이 내적요인보다 우세하게 나타났다. 세부요인을 분석한 결과, 내적요인으로는 자아존중감이 가장 많이 나타났으며 그 다음으로 자아효능감, 자아정체감, 진로결정력, 자기탄력성 순으로 나타났다. 정서요인의 세부요인은 진로 스트레스, 성적 스트레스, 생활 스트레스, 불안, 우울, 행복 순으로 나타났으며 행동요인은 주의집중 행동과 정신신체증상이 세부요인으로 분석되었다. 관계요인으로는 대학생활 적응이 가장 많이 연구되었으며 그 다음은 의사소통, 대인관계 순으로 나타났다. 1편의 연구에 종속변인이 2개 이상일 경우에는 중복 체크하여 분석하였다(표 6 참조).

표 6 종속변인별 분석

구분	세부요인	학술지	학위		계(%)
			석사	박사	
내적요인	자아존중감, 자아효능감, 자아정체감, 진로결정력, 자기탄력성	36	29	8	73(43.20)
정서요인	진로·성적·생활 스트레스, 불안, 우울, 행복	21	30	10	61(36.09)
행동요인	주의집중 행동, 정신신체증상	1	1	·	2(1.18)
관계요인	대학생활 적응, 의사소통, 대인관계	15	15	3	33(19.53)
계		73(43.20)	75(44.38)	21(12.43)	169(100.00)

4) 방법별 동향

지난 10년 동안 발표된 대학생 대상 국내 예술치료 연구의 방법을 분석해보면 혼합연구가 56편(50.00%)을 차지하였다. 실험, 조사(survey), 통계 등의 객관적 접근을 통한 양적연구는 41편(36.61%), 행동(action)에 관한 관찰과 면접(interview) 등의 주관적 접근을 통한 질적연구는 15편(13.39%) 발표되었다. 심미적이며 주관적 영역인 예술과 과학적이며 객관적 영역인 치료의 접점인 예술치료를 연구함에 있어서 혼합연구 방법론의 양적 우세는 예술치료 발전과 신뢰성 확보에 아주 고무적인 현상으로 이해된다(표 7 참조).

표 7 방법별 분석

구분	학술지	학위		계(%)
		석사	박사	
양적연구	19	16	6	41(36.61)
질적연구	10	4	1	15(13.39)
혼합연구	23	26	7	56(50.00)
계	52(46.43)	46(41.07)	14(12.50)	112(100.00)

5) 대상별 동향

2011년부터 2020년까지 발표된 대학생 대상 예술치료 연구에 참여한 대학생의 성별을 살펴보면, 남·여 혼합연구가 전체 108편 중 67.59%에 해당하는 73편이 이루어졌다. 다음 순위인 여성 연구 19편(17.59%)과는 많은 차이를 보였다. 석사학위 논문에서 남성 대상의 연구가 단 1편(0.93%) 발표되었다. 반편, 연구 대상의 성별을 밝히지 않은 논문도 학술지에서 5편, 석사학위에서 8편 박사학위에서 2편 총 15편(13.89%)이나 진행되었음을 알 수 있다. 학술지에 발표된 비 실험연구 4편은 포함하지 않았다(표 8 참조).

표 8 성별 분석

구분	학술지	학위		계(%)
		석사	박사	
남성	0	1	0	1(0.93)
여성	8	10	1	19(17.59)
남·여 혼합	35	27	11	73(67.59)
밝히지 않음	5	8	2	15(13.89)
계	48(44.44)	46(42.59)	14(12.96)	108(100.00)

위와 같이 연구에 참여한 대학생의 성별뿐만 아니라 연구에 참여한 대학생의 수를 논문별로 분석해보면, 11~20인 대상의 연구가 47편(43.52%)으로 양적으로 활발히 이루어졌다. 그 다음으로는 2~10인 연구 24편(22.22%), 21~30인 연구 12편(11.11%) 순으로 나타났다. 101인 이상의 연구는 학술지에서 101인 대상 1편, 박사학위 논문에서 321인을 대상으로 한 연구 1편, 958인 대상의 연구 1편 총 3편(2.78%)이 이루어졌다(표 9 참조).

표 9 인원수 분석

| 인원수 | 학술지 | 학위 | | 계(%) |
		석사	박사	
1	2	5	0	7(6.48)
2~10	12	11	1	24(22.22)
11~20	18	23	6	47(43.52)
21~30	9	3	0	12(11.11)
31~40	2	4	2	8(7.41)
41~50	1	·	1	2(1.85)
51~60	3	·	1	4(3.70)
61~70	0	·	0	0(0.00)
71~80	0	·	0	0(0.00)
81~90	0	·	1	1(0.93)
91~100	0	·	0	0(0.00)
101이상	1	0	2	3(2.78)
계	48(44.44)	46(42.59)	14(12.96)	108(100.00)

한편, 지난 10년 동안 발표된 대학생 대상 국내 예술치료 연구에서 대상자의 특성을 분석해보면, 일반 대학생에 관한 연구가 74편으로 월등히 높은 비율(68.52%)을 차지하였다. 특정 대학생에 관한 34편(31.48%)의 연구에는 동성애 대학생, 후천성 시각장애 대학생, 뇌병변장애 대학생, 학업좌절 대학생, 주부 대학생, 학교 부적응 대학생, 탈증후군 대학생, 지체장애 대학생, 우울 대학생, 내현적 자기애 성향의 대학생, 대인관계

문제 대학생, 스마트폰 중독 대학생, 자아 정체감 호소 대학생, 사회 불안 관련 문제를 호소하는 대학생, 기숙사 생활 대학생, 중국 내 중국 대학생, 재한 중국유학생, 인간관계 훈련을 수강하는 대학생, 음악전공 대학생, 체육전공 대학생, 의과 대학생, 미술치료전공 대학생 등이 포함되었다. 학술지에 발표된 비 실험연구 4편은 포함하지 않았다(표 10 참조).

표 10 특성 분석

구분	세부 구분	학술지	학위 석사	학위 박사	계(%)
일반대학생	·	38	27	9	74(68.52)
특정대학생	동성애, 후천성 시각장애, 뇌병변장애, 학업 좌절, 주부, 탈종후군, 지체장애, 우울, 중독, 대인관계 문제, 재한 중국유학생, 예체능 전공, 의과 전공 등	10	19	5	34(31.48)
계		48(44.44)	46(42.59)	14(12.96)	108(100.00)

5. 예술치료의 성찰과 새로운 방향

이 장에서는 2011년 1월부터 2020년 12월까지 국내에서 출판된 대학생 대상 예술치료 연구 중 KCI 등재(후보) 학술지 논문 52편, 석사학위 논문 46편, 박사학위 논문 14편 총 112편을 연구 연도, 연구 분야, 연구 유형, 연구 방법, 연구 대상의 다섯 가지 영역에 따라 분석한 결과를 바탕으로 21세기 예술치료가 새롭게 나아가야 할 방향에 대해 제시하고자 한다.

첫째, 대학생 대상 국내 예술치료의 연도별 동향을 살펴보면 2011년 6편(5.36%)의 논문 발표를 시작으로 2018년에 최대 19편(16.96%)까지 급격하게 증가 추세가 나타난 후 2년 동안 감소 추세를 보였다. 전체 112편의 논문 중 학술지 논문이 52편(46.43%) 발표되었다. 이러한 결과는 학위 중심의 연구보다는 현장 중심의 연구가 주로 이루어져 온 것으로 추론되며 예술심리지도자는 학위 없이도 전문 자격증 취득 후 현장 투입이 가능한 것이 그 이유로 여겨진다. 그러나 양질의 예술치료 발전을 위해서는 심층적인 학문적 접근 또한 반드시 병행되어야 한다.

둘째, 지난 10년 동안 대학생 대상 국내 예술치료의 연구 분야를 분석한 결과, 미술치료 연구가 69편(61.61%)으로 압도적으로 많이 발표되었으며 그 다음으로 문학치료 연구 15편(13.39%), 통합예술치료 8편(7.14%) 순으로 나타났다. 미술치료 연구가 가장 활발히 이루어진 이유로는 국내에 가장 먼저 소개되어 타 예술치료 분야에 비해 일찍 정착된 것과 일반 교육과정에서 미술을 경험한 피험자에게 미술치료는 특별한 거부감이 없는 것으로 사료된다. 한 가지 주목할만한 사항은 20세기 들어 '통·융합' 현상이 사회적 요구 사안으로 대두되면서 예술치료 분야에서도 통합예술치료의 연구는 아주 고무적인 현상으로 여겨지며 이는 2017년 한국문화예술교육진흥원 주최 문화예술치유사업에 '통합예술치료' 분야가 신설된 것과도 같은 맥락으로 이해된다. 또한 통합예술치료 연구에서 여러 예술 매체와 함께 명상과 놀이를 적용한 연구도 다수 이루어졌는데 이는 통합예술치료의 학문적 확장성을 시사하는 것이다. 이처럼 초 학제적 통합연구를 통하여 예술치료는 4차 산업혁명 시대에 인공지능(AI)의 한계를 뛰어넘는 주도적 분야로 자리매김이 가능할 것이다.

셋째, 대학생 대상 국내 예술치료의 연구 유형별 동향을 분석한 결과, 실험연구로는 예술치료의 과정과 성과에 관한 연구가 104편(92.86%)으로 양적으로 월등히 우세하였으며 그 다음으로 성과연구, 개발연구가 각각 2편(1.79%)씩 발표되었다. 개발연구에서는 미술치료 프로그램과 통합예술치료 프로그램 개발연구가 이루어졌는데 새로운 사회적·문화적 패러다임 안에서 한국의 실정에 적합한 21세기형 측정도구의 개발 또한 반드시 필요하다. 반면, 비 실험연구에 해당하는 과정연구는 2편(1.79%), 문헌연구와 실태연구는 각각 1편(0.89%)씩 발표되었다. 실험연구 108편을 변인별로 살펴보면 독립변인으로는 미술치료가 66편(61.11%), 음악치료, 영화치료, 무용/동작치료가 각각 5편(4.63%)씩 발표되었으며 연극치료 연구는 지난 10년 동안 단 1편(0.93%)에 불과하였다. 예술치료의 확장성과 대중화를 위해서는 예술 매체별 편중 현상을 최소화시킬 필요가 있다. 종속변인별 동향을 분석한 결과로는 내적요인, 정서요인, 관계요인, 행동요인 순으로 나타났다. 특히, 내적요인과 정서요인에 중복되는 세부 항목에는 '진로'에 관한 결정력과 스트레스로 분석되었다. 그만큼 대학생들의 가장 큰 고민은 진로에 관한 것으로 분석되며 이러한 결과는 2017년 교육부에서 발표한 '대학 진로교육 현황조사 결과'에서 대학생의 과반수 이상이 '진로'로 고민한다는 내용과도 맥을 같이 한다. 이 연구에서는 주의집중 행동과 정신신체증상에 관한 행동요인 연구가 단 2편(1.18%)으로 분석되었는데 필자의 지난 30여 년간 교직 경험에 의하면 수많은 대학생들이 주의집중에 어려움을 느끼고 그 해결 방법을 찾지 못해 답답해하고 있었다. 대학생들의 주의 집중력은 대인관계나 학업성적으로 이어지며 이는 곧 진로로 연결된다. 이에 대학생의 행동요인에 관한 집중적인 예술치료 연구가 필요하다고 여겨진다.

넷째, 대학생 대상 국내 예술치료의 연구 방법별 동향은 혼합연구가 56편(50.00%), 양적연구가 41편(36.61%), 질적연구가 15편(13.39%) 이루어졌다. 양적연구와 질적연구를 상호보완한 혼합연구의 지속적인 발표는 21세기 예술치료의 학문적 발전을 위한 필요조건으로 여겨진다.

다섯째, 대학생 대상 국내 예술치료의 대상자 성별을 분석해보면, 남·여 혼합연구가 73편(67.59%)으로 양적으로 우세하게 나타났으며 여성 대상의 연구는 19편(17.59%), 남성 대상의 연구는 1편(0.93%)으로 나타났다. 종속변인에 한계를 두지 않는 한, 성별 구분 없이 피험자를 모집하는 연구 방법이 용이하겠으나 예술치료의 확장성을 위해서는 남성과 여성의 특성을 구분하는 연구 또한 활발히 이루어져야 할 것으로 사료된다. 대상 인원의 수를 살펴보면, 11~20명인 연구 47편(43.52%), 2~10명 연구 24편(22.22%), 21~30명 연구 12편(11.11%) 순으로 진행되었다. 51명 이상의 연구가 미흡하지만 꾸준히 이루어지고 있는 것은 예술치료에 대한 대학생의 인식과 참여가 긍정적인 것으로 추론된다. 21세기 예술치료의 질적 향상을 위해서는 다수의 인원이 참여하는 연구가 꼭 필요하다. 대상자의 특성을 분석한 결과로는 일반 대학생을 대상으로 한 연구가 74편(68.52%), 특정 대학생을 대상으로 한 연구가 34편(31.48%) 발표되었다. 특정 대학생으로는 동성애 대학생, 발달장애 대학생, 스마트폰 중독 대학생, 재한 중국유학생, 중국 내 중국 대학생, 탈증후군 대학생, 대인관계 문제 대학생, 후천성 시각장애 대학생, 주부 대학생 등으로 분석되었다. 특정 대상자를 위한 연구는 예술치료의 학문적 발전과 활성화를 위해서 아주 긍정적인 현상으로 여겨진다. 향후 예술치료의 심층적인 전문성 강화를 위해서 다양한 특성을 가진 대학생에 관한 연구가 지속적으로 이루어질 필요가 있는 것으로 생각된다. 특히, 석사학위 논문 46편 중 재한 중국 유학생 대상의 연구 1편과 박사학위 논문 14편 중 중국 내 중국 대학생 대상의 연구가 2편 이루어진 것은 국내 중국 유학생의 예술치료에 대한 관심이 시작되는 것으로 여겨진다. 필자의 오랜 교육 경험으로 미루어 볼 때 한국에서 학위를 준비하는 외국 유학생과 지도교수 사이에는 의사소통에 각별한 주의가 필요하다고 여겨진다. 그리고 21세기형 인재 양성을 위한 예술심리지도자의 국제적 육성에 국가 차원의 지원이 반드시 이루어져야 할 것으로 사료된다. 아울러 예술치료의 세분화와 전문화 그리고 차별화를 위하여 연구 대상을 대학생뿐만 아니라 아동, 청소년, 성인, 노인으로 확장시킨 연구가 지속적으로 이루어져야 할 것이다.

이 연구는 2011년 1월부터 2020년 12월까지 출판된 대학생 대상의 국내 예술치료 논문 중 원문 검색이 가능한 KCI 등재(후보) 학술지 논문과 석·박사학위 논문을 대상으로 한정하였다. 그러므로 2010년 이전에 발표된 논문과 2011년부터 2020년까지 일반 학술지에 발표된 논문 그리고 미출간 논문은 포함하지 않았다. 이러한 한계에도 불구하고 이 연구는 대학생을 대상으로 이루어진 국내 예술치료의 연구 동향을 분석한 첫 번째 시도로써 향후 예술치료 학문 발전을 위한 기초자료를 제공하였다는 점에서 의의가 있다.

참고문헌

김소형(2021). "통합예술치료 국내 연구동향 분석", *문화와융합* 43(5), 295-314.
김은하, 김은지, 방미나, 배정우, 소희정, 이승수, 이혜경, 조원국, 주순희(2021). *영화치료의 기초: 이해와 활용*, 서울: 박영스토리.
김정희(2016). "동작중심 표현예술치료 프로그램이 대학생의 우울, 안 및 감정표현에 미치는 효과", 창원대학교 대학원 박사학위논문.
류분순(2008). "무용/동작치료에 관한 국내외 실증사례 연구", *한국문화예술위원회*, 347-379.
박종수(2005). *분석심리학에 기초한 이야기 심리치료*, 서울: 학지사.
손정희(2020). "글쓰기문학치료가 대학생의 불안과 자아정체감에 미치는 영향 연구", *문화와융합* 42(6), 339-365.
이봉희(2008). "문학치료에 관한 국내외 실증사례 연구", *한국문화예술위원회*, 109-168.
이은형, 이근매, 문종수(2013). "대학생의 자기효능감 향상을 위한 콜라주 집단미술치료 사례연구", *임상미술심리연구* 3(1), 79-102.
임혜선, 한상미, 신나라, 신지영(2019). "대학생의 인권의식 증진을 위한 영화치료 집단상담 프로그램 개발 및 효과", *법과인권교육연구* 12(3), 159-191.
조진호(2011). "대학생의 자기효능감 증대를 위한 사진치료 프로그램 개발에 관한 연구", *한국사진학회지* 25, 111-125.
Brooke, S. L. (2006). Creative Arts Therapies Manual: A Guide to the History, *Theoretical Approaches, Assessment, And Work With Special Populations of Art, Play, Dance, Music, Drama, And Poetry Therapies*. Springfield: Charles C Thomas Pub Ltd.
Bruacia, K. E. (1998). Defining Music *Therapy(2nd ed)*. Barcelona Publishers.

Davis, M.(1974). "Movement as patterns of process", *Main Currents in Modern Thought* 31(1), 18-22.

Hackney, P.(1998). *Making connections-total body integration through Bartenieff fundamentals. Amsterdam:* Gordon and Breach.

Landy, R. J.(1994). DRAMA THERAPY: Concepts, *Theories and Practices. Springfield:* Charles C Thomas Publisher.

Pardeck, J. T., & Pardeck, J. A.(1993). *Special aspects of education(Vol. 16). Bibliotherapy: A clinical approach for helping children.* Gordon and Breach Publishers.

Sharp, C., Smith, J. V., & Cole, A.(2002). "Cinematherapy: Metaphorically promoting therapeutic change", *Counselling Psychology Quarterly* 15(3), 269-276.

Shawn, T.(1974). *Dance we must.* New York: Haskell House Publishers Ltd.

Wadeson, H.(1980), *Art psychotherapy.* New York: John Wiley & Son.

Wolz, B.(2004). E-Motion Picture Magic: *A Movie Lover's Guide to Healing and Transformation.* Denver: Glenbridge Publishing Ltd.

● 이 장은 문화와융합 학술지 43권 8호에 실린 필자의 논문(김소형, 2021)을 바탕으로 재구성되었다.

08장

대학생 상담 경험이 대인관계에 미치는 영향

1. 대학생, 심리적 어려움을 겪다

대학생은 청소년 후기 또는 청년기 초기에 속하고, 부모와의 심리적, 정서적 독립을 지향하며 사회적 상황에서 생겨나는 대인관계를 통해 자아정체감을 확립해 나가는 시기이다(Erikson, 1968). 하지만 이러한 급격한 변화로 인해 대학생들은 다양한 심리적, 사회적 부담감을 경험하게 되면서 심리적 위기에 직면하게 된다. 대학 시절은 정체성 유예기간이며, 많은 대학생이 연령적, 신체적, 지적에서의 성숙함을 경험하지만, 사회적 위치에서 성인으로 인정받지 못하는 괴리감으로 인하여 의사결정 장애, 불확실한 미래에 대한 두려움, 불안 증세를 호소하고 있다(Erikson, 1968). 특히, 대학 시기는 학교라는 틀에서 현실 세계로 넘어가는 과도기로, 졸업 후 사회로의 진출에 대비하고 있다고 느끼지 못하며 불안감, 공허감, 우울감, 자기회의감 등 심리적 위기를 경험하고 있다(방소희, 이동훈, 2013).

이러한 심리적 안정의 결여는 학생들의 학업중단으로 이어질 뿐만 아니라, 대학 졸업 후의 개인의 삶 및 직업에도 영향을 미친다. 특히, 일부 선행연구에서는 대학생의 대인관계에 대한 심리적 불안감이 대학 생활의 적응 및 학업 중단에 중요한 요소임을 밝히고 있다(박은주, 이혜경, 2016). 대학생 시기는 대인관계가 급격하게 넓어지는 시기로 기존과는 달리 스스로 대인관계를 형성해야 하기에, 이에 대해 어려움을 겪는 학생이 많다. 대학생 시기의 대인관계는 추후 개인의 삶에까지 영향을 미칠 수 있는데, 대학생 시절 원만한 대인관계 속에서 자기성찰 및 자아정체감을 확립하기 때문이다.

대학생의 대인관계 및 심리적 어려움에 초기 대처하기 위하여 대학에서는 다양한 상담 서비스를 제공하고 있다. 상담은 내담자들이 지닌 개인적인 문제에 대하여 객관적인 자아 성찰 및 자가 평가가 이루어짐으로써 개인의 삶에 대한 성찰의 기초가 된다. 대부분 대학에서는 학과 차원의 지도교수 상담제도를 도입하여 정기적인 교수 상담을 제공할 뿐만 아니라, 대학 내 전문 상담센터를 구축하여 전문상담 인력을 통해 취업 및 진로상담, 심리상담, 학습상담 및 개인 및 집단상담 등 다양한 분야에서의 상담지원을 하고 있다.

대학생의 대인관계능력을 기르고자 다양한 상담 서비스를 제공하는 등 상담에 대한 관심이 증가하고 있음에도 불구하고, 상담과 대인관계에 관한 연구는 제한적으로 이루어지고 있다. 전문상담과 대인관계에 관한 연구는 대부분 특정 분야의 학생 대상으로 소규모로 이루어지거나 소규모 전문상담 프로그램을 대상으로 제한적으로 이루어지고 있어, 그 연구가 부족한 실정이다. 또한, 전문상담이 대인관계에 미치는 결과가 서로 상이하여 추가적인 연구가 이루어질 필요가 있다. 반면에, 교수 상담이 대인관계에 미치는 영향에 관한 연구는 거의 이루어지고 있지 않다. 따라서, 본 연구에서는 1,411명의 대학생을 대상으로 대학의 상담경험이 학생들의 대인관계에 어떤 영향을 미치는지에 대해 살펴보고자 다음과 같은 두 가지의 연구문제를 토대로 진행하였다. 첫째, 대학생의 상담 경험(교수 상담, 심리상담 및 학습상담)이 대인관계 만족도에 어떤 영향을 미치는지 탐색하고자 한다. 둘째, 대학생의 교수 상담경험이 교수 상담 만족도를 매개로 대인관계 만족도에 미치는 영향을 탐색하고자 한다. 본 연구는 대학생의 상담경험과 학생의 대인관계 만족도에 대한 연관 관계를 살펴봄으로써, 교원 및 전문상담 인력이 대학생 상담에 대한 이해도를 높이고, 학생의 대인관계 및 성공적인 대학 생활에 미치는 영향에 대한 이론 및 대학교육 현장에 시사점을 주는 데 그 의의가 있다.

2. 대학생 상담과 대인관계

대학생 시기는 대인관계를 통해 자아를 형성하고 발달하며 만족감과 안정감을 찾는 시기이므로, 대학에서는 다양한 상담 기회를 제공하여, 대학생이 급격한 환경 변화에서 발생하는 문제의 해결을 돕고, 안정적인 행동, 생각, 감정을 조절할 수 있도록 돕고 있다. 현재 우리나라 대학에서는 지도교수 상담제도 및 대학 내 상담센터를 통하여 다양한 학생 상담서비스를 제공하고 있다.

첫째로, 2000년도부터 대학의 학과 차원에서 교수상담 제도를 도입하여, 교수들이 멘토 역할을 함으로써 학생들에게 성공적인 대학생활을 돕고 있다. 교수상담은 학습관리, 취업/진로 상담, 대학생활 전반에 이르기까지 폭넓게 진행되고 있다. 이종구(2007)의 연구에 따르면, 89%의 대학생들이 책임지도 교수와의 상담이 꼭 필요하다고 인식하고 있는 반면, 89%는 보통 이하로 교수와의 상담에 만족하고 있는 것을 확인할 수 있었다. 이러한 결과는 교수상담 제도의 중요성을 부각함과 동시에, 그 운영에 있어 한계가 있음을 시사하고 있다.

둘째, 지도교수 상담제도와 더불어 한국에서는 2004년 교육인적자원부의 권고로 인하여, 대학 내 많은 상담부서가 학생 생활 및 취업 관련 부서 간 통합된 조직으로 재편하여 전문 상담센터를 운영하고 있다. 박경애와 조현주(2007)에 따르면, 2005년에 4년제 대학 중 86%, 전문대학의

53%가 대학 내 전문 상담센터를 운영하여 학생들에게 전문적인 상담 및 심리치료 서비스를 제공하고 있었다. 최윤미(2012)에 따르면, 한국 대학의 상담센터들은 대부분 진로 및 취업과 관련하여 지원을 강조하고 있었고, 그 외 심리검사 서비스, 개인상담, 집단상담, 학습상담, 성희롱 예방교육, 관련 특강 등을 제공하고 있었다.

하지만, 대학에서 다양한 방식을 동원하여 학생에게 전문 상담서비스를 무료로 제공하고 있음에도 불구하고, 심리적 어려움을 겪는 학생 중 대부분은 전문 상담서비스 이용을 주저하고 있다(정소미, 2020). 일부 선행연구에서는 전문상담은 정서적으로 어려움을 겪거나 대인관계에 문제가 있어 주변에 의지할 사람이 없는 사람 등 부정적인 사람이 적응을 위해 받는 것이라는 낙인이 있는 것을 확인할 수 있었다(정소미, 2020). 더 나아가, 전문 상담서비스 이용에 대한 낙인 우려가 실제 이용 의도에 부정적인 영향을 미치고 있음을 확인하였다.

대학생들은 대학 생활을 통해 가족, 친구, 선/후배, 교수, 행정직원 등 다양한 계층과 사회 정서적 상호작용을 하고 있다. 관계 구축 및 유지할 계층이 급격하게 넓어짐에 따라, 많은 대학생이 대인관계로 인해 어려움을 호소하기도 한다. 이에 일부 선행연구에서는 우리나라 대학생들의 대인관계가 성공적인 대학 생활의 중요한 요소임을 보여주고 있다(박은주, 이혜경, 2016). 더 나아가 대학생 때 대인관계가 좋은 사람이 추후 사회에 나갔을 때 성공할 확률이 더 높다는 연구도 있다(Mallinkrodt & Wei, 2005). 즉, 대학 시절의 효율적인 대인관계 경험은 성공적인 대학 생활, 인격 성장 및 발달, 더 나아가 졸업 후 개인의 삶 및 사회적 성공에까지 영향을 미칠 수 있음을 시사한다. 일부 연구에서는 대학생의 대인관계 중 교수-학생 간 상호작용에 중점을 두고 살펴보고 있다. 교수-학생 간 상호작용은 수업에서 질의/응답, 토론 등 학문적 상호작용뿐만이 아니라, 수업 외 교수와 상담, 비교과 활동 등 다양한 방식으로 이루어지고 있다. 한국의 대학들도 2010년 이후로 교수-학생 상호작용을 촉진하기 위하여,

책임지도교수제를 통한 상담과 더불어 다양한 비교과 프로그램을 제공하는 등 다양한 노력을 쏟고 있다.

한편, 대학생활에서의 교수와 학생 간 상호작용은 학생의 학교적응 및 대학 생활 만족도 향상을 도울 뿐만이 아니라, 대학의 발전과 질 향상에도 영향을 줄 수 있다(박은주, 이혜경, 2016; 홍지인, 배상훈, 2015). 교수-학생 상호작용이 많을수록, 대학에 대한 애착심이 높고 대학에 몰입하는 정도가 높은 것으로 나타났고(홍지인, 배상훈, 2015). 교원과의 상담횟수가 증가할수록, 학생들의 전공학습관리, 학습의욕 향상, 수업태도 개선, 학습역량 향상, 경력개발 관리, 상담서비스의 만족도에 긍정적인 영향을 미치고 있다(이종구, 2007). 이러한 선행연구들을 종합해 보면, 대학생의 대인관계, 특히 교수-학생 간 상호작용은 대학생의 성공적인 대학 생활 적응을 유도하고 인지적 성장, 학업, 더 나아가 학교에 대한 만족 및 애착, 대학교육의 질 향상에 영향을 미치는 중요한 요인이라고 할 수 있다.

일부에서는 전문상담이 대인관계능력 향상에 미치는 영향에 관한 연구가 이어져 오고 있다. 일부 선행연구에서는 소규모의 대학생을 대상으로 전문상담 경험이 대인관계 향상에 긍정적인 영향을 미치는 것을 보여주고 있다. 집단상담 프로그램 참여 여부가 대인관계의 향상에 유의한 영향을 미치고 있었고(장석진, 연문희, 2009), 대학생들은 상담을 통하여 긍정적인 대인관계를 형성하게 되었다고 하였다(박선하, 유형근, 2018; 방소희, 이동훈, 2013). 반면에, 소규모 대상으로 연구를 진행한 상담과 대인관계의 관계에 대한 연구에서, 전문상담 경험이 대인관계에 유의미한 영향을 미치지 않았다(구자경, 2004; 김희은, 이호준, 2016).

현재 한국 대학에서는 책임지도교수제도를 도입하여, 대학생에게 교수상담 기회를 제공해오고 있다. 하지만, 교수상담이 학생들의 대인관계에 미치는 영향에 관한 연구는 찾아보기 힘들고, 대학 내 교수 상담과 대인관계에 관한 연구는 매우 미흡한 실정이며, 대학 내 전문상담과 대인관계에 관한 연구는 소규모를 대상으로 이루어지고 있어 그 결과가 상이한 것을 확인할 수 있다. 이에 본 연구는 대학 내 교수상담 및 전문상담과 대학생의 대인관계와의 관계를 살펴보고, 그 영향에 대해 살펴보고자 한다.

3. 대학생 상담이 대인관계에 미치는 영향 분석 방법

1) 연구대상

본 연구대상은 수도권 소재 4년제 K대학교 재학생을 모집단으로, 2020학년도 기준 재학생 13,851명 중 1,411명을 대상으로 진행되었다. K대학교는 학생들에게 다양한 상담 서비스를 제공하기 위해 노력하고 있는데, 대표적으로, 각 학과 교수에게 학업, 대학생활 및 진로/취업에 관하여 교수상담을 제공할 것을 권고하고 있다. 추가적으로 학생상담센터를 통하여, 심리상담 프로그램(개인, 집단, 심리검사 등)을 제공하고, 자기이해, 정서, 대인관계, 스트레스, 불안, 진로 등 다양한 주제를 다루고 있다. 또한, 대학 내 전문상담 인력을 통하여 다양한 학습지원 상담 서비스를 제공하여, 학생들의 학습 활동, 자기주도적 학습역량 향상을 돕고 있다.

2) 연구방법

대학생 상담 경험 및 만족도와 대인관계 만족도에 대한 학생들의 인식을 알아보기 위하여 2020학년도 재학생 만족도 및 인식조사 도구를 활용하였다. 이 도구의 항목 중 여러 가지 유형의 상담 경험과 이에 대한 영역별 만족도, 대학 구성원 내 대인관계 만족도에 대한 문항 내용, 문항 수, 응답 형식은 〈표 1〉과 같다. 조사는 2020년 9월 10일~2020년 10월 4일까지 약 3주간 온라인으로 시행하였다. 조사 도구의 타당도와 신뢰도 ($\alpha \geq .796$)는 선행연구를 통해 검증되었다.

표 1 변수 구성 정보

구분		문항 내용	문항 수	응답 형식
대인관계 만족도		교수와의 상호작용, 대학 교직원과의 상호작용, 선후배와의 상호작용, 동기와의 상호작용	5	likert 5점 척도
상담 경험	교수 상담	교수 상담 경험	1	①경험없음 ②1회 ③2회 ④3회 ⑤4회이상
	심리 상담	심리 상담 경험	1	상담 경험 유무
	학습 상담	학습 상담 경험	1	상담 경험 유무
상담 만족도	교수 상담 만족도	전반적만족도, 교과상담, 교과외상담, 진로 상담	5	likert 5점 척도
	심리 상담 만족도	전반적만족도, 프로그램 만족도, 환경 및 접근성, 홍보 및 안내	3	likert 5점 척도
	학습 상담 만족도	프로그램별 만족도, 온라인 프로그램 만족도, 학과지원 프로그램 만족도, 자기주도역량, 효과, 홍보 및 접근성	9	likert 5점 척도

상담 경험 변수는 교수 상담 경험, 심리 상담 경험, 학습 상담 경험으로 구성되어 있다. 첫째, '교수 상담 경험'은 재학생이 소속된 학과 교수님 또는 지정된 평생지도교수님과의 상담 또는 면담을 진행한 경험을 묻는 문항이다. 둘째, '심리 상담 경험'은 K대학 내 학생상담센터 등에서 제공하는 심리 상담 프로그램(개인상담, 심리상담, 집단 프로그램, 특강 및 워크숍 등)에 대한 경험을 묻는 문항이다. 셋째, '학습 상담 경험'은 K대학 내 교수학습개발센터, 공학교육혁신센터 등에서 제공하는 학습 상담 및 지원 프로그램에 대한 경험을 묻는 문항이다.

상담 만족도 변수는 교수 상담 만족도, 심리 상담 만족도, 학습 상담 만족도로 구성하였다. 본 연구에서 주로 사용된 교수 상담 만족도는 전반적 만족도, 교과목 이수 관련 상담 만족도, 교과 상담 만족도, 교과 외 상담 만족도, 진로 상담 만족도로 구성되어 있고, 응답은 likert 5점 척도 ① 매우 그렇지 않다, ② 그렇지 않다, ③ 보통이다, ④ 그렇다, ⑤ 매우 그렇다 형식이었다. 문항별 응답값들의 합산 점수로 변수를 구성하였다.

대인관계 만족도 변수는 대학 내 구성원과의 대인관계 만족도로 교수와의 상호작용 만족도, 교직원과의 상호작용 만족도, 선후배와의 상호작용 만족도, 동기와의 상호작용 만족도로 구성되어 있다. 응답은 상담 만족도 변수와 같은 방법으로 설정하였다.

3) 분석방법

본 연구에서는 대학생 상담 경험이 상담 만족도 및 대인관계 만족도에 미치는 영향을 알아보기 위해 다음 〈표 2〉와 같이 분석하였다. 첫째, 대학생 상담 경험이 대인관계 만족도에 미치는 영향을 알아보기 위해 교수 상담, 심리 상담, 학습 상담 경험을 독립변수로 대인관계 만족도를 종속변수로 설정하여 중다회귀모형을 설정하였다. 둘째, 교수와의 상담 경험이 교수 상담 만족도를 매개로 대인관계 만족도에 미치는 영향을 알아보기 위해 교수 상담 경험을 독립변수로, 교수 상담 만족도를 매개변수로, 대인관계 만족도를 종속변수로 설정하여 위계적 회귀분석을 실시한 후 간접효과에 대한 유의도를 검증하기 위해 Sobel-test를 실시하였다. 본 연구에서는 다음과 같이 변수를 설정하고 분석방법을 적용하여 대학생 상담 경험이 상담 만족도 및 대인관계 만족도에 미치는 영향을 확인하고자 한다.

표 2 연구문제별 분석방법

연구문제	변수 및 분석방법	
대학생 상담 경험이 대인관계 만족도에 미치는 영향	독립변수: 상담 경험 종속변수: 대인관계 만족도	분석방법: 중다회귀분석
교수와의 상담 경험이 교수 상담 만족도를 매개로 대인관계 만족도에 미치는 영향	독립변수: 교수 상담 경험 매개변수: 교수 상담 만족도 종속변수: 대인관계 만족도	분석방법: 위계적 회귀분석

4. 대학생 상담이 대인관계에 미치는 영향 분석 결과

1) 상담 경험이 대학생 대인관계 만족도에 미치는 영향

학과 교수님 또는 평생지도교수님과의 상담(면담) 여부, 학교에서 제공하는 심리 상담 프로그램 경험 여부, 학교에서 제공하는 학습 지원 상담 프로그램을 진행한 경험 여부가 대학생 대인관계 만족도에 미치는 영향을 확인하고자 중다회귀모형을 적용하였다. 이를 위해 먼저 회귀모형에 포함된 변수에 대한 기술통계치를 〈표 3〉에 제시하였다.

표 3 변수별 기술통계치

구 분		N	평균	표준편차	최솟값	최댓값
종속변수	대인관계 만족도	1411	16.93	3.75	5	25
독립변수	교수 상담 경험	1342	.69	.713	0	2
	심리 상담 경험	1183	.318	.466	0	1
	학습 상담 경험	1411	.393	.489	0	1

종속변수 대인관계 만족도, 독립변수 교수 상담 경험(없음/1회/2회이상), 심리 상담 경험(유/무), 학습지원 상담 경험(유/무)을 중다회귀모형으로 적용한 결과, 교수 상담 경험은 대인관계 만족도에 통계적으로 유의한 영향을 주고 있었으나, 심리 상담 경험(p=.864)과 학습지원 상담 경험(p=.101)은 통계적으로 유의하지 않았다. 그 결과 상담 경험이 대학생 대인관계 만족도에 미치는 영향에 대한 회귀모형은 독립변수 교수 상담 경험으로 수정되었다(수정된 R^2= .158, F=29.023, p=.000). 〈표 4〉와 같이 대인관계 만족도에 대해 교수 상담 경험은 15.8% 설명하고 있고, 교수 상담을 해본 학생은 상담을 하지 않은 학생보다 대인관계 만족도는 .84점 증가함을 예측할 수 있다.

표 4 교수상담경험이 대인관계 만족도에 미치는 영향 회귀모형 결과

독립변수	비표준화계수		표준화계수	t	유의확률
	B	표준오차			
교수 상담 경험	.84	.13	.16	5.39	.000
(상수)	16.25	.15		109.05	.000

2) 교수 상담이 교수 상담 만족도를 매개로 대인관계 만족도에 미치는 영향

대학생의 교수와의 상담 경험이 교수 상담 만족도를 매개로 하여 대인관계 만족도에 영향을 주는지 확인하기 위해 위계적 회귀모형을 적용하고자 하였다. 먼저 회귀모형에 포함된 변수에 대한 기술통계치는 〈표 5〉와 같다.

표 5 변수별 기술통계치

구 분		N	평균	표준편차	최솟값	최댓값
종속변수	대인관계 만족도	1411	16.93	3.75	5.00	25.00
매개변수	교수 상담 만족도	1411	16.96	4.76	5.00	25.00
독립변수	교수 상담 경험	1342	10.11	2.40	3.00	15.00
	상담경험없음	616	9.81	2.48	3.00	15.00
	1회	529	10.29	2.22	3.00	15.00
	2회이상	197	10.46	2.34	3.00	15.00

다음으로, 종속변수인 대인관계 만족도, 매개변수인 교수 상담 만족도, 독립변수인 상담 경험 간 상관분석 결과는 아래 〈표 6〉에 제시하였다. 교수와의 상담 경험, 교수상담 만족도, 대인관계 만족도 간 Pearson의 적률상관계수를 살펴보면, 교수와의 상담 경험과 대인관계 만족도 간 상관계수는 .174($p < .01$), 교수와의 상담 경험과 교수와의 상담 만족도 간 상관계수는 .482($p < .01$), 교수와의 상담 만족도와 대인관계 만족도 간 상관계수는 .539($p < .01$)로 통계적으로 유의하게 상관이 있었다.

표 6 상관분석 결과

구분	2. 교수상담경험	3. 교수상담만족도
1. 대인관계	.174**	.539**
2. 교수상담경험	1	.482**
3. 교수상담만족도	.482**	1

*$p<.05$, **$p<.01$, ***$p<.001$

마지막으로, 종속변수 대인관계 만족도, 매개변수 교수 상담 만족도, 독립변수 교수 상담 경험의 위계적 회귀모형의 통계적 유의성을 확인하기 위한 3단계 회귀분석 결과는 다음과 같다.

1단계에서 교수 상담 경험(독립변인)이 교수 상담 만족도(매개변인)을 유의미하게 예측하는지 검증한 결과 교수 상담 경험(독립변인)이 교수 상담 만족도(매개변인)에 유의미한 영향을 미치는 것으로 나타나(β=2.314, $p<.001$), 첫째 조건을 충족시켰다. 2단계에서 교수 상담 경험(독립변인)이 대인관계 만족도(종속변인)을 유의미하게 예측하는지 검증한 결과 교수 상담 경험(독립변인)이 종속변인에 유의미한 영향을 미치는 것으로 나타나(β=.025, $p<.001$), 두 번째 조건을 충족시켰다. 3단계에서 교수 상담 경험(독립변인)과 교수 상담 만족도(매개변인)을 동시에 투입하여 대인관계 만족도(종속변인)에 미치는 영향력을 검증하였다. 교수 상담 경험(독립변인)과 교수 상담 만족도(매개변인) 모두 종속변인에 유의미한 영향을 미쳤다. 교수 상담 경험(독립변인)이 대인관계 만족도(종속변인)에 미치는 영향력은 2단계에 비하여 감소하였다(2단계: β=.025, 3단계: β=-.459). 이는 교수 상담 만족도(매개변인)이 교수 상담 경험(독립변인)과 대인관계 만족도(종속변인) 사이에서 부분 매개효과를 한다고 볼 수 있다. 마지막으로 교수 상담 경험(독립변인)이 매개변인을 통해 대인관계 만족도(종속변인)에 미치는 간접효과에 대한 유의도를 검증하기 위해 Sobel-test를 실시한 결과 교수 상담 만족도(매개변인)의 간접효과(β=2.769)는 유의함(Sobel's T: Z=13.70, $p<.001$)을 나타냈다. 따라서

교수 상담 만족도(매개변인)은 교수 상담 경험(독립변인)이 대인관계 만족도(종속변인)에 미치는 영향을 부분 매개하는 것으로 볼 수 있으며, 이와 관련된 부분 매개효과 모형은 다음과 같다.

표 7 교수상담경험이 교수상담만족도를 매개로 소통만족도에 미치는 영향 회귀모형 결과

단계	독립	종속	비표준화 β	표준오차	베타	t	p
1단계 (경로A)	교수상담 경험 (독립)	교수상담 만족도 (매개)	2.314	.129	.462	17.962	.000
			R^2=.213, F=322.634				
2단계 (경로B)	교수상담 경험 (독립)	대인관계 만족도 (종속)	.621	.113	.158	5.500	.000
			R^2=.025, F=30.250				
3단계 (경로C)	교수상담 경험 (독립)	대인관계 만족도 (종속)	-.459	.108	-.116	-4.256	.000
	교수상담 만족도 (매개)		.467	.022	.593	21.680	.000
			R^2=.454, F=256.097				

5. 상담, 대인관계를 향상시키다

본 연구는 상담 경험이 대학생 대인관계 만족도에 미치는 영향과 상담 경험이 대학생 상담 만족도를 매개로 대인관계 만족도에 미치는 영향을 알아보기 위해 K대학교 재학생을 대상으로 하는 만족도 및 인식조사 도구 중 상담 경험과 횟수를 묻는 문항, 각 영역의 상담 만족도 문항, 대학 구성원 간 대인관계 만족도 문항의 합산 점수를 이용하여 각각 회귀분석과 위계적 회귀분석을 적용하였다. 그 분석 결과를 바탕으로 대학생들의 교수와의 상담을 토대로 대학 내 구성원들과의 소통을 증진하여 더욱 만족할 수 있는 학교생활을 할 수 있고 대인관계에 긍정적 영향을 미칠

수 있도록 하는데 제언하는 바는 다음과 같다.

첫째, 대학생 상담 경험이 대인관계 만족도에 미치는 영향을 알아보기 위해, 학과 또는 평생지도교수님과의 상담(면담) 여부를 독립변수로, 대학생 대인관계 만족도를 종속변수로 설정하여 회귀분석을 실시한 결과, 교수 상담 경험은 대인관계 만족도에 큰 영향을 미치고 있었다. 대학에 입학하면서 대학생들은 학교 내 다양한 구성원들을 만나 이전보다 폭넓은 사회적 관계를 형성하고 이를 통해 타인과의 관계를 발전시켜 나간다. 이를 Erikson(1968)은 성숙한 대인관계를 이루어야 하는 심리사회적 발달과업이라고 일컬었다. 대학생 시기 동안 이러한 발달과업을 성취하여 잘 형성된 대인관계능력은 졸업 후 사회생활에도 긍정적인 영향을 미쳐 졸업 이후 사회에서 만나는 새로운 타인과의 관계를 맺고 유지하는 데에도 도움이 된다(박선하, 유형근, 2018; Mallinkrodt & Wei, 2005). 대학생에게 대인관계는 대학생활의 적응, 만족도에도 영향을 줄 뿐 아니라 사회에서의 성공 가능성에도 긍정적인 영향을 준다는 선행연구(박선하, 유형근, 2018)에 따라, 우리나라 대학생들의 대학 입학 전까지 제한된 관계망을 벗어나 입학 후 활발한 대인관계를 맺게 되는 어려운 상황에 잘 적응할 수 있도록 대인관계능력을 향상할 수 있도록 도울 필요가 있다.

이러한 대인관계능력 향상을 위한 선행연구에서는 주로 대인관계 훈련을 위한 프로그램이나 여러 가지 이론에 기반을 둔 집단상담 프로그램의 효과를 다루었다. 그러나 이는 자연스러운 상황보다는 특정 문제 중심 또는 특정 상황 중심적으로 이루어졌고, 본인 스스로 프로그램에 신청하는 적극성이 전제된 경우였다. 앞선 선행연구에서 대학생 시기 성장 및 발달은 다양한 영역에서 영향을 받지만, 최근 교수와 학생의 상호작용이 큰 영향요인임이 밝혀졌다(이종구, 2007; Astin, 1993; Pascarella, 1985). 본 연구에서는 교수와의 상담을 경험해 본 학생들일수록 상담 만족도가 높았고 이는 대인관계에도 긍정적인 영향을 준다는 것을 확인하였다. 대학생들은 동기, 선배, 교수, 직원 등 학교 내 다양한 구성원들과 교류가 있다. 이중 특히 교수에게 다가가기 어려워하고 있지만, 교수와의 인간적인 교류를 하고 싶어 하였다(이종구, 2007). 이러한 상호작용은 수업에서의 토론 뿐 아니라 수업 외 교수와 상담을 통해서도 형성되는데 이는 대학에 대한 소속감, 지적 성장, 개인적 발달에도 매우 의미있는 영향을 준다(Astin, 1993). Pascarella(1985)은 대학의 영향 모델을 통해 교수와 학생 간의 상호작용이 학생들의 학습과 발달에 영향을 미치는 주요한 요인이라고 하였고, Astin(1993)은 대학에서의 성장에 가장 큰 영향을 미치는 것은 '대학생활에서 무엇을 경험했는지'와 관련이 있고, 교수-학생의 접촉 빈도가 높을수록 학생들의 발달과 만족도에 긍정적인 영향을 준다고 하였다. 또한, 홍지인과 배상훈(2015)의 연구에서는 교수-학생 간 상호작용의 횟수가 대학 만족도 및 몰입도에 영향을 준다고 하였다. 본 연구결과와 이러한 선행연구 결과들을 종합해 볼 때, 대학은 학생들의 대인관계능력 향상 및 대학 몰입도를 늘리기 위하여 교수-학생 간 상호작용, 특히 교수 상담 기회를 충분하게 제공할 필요가 있음을 시사한다. 하지만 최근 대학에서는 교수의 연구 비중이 강화되면서 현실적으로 학생과의 상호작용의 기회를 만들 수 있는 상담 또는 면담에 많은 시간과 노력을 기울이기 어려운 실정이다. 그러므로 대학은 교수가 학생들에게 관심을 기울여 의미있는 상담 및 면담을 할 수 있도록 외적·내적 보상 체계를 마련하여 대학 생활의 만족도를 높일 뿐 아니라 대학생 시기의 성장을 도울 수 있어야 할 것이다.

둘째, 교수와의 상담 경험이 교수 상담 만족도를 매개로 하여 대인관계 만족도에 미치는 영향을 알아보기 위해 위계적 회귀분석을 실시한 결과, 교수와의 상담 경험은 교수 상담 만족도에 영향을 미치고, 상담 경험이 대인관계 만족도에 영향을 미치며, 상담 경험과 상담 만족도가 대인관계 만족도에 영향을 미쳐 상담 경험이 상담 만족도를 매개로 대인관계 만족도에 부분 매개효과가 있음을 확인하였다.

이에 최근 많은 대학에서는 학생들의 상담만족도를 높이고 교수와 학생의 연계시스템을 구축하기 위하여, 취업 및 진로, 학교생활, 교우 관계 등에 대한 어려움을 나눌 수 있는 교수와 학생의 상담 및 면담 체계를 강화하고 있고 이를 교수업적 평가에 반영하도록 하고 있다. 특히 일부 대학에서는 이러한 상담의 질 관리를 위하여 자체인증제를 도입, 각 학과 별로 상담체계를 구축하고 이를 기반으로 학생을 지원하고 있는지를 평가 및 점검하고 있다(오방실, 김경리, 2021). 학생은 교수와의 만족스러운 상담 경험을 통해 대학에의 소속감, 개인적 발전, 학문적 발전, 졸업 의지 등을 갖게 하고 특히 전공에 대한 만족도, 진로선택, 진로결정과정에도 의미있는 영향을 받는다(Astin, 1993). 그러므로 대학은 전공학습 지도 외 학생상담 지도가 지도교수에게 업무적으로 부담이 됨을 인식하여 지도 교수가 상담을 진행할 때 교수 평가평점에 상담 인센티브를 일정 비율 적용하는 것을 제도화하고, 교수 연수 시 상담 지도 학습 프로그램을 상설 화하여 교수로 하여금 상담이 긍정적인 신념을 형성할 수 있도록 노력해 야 할 것이다. 또한, 교수와 학생 간 원활한 소통을 위해 교수는 학생 입장에서 경청하려고 노력하고, 학생이 교수를 어렵게 생각하지 않도록 학생에게 먼저 다가가고자 하는 적극성이 필요하다. 본 연구에서는 교수 상담기회가 교수상담만족도를 매개로 대학생들의 대인관계능력에 영향 을 미침을 보여주므로, 교원은 상담의 기회를 제공할 뿐만이 아니라 상담 의 질에도 신경을 써서 상담만족도를 높여야 학생들의 대인관계 형성에 긍정적인 영향을 줄 수 있음을 시사한다. 그러므로 교원은 학생들에게 상담서비스를 제공하는 데 그칠 것이 아니라, 그 상담서비스의 질을 높여 학생들의 만족도를 높일 필요가 있다. 오방실과 김경리(2021)의 연구에 따르면, 체계적인 상담체계를 구축한 학과의 학생들이 교수상담 기회를 더 받으며, 교수상담 만족도도 높음을 보여주었다. 교수상담 기회 확대 및 교수상담만족도를 높이기 위해서는 각 학과에서 보다 체계적인 상담체 계를 구축할 필요가 있음을 시사한다.

셋째, 본 연구에서는 대학생의 심리 상담 경험과 학습지원 상담 경험이 대인관계 만족도에 유의미한 영향이 없었다. 이는 다른 선행연구에서 대학생의 전문상담 경험이 대인관계에 유의미한 영향을 미치지 않는다는 결과와 유사하였지만(구자경, 2004; 김희은, 이호준, 2016), 일부 소규모 인원을 대상으로 한 선행연구에서 전문상담 경험이 대인관계 향상에 유의미한 영향을 준다는 것과 상이한 결과였다(박선하, 유형근, 2018; 방소희, 이동훈, 2013; 장석진, 연문희, 2009).

    이러한 차이는 상담 내담자의 특성 및 상담 프로그램의 특성에 기인하였을 수 있다. 본 연구에서 활용된 일부 심리상담 프로그램 및 학습상담 프로그램은 학생들의 대인관계 향상에 주목적을 두고 제작되지 않아, 학생들의 대인관계 만족도에 그 영향을 미치지 않았을 수 있다. 이에 추후 연구에서는 심리상담 및 학습상담 프로그램을 주제에 따라 분류하여 보다 면밀하게 살펴볼 필요가 있다.

    본 연구는 다음과 같은 한계점이 있다. 첫째, 본 연구에서는 교수 개개인의 상담능력을 고려하지 않았다. 교수가 어느 정도 수준의 상담능력을 갖추고 있느냐에 따라 학생들의 상담 성과가 달라질 수 있음을 유의해야 한다. 둘째, 본 연구는 대학생들이 연구 시작 전에 상담경험 여부가 대인관계 만족도에 영향을 미칠 수 있음에도 불구하고, 재학생 전체를 모집단으로 연구가 진행되어 그 한계가 있다. 이에 추후 연구에서는 상담경험이 없는 학생을 대상으로 연구를 진행하여, 교수상담, 심리상담 및 전문인력을 통한 학습상담이 학생들의 대인관계 변화에 미치는 영향에 보다 확실하게 설명할 것을 기대한다.

    마지막으로 본 연구와 선행연구들을 바탕으로 후속연구를 다음과 같이 제안하는 바이다. 첫째, 교수와 대인관계에 대한 상담을 받았지만 대인관계가 좋아지지 않는 학생들을 대상으로, 그 이유를 조사 연구할 수 있을 것이다. 둘째, 대학 진학 후 대인관계에서 부적응을 겪고 있는 학생을 대상으로 어떤 프로그램(지원)이 필요한지에 대한 연구를 제안할 수 있고, 이는 대인관계향상을 위한 연구로서 타당할 것으로 사료되는 바이다. 마지막으로, 대학생의 상담 경험은 상담 만족도와 대인관계 만족도 뿐만 아니라 전공만족도에 영향을 주고 이는 직·간접적으로 진로결정에도 영향을 줄 것으로 예상할 수 있다. 또한 대학생의 상담 경험은 대학 생활의 다양한 만족도에 영향을 주고 이를 통해 학습동기 및 학습성과에도 영향을 줄 수 있을 것으로 예상할 수 있다. 이러한 가설을 본 연구의 분석방법인 위계적 회귀분석 또는 구조방정식을 토대로 경로분석을 실시하여 구체적인 영향요인을 밝힐 수 있을 것으로 기대하는 바이다.

본 연구는 기존 선행연구에서 상이한 결과를 보이고 있는 대학생 상담경험과 대인관계에 대하여, 상담경험이 대인관계 만족도에 영향을 미치는 것을 보여줌으로써 학술적 뒷받침을 함에 그 의의가 있다. 또한, 본 연구는 특히 교수 상담횟수가 교수 상담 만족도를 매개로 대인관계 만족도에 영향을 미치는 것을 보여줌으로써, 대학이 교수 상담에 노력을 기울여야 함을 시사하고 있다. 이에, 본 연구결과가 향후 대학의 상담 서비스 구축 시 기초자료로 활용되기를 기대한다.

참고문헌

구자경(2006). "상담 일반: 대학의 교양강좌를 이용한 공감교육 프로그램이 의사소통 및 인간관계와 치료적 요인 지각에 미치는 효과", *상담학연구* 7(1), 11-26.

김경리, 오방실(2021). "상담경험이 대학생의 대인관계에 미치는 영향", *문화와융합* 43(9), 391-412.

김희은, 이호준(2016). "감정코칭 집단상담 프로그램이 대학생의 주관적 안녕감과 대인관계에 미치는 효과", *디지털융복합연구* 14(12), 625-632.

박경애, 조현주(2007). "한국 대학생의 상담 및 심리치료에 대한 생각", *청소년상담연구* 15(1), 3-15.

박선하, 유형근(2018). "대학생의 대인관계능력 향상을 위한 해결중심 집단상담 프로그램 개발", *상담학연구* 19(2), 195-209.

박은주, 이혜경(2016). "신입생의 학업중단 의도에 영향을 미치는 요인 연구: K 전문대학교를 중심으로", *청소년문화포럼* 46, 91-111.

방소희, 이동훈(2013). "교류분석 집단상담 프로그램이 대학생의 자아상태, 자아존중감 및 대인관계 증진에 미치는 효과", *상담학연구* 14(4), 2641-2660.

오방실, 김경리(2021). "대학 자체교육인증 여부와 성별, 학년별에 따른 대학생 상담 참여 및 만족도 차이 분석", *문화와융합* 43(6), 249-273.

이종구(2007). "진로상담교수제가 재학생들의 학습·취업 역량과 경력개발에 미치는 영향에 관한 연구: K 대학교 진로상담교수제 중심으로", *대한경영학회지* 20(3), 1383-1411.

장석진, 연문희(2009). "집단일반: 애착이론에 근거한 집단상담 프로그램이 대학생의 대인관계 문제 및 능력에 미치는 효과", *상담학연구* 10(4), 2031-2054.

정소미(2020). "대학 신입생의 상담에 대한 인식 탐색 연구- 대학상담센터 미경험자를 중심으로", *문화와융합* 42, 783-809.

최윤미(2012). "한국과 미국 대학상담센터의 현황", *인간이해* 33(2), 21-36.

홍지인, 배상훈(2015). "교수-학생 상호작용이 대학생의 대학 몰입에 미치는 영향", *교육행정학연구* 33(3), 351-379.

Astin, A.(1993). *What matters in college?: Four critical years revisited*, San Francisco: Jossey-Bass Publishers.

Erikson, E. H.(1968). *Identity: Youth and Crisis*. New York, NY: Norton.

Mallinkrodt, B., & Wei, M.(2005). "Attachment, social competencies, social support, and psychological distress", *Journal of Counseling Psychology* 52(3), 358-367.

Pascarella, T. P.(1985). "Students' affective development within the college environment", *The Journal of Higher Education* 56(6), 640-663.

● 이 장은 문화와융합 학술지 43권 9호에 실린 필자의 논문(김경리, 오방실, 2021)을 바탕으로 재구성되었다.

| 09장

온라인 동료 첨삭피드백 활동과 학습자의 반응

1. 첨삭피드백에 관한 연구 경향

 2020년 3월부터 시작된 코로나19 팬데믹으로 인해 초·중등학교뿐만 아니라 대학에서도 대면으로 진행되던 다수의 수업이 비대면으로 전환되었다. 지금은 어느 정도 익숙해지기도 했지만, 비대면 온라인 수업의 도입 초기에는 많은 시행착오를 겪으며 교수자뿐만 아니라 학생들에게도 불편함과 불안함을 초래했다. 대학 교양 교육과정의 핵심 교과목인 글쓰기 수업도 이에 따른 시행착오를 겪을 수밖에 없었다. 특히, 대면 수업 방식을 통해 얻게 되는 교수자와 학습자의 유대감(rapport)을 수업 목표 실현의 중요한 요인으로 인식하는 글쓰기 수업에서 갑작스러운 비대면 온라인 수업으로의 전환은 적잖은 충격이었다. 일례로 대학의 글쓰기 수업이 대면과 비대면 수업으로 혼용되는 상황에서 많은 대학생들은 대면 형태의 글쓰기 수업을 더 선호하는 것으로 보고되기도 했다. 대학 글쓰기 교수자들은 비대면 형태로 진행된 수업의 어려움 중 하나로 첨삭을 꼽았다. 코로나19 팬데믹을 처음 경험한 2020학년도 1학기에 대학의 글쓰기 교수자들과 학생들은 첨삭에 대한 아쉬움과 답답함을 호소했다. 비대면 온라인 방식의 글쓰기 수업에서 첨삭을 수행해야 하는 공간과 시간의 제약은 교수자들과 학생들에게 낯선 환경이었다.

여기서는 '첨삭'이라는 말 대신에 보다 구체적인 의미로 '첨삭피드백'이라는 말을 쓰고자 한다. 첨삭피드백은 교수자, 동료, 자기 자신, 독자 등과 같은 다양한 주체가 글쓴이가 쓴 초고에 대한 반응으로 첨삭논평을 제공하고, 글쓴이는 제공받은 첨삭논평에 대한 수용과 거절의 반응에 따라 자신의 초고를 수정하여 다시 글을 쓰는 일련의 쓰기 활동 과정을 말한다. 중국 당나라의 시인 가도(賈島)와 문장가 한유(韓愈)의 고사에서 유래한 퇴고(推敲)에서부터 첨삭(添削), 교정(矯正, proofreading), 수정(修訂, revision), 논평(論評, comment), 고쳐쓰기, 재고와 조정하기, 피드백(feedback) 등에 이르기까지 쓰기에서 글을 고치는 행위나 과정을 가리키는 말은 매우 다양하게 사용되고 있다. 글을 고치는 행위에 대해 전통적으로는 퇴고와 첨삭이라는 말을 써 왔다. 지금도 퇴고나 첨삭이라는 용어를 쓰는 경우도 있지만 관점이나 범주 등의 차이에 따라 용어를 구별하여 쓰기도 한다. 또한 동일한 용어라고 하더라도 이를 사용하는 사람에 따라 다른 의미를 갖기도 한다. 가령, 출판이나 언론과 관련한 분야에서는 주로 교정을, 자신이 쓴 글을 고치거나 다른 사람으로 하여금 자신이 쓴 글을 잘 고칠 수 있도록 조언을 하는 것에 대해서는 수정과 논평을, 과정중심 쓰기 교육과정에서는 고쳐쓰기나 재고하기, 조정하기, 피드백 등을 써서 그 개념을 구분하기도 한다. 하지만 이 정도 수준의 대략적인 구분에 대해서도 쉽게 동의하기 어려울 수도 있다. 이는 쓰기에서 글을 고치는 행위나 과정을 가리키는 말에 대해 다양한 관점과 개념을 부여하여 이러한 용어들을 사용하고 있기 때문일 것이다. 여기서는 글을 고치는 과정이라는 의미에서 '피드백'이라는 말을 쓰고자 한다. 그렇지만 피드백이라는 말이 다양한 분야에서 쓰이고 있으므로 그 범주를 구체화하고자 '첨삭'이라는 말을 그 앞에 붙여 썼다.

동료 첨삭피드백에 관한 연구는 2015년을 기점으로 양적으로 증가하는 추세를 보인다. 2015년 이전 연구로는 정희모, 이재성(2008), 김남미(2009), 최선경(2010), 주민재(2014) 등을 들 수 있다. 특히, 정희모, 이재성(2008)에서는 첨삭피드백의 주체를 자기, 동료, 교수자로 각각 구분하여 세 집단의 집단 간 분석평가 총점을 유의확률을 통해 비교해 보면, 첨삭피드백의 주체에 따른 활동 중 어느 방법이 더 효과적이라고 말할 수는 없다고 하였다. 다만, 첨삭피드백의 항목별로는 첨삭피드백의 주체에 따라 유의미한 결과들을 확인할 수 있다고 하였다. 교수자 첨삭피드백의 경우에는 주제의 적절성, 비문법적 문장을 수정하는 데 효과적이고, 동료 첨삭피드백의 경우에는 내용 전개의 일관성, 단락 사이의 논리성, 비문법적 문장, 문장 의미의 명확성을 수정하는 데 효과적이라고 하였다. 그리고 최선경(2010)에서는 동료 첨삭피드백의 경우, 첨삭피드백 주체의 개별 능력에 의존하는 바가 커서 교육적 효과를 기대하기 어려운 수업 상황이 발생할 수 있음을 지적하였다. 한편 주민재(2014)에서는 디지털 플랫폼의 하나인 블로그를 활용한 동료 첨삭피드백을 통해 첨삭피드백의 주체의 쓰기 능력 편차를 일정 정도 극복할 수 있다고 밝히기도 했다.

2015년 이후 국내 학술지의 동료 첨삭피드백 관련 연구는 이전 연구와 비교할 때 양적인 증가가 가장 특징적이다. 대표적인 연구로 고혜원(2018), 김수정(2020), 김종록(2015, 2016), 김혜경(2019), 심호남(2015), 엄성원(2019), 유유현(2016), 황희선(2019) 등을 들 수 있는데, 주로 수업 모형 개발과 동료 첨삭피드백의 효과에 대한 연구가 주를 이루었다.

- 동료 첨삭피드백을 활용한 수업 모형에 관한 연구: 고혜원(2018), 김종록(2015), 심호남(2015), 유유현(2016), 엄성원(2019) 등
- 동료 첨삭피드백의 효과에 관한 연구: 김혜경(2019), 김종록(2016) 등
- 동료 첨삭피드백에 대한 학습자의 반응 양상 연구: 김수정(2020), 황희선(2019)

2000년대 들어서면서 본격적으로 시작된 초기 첨삭피드백 연구는 주로 교수자를 첨삭피드백의 주체로 한 연구였다. 하지만 최근에는 동료를 첨삭피드백의 주체로 한 연구도 많이 증가했다. 그리고 교수자를 첨삭피드백의 주체로 설정한 연구들은 교수자가 학습자에게 제공하는 첨삭논평의 반응 양상, 즉 교수자의 첨삭논평 제공 양상에 관한 논의가 거의 대부분을 차지한다. 그렇지만 교수자로부터 제공받은 첨삭논평에 대한 학습자의 반응에 관한 연구는 상대적으로 부족한 편이었다. 교수자가 학습자에게 어떤 첨삭논평을 제공하는지도 중요하지만 쓰기 교육에서는 학습자가 교수자로부터 제공받은 첨삭논평에 대해 어떤 반응을 보이는가도 그에 못지않게 중요한 부분일 것이다. 동료 첨삭피드백에서도 마찬가지다. 첨삭피드백의 주체인 동료가 제공하는 첨삭논평에 대한 연구도 중요하지만 동료로부터 제공받은 첨삭논평에 대한 학습자의 반응도 중요한 부분이다.

최근까지의 연구를 살펴보더라도 동료 첨삭피드백 연구에서 동료로부터 제공받은 첨삭논평에 대한 학습자의 반응에 관한 연구는 황희선(2019), 김수정(2020) 정도만 보인다. 먼저 황희선(2019)은 중국 유학생 80명이 작성한 설명문과 논설문을 대상으로 하여 두 집단의 완성된 글에 동료 첨삭피드백과 교수 첨삭피드백이 어떠한 영향을 미치는지를 비교한 연구다. 이 연구에서는 첨삭피드백의 주체에 따라 완성된 글에 나타난 어휘와 품사의 변화 양상을 살폈는데, 교수 첨삭피드백에서는 쉼표(,), 가운뎃점(·), 콜론(:), 빗금(/) 등의 문장 부호가 상대적으로 많이 사용되고, 동료 첨삭피드백에서는 접속 조사가 많이 쓰이고, 보조사나 보조 용언을 통해 생각이나 의견을 표현하는 것이 활발하지만 외국어를 한국어로 교정해 주기는 어렵다는 점을 제시하였다. 또한 같은 계열을 전공하는 학생들이 같은 종류 및 주제로 글을 쓰더라도 첨삭 주체에 따른 피드백의 내용에 따라 완성된 글의 양상이 다르다는 점도 제시하였다.

김수정(2020)은 대학 글쓰기 수업에서 동료가 제공한 첨삭논평의 유형과 적절성에 따른 학습자의 반응을 살폈다. 여기서 첨삭논평의 유형은 크게 초점(focus) 영역과 방식(mode) 영역으로 나누고, 초점 영역은 쓰기 맥락, 조직, 내용, 표현의 정확성으로, 방식 영역은 열린 질문, 닫힌 질문, 교정, 지시, 제안, 비판, 완화된 비판, 독자 반응, 칭찬으로 다시 구분하였다. 이 연구를 통해 초점 영역에서는 내용과 표현의 정확성에서, 방식 영역에서는 교정에서 학습자들이 높은 수용률을 보였음을 언급하였다. 그리고 적절한 동료 첨삭논평에 대한 수용률이 대체로 훨씬 높게 나타나기는 하지만, 표현의 정확성에서 부적절한 첨삭논평에 대한 수용률이 높게 나타난다는 점은 주의해야 함을 언급하였다.

온라인 첨삭피드백과 관련한 연구는 코로나19 팬데믹을 전후하여 양적인 차이를 보인다. 코로나19 팬데믹 이전에는 대학 글쓰기 수업을 위한 온라인 첨삭피드백에 관한 연구가 주를 이루었다. 몇몇 대학을 중심으로 온라인 첨삭피드백 프로그램을 구축하고 이와 관련한 운영 현황이나 방안, 성과 등을 중심으로 연구 결과를 발표하였다. 코로나19 팬데믹이 시작되고, 이듬해인 2021년에는 온라인 매체를 활용한 개별 연구자들의 첨삭피드백 수업 사례에 관한 연구들이 쏟아져 나왔다.

- 대학의 온라인 첨삭피드백 프로그램 운영에 관한 연구: 구자황 외(2020), 권정현(2020), 김지윤 외(2021), 나은미 외(2009), 심지현(2020), 안미애 외(2014), 이희영, 김화선(2019), 지현배(2017) 등
- 온라인 매체를 활용한 글쓰기 첨삭피드백 수업에 관한 연구: 송대헌(2021), 안상원(2021), 이난(2021), 이미정(2021) 등

2. 연구를 위한 수업 설계

이 연구는 코로나19 팬데믹 상황에서 온라인으로 진행한 대학 글쓰기 수업의 동료 첨삭피드백 활동을 통해, 글쓰기 학습자들이 보인 두 반응,

즉 학습자들이 동료 학습자에게 보인 첨삭논평 제공자로서의 반응과 동료로부터 제공받은 첨삭논평에 대한 학습자들의 반응을 살펴보고자 한다. 이를 위해 K대학교의 e-Class System(LMS)을 활용한 동료 첨삭피드백 활동을 대상으로, 학습자들의 첨삭논평 제공 양상과 제공받은 첨삭논평에 대한 학습자들의 수용과 거절의 반응 양상을 분석하여 고찰할 것이다. 또한 연구 결과를 토대로, 대학 글쓰기 수업에서 보다 효과적인 첨삭피드백 교수·학습이 가능하도록 교수 방법의 하나로서 온라인 동료 첨삭피드백 활동을 제안하고자 한다.

1) 수업 설계

경남 소재의 K대학교 교양 교과목 〈창의글쓰기〉를 수강하는 1학년 대학생 58명을 대상으로 연구를 진행하였다. 연구에 참여한 학생들은 교과목의 교육과정에 따라 4주 간 하나의 주제에 대해 초고 쓰기(W1D1[1]), 첨삭피드백 활동, 수정후 글쓰기(W1D2)를 진행한다.

표1 연구 대상

구분	경영학부	문화콘텐츠학과	법학과	전체
첨삭논평의 제공	22명	21명	15명	58명
첨삭논평에 대한 반응	20명	19명	15명	54명[2]

---

1) 'W(wrting)'는 하나의 동일한 주제 안에서 진행되는 일련의 글쓰기 과정을 의미한다. 'D(draft)'는 원고라는 의미로, 초고는 'D1', 수정후 글쓰기는 'D2'처럼 하나의 주제에 대해 글을 쓰는 과정 안에서 이루어지는 원고의 차수와 성격 등에 따라 구분된다.
2) 동료 첨삭피드백 활동에는 참여하였으나 중간고사를 응시하지 않은 학생이 4명 있었기 때문에 '첨삭논평의 제공'의 전체 인원수와 '첨삭논평에 대한 반응'의 전체 인원수에 차이가 있다.

표 2 수업 과정

주차	차시	교수·학습 내용	과제
5	1	• 나를 위한 글쓰기(1): 주제 정하기	모둠 구성
	2	• 나를 위한 글쓰기(2): 구체화하기	
6	1	• 나를 위한 글쓰기(3): 글쓰기 실제	초고 쓰기(W1D1)
	2	• 첨삭피드백 활동(1): 첨삭피드백의 개념과 구분	
7	1	• 첨삭피드백 활동(2): 첨삭논평의 유형과 실제	동료 첨삭피드백 (e-Class)
	2	• 첨삭피드백 활동(3): 첨삭논평에 대한 반응과 다시 쓰기	
8		• 중간고사	수정후 글쓰기(W1D2)

〈창의글쓰기〉 수업의 5주차부터 8주차까지는 '나를 위한 글쓰기'와 '첨삭피드백 활동', 그리고 '중간고사'를 주요 교수·학습 내용으로 한다. 먼저, 5주차 1차시부터 6주차 1차시까지는 '나를 위한 글쓰기'로 '초고 쓰기'를 목표로 진행된다. 본격적인 글쓰기에 앞서 5주차 1차시에 4~5명을 한 단위로 하여 학생들을 모둠으로 구성한다. 모둠이 구성되면, 모둠별로 '나를 위한 글쓰기' 수업을 위한 개별 활동과 모둠별 활동을 수행한다. 모둠 활동은 이후에 진행될 동료 첨삭피드백에서 구성원 간 친밀감과 유대감 형성을 위한 사전 활동으로서 역할을 한다. 5주차의 '주제 정하기'와 '구체화하기' 활동에서는 학생들이 개별 과제를 수행함으로써 자신이 쓸 글의 주제를 마련하고, 이를 모둠 안에서 발표하여 서로 공유한다. 이는 서로에 대한 이해와 친밀감을 높이고, 자신이 속한 모둠의 동료들이 앞으로 쓸 글을 예측 가능하게 하여 글에 대한 관심과 흥미를 유지시켜 준다. 이처럼 5주차에 수행한 활동을 바탕으로 6주차 1차시에는 개별적으로 '초고 쓰기'를 수행한다.

'첨삭피드백 활동'은 6주차 2차시부터 7주차 2차시까지 진행된다. 이를 위해 e-Class System의 '팀프로젝트'에서 '동료 첨삭피드백 활동'을 수행한다. 학생들이 제출한 초고를 모둠별로 구분하고, 이를 동일한 모둠의 구성원들이 함께 볼 수 있도록 모둠별로 제공한다. 여기서는 한 가지 유의해야 할 점이 있다. 그것은 동료 첨삭피드백 활동에는 초고를 제출한 학생들만 참여하도록 제한하는 것이 더 효과적이라는 점이다. 예비 조사 결과를 보면, 초고를 제출하지 않은 학생들은 대부분 첨삭피드백 활동에도 적극적으로 참여하지 않는 태도를 보이는데, 이로 인해 초고를 제출한 학생들이 초고를 제출하지 않은 학생들의 첨삭논평을 무작정 기다리는 상황이 높은 빈도로 발생한다. 또한 초고를 제출하지 않은 학생이 제공한 첨삭논평은 글쓴이에게 유의미하지 않은 경우가 많았고, 첨삭논평의 유형에도 부합하지 않는 경우도 적지 않았다. 무엇보다 초고를 제출하지 않은 학생들의 불성실한 태도로 인해 초고를 제출한 학생들은 교수자에게 이들과 함께 동료 첨삭피드백 활동을 해야 한다는 사실에 대해 불만을 제기하는 경우가 종종 있었다. 따라서 '초고 쓰기' 전(前) 단계부터 학생들에게 이러한 문제를 반복적으로 충분히 설명하였고, 초고를 제출하지 않은 학생들의 동료 첨삭피드백 활동을 제한할 수 있다는 공지도 하였다.

학생들은 모둠원들이 작성한 초고를 읽고 일정한 작성 방법에 따라 첨삭논평을 제공한다. 학생들은 첨삭논평의 초점과 방식에 따라 유형을 제시하고, 첨삭논평의 내용을 기술한다. 첨삭논평의 제공은 모둠원이 작성한 한 편의 원고 당 5개씩으로 제한한다. 이는 한 원고에 너무 많은 첨삭논평을 제공하여 다른 모둠원이 첨삭논평을 제공할 수 없게 되는 상황을 방지하고, 반대로 모둠원들이 특정 원고에 대해 첨삭논평을 제공하지 않거나 너무 적은 첨삭논평을 제공하여 제공받은 첨삭논평의 개수가 빈약한 상황을 막기 위한 것이다. 이는 초고의 질적 수준이 지나치게 낮거나 높은 경우에 나타날 수 있다. 가령, 한 학생이 한 편의 원고에 서로 중복되지 않는 5개의 첨삭논평을 제공한다는 것은 4명 기준 모둠에서는 총 15개의 첨삭논평을, 5명 기준 모둠에서는 총 20개의 첨삭논평을 제공함을 의미한다. 이를 바꾸어 말하면, 학생들은 자신이 작성한 한 편의 원고에 대해 서로 중복되지 않는 첨삭논평을 15개 내지 20개 정도 제공받음을 의미한다. 따라서 앞서 언급한 첨삭논평의 불균형 문제를 해결하고, 학생들이 동일한 개수의 첨삭논평을 제공받도록 설계한 것이다. 아울러 한 명의 교수자가 한 편의 원고마다 15개에서 20개 정도의 첨삭논평을 제공한다는 것은 쉽지 않은 일이다. 동료 첨삭피드백 활동에서 한 편의 원고에 대해 15개 내지 20개 정도의 첨삭논평을 제공받는다는 것은 교수자 첨삭피드백과 비교하면 양적 측면에서도 효과적일 수 있음을 보여준다. 다만, 한 편의 원고에 제공할 수 있는 '표현의 정확성'에 대한 첨삭논평의 개수는 최대 2개까지로 한정하였다. 그리고 동일한 학생에게 동일한 첨삭논평이 중복 제공되는 것을 방지하기 위해 첨삭논평을 먼저 제공한 학생에게 우선권이 있음을 공지하였다. 따라서 학생들은 자신의 첨삭논평을 작성하기 전에 앞서 작성한 모둠원의 첨삭논평을 확인하는 과정을 거칠 수밖에 없다. 이를 통해 학생들은 다른 모둠원이 작성한 첨삭논평을 자연스럽게 읽게 된다.

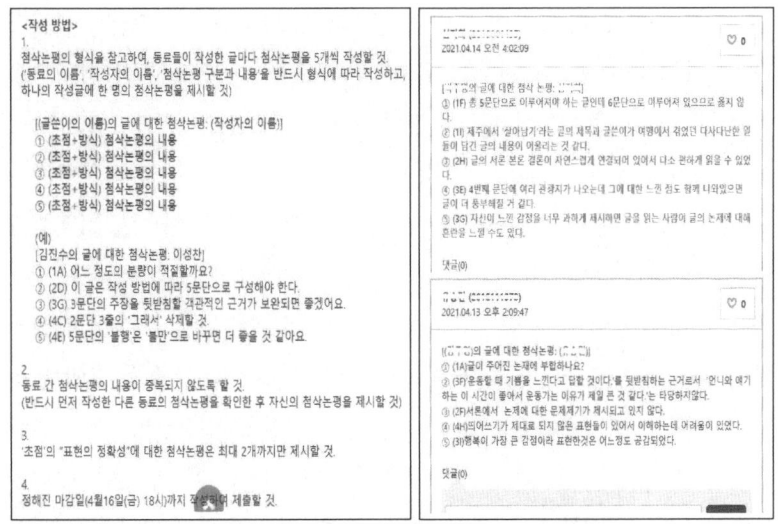

그림 1 첨삭논평 작성 방법(좌)과 작성의 실제(우)

첨삭논평 작성 방법의 제약은 순수한 의미의 동료 첨삭피드백 양상이 아니라는 점에서 한계로 지적될 수 있고, 이러한 지적에 대해 동의한다. 하지만 대학 글쓰기 수업도 대학 교육의 일부라는 점을 간과할 수는 없다. 이 연구의 첨삭피드백 활동이 교육을 전제로 하지만, 학생들이 동료의 글이 좀 더 나아질 수 있도록 돕는다는 취지에서 첨삭피드백 활동을 수행할 수 있게 수업을 설계했다. 한 학생이 한 편의 원고에 대해 제공하는 첨삭논평은 5개지만 자신의 원고에 대해 제공받는 첨삭논평은 15개~20개 정도나 되고, 이것들은 서로 중복되지 않는 첨삭논평임을 감안하면 학생 한 명이 제공받은 첨삭논평은 양적으로나 질적으로 매우 충분하다고 볼 수 있다. 또한 초점 영역 중에서 '표현의 정확성'에 관한 첨삭논평을 2개까지로 제한하여 '쓰기 맥락', '조직', '내용'에 대한 첨삭논평이 균형 있게 제공될 수 있도록 설계했다는 점도 중요하다.

  8주차에는 제공받은 첨삭논평에 대해 수용과 거절로 반응하고, 그 결과에 따라 학생들이 자신의 글을 수정하는 '수정후 글쓰기'를 수행한다. 수정후 글쓰기는 학기 중에 중간고사로 수행한다. 중간고사는 자신이 제공받은 첨삭논평을 정리하고 이에 대해 수용과 거절의 반응을 제시하는 문항과 이 활동을 바탕으로 자신의 글을 직접 수정하여 글을 쓰는 문항으로 구성된다. 제공받은 첨삭논평에 대해 수용과 거절을 결정하는 것은 오롯이 글쓴이의 몫이고, 일종의 권리이다. 즉, 자신의 동료로부터 제공받은 첨삭논평에 대해 이를 수용하여 글을 수정할 것인지, 아니면 거절하여 자신의 글을 유지할 것인지를 결정하는 것은 글쓴이인 학생 자신이다. 이때 수정후 글쓰기를 중간고사와 연계한 이유는 동일한 주제에 대해 다시 글을 쓰는 것을 귀찮게 여기거나 부담스러워 하는 학생들이 이 활동에 소홀할 수 있음을 최소화하기 위한 것이다. 성적 평가에 있어서 동일한 배점을 부여하더라도, 혹은 과제로서 수정후 글쓰기에 더 높은 배점을 부여하더라도 학생들은 중간고사라는 명칭이 갖는 일종의 권위에 더 무게감을 보이는 것 같다. 자신이 제공받은 첨삭논평을 정리하고 주체적으로 반응하며, 이를 토대로 글을 수정하는 중간고사로서의 수정후 글쓰기에 대한 학생들의 쓰기 활동 태도는 과제로서의 수정후 글쓰기보다 능동적이었고, 초고를 수정한 결과물도 작성 방법이 요구하는 형식적 조건들에 더 부합하였다.

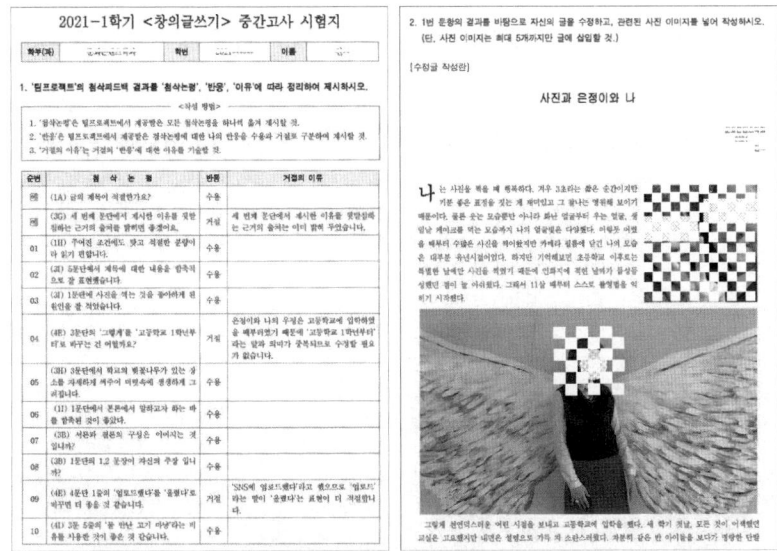

그림 2 제공받은 첨삭논평에 대한 반응(좌)과 '수정후 글쓰기'의 실제(우)

2) 첨삭논평의 유형과 연구 방법

(1) 첨삭논평의 유형

첨삭피드백 활동은 첨삭피드백의 주체와 유형에 따라 구분할 수 있다. 첨삭피드백의 주체는 첨삭논평을 제공하는 주체가 누구인가에 따라 '교수자', '동료', '자기', '독자' 등으로 나눌 수 있다. 첨삭피드백의 유형은 방식, 매체, 대상으로 다시 나눌 수 있다. 방식은 첨삭피드백의 주체와 글쓴이가 첨삭논평을 전달하는 방식으로 대면 방식과 비대면 방식으로 구분할 수 있다. 매체는 첨삭논평의 내용을 기술하거나 구술하는 매체로 종이, 구두, 온라인 등으로 구분할 수 있다. 대상은 첨삭피드백의 주체가 첨삭논평을 전달하는 대상의 형태로 전체, 모둠, 개별 등으로 구분할 수 있다. 이처럼 첨삭피드백은 주체와 유형에 따라 매우 다양한 조합이 가능하고, 이를 수업의 환경이나 상황에 따라 여러 활동 방식으로 적용할 수 있다.

이 연구에서는 학습자의 역할에 따른 두 반응 양상을 살펴볼 것이다. 이는 첨삭피드백의 주체인 학습자가 동료가 작성한 글에 대해 보인 반응과 동료로부터 제공받은 첨삭논평에 대해 글쓴이 학습자가 보인 수용과 거절의 반응이다. 전자는 학습자가 쓴 글에 대해 동등한 위치에 있는 동료 학습자가 첨삭피드백 주체로서 보인 첨삭논평의 제공 양상이다. 그리고 후자는 동료 학습자로부터 제공받은 첨삭논평에 대해 글쓴이로서의 학습자가 보인 수용과 거절의 반응 양상을 말한다.

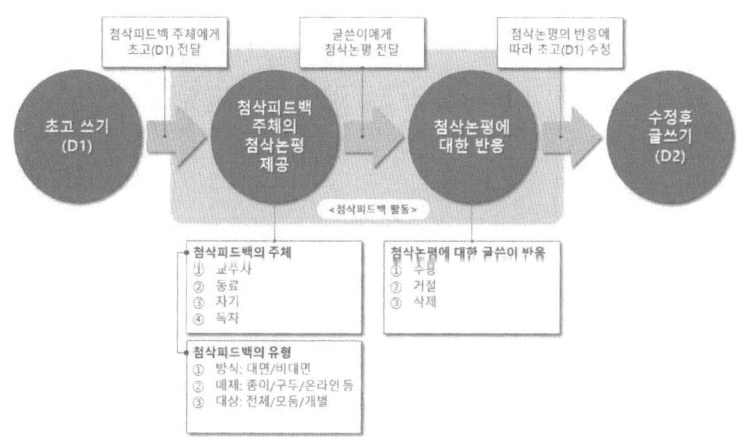

그림 3 '초고쓰기', '첨삭피드백', '수정후 글쓰기'의 과정

첨삭피드백에 관한 선행 연구들에서는 대체로 첨삭피드백을 위한 기준 항목으로 내용, 구성, 표현에 따라 구체적인 항목들을 제시하였다. Straub(2000)은 첨삭피드백을 위한 기준을 초점(focus)과 방식(mode)으로 구분하였다. 초점은 교수자가 학습자의 글에서 표현법이나 조직, 주제 등에 대한 첨삭논평에서 주의를 환기시키고자 하는 것이고, 방식은 첨삭의 형식(frame)을 어떻게 나타냈는가에 관한 것이다. 이러한 구분은 기존의

연구들에서 언급해 왔던 첨삭피드백의 기준을 입체적으로 만들었다. 그가 제시한 초점은 선행 연구에서 제시한 내용(content), 조직(organization), 표현의 정확성(correctness)에 쓰기 맥락(context)을 더한 것이다. 쓰기 맥락도 선행 연구들에서 언급되지 않았던 항목은 아니므로 Straub(2000)이 말한 초점은 기존 연구들에서 보인 첨삭피드백의 기준 항목과 대체로 일치한다. 그의 연구에서 새로운 논의는 첨삭피드백의 기준으로 방식을 제시했다는 점이다. 그는 방식의 하위 항목으로 닫힌질문(closed question), 열린질문(open question), 교정(corrective), 지시(command), 충고/제안 (advice), 비판(criticism), 완화된 비판(qualified criticism), 독자반응 (reflective statement), 칭찬(praise)을 제시하였다.

표 3 첨삭논평의 구분 기준

초점(focus)	방식(mode)	
• 쓰기 맥락(context, 1) • 조직(organization, 2) • 내용(content, 3) • 표현의 정확성 (correctness, 4)	■ 질문 방식	• 닫힌질문(closed question, A) • 열린질문(open question, B)
	■ 명령 방식	• 교정(correction, C) • 지시(command, D)
	■ 제안 방식	• 충고/제안(advice, E)
	■ 비판 방식	• 비판(criticism, F) • 완화된 비판(qualified criticism, G)
	■ 인상 방식	• 독자반응(reflective statement, H) • 칭찬(praise, I)

우리가 다른 사람과 말을 할 때 동일한 언어적 메시지를 전달하더라도 어떤 방식으로 전달하느냐에 따라 상대방의 태도는 차이를 보일 수 있다. 첨삭논평을 전달하는 행위도 마찬가지일 것이다. 동일한 내용의 첨삭논평을 전달하더라도 이를 표현한 방식에 따라 글쓴이의 반응이 수용적일 수도 있고, 비수용적일 수도 있다. 첨삭피드백의 주체는 첨삭논평이 글쓴이에게 효과적으로 전달될 수 있도록 문체(style)의 차이를 활용하거나 직접적 혹은 간접적 전달 방식을 활용할 수 있다. 방식은 첨삭논평에 담긴

내용을 직접적으로 전달하기도 하고, 다소 누그러뜨려서 전달하기도 하며, 수정의 내용이나 방향에 대한 부담을 글쓴이에게 전가하기도 한다. 첨삭논평에 담긴 내용이 무엇보다 중요하지만 그에 못지않게 첨삭논평이 글쓴이에게 잘 전달되기 위해서는 그 내용을 어떻게 포장(packaging))하느냐도 중요한 문제다.

(2) 연구 방법

이 연구에서는 첨삭논평에 대한 학습자의 반응을 고찰하기 위해 1차적으로 첨삭논평의 제공 양상과 제공된 첨삭논평에 대한 반응 양상을 통계적인 방법으로 분석한다. 이를 위해 〈표 4〉[3]와 같이, 첨삭논평을 초점과 방식에 따라 유형화하고, 각각의 유형을 계량화한다.

표 4 첨삭논평의 유형

초점\방식	A	B	C	D	E	F	G	H	I
1	1A	1B	1C	1D	1E	1F	1G	1H	1I
2	2A	2B	2C	2D	2E	2F	2G	2H	2I
3	3A	3B	3C	3D	3E	3F	3G	3H	3I
4	4A	4B	4C	4D	4E	4F	4G	4H	4I

첨삭논평은 이를 해석하는 사람에 따라 다양한 유형으로 분류될 수 있지만 그 의도를 가장 정확하게 아는 사람은 첨삭논평을 제공한 첨삭피드백의 주체 자신이다. 그러므로 첨삭피드백의 주체가 첨삭논평의 유형을 결정하는 것이 설명적으로 타당하다. 따라서 〈그림 1〉에서처럼 첨삭논평의 유형에 대한 결정권은 첨삭피드백의 주체인 학습자에게 부여하였

---

[3] 논의의 편의성을 위해, 〈표 3〉에서처럼, 초점의 쓰기 맥락, 조직, 내용, 표현의 정확성은 각각 1~4로, 방식의 닫힌 질문, 열린 질문, 교정, 지시, 충고/제안, 비판, 완화된 비판, 독자반응, 칭찬은 각각 A~I로 기호화하였다. 그리고 초점과 방식을 조합하여 모두 36가지의 첨삭논평 유형을 '1A'와 같은 형식으로 제시하였다.

다. 또한 초고를 수정하여 보다 완성도 있는 글이 되도록 다듬어야 하는 것은 글쓴이 자신이다. 따라서 제공받은 첨삭논평에 대한 수용과 거절의 반응도 글쓴이인 학습자가 결정해야 한다. 즉, 제공받은 첨삭논평에 대한 수용과 거절의 반응 여부도 학습자가 자율적으로 결정하도록 하였다. 첨삭피드백 활동의 결과에 따라 〈그림 2〉와 같이 학습자가 스스로 자신의 초고를 수정하여 다시 글을 쓰는 수정후 글쓰기를 수행하도록 하였다.

앞서 첨삭논평의 유형에 따라 나타난 계량화의 결과를 바탕으로 첨삭논평의 제공 양상과 제공된 첨삭논평에 대한 반응 양상을 통계적으로 분석한다고 하였다. 이러한 통계적 분석 결과는 모둠별 비대면 온라인 동료 첨삭피드백에 나타난 첨삭논평 제공 양상과 제공된 첨삭논평에 대한 반응 양상의 특성을 보여줄 것이다. 아울러 두 반응 양상의 특성을 통해 대학 글쓰기 수업에서 활용할 수 있는 동료 첨삭피드백 활동에 대한 효과적인 교수 방법을 제안할 수 있을 것이다.

3. 동료의 글에 대한 학습자의 반응

이 연구에서 첨삭피드백의 주체인 학습자들이 동료의 글에 대해 보인 반응, 즉 학습자가 동료에게 제공한 첨삭논평은 모두 941개였다.

표 5 첨삭논평의 제공 양상

방식 초점	A	B	C	D	E	F	G	H	I	계
1	15	18	8	7	30	9	14	33	55	189
2	11	13	6	5	30	18	18	24	56	181
3	9	32	5	11	71	23	9	56	85	301
4	15	16	72	22	83	10	1	21	30	270
계	50	79	91	45	214	60	42	134	226	941

제공된 첨삭논평을 첨삭논평의 구분 기준인 초점과 방식에 따라 살펴보자. 초점의 측면에서 높은 빈도를 보인 항목은 '내용'(301개, 31.99%)과 '표현의 정확성'(270개, 28.69%)이었다. '쓰기 맥락'(189개, 20.09%)과 '조직'(181개, 19.23%)은 상대적으로 낮은 빈도를 보이기는 했으나 대체로 균질하지 못한 빈도를 보이지는 않았다. 방식의 측면에서는 '칭찬'(226개, 24.02%)과 '충고/제안'(214개, 22.74%)이 높은 빈도를 보였다. 그 다음으로 '독자반응'(134개, 14.24%)이 높은 빈도를 보였고, '교정'(91개, 9.67%), '열린질문'(79개, 8.40%), '비판'(60개, 6.38%), '닫힌질문'(50개, 5.31%), '지시'(45개, 4.78%), '완화된 비판'(42개, 4.46%)의 순으로 나타났다.

방식에 따라 나타난 첨삭논평의 제공 양상은 교수자가 제공한 첨삭논평의 양상을 정리한 박준범(2017)과 비교해 볼 필요가 있다. 이는 교수자와 학습자의 첨삭논평의 제공 양상을 서로 비교하는 것이므로 첨삭피드백의 주체에 따른 차이를 확인할 수 있을 것이다.

표 6 방식 측면에서 첨삭논평의 제공 양상 비교

구분	1순위	2순위	3순위	4순위	5순위	6순위	7순위	8순위	9순위
박준범 (2017)	칭찬 (21.07)	충고/ 제안 (16.73)	열린 질문 (14.25)	닫힌 질문 (12.52)	교정 (11.15)	완화된 비판 (10.29)	비판 (7.93)	지시 (3.10)	독자 반응 (2.97)
본 연구 (2021)	칭찬 (24.02)	충고/ 제안 (22.74)	독자 반응 (14.24)	교정 (9.67)	열린 질문 (8.40)	비판 (6.38)	닫힌 질문 (5.31)	지시 (4.78)	완화된 비판 (4.46)

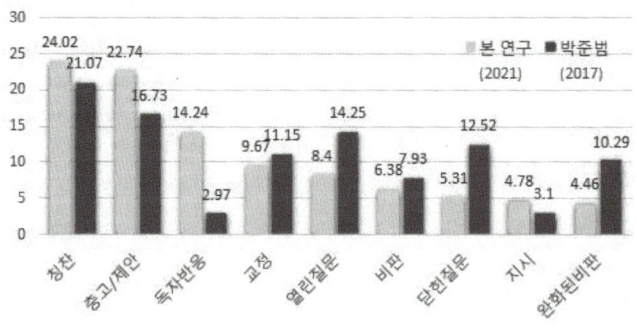

두 연구의 첨삭논평 제공 양상을 보면, 방식의 측면에서 '칭찬'과 '충고/제안'이 모두 높은 빈도로 제공되었다. 그리고 '교정', '비판', '지시'는 순위는 조금 차이가 있지만 양상에서 유의미한 차이를 보이지는 않았다. 두 연구에서 가장 큰 차이를 보인 항목은 '독자반응'이다. '독자반응'의 빈도는 교수자 첨삭피드백보다 동료 첨삭피드백에서 높게 나타났다. 이 결과는 동료 첨삭피드백에서 첨삭논평의 제공 주체와 글쓴이가 동료 학습자라는 동등한 위상의 인식에서 비롯된 것으로 보인다. 첨삭피드백의 주체가 학습자인 경우에는 동료가 작성한 초고에 대해 학습자 자신이 독자로서 반응하는 것이 교수자보다는 어렵지 않았을 것이다. 교수자 첨삭피드백의 경우, 많은 학생을 대상으로 한 첨삭논평 작업을 교수자가 수행하면서 학습자의 글을 독자의 입장에서 바라본다는 것은 쉬운 일이 아니다. 교수자는 학생이 쓴 글을 독자의 입장에서 반응하여 공감대와 유대감을 형성하기를 바란다. 하지만 학생들이 작성한 글에 일일이 첨삭논평을 제공하다 보면 교수자는 어느새 독자가 아닌 교수자로서 반응하고 있는 자신의 모습과 자연스럽게 직면하게 된다.

동료 첨삭피드백의 첨삭논평 제공 양상에서 '칭찬'과 '독자반응'이 높은 빈도(38.26%)를 보인 것은 학습자들이 동료의 글에 대해 대체로 긍정적으로 반응하기 때문이다. 이는 첨삭피드백의 주체인 학습자가 글쓴이를 동료로서 인식하기 때문이고, 글에 대한 평가 결과와 무관하게 동료의 글이 잘 썼다는 학습자의 인상이 반영되었기 때문이다. 그리고 수정을 전제한 첨삭논평 중에서 '충고/제안'도 높은 빈도를 보였다. 동료 첨삭피드백에서 글쓴이가 동료라는 인식을 바탕으로 '칭찬', '독자반응'과 같이 공감이나 인상적(impressive)인 반응이 선호되고, 수정을 요구하는 반응은 최소화된다. 그리고 수정을 요구하는 경우에는 글쓴이의 부담이 비교적 낮은 '충고/제안'을 선호한다. 이는 '교정', '열린질문', '비판', '닫힌질문'과 같이 글쓴이의 수정 부담이 비교적 높은 첨삭논평에 대한 빈도가 상대적으로 높지 않다는 사실을 통해서도 확인할 수 있다.

온라인 동료 첨삭피드백에서 제공된 첨삭논평의 유형을 살펴보면 '3I'(85개, 9.03%)와 '4E'(83개, 8.82%)가 높은 빈도를 보였고, 그 다음으로 '4C'(72개, 7.65%), '3E'(71개, 7.55%), '2I, 3H'(각 56개, 5.95%) 등이 높은 빈도를 보였다. '칭찬'과 '독자반응'을 논외로 하면 '4E', '4C', '3E'의 첨삭논평 제공 빈도가 높음을 알 수 있는데, 이는 박준범(2017)에서 '4C'(10.09%), '3E'(9.30%)의 빈도가 비교적 높게 나타난 결과와 비슷하다. 특히 '4C'의 제공 양상은 소위 '빨간펜'으로 일컬어지는 첨삭 방식을 일반적인 첨삭피드백과 등치(等値)시켜, 학습자들이 첨삭피드백에 대해 부정적인 인식을 갖고 있음을 간접적으로 보여준다. 또한 학습자들은 '4C'와 같은 첨삭논평을 제공하는 것이 다른 첨삭논평을 제공하는 것보다 쉬울 것 같다는 인식도 갖고 있었다.

4. 동료로부터 제공받은 첨삭논평에 대한 학습자의 반응

동료가 쓴 글에 대한 학습자의 반응, 즉 제공된 첨삭논평에 대해 글쓴이인 학습자가 보인 반응 양상은 첨삭논평의 유형에 따라 수용과 거절의 반응으로 구분하였다.

표 7 제공된 첨삭논평에 대한 반응 양상

구분		A	B	C	D	E	F	G	H	I	계
1	수용	11	12	5	6	23	3	12	33	55	160
	거절	4	6	3	1	7	6	2	0	0	29
2	수용	7	9	5	3	18	9	14	23	54	142
	거절	4	4	1	2	12	9	4	1	2	39
3	수용	7	20	2	10	42	12	4	55	83	235
	거절	2	12	3	1	29	11	5	1	2	66
4	수용	13	6	64	19	61	8	1	21	30	223
	거절	2	10	8	3	22	2	0	0	0	47
계	수용	38	47	76	38	144	32	31	132	222	760
	거절	12	32	15	7	70	28	11	2	4	181

동료로부터 제공받은 첨삭논평에 대한 학습자의 반응 양상에서 수용(80.77%) 반응은 거절(19.23%) 반응보다 압도적으로 높았다. 이는 '칭찬'과 '독자반응'처럼 거절하기 어려운 첨삭논평이 많았기 때문일 수 있다. 하지만 '칭찬'과 '독자반응'의 첨삭논평을 제외하더라도 수용(69.88%) 반응은 거절(30.12%) 반응보다 여전히 높았다. 이처럼 '칭찬'과 '독자반응'을 제외한 반응 양상은 동료 첨삭피드백에서 제공된 첨삭논평에 대한 학습자의 반응을 연구한 김수정(2020)의 수용(60.20%)과 거절(39.80%)의 반응 양상과도 비슷한 결과를 보였다. 앞서 언급한 바와 같이 '칭찬'과 '독자반응'은 동료로부터 제공받은 첨삭논평에 대한 학습자의 반응이 논의에서 제외한다. 이는 '칭찬'과 '독자반응'이 초고의 수정을 전제하지 않으므로 글쓴이가 이에 대해 수용과 거절의 반응을 결정하기 어렵기 때문이다.

1) 수용 반응

제공받은 첨삭논평에 대한 학습자의 수용 반응은 초점과 방식에 따라 구분하여 살펴볼 수 있다. 초점 영역에서는 '표현의 정확성'(223개, 78.54%)이 높은 수용률을 보였고, '쓰기맥락'(160개, 71.29%), '조직'(142개, 64.36%), '내용'(235개, 60.63)의 순으로 수용률을 보였다. 초점의 첨삭논평에 대한 학습자의 반응은 하위 항목에 따라 약간의 차이를 보이기는 하지만 대체로 60% 이상의 높은 수용률을 보였다. 방식 영역에서는 '지시'(38개, 84.44%)와 '교정'(76개, 83.52%)이 높은 수용률을 보였고, '닫힌질문'(38개, 76.00%), '완화된비판'(31개, 73.81%), '충고/제안'(144개, 67.29%), '열린질문'(47개, 59.49%), '비판'(32개, 53.33%)의 순으로 수용률을 보였다.

표 8 제공된 첨삭논평에 대한 수용 양상

방식 초점	A	B	C	D	E	F	G	계
1	73.33	66.67	62.50	85.71	76.67	33.33	85.71	71.29
2	63.64	69.23	83.33	60.00	60.00	50.00	77.78	64.36
3	77.78	62.50	40.00	90.91	59.15	52.17	44.44	60.63
4	86.67	37.50	88.89	86.36	73.49	80.00	100.00	78.54
계	76.00	59.49	83.52	84.44	67.29	53.33	73.81	69.88

'표현의 정확성', '지시', '교정'을 중심으로 한 첨삭피드백에 대해 부정적인 인식을 갖고 있다. 그럼에도 불구하고 이를 등치(等値)시켜 이해하고 있는 학습자들의 인식은 첨삭논평의 제공뿐만 아니라 제공된 첨삭논평의 수용에도 영향을 미쳤다. 교수자는 이러한 결과를 교수·학습 내용으로 유연하게 활용할 필요가 있다. 첨삭피드백 활동의 수업 목표를 '표현의 정확성'에 둔다면 동료 첨삭피드백을 적극적으로 활용하는 것도 교수 방안의 하나로 고려해 볼 만하다. 또한 동료의 글에 대한 학습자의 직접적인 비판은 수용률이 상대적으로 낮으므로 이를 다소 누그러뜨려 비판하는 것이 효과적임을 교수·학습 내용으로 활용하는 것도 고려해 볼 만하다.

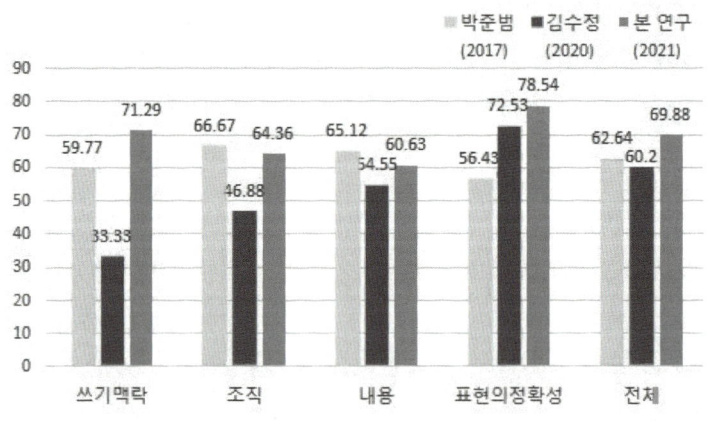

그림 4 초점 측면에서 수용 양상 비교

이 연구에서 나타난 '표현의 정확성'의 높은 수용률은 김수정(2020)의 수용 양상과 비슷했다. 김수정(2020)에서는 박준범(2017)과 수용 양상을 비교하였다. 제공된 첨삭논평에 대한 학습자의 수용률과 거절률이 초점의 하위 항목 간 큰 차이를 보이지 않는 교수자 첨삭피드백의 경우와 달리, 동료 첨삭피드백에서는 초점의 하위 항목에 따라 차이를 보임을 알 수 있는데, 이는 첨삭피드백의 주체가 동료일 때 나타나는 특성으로 볼 수 있다고 하였다. 하지만 이 연구에서는 교수자 첨삭피드백을 연구한 박준범(2017)과 비슷하게 초점의 하위 항목 간에 큰 편차를 보이지는 않았다.

이 연구에서 보인 '표현의 정확성'의 높은 수용률은 박준범(2017)과 비교하면 동료 첨삭피드백의 특성일 수 있다. '표현의 정확성'에 대해 학습자의 수용적인 태도를 강화하려면 교수자 첨삭피드백보다 동료 첨삭피드백이 더 효과적일 수 있다. 다만, 학습자가 제공한 '표현의 정확성'의 내용은 교수자가 점검해 볼 필요는 있다. 아울러 '쓰기 맥락'의 높은 수용률도 온라인 동료 첨삭피드백의 특성일 수 있다. 이 연구에서 제공된 '쓰기 맥락'의 첨삭논평은 과제에서 제시한 작성 방법을 근거로 하는 경우가 대부분이었다. 이는 교수자가 학생들에게 쓰기 과제를 제시할 때 '쓰기 맥락'과 관련한 작성 방법을 명확하고 구체적으로 제공해 주어야 함을 의미한다. '쓰기 맥락'은 주로 '주제', '제목', '분량' 등과 관련한 점검 항목을 설정하고 있다. 따라서 글쓰기 과제를 제시할 때 '쓰기 맥락'을 명확하고 구체적으로 제시하는 것은 학습자의 쓰기 능력을 향상시키고, 글의 수정 여부나 수정 방향에 대해 학습자가 보다 정확하고 객관적으로 판단할 수 있도록 도와준다는 사실을 보여준다.

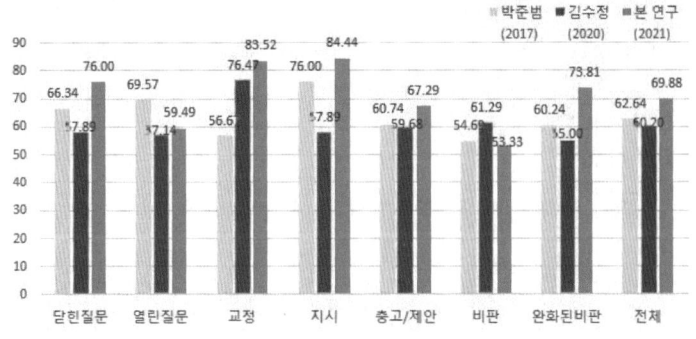

그림 5 방식 측면에서 수용 양상 비교

이 연구와 박준범(2017)의 수용 양상을 방식 측면에서 비교해 보면, '지시', '닫힌질문', '완화된 비판', '충고/제안', '비판'에서 대체로 비슷한 양상을 보였다. 반면 '교정'과 '열린질문'의 수용 양상은 대칭적인 양상을 보였다. '교정'이 2순위, '열린질문'이 6순위였던 이 연구의 수용 양상과 달리, 박준범(2017)은 '교정'이 6순위, '열린질문'이 2순위로 나타났다. 김수정(2020)을 고려할 때, 이러한 반응 양상의 차이는 동료 첨삭피드백에서 학습자들에게 '교정'은 비교적 잘 수용되는 반면, '열린질문'은 잘 수용되지 않는 특성과 관련이 있다.

표 9 방식 측면에서 수용률에 따른 우선순위 비교

구분	1순위	2순위	3순위	4순위	5순위	6순위	7순위
박준범 (2017)	지시 (76.00)	열린 질문 (69.57)	닫힌 질문 (66.34)	충고/ 제안 (60.74)	완화된 비판 (60.24)	교정 (56.67)	비판 (54.69)
김수정 (2020)	교정 (76.47)	비판 (61.29)	충고/ 제안 (59.68)	지시 (57.89)	닫힌 질문 (57.89)	열린 질문 (57.14)	완화된 비판 (55.00)
본 연구 (2021)	지시 (84.44)	교정 (83.52)	닫힌 질문 (76.00)	완화된 비판 (73.81)	충고/ 제안 (67.29)	열린 질문 (59.49)	비판 (53.33)

교수자 첨삭피드백에서 잘 수용되지 않는 '교정'이 동료 첨삭피드백에서는 잘 수용된다. 이는 동료로부터 제공받은 맞춤법, 띄어쓰기, 문법적 오류 등에 관한 첨삭논평에 대해 학습자들이 보다 민감하게 반응함을 보여준다. 따라서 교수자가 '표현의 정확성'에 대한 학습자의 쓰기 능력을 향상시키고 싶다면 동료 첨삭피드백에서 '교정'의 방식을 활용해 보는 것이 효과적일 수 있음을 알 수 있다. 또한 '표현의 정확성'이나 '교정'의 첨삭논평을 동료 첨삭피드백뿐만 아니라 자기 첨삭피드백에도 적용할 수 있도록 교수·학습하는 방안도 고려해 볼 만하다.

첨삭논평 유형에서 수용 반응은 '4C'(64개, 15.76%), '4E'(61개, 15.02%), '3E'(42개, 10.34%)가 높은 빈도를 보였다. 이는 학습자들의 첨삭논평 제공 양상과 밀접한 관련성을 갖는다. 제공 양상에서 '4E'(8.82%), '4C'(7.65%), '3E'(7.55%)가 높은 빈도를 보였는데, 그 결과가 수용 양상에서도 그대로 반영된 것이다. 동료 첨삭피드백 활동에서 '4C'를 활용한 교수·학습 방법은 대면 수업과 비대면 수업에서 모두 효과적일 수 있다. 또한 글쓰기 수업에서 교수자가 동료 첨삭피드백 활동을 계획한다면 '교정', '지시'와 같이 구체적이고 직접적인 첨삭논평을 학습자가 제공하도록 지도하는 것도 적극적으로 활용할 필요가 있다. 이는 학습자의 쓰기 능력을 향상시키는 하나의 방안이 될 수 있기 때문이다.

2) 거절 반응

제공받은 첨삭논평에 대한 학습자의 거절 반응도 수용 반응과 마찬가지로 초점과 방식에 따라 구분하여 살펴볼 수 있다. 초점 영역에서는 '내용'(66개, 39.38%)과 '조직'(39개, 35.64%)이 높은 거절률을 보였고, '쓰기 맥락'(29개, 28.71%), '표현의 정확성'(47개, 21.46%)의 순으로 거절률을 보였다. 방식 영역에서는 '비판'(28개, 46.67%)과 '열린질문'(32개, 40.51%)이 높은 수용률을 보였고, '충고/제안'(70개, 32.71%), '완화된비판'(11개, 26.19%), '닫힌질문'(12개, 24.00%), '교정'(15개, 16.48%), '지시'(7개, 15.56%)의 순으로 수용률을 보였다.

표 10 첨삭논평의 거절 양상

방식 초점	A	B	C	D	E	F	G	계
1	26.67	33.33	37.50	14.29	23.33	66.67	14.29	28.71
2	36.36	30.77	16.67	40.00	40.00	50.00	22.22	35.64
3	22.22	37.50	60.00	9.09	40.85	47.83	55.56	39.38
4	13.33	62.50	11.11	13.64	26.51	20.00	0.00	21.46
계	24.00	40.51	16.48	15.56	32.71	46.67	26.19	30.12

대면 동료 첨삭피드백의 양상을 연구한 김수정(2020)과 비교하면, 온라인 동료 첨삭피드백에서 초점 영역의 거절 반응은 항목 간 편차가 크지 않다는 점이 특징적이다. 이 연구의 거절 반응이 보인 특징은 교수자 첨삭피드백 양상을 연구한 박준범(2017)의 거절 반응의 양상과 오히려 더 유사하다. 다만, 거절의 정도는 박준범(2017)보다 더 강하게 나타났는데, 이는 첨삭피드백의 주체에 따른 차이가 반영된 결과로 보인다. 첨삭논평을 제공한 주체가 동료인 경우보다 교수자인 경우가 글쓴이인 학습자에게 더 부담스러울 수밖에 없다. 특히 '내용'(39.38%)과 '조직'(35.64%)에서 거절 반응이 강하게 나타났는데, 이는 박준범(2017)과 비교할 때 유의미한 차이를 보였다. 그리고 박준범(2017), 김수정(2020)과 비교할 때, '쓰기 맥락'에 대한 거절률의 우선순위가 상대적으로 후순위였다는 점도 특징적이다. 이 연구를 통해 초점 영역에서 교수자 첨삭피드백보다 동료 첨삭피드백에서 학습자가 높은 거절 반응을 보인다는 점과 대면 동료 첨삭피드백보다 온라인 동료 첨삭피드백에서 영역 간 편차가 적다는 점을 확인할 수 있다.

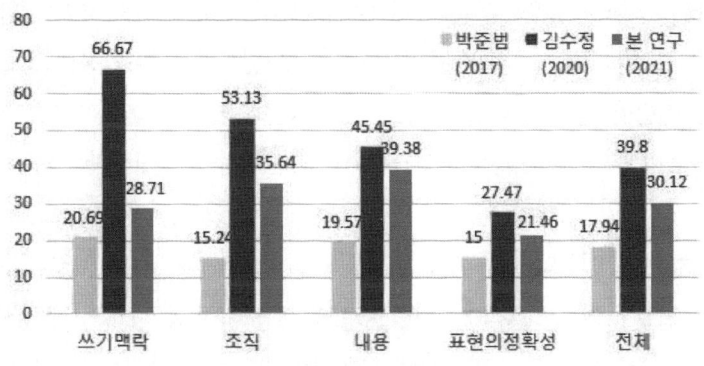

그림 6 초점 측면에서 거절 양상 비교

이 연구에서 나타난 방식 영역의 거절 반응도 박준범(2017)의 거절 반응과 비슷한 양상을 보였다. 방식 영역의 수용 반응에서와 마찬가지로, 이 연구의 거절 반응에서 보인 '비판', '닫힌질문', '교정', '지시'와 '열린질문', '충고/제안', '완화된 비판'의 순위는 박준범(2017)에서 보인 순위와 일치하거나 큰 차이를 보이지는 않았다.

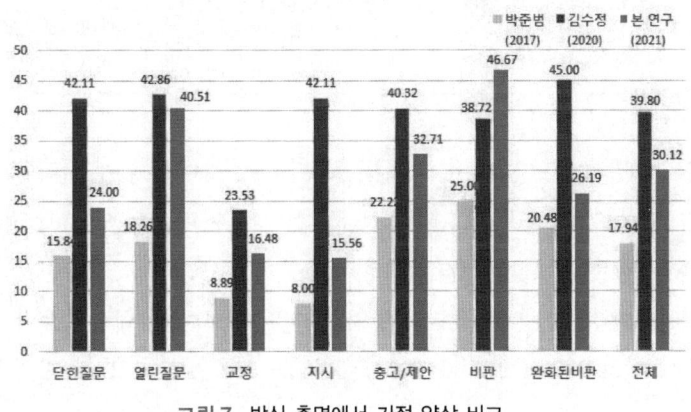

그림 7 방식 측면에서 거절 양상 비교

이러한 결과는 '열린질문'과 '교정'의 우선순위가 서로 대칭적인 양상을 보인 방식 측면의 수용 양상과 차이가 있다. 수용 양상에 나타난 차이가 이 연구의 거절 양상에서는 나타나지 않은 이유는 박준범(2017)의 반응 유형에 대한 설정 방식 때문이다. 박준범(2017)에서는 반응 유형으로 수용, 거절뿐만 아니라 삭제도 포함시켰기 때문에 수용 양상과 거절 양상이 반드시 상대적인 관계를 갖지는 않는다. 반면에 수용과 거절만 반응 유형으로 설정한 이 연구에서는 두 반응이 상대적인 관계를 갖는다. 또한 '비판'처럼 자신의 글에 대해 부정적인 태도를 보이는 첨삭논평과 '열린질문', '충고/제안'처럼 수정의 내용이나 방향에 대한 부담을 글쓴이 자신에게 전가시키는 첨삭논평은 잘 수용되지 않음을 이 연구에서 확인할 수 있다.

표 11 방식 측면에서 거절률에 따른 우선순위 비교

구분	1순위	2순위	3순위	4순위	5순위	6순위	7순위
박준범 (2017)	비판 (25.00)	충고/ 제안 (22.22)	완화된 비판 (20.48)	열린 질문 (18.26)	닫힌 질문 (15.84)	교정 (8.89)	지시 (8.00)
김수정 (2020)	완화된 비판 (45.00)	열린 질문 (42.86)	닫힌 질문 (42.11)	지시 (42.11)	충고/ 제안 (40.32)	비판 (38.72)	교정 (23.53)
본 연구 (2021)	비판 (46.67)	열린 질문 (40.51)	충고/ 제안 (32.71)	완화된 비판 (26.19)	닫힌 질문 (24.00)	교정 (16.48)	지시 (15.56)

첨삭논평의 유형 중에서 수용 반응보다 거절 반응이 높게 나타난 유형은 '1F'(66.67%), '4B'(62.50%), '3C'(60.00%), '3G'(55.56%)였고, 비교적 높은 거절률을 보인 첨삭논평의 유형은 '2F'(50.00%), '3F'(47.83%), '3E'(40.85%)였다. 이는 '내용' 영역과 '비판' 방식에서 학습자들의 거부 반응이 강하다는 결과가 반영된 것이다. 특이한 점은 '4B'의 거절 반응이 높다는 것이다. '4C'(11.11%)와 '4D'(13.64%)의 반응 양상과 비교하면, 방식 측면의 수용 양상에서 언급했던 바와 같이, 학습자들이 '표현의 정확성' 항목에 대해서는 구체적이고 명확한 첨삭논평을 원한다는 사실을 재차 확인할 수 있다.

5. 학습자의 반응과 활용 방안

첨삭논평의 제공 양상과 제공된 첨삭논평에 대한 학습자들의 반응 양상을 연구하기 위해 K대학교의 e-Class System을 활용하여 온라인 동료 첨삭피드백 활동을 살펴보았다. 학습자의 반응 양상은 크게 동료의 글에 대한 학습자의 반응 양상과 제공받은 첨삭논평에 대한 학습자의 반응 양상으로 구분하였다. 그리고 첨삭논평을 초점과 방식으로 나누고, 이들을 각각 하위 유형화하고, 계량화하였다. 계량화한 통계 자료를 바탕으로 온라인 동료 첨삭피드백 활동에 나타난 첨삭논평 제공 양상과 이에 대한 반응 양상을 고찰하였다. 특히, 반응 양상은 제공받은 첨삭논평에 대한 학습자 반응을 수용과 거절로 다시 구분하고 두 반응의 양상을 살펴보았다. 아울러 이 연구에서 논의한 제공 양상과 반응 양상의 결과를 바탕으로 대학 글쓰기 수업에서 보다 효과적이고 유의미한 첨삭피드백 활동이 교수·학습될 수 있도록 온라인 동료 첨삭피드백 방식의 몇 가지 활용 방안도 제안하고자 한다.

첨삭논평의 제공 양상에서 '칭찬'과 '독자반응'의 빈도가 전체적으로 높게 나타났다. 이는 학습자들이 동료의 글에 대해 대체로 긍정적인 반응을 보임을 보여준다. 이를 통해 동료 첨삭피드백 활동에서 첨삭피드백의 주체인 학습자는 글을 쓴 사람이 자신의 동료임을 의식한다는 점과 객관적인 평가 결과와 무관하게 동료의 글이 잘 쓴 것 같다는 인상의 반영이 작용한 점을 확인할 수 있다. 수정을 전제한 첨삭논평의 방식 중에서 '충고/제안'이 가장 높은 빈도로 제공되었다는 사실도 첨삭논평의 제공자가 첨삭피드백의 대상이 되는 글을 쓴 사람이 자신의 동료임을 의식한다는 점을 말해준다. 또한 '칭찬'과 '독자반응'을 제외하면 '4E', '4C', '3E'가 높은 제공 빈도를 보였다. 특히, '4C'의 제공 빈도가 높다는 것은 소위 '빨간펜' 식의 첨삭피드백에 대한 인식이 학습자에게 학습되어 있음을 방증한 것이 아닌가 한다.

제공받은 첨삭논평에 대한 반응 양상은 전체적으로 '수용'이 '거절'보다 압도적으로 강하게 나타났다. '칭찬'과 '독자반응'을 제외하더라도 '거절'보다 '수용'이 높은 반응을 보였다.

수용 반응 중 초점에서는 '표현의 정확성'과 '쓰기맥락'이 높은 반응을 보였고, 방식에서는 '지시'와 '교정'이 높은 반응을 보였다. 수용 반응에 나타난 몇 가지 특징은 다음과 같다. 첫째, '표현의 정확성'과 '교정'이 온라인 동료 첨삭피드백에서 효과적일 수 있다. 글쓰기 학습자는 동료로부터 제공받는 맞춤법, 띄어쓰기, 문법적 오류 등에 대해 보다 민감하게 반응한다. 따라서 교수자가 '표현의 정확성'에 수업 목표를 둔다면 온라인 동료 첨삭피드백을 적극적으로 활용해 보는 것도 수업 목표를 달성하는 교수·학습 방안의 한 대안이 될 수 있다. '4C'를 활용한 교수법은 첨삭피드백의 유형으로 동료 첨삭피드백을 선택한다면 대면 수업과 비대면 수업에서 모두 효과적일 수 있다. 그리고 비대면 온라인 동료 첨삭피드백을 글쓰기 수업에서 활용하고자 한다면 학습자들에게 보다 명확하고 구체적으로 동료의 글에 대해 첨삭논평을 제공해 줄 것을 강조하고, '교정', '지시'와 같이 직접적으로 명시하거나 '닫힌질문'이나 '완화된 비판'의 방식으로 제시하도록 하는 것이 효과적일 수 있다. 둘째, 온라인 동료 첨삭피드백에서 교수자가 수업 목표를 글의 내용이나 조직 측면에 둔다면 '표현의 정확성'을 제외하고 첨삭논평을 제공하도록 하는 것이 유의미한 결과를 가져오는 데 효과적일 수 있다. 셋째, '쓰기 맥락'의 높은 수용률은 온라인 첨삭피드백이 갖는 특성에 기인한 것일 수 있다. 교수자가 쓰기 과제를 학생들에게 제시할 때 '쓰기 맥락'과 관련한 조건들을 보다 명확하고 구체적으로 제공해 준다면 학습자의 쓰기 능력을 향상시킬 뿐만 아니라 글의 수정 여부나 그 방향에 대해서도 정확하게 판단할 수 있도록 도와준다는 것을 알 수 있다.

거절 반응 중 초점에서는 '내용'과 '조직'이 높게 나타났고, 방식에서는 '비판'과 '열린질문'이 높게 나타났다. 온라인 동료 첨삭피드백이 보이는 초점 영역의 거절 반응은 영역 간 편차가 크게 나타나지 않고, '내용'과 '조직'에서의 거절 반응이 두드러지지만 '쓰기 맥락'에서의 거절 반응이 상대적으로 약화되었다는 점이 특징적이다. 방식 영역에서 거절 반응은 글쓴이에게 자기 글에 대한 부정적인 인상을 주는 '비판'의 특성과 글을 수정해야 하는 부담이 글쓴이에게 주어지는 '열린질문', '충고/제안'의 특성이 반영되었다. 첨삭논평의 유형에서 거절 반응은 '내용' 영역과 '비판' 방식에서 학습자들의 거부 반응이 강하게 나타났다. 한 가지 특이한 것은 '4B'의 거절 반응이 높다는 점인데, '4C', '4D'의 반응 양상과 비교해 보면, 학습자들이 '표현의 정확성' 영역에 대해서는 구체적이고 명확한 첨삭논평을 원한다는 사실을 다시한번 확인할 수 있다.

글쓰기 교육에서 학습자의 반응은 다소 이중적으로 보일 수 있다. 학습자는 자신이 작성한 글에 대한 '칭찬'을 강하게 원한다. 그런데 다른 한편 교수자나 동료가 제공하는 첨삭논평이 보다 명확하고 구체적이기를 원한다. 하지만 이러한 학습자의 반응 결과가 이중적이지 않을 수 있다. 결국 학습자는 자신이 작성한 글에 대한 적극적인 관심을 원하는 것 같다. 자신의 글에 대한 다른 사람의 반응이 칭찬이면 더없이 좋겠지만, 자신의 글이 수정되어야 할 부분이 있다면 글을 잘 읽고 고쳐야 할 점을 명확하고 구체적으로 말해달라는 것이다. 글쓰기 학습자들은 자신의 글이 이러한 소통 과정을 통해 성장할 수 있기를 기대한다.

참고문헌

고혜원(2018). "동료첨삭을 활용한 글쓰기 수업 모형 연구", *문화와융합* 40(7), 447-474.
권정현(2020). "대학 글쓰기 교과를 위한 온라인 첨삭 프로그램 운영 요건과 개선 방안 - 한성대학교 온라인 첨삭 프로그램을 중심으로", *사고와표현* 13(2), 33-64.
김남미(2009). "대학글쓰기 수업에서의 동료평가 결과 연구", *한민족문화연구* 30, 150-180.
김수정(2020). "동료 첨삭논평에 대한 글쓰기 학습자의 반응 양상 연구 - 동료 첨삭논평의 유형과 적절성을 중심으로", *리터러시연구* 11(1), 245-270.

김종록(2016). "동료첨삭을 통한 과정적 글쓰기 교육의 효과 분석", *국어교육연구* 62, 131-170.

김혜경(2019). "글쓰기 교과목에서 상호 동료 교수법을 적용한 협동 글쓰기 교육의 효과", *어문연구* 100, 59-84.

나은미, 권정현, 김인경, 이현주, 정원채(2009). "대학 글쓰기에서의 첨삭 프로그램 현황과 개선 방안-한성대학교를 중심으로", *한성어문학* 28, 187-216.

박준범(2017). *첨삭논평에 대한 글쓰기 학습자의 반응 양상과 그 영향에 관한 연구-교수자 첨삭을 중심으로*, 영남대학교 박사학위논문.

_____(2021). "온라인 동료 첨삭피드백 활동에 나타난 글쓰기 학습자의 반응 양상-제공 양상과 반응 양상을 중심으로", *문화와융합* 43(8), 253-274.

심지현(2020). "웹 기반 클리닉 운영 사례 및 시스템 개선 방안 연구-서원대학교 비교과 클리닉을 중심으로", *문화와융합* 42(2), 479-499.

안미애, 지현배, 김영철(2014). "웹 활용 대학 글쓰기 교육 방안 연구-동국대학교 경주캠퍼스의 '온라인 글쓰기 클리닉 시스템'을 중심으로", 교양교육연구 8(1), 53-77.

엄성원(2019). "플립 러닝을 활용한 대학 국어 글쓰기 교육의 표준화 방안-동료 첨삭의 방식을 중심으로", *리터러시연구* 10(1), 61-83.

조윤아, 이상민(2014). "동료첨삭의 언어적 행동 및 글쓴이 반응에 대한 연구", *인문연구* 70, 333-366.

지현배(2017). "온오프라인 융합 글쓰기 피드백 시스템의 설계 개념", *문화와융합* 39(6), 한국문화융합학회, 203-234.

최선경(2010). "첨삭지도를 통한 글쓰기 교육 방안-분석-진단-처방-협의의 4단계 동료첨삭 모형을 중심으로", *한민족문화연구* 35, 301-331.

Straub, R.(2000). *The Practice of Response: Strategies for Commenting on Student Writing*, Hampton Press.

● 이 장은 문화와융합 학술지 43권 8호에 실린 필자의 논문(박준범, 2021)을 바탕으로 재구성되었다.

3부
대학 교양 수업의 융합 연구

10장
스토리텔링을 활용한 통합적 교양 음악교육이 대학생의 음악적 흥미에 미치는 영향 | **박은희**

11장
푸코의 자기 배려 이론으로 본 자기 성찰 글쓰기 탐색 | **김정신 · 채연숙**

12장
대학생의 지속가능발전교육 참여 여부에 따른 '가능한 기여' 인식의 차이 | **정소미 · 박태인**

13장
융복합 교육으로서의 글로벌 K-뷰티 | **강소영**

14장
대학생의 교수-학생상호작용, 교우관계, 자기효능감이 대학 몰입에 미치는 영향 | **박미라 · 윤지원 · 이하정**

10장

스토리텔링을 활용한 통합적 교양 음악교육이 대학생의 음악적 흥미에 미치는 영향

1. 교양교육에서의 통합적 교양 음악교육

1) 통합적 교양 음악교육의 필요성

4차 산업혁명 시대의 발전을 주도할 미래형 인재는 기술, 사회, 정치, 교육, 경제, 윤리, 종교 등의 다양한 환경구성 요소들을 결합하여 복잡하고 어려운 문제 상황을 해결할 수 있는 창의융합형의 인재이다. 이를 위해 현재 많은 대학은 학생들의 전공 분야에서의 전문적 지식뿐만 아니라 비전공 분야에서의 융합적 사고, 창의적 문제해결, 폭넓은 감성적 이해 등의 능력을 함양시킬 수 있도록 교양 교육의 중요성을 강조하면서 교양 교육과정의 확대 운영 및 변화를 추구하고 있다. 교양 교육은 '인간, 사회, 자연에 대한 포괄적인 이해를 통해 올바른 세계관과 가치관을 확립하기 위한 보편적 교육'을 추구함으로써, 비판적 이해력, 융합적 사고와 창의적 문제해결력, 개방적 의사소통 능력, 타인과의 공동체 의식 그리고 심미적 공감 능력 등을 획득하여 문화적 삶을 자율적으로 주도할 수 있는 인재 양성을 목표로 하고 있다(정지원, 2008:139). 이 목표 아래 대학들은 교양

교육과정에 인문, 사회, 자연, 예술 등의 교과목을 개설하여 학생들에게 교과목 선택권 확대와 다양한 지식 습득의 기회를 제공하고 있다. 이러한 교양 교육의 방향에 맞춰 대학 교양 음악교육에서도 융합을 통한 통합적 접근이 반영된 교육을 강조되고 있으며, 양질의 교육을 위해 학습자 중심의 교양 음악교육을 제공하려고 노력하고 있다(장지원, 2012:189).

현재 대학의 교양 음악수업 실태에 관한 연구들은 '교양 음악감상', '서양음악사', '음악개론', '음악감상', '예술과 음악', '음악의 미학적 이해', '재즈의 역사' 등의 교과목들이 운영되고 있다(주성희, 2015:60). 교양 음악 교과목 중 대학 교양 음악교과목 중 대표적인 교과목이라고 할 수 있는 '서양음악'과 관련된 교과목은 대학마다 조금씩 다른 교과목명으로 제공되고 있다. 그러나 '서양음악' 관련 교과목은 음악을 전공하지 않는 비전공 대학생들에게 어려운 교과목이라는 선입견을 주고 있으며, 음악이론 중심으로 교과목 내용이 구성되어 있어 대학생의 만족도와 수업의 효과성이 낮다고 보고되고 있다(오지향, 김선미, 2009:171). 대학 교양 음악교육의 이러한 문제점에 대하여 선행연구자들은 대학 교양 음악교육 교과목의 본질적 의미와 교육적 가치에 기초하여, 다른 예술 영역과의 통합을 통하여 대학생의 음악적 흥미를 유발할 수 있도록 운영되어야 한다고 주장하기도 하고(장지원, 2012; 주성희, 이미선, 2015), 통합적 접근에 근거하여 구체적인 교육과정과 다양한 수업 방법에 관한 연구들이 이루어져야 한다고 제안하기도 한다(장지원, 2008).

2) 통합적 교양 음악교육에 관한 선행 연구 고찰

대학 교양 음악교육에 관한 선행연구를 살펴보면, 교양 음악교육의 방향에 관한 연구, 교양 음악교육 개발에 관한 연구, 교양 음악교육의 효과성을 검증한 연구, 교양 음악교육에서 타영역과의 통합적 접근을 시도한 연구, 그리고 서양음악사에 대한 포괄적 접근 관점의 연구 등을 살펴볼 수 있다. 교양 음악교육의 방향에 관한 연구로써 장지원(2012)은 21세기 대학 교양 음악수업의 발전 방향을 위하여 음악교육의 통합적 음악교육을 제안하였다. 교양 음악교육 프로그램 개발에 관한 연구로써 김은혜(2017)는 대학의 교양 음악교과목에서 통합적 접근을 시도한 창의적 음악교수법을 개발하여 수업에 적용하였다.

대학 교양 음악교육에서 타영역과의 통합적 측면의 연구로써 오지향과 김선미(2009)는 서양음악사 교과목에서 주제곡 중심으로 그 시대의 미술 작품을 감상하고, 시에 노래를 만들어 보는 통합적 교수법 개발에 관한 연구를 시행하였다. 오유진(2015)은 음악, 문학, 미술을 연계하여 창작, 지각, 반성 등의 3단계를 통한 체험적 통합예술교육을 시행하기 위하여, 문학작품을 바탕으로 연계된 음악과 미술 작품을 감상한 후 그림, 작곡, 글쓰기 등의 참여수업을 개발하여 교육을 시행하였다. 교양 음악교육에서 서양음악사를 포괄적 관점으로 접근한 김선미(2016)는 통합적 음악교수법의 단계를 맥락적 학습단계-음악적 학습단계-통합적 표현단계 등의 3단계 방법을 활용한 통합적 교수법을 개발하였는데, 맥락적 학습 단계로 시대의 역사, 사회, 문화 배경을 알아보고, 음악적 학습 단계로 감상 활동과 이해 학습을 하고, 통합적 표현단계로 다양한 양식으로 표현활동을 시도하는 단계별 통합적 교수법을 개발하였다. 주성희, 이미선(2015)은 서양음악을 시대별로 감상한 후 음악에 대한 포괄적인 이해를 중심으로 이론적 내용, 음악사의 사회, 문화적 현상과 음악의 역사적 배경 등의 연관성을 탐색하는 연구를 하였다.

2. 스토리텔링을 활용한 통합적 교양 음악교육 프로그램 개발

1) 프로그램 개발 배경 및 목적과 목표 도출

스토리텔링을 활용한 통합적 교양 음악교육 프로그램의 개발은 교양 음악교육 프로그램 개발에 관한 연구를 참고하고 Tyler(2013)의 교육과정 개발의 4단계를 바탕으로 하였다. 프로그램의 개발을 위해 먼저 서양음악과 서양 음악교육에 관한 문헌 및 선행연구, 음악과 통합교육에 관한 선행연구, 그리고 스토리텔링을 활용한 프로그램 개발에 관한 선행연구를 분석하였다. 스토리텔링을 활용한 통합적 교양 음악교육에 관련된 선행연구 중에서 대학생을 대상으로 스토리텔링을 활용한 통합적 교양 음악교육에 관한 연구는 미비하다고 파악되었다. 그 다음으로, 프로그램의 목적 및 목표 설정, 교육내용 요소 도출 및 조직, 프로그램 제재곡 선별, 프로그램 교수-학습 내용 및 방법 도출 그리고 프로그램 평가방법에 근거하여 프로그램을 구성하였다. 문학, 미술, 인문학 등과 통합적 접근을 한 '서양음악' 관련 프로그램에 관한 문헌 및 선행연구를 분석하여 본 연구 프로그램의 목적 및 목표를 도출하였다. 스토리텔링을 활용한 통합적 교양 음악교육 프로그램의 교육 목적은 대학생의 서양음악에 대한 흥미를 증진시킴으로써 포괄적인 삶의 성장을 성취하는 것으로 설정되었으며, 세분화하여 첫째, '서양음악에 대한 지식의 증대', 둘째, '서양음악에 대한 감수성의 증대', 셋째, '포괄적인 삶의 성장'으로 정의하였다. 대학생의 서양음악에 대한 흥미 향상을 위한 목표에 따른 교육내용은 '음악에 대한 관심 향상', '음악에 대한 정서적 능력 향상', '포괄적인 삶의 성장'이다. 문헌연구를 참고하여 도출된 요소를 요약 및 정리한 내용은 다음 〈표 1〉과 같다.

표 1 프로그램 구성을 위한 내용 도출

목표	최원선 (2015)	이영만 (2001)	오지향 (2009)	장지원 (2012)	손민정 (2016)
지식의 증대	◎	◎	◎	◎	◎
상상력과 독창성 증대	◎				◎
표현력 증진			◎	◎	
즐거움 증진			◎		
인성함양	◎	◎		◎	
포괄적인 삶의 성장	◎			◎	◎

2) 프로그램의 제재곡 선별

본 연구를 위한 음악의 선택 기준은 첫째, 서양음악 중 '19세기 서양음악'이며, 둘째, 문학(시, 소설, 희극, 신화, 설화)과 회화 등이 음악과 통합된 곡이며, 셋째, 음악의 스토리와 연계하여 통합적 음악교육이 가능한 음악이다. 선곡된 음악은 시와 융합한 예술가곡으로 슈만(Robert Schumann)의 '시인의 사랑(Dichterliebe)', 슈베르트(Franz Schubert)의 '마왕(Erlkönig)', 희극과 융합한 오페라로 베르디(Giuseppe Verdi)의 '춘희(La Traviata)', 오펜바흐(Jacques Offenbach)의 '지옥의 오르페우스(Orphée aux Enfers)', 문학의 이야기를 담은 교향시로 베를리오즈(Hector Berlioz)의 '환상교향곡(Symphonie Fantastique)', 리스트(Franz List)의 '파우스트 교향곡(Faust Symphony)', 차이코프스키(Pyotr Ilyich Tchaikovsky)의 '환상서곡: 로미오와 줄리엣'(Overture-Fantasy: Romeo and Juliet), 그리고 슈트라우스(Richard Strauss)의 '차라투스는 이렇게 말했다(Also Sprach Zarathustra)', 회화의 색감, 터치법, 이미지 등을 음악에 담아 회화와 음악을 융합한 드뷔시(Claude Debussy)의 '바다(La Mer)'와 무소르그스키(Modest Mussorgsky)의 '전람회의 그림(Pictures at an Exhibition)' 등이다.

3) 프로그램 시행 일시 및 방법

2019년 8월 29일부터 2019년 12월 5일에 N시에 위치한 4년제 대학 교양수업(서양음악사)을 수강한 학생을 대상으로 주 1회 2시간씩 12회 교육을 시행하였다. 프로그램의 효과검증을 위해 실험집단(01분반)과 비교집단(02분반)의 대학생을 대상으로 프로그램 시작 전인 교과목 1주차에 '음악적 흥미도' 사전검사를 시행하였으며, 프로그램 종료 후 14주차에 사전검사와 동일한 검사지를 이용하여 사후검사를 시행하였다.

4) 프로그램 교수-학습 내용 및 방법

대학생의 음악적 흥미를 증진 시키기 위하여 문학(시, 소설, 희극, 신화, 설화)과 회화 등이 연계된 19세기 서양음악 중 이야기적 또는 서술적 묘사가 가능한 음악을 선정하여 스토리텔링 방법을 도입한 통합적 교양 음악수업을 시행하였다. 본 프로그램은 연속성의 원리와 계열성의 원리를 중심으로 구성하였으며, 19세기 서양음악을 중심으로 연구된 선행연구 분석을 토대로 문학(시, 소설, 희극, 신화, 설화)과 회화 등이 음악과 통합된 스토리를 교육매개체로 사용하여 시행하였다. 본 프로그램은 크게 3가지 교수 방법에 중점을 두고 시행되었다. 첫째, 해당 주차의 주제 및 음악을 이해하기 위해서 해당 주차의 주제, 목표, 학습 과정과 활동을 설명하였으며, 둘째, 주차에 해당하는 음악을 감상한 후 학습자와 곡에 대한 느낌을 나누었으며, 셋째, 스토리텔링을 통해 감상 곡의 작곡 배경, 시대적 배경, 음악의 내용, 음악적 표현 방법 등에 관한 이야기를 나누었다. 마지막으로 학습자가 팀원들과 음악에 대해 느낌과 생각을 공유하거나 음악을 소재로 주어지는 문제에 대한 스토리를 창작을 해 보는 시간을 갖도록 하였다. 회기별 수업 진행은 도입-전개-마무리로 진행되었으며, 학습자가 능동적으로 참여할 수 있도록 학습자 중심으로 교육 프로그램을 구성하였다.

대학생의 음악적 흥미도를 증진 시키기 위한 프로그램을 목적과 목표에 따라 구성된 활동목표, 내용, 교수 방법의 회기별 구성내용으로 정리하면 다음 〈표 2〉와 같으며 한 주차의 세부 프로그램의 예시 내용은 〈표 3〉과 같다.

표 2 스토리텔링을 활용한 통합적 교양 음악교육 프로그램 회기별 구성

주	주제		목표	교육내용	방법
1	주제	서양음악과 스토리	스토리 안에서 서양음악이 활용된 사례를 발견 할 수 있다.	• 프로그램 소개 • 음악 소재 영화, 드라마 사례로 음악과 스토리의 연관성 이야기 나누기	강의
2	주제	음악과 통합	문학과 미술을 표현한 표제음악을 인지할 수 있다.	• 표제음악 속 융합의 발견 • 문학과 미술을 담은 표제음악 • 문학과 음악의 분화와 통합 • 미술과 음악의 분화와 통합	음악감상 스토리텔링 토론
3	주제	음악에서 스토리 발견	〈환상교향곡〉에 담긴 베를리오즈의 예술적 의도를 이해한다.	• 〈환상교향곡〉에 담은 작곡가의 삶과 사랑 자서전적 스토리 • 해리엣 스미슨을 사랑한 베를리오즈 • 나의 경험 스토리텔링	음악감상 스토리텔링
	음악	베를리오즈 〈환상교향곡〉			
	스토리 발견	베를리오즈의 삶			
4	주제	시와 떠나는 음악 이야기	예술가곡을 이해하고, 시인의 사랑을 표현한 시와 음악의 조화를 느낄 수 있다.	• 슈만이 만난 하이네의 〈노래의 책〉 • 슈만은 〈시인의 사랑〉에 무엇을 담고 싶었나? • 클라라와 슈만 사랑 이야기 • 슈만을 만난 나의 시 작곡 • 슈만의 〈시인의 사랑〉 중 선택한 멜로디에 개사하기	음악감상 스토리텔링
	음악	슈만 〈시인의 사랑〉			
	시	하이네 〈노래의책〉			
	스토리 작사	나의 사랑 표현			

	주제	음악으로 만나는 괴테	괴테의 문학에 기반한 곡들을 알고, 문학가의 시적 표현과 음악의 하모니를 느낄 수 있다.	• 괴테와 슈베르트의 엇갈린 만남 • 설화를 담은 괴테의 서사시와 슈베르트의 가곡 • 내가 표현하고 싶은 괴테의 작품 • 〈마왕〉의 스토리 공감	음악감상 스토리텔링 토론
5	음악	슈베르트 〈마왕〉			
	설화	괴테 〈마왕〉			
	스토리 공감	타인 이해			
6	주제	희곡과 떠나는 교향시	교향시를 이해하고 다양한 음악 속 인물의 성격을 표현한 멜로디를 분별할 수 있다.	• 교향시 〈파우스트 교향곡〉에 비유한 리스트 자신 • 파우스트, 그레트헨, 메피스토텔레스 멜로디 발견 • 나의 가치관 스토리 발견	음악감상 스토리텔링 창작하기
	음악곡	리스트 〈파우스트 교향곡〉			
	소설	괴테 〈파우스트〉			
	스토리 발견	나의 발견			
7	주제	음악으로 만나는 셰익스피어	관현악곡을 이해하고 사랑과 이별을 표현한 관현악 곡을 느낄 수 있다.	• 차이코프스키가 좋아한 셰익스피어 • 관현악곡으로 표현된 희곡 • 로미오를 표현한 잉글리시 호른과 비올라 • 줄리엣을 표현한 플루트 • 나를 표현할 수 있는 악기 • 나의 스토리를 담은 노래 작사	음악감상 스토리텔링 창작하기
	음악	차이코프스키 〈환상서곡:로미오와 줄리엣〉			
	희극	셰익스피어 〈로미오와 줄리엣〉			
	스토리 작사	이별한 나의 마음 표현			
8	주제	철학과 떠나는 교향곡	교향시를 이해하고 철학을 담은 음악적 표현을 느낄 수 있다.	• 초인사상을 표현한 음악 • 영화 속에 사용된 서주 〈일출〉 • 삶을 대하는 나의 철학 나누기: 나의 철학을 닮은 노래 가사 • 나에게 공감: 나는 이렇게 말했다	음악감상 스토리텔링 창작하기
	음악	슈트라우스 〈차라투스트라는 이렇게 말했다〉			
	철학	니체 〈차라투스트라는 이렇게 말했다〉			

	스토리 공감	내 삶의 철학			
9	주제	소설을 담은 오페라	오페라를 이해하고 문학가의 사랑을 표현한 언어와 음악의 조화를 느낄 수 있다.	• 오페라 알아보기 • 베르디의 삶과 닮은 뒤마의 소설 • 자신의 사랑을 투영한 오페라 • 나의 사랑을 표현하는 아리아 찾아보기	음악감상 스토리 텔링 토론
	음악	베르디 〈춘희〉			
	희곡	뒤마 〈동백꽃을 든 여인〉			
	스토리 발견	나의 삶 발견			
10	주제	오페라 속 그리스신화	그리스신화를 활용한 오페라에 대해 이해하고, 등장 인물들의 감정을 느낄 수 있다.	• 오페라가 된 신화 • 시대별 서양음악 오르페오의 묘사 • 오페라 속 그리스신화 • 내가 좋아하는 그리스신화 캐릭터를 찾아 분석하며 오페라 스토리 구상하기	음악감상 스토리 텔링 창작하기
	음악	오펜바흐 〈지옥의 오르페오〉			
	신화	그리스신화			
	스토리 작사	나를 닮은 신화			
11	주제	그림으로 여는 교향곡	보이는 음악과 듣는 미술을 느낄 수 있다.	• 관현악을 위한 3개의 교향곡 소묘 • 프랑스 음악과 일본 미술의 만남 • 명화 또는 영상으로 표현하는 나의 마음 공감	음악감상 스토리 텔링 창작하기
	음악	드뷔시 〈바다〉			
	회화	호쿠사이 〈가나가와의 파도〉			
	스토리 공감	〈나의 마음을 표현하는 그림〉			
12	주제	음악에 담긴 그림	피아노와 관현악으로 표현된 회화적 이미지를 느낄 수 있다.	• 프롬나드 선율의 느낌 나누기 • 음악이 된 그림 • 관현악곡과 피아노곡의 표현 차이 나누기 • 10개의 그림으로 표현하는 나의 자서전적 음악 창작	음악감상 스토리 텔링 창작하기
	음악	무소르그스키 〈전람회의 그림〉			
	회화	빅토르 하르트만의 유작			
	스토리 완성	그림을 보며 나의 자서전			

표 3 스토리텔링을 활용한 통합적 교양 음악교육 프로그램 주차 세부계획

주제		• 희곡과 떠나는 교향시: 나의 모습을 찾는다.	
목표		• 교향시를 이해하고 다양한 음악 속의 파우스트의 표현을 느낄 수 있다. • 〈파우스트 교향곡〉에 표현된 리스트의 음악적 표현과 괴테의 언어적 표현을 비교할 수 있다.	
제재곡		• 리스트 〈파우스트 교향곡〉	
구성	융합	수업내용	방법
도입	문학	• 리스트와 괴테의 삶 • 괴테의 〈파우스트〉가 리스트의 〈파우스트 교향곡〉으로 작곡된 배경	영상자료, 강의
		• 〈파우스트〉를 주제로 한 다른 작품 소개	스토리텔링
	음악	• 괴테의 〈파우스트〉의 줄거리를 리스트는 〈파우스트 교향곡〉에서 어떻게 표현하고 싶었을까?	스토리텔링
		• 리스트는 파우스트, 그레트헨, 메피스토텔레스의 인물 묘사를 음악에서 어떻게 표현하였을까?	음악감상
		• 리스트 〈파우스트 교향곡〉 감상한다. • 주요 멜로디를 먼저 감상 한 후 전체 곡을 감상한다. • 파우스트, 그레트헨, 메피스토텔레스를 통해 바라본 자신의 모습은 어떠한 음악으로 표현할 수 있을까? 멜로디 선율 찾는다.	스토리텔링
전개	스토리 발견	• 음악에서 느껴지는 이미지는 자신의 어떠한 성격, 모습, 이미지를 연상하게 만드는지 생각해본다.	창작활동
		• 사랑, 믿음, 젊음, 돈, 아름다움, 권력, 명예, 자유, 지식, 욕망 중 자신의 중요 가치 순위에 따라 다섯개를 선택한다. • 선택한 다섯개에 대한 경험을 스토리로 창작한다. • 다섯 개의 선택된 가치와 〈파우스트〉에 나오는 인물과 비슷한 자신의 경험 스토리 작성하기.	스토리텔러
마무리	성찰	• 자기성찰 부분 팀원들과 나눈다.	발표

5) 프로그램 평가방법 도출

본 연구에서 개발된 스토리텔링을 활용한 통합적 교양 음악교육 프로그램의 적절성을 평가하기 위하여 프로그램의 목적과 목표, 내용, 교수방법, 평가방법에 대하여 교양 음악 교수자 2인과 교육전문가 1인의 자문

을 얻었으며, 자문 결과를 바탕으로 프로그램을 수정·보완하였다. 프로그램의 적용 효과를 분석하기 위하여 프로그램의 적용 전과 후에 프로그램 참여 대학생의 '음악적 흥미도'를 측정하였으며, 프로그램 참여자를 대상으로 프로그램을 통해 깨닫게 된 점, 느끼게 된 점을 팀원들과 나눈 후 성찰일지를 작성하도록 하였다.

3. 스토리텔링을 활용한 통합적 교양 음악교육 프로그램 효과검증

N시에 위치한 4년제 대학 교양수업을 수강한 학생 40명으로 실험집단 19명, 비교집단 21명이 구성되었으며 성별과 학년 구성은 〈표 4〉와 같다.

표 4 연구대상의 일반적 배경

$N=40$

성별	N	%	학년	N	%
남자	18	45	1학년	10	25
			2학년	12	30
여자	22	55	3학년	12	30
			4학년	6	15

본 연구는 유명의(2013)가 구성한 도구를 박은희, 하주현(2017)이 재구성한 음악적 흥미도 측정 도구를 사용하였으며, 본 도구의 하위요인은 '음악에 대한 관심'(3문항), '음악에 대한 정서'(5문항)으로 구성하였으며, 설문 문항은 Likert방식 5점 척도로 구성하였다. '음악에 대한 관심'은 음악의 활동 경험이나 학습의 경험으로 인하여 형성되는 태도에 관한 문항으로 구성되었으며, '음악에 대한 정서'는 음악에서부터 느껴지는 만족감으로 음악을 좋아하게 되는 감정적인 변화 또는 반응에 관한 문항들로 구성되었다. 본 연구에서 음악적 흥미도의 각 하위요소별 신뢰도 *Cronbach's a*는

'음악에 대한 관심' .900, '음악에 대한 정서' .917, '음악적 흥미도 전체' .949으로 나타났다.

표 5 연구 도구의 문항수 및 신뢰도

하위 영역	문항수	신뢰도
음악에 대한 관심	3	.900
음악에 대한 정서	5	.917
음악적 흥미도 전체	8	.949

대학 교양 음악 교수자 2인과 교육학전공 교수 1인으로부터 이론적 근거 및 목적, 목표 설정의 적절성, 프로그램 내용의 적절성, 교수학습 방법의 적절성, 실현 가능성 등에 대한 자문을 받아 수정·보완하였다. 예비연구로써 본 연구에 참여하지 않은 대학생 4명을 대상으로 '음악적 흥미도'에 대한 예비검사를 시행하였으며, 문항의 적절성과 소요시간을 점검하였다. 개발된 프로그램으로 2019년 2학기 교양과목(서양음악사)에서 주 1회 2시간씩 12회 실험집단 대학생 19명을 대상으로 교육을 시행하였다. 프로그램 시작 전인 교과목 1주차에 사전검사로 '음악적 흥미도' 검사를 실험집단과 비교집단 대학생을 대상으로 시행하였으며, 프로그램 종료 후 15주차에 사전검사와 동일한 검사지로 사후검사를 시행하였다.

사전과 사후검사를 통해 수집된 자료는 SPSS 21.0 프로그램을 이용하여 통계적 처리되었는데, 첫째 연구대상의 일반적 배경을 알아보기 위하여 빈도분석을 시행하였다. 둘째, 프로그램을 시행하기 전 음악적 흥미도 사전검사 총점의 t-검증에서 실험집단(M=17.47, SD=5.11)과 비교집단(M=15.76, SD=5.99)이 유의한 차이가 없어(t=.967, p>.05) 음악적 흥미도의 동질성을 확인하였다. 셋째, 스토리텔링을 활용한 통합적 교양 음악 교육 프로그램을 적용한 후 실험집단과 비교집단의 사후 점수의 차이를 독립표본 t-검증하였다.

4. 스토리텔링을 활용한 통합적 교양 음악교육 프로그램 시행 결과

본 연구에서 실험집단과 비교집단의 사전, 사후검사 점수를 t-검증 결과, 〈표 6〉에 의하면, 전체 '음악적 흥미도' 사전검사에서 실험집단(M=17.47, SD=5.11)과 비교집단(M=15.76, SD=5.99)은 유의한 차이가 없었다(t=.967, p>.05). 그러나 사후검사에서는 실험집단의 전체 '음악적 흥미도'(M=19.79, SD=4.94)가 비교집단의 전체 '음악적 흥미도' 점수(M=15.76, SD=6.00)보다 4.03점 높았으며, 이러한 차이는 유의한 것으로 나타났다(t=2.328, p<.05).

표 6 '음악적 흥미도' 사전사후 검사 결과

N=40

구분		집단	N	M	SD	t
음악적 흥미도	사전	실험집단	19	17.47	5.11	.967
		비교집단	21	15.76	5.99	
	사후	실험집단	19	19.79	4.94	2.328*
		비교집단	21	15.76	6.00	

** p<.01

〈표 7〉에 의하면, '음악에 대한 관심' 사전검사에서 실험집단(M=7.11, SD=2.28)과 비교집단(M=6.05, SD=2.50)은 유의한 차이가 없는 것으로 나타났다(t=1.399, p>.05). 그러나 사후검사에서는 실험집단의 '음악에 대한 관심'(M=7.52, SD=1.50)이 비교집단의 '음악에 대한 관심' 점수(M=6.50, SD=2.50)보다 유의한 수준으로(t=2.291, p<.05) 높은 것으로 나타났다.

표 7 '음악에 대한 관심' 사전사후 검사 결과

N=40

구분		집단	N	M	SD	t
음악에 대한 관심	사전	실험집단	19	7.11	2.28	1.399
		비교집단	21	6.05	2.50	
	사후	실험집단	19	7.52	1.50	2.291*
		비교집단	21	6.05	2.50	

* $p<.05$

〈표 8〉에 의하면, '음악에 대한 정서' 사전검사에서 실험집단(M=10.37, SD=3.30)과 비교집단(M=9.71, SD=3.65)은 유의한 차이가 없었으며 (t=.592, $p>.05$), 사후검사에서도 실험집단의 '음악에 대한 정서'(M=12.26, SD=4.48)가 비교집단의 '음악에 대한 정서'(M=9.71, SD=3.65)는 유의한 차이가 없었다(t=1.980, $p>.05$)

표 8 '음악에 대한 정서' 사전사후 검사 결과

N=40

구분		집단	N	M	SD	t
음악에 대한 정서	사전	실험집단	19	10.37	3.30	.592
		비교집단	21	9.71	3.65	
	사후	실험집단	19	12.26	4.48	1.980
		비교집단	21	9.71	3.65	

5. 통합적 교양 음악교육의 방향성 논의 및 제언

스토리텔링을 활용한 통합적 교양 음악교과목에 대하여 수강생들의 음악적 흥미도에는 긍정적인 영향을 끼치는 것으로 나타났다. 본 연구에서 개발된 스토리텔링을 활용한 통합적 교양 음악교육 프로그램의 적용에 대한 효과검증의 결과를 논의하면 다음과 같다.

첫째, 본 스토리텔링을 활용한 통합적 교양 음악교육 프로그램은 대학생의 음악적 흥미도에 긍정적인 영향을 미치는 것으로 나타났다. 이와 같은 결과는 서양음악과 관련된 교육에서 그 시대의 음악작품을 감상만 하는 것이 아니라 음악작품의 사회, 역사, 문화 등과 같은 맥락적 요소와 통합적 접근을 하는 것이 효과적인 교수 방법이라고 제안한 김선미(2016)의 주장을 지지하는 결과이다. 또한 Gordon(1996)이 단순히 음악적 개념과 같은 이론적 접근 등의 교육만이 아닌 음악의 역사 이야기를 들려주는 교수법을 동시에 적용할 때 교육의 효과가 있다는 주장과 일맥상통한 결과라고 할 수 있다. 즉, 서양음악 관련 교양 음악교육을 함에 있어 음악의 외적 요인인 음악의 작곡 배경, 역사적 이야기, 작곡가의 삶 등과 같은 이야기와 음악의 내적 요인인 음악의 멜로디, 리듬, 화성, 형식 등과 같은 음악적 분석을 활용한 스토리텔링 방법이 사용되어야 함을 보여주는 결과이다. 또한 서양음악 관련 음악교육에서 스토리텔링 기법은 타학문과 통합적으로 이해됨으로써 음악에 대한 흥미도가 향상될 수 있음이 입증되었다. 즉, 스토리를 활용한 통합적 음악교육은 스토리의 전체적인 지식을 충분히 이해하기 위해서 학습자는 집중하게 되며, 집중은 학습자를 학습에 충분히 몰입하게 하고, 그 결과 학습의 흥미와 동기를 유발한다는 것이다.

하위 영역별로 살펴보면, 스토리를 활용한 통합적 교양 음악교육은 대학생의 음악적 흥미도 중 음악에 대한 관심에 유의미하게 향상되었다. 본 연구에서 시행한 스토리텔링을 활용한 통합적 교양 음악교육 프로그램을 통해 학습자들은 음악교육에 관한 관심과 더불어 음악 활동에 대한 흥미가 증가하였음을 입증하였다. 이와 같은 연구결과는 이야기 형태의 스토리텔링은 학습자의 흥미와 동기를 적극적으로 유발하며 객관적인 지식과 개념을 쉽게 인지할 수 있게 해주는 교육방법으로서 효과가 있다는 최미숙, 안지영(2014)의 연구를 지지한다. 또한, 본 연구결과는 교육에서 내용 전달이 어려운 객관적 지식과 개념을 인지하는 데 스토리텔링 기법을 활용한 교수법이 효과적이라는 박소화(2012)의 연구결과와 맥을 같이 하며, 스토리텔링 기법을 통해 학습자들이 자신의 필요한 실제적 지식을 쉽게 전달받고 익혀 학습자의 흥미를 끌 수 있다는 김윤은(2017)의 주장을 지지한다.

한편, 스토리텔링을 활용한 통합적 교양 음악교육 프로그램이 음악적 흥미도의 하위 영역인 음악의 정서적 흥미에는 영향을 미치지 않은 것으로 나타났다. 이와 같은 연구결과는 음악을 감상할 때 음악을 이론 중심으로 전달하는 강의식의 교수법이 아닌 음악이 작곡된 동기와 역사적 연관성에 관한 이야기를 알고 이해할 때 음악을 중요하게 여기고 일상에서도 음악을 즐기는 효과를 얻을 수 있다는 Halpern(1992)의 주장과도 상반된 결과이다. 또한, 음악적 사건이나 활동을 통하여 음악의 심미적 감수성 및 정서적 흥미를 증진 시킬 수 있다는 Reimer(2002)의 주장과도 상반되는 결과이다. 본 연구에서 대학생의 음악적 흥미도 중 음악의 정서적 흥미에 영향을 미치지 않은 것은 서양음악에 대한 배경지식이 다양한 학습자에게 스토리를 활용하고 통합적 접근을 통해 음악의 활동 경험이나 학습의 경험으로 인하여 형성되는 태도로서의 음악에 대한 관심은 증진 시킬 수 있으나, 음악에서부터 느껴지는 만족감으로 인해 음악을 좋아하게 되는 감정적인 변화 또는 반응에 관한 음악의 정서적 흥미를 증진 시키기에는, 더 많은 프로그램 제공이 필요한 것으로 사료 된다. 이를 위해서, 음악을 듣고 음악 자체에서 느껴지는 감성을 이입함으로써 학습자가 정서적으로 음악과 자신의 감성을 일치화 할 수 있는 후속 교육 프로그램이 필요하다. 음악감상 후 음악의 배경지식을 들려주기 전에 음악에서 느껴지는 감성을 교수자와 학습자 또는 학습자와 학습자가 충분히 의사소통함으로써 음악의 정서에 몰입, 감정이입, 그리고 음악의 배경지식을 숙지하는 추가적인 프로그램의 제공을 통하여 음악에 대한 정서가 증진 되는지에 대하여 살펴 볼 필요가 있다. 그동안 국내 교양 음악교육에서 다양한 교수법 개발에 대한 필요성이 강조되었으나, 프로그램 개발이나 효과검증에 관한 연구가 부족했던 현실을 고려할 때 스토리텔링을 활용한 통합적 교양 음악교육 프로그램을 개발하고 적용한 본 연구는 대학생의 음악적 흥미를 증진시킬 수 있는 새로운 교양 음악 교수법을 제안했다는 점에서 의의가 있다.

본 연구의 결론을 바탕으로 향후 연구를 위한 제언과 연구의 제한점을 제시하면 다음과 같다. 첫째, 본 연구에서는 스토리텔링을 활용한 통합적 교양 음악교육 프로그램이 대학생의 음악적 흥미도에 영향을 미치는지 보기 위해서 양적 평가로 검증하였으나, 추후 연구에서는 질적 분석을 통한 프로그램의 효과검증이 필요하다. 둘째, 본 연구는 N시의 4년제 대학생을 대상으로 실시하였다. 본 연구결과를 일반화하기 위해서는 연구 대상을 확대하여 교육 프로그램의 타당성을 검증할 필요가 있다. 셋째, 본 연구는 14주 동안 1회 2시간씩 12회의 교육을 통하여 대학생의 음악적 흥미를 증진시켰다. 무엇보다도 스토리텔링을 활용한 통합적 교양 음악교육은 학습자에게 흥미, 몰입 그리고 학습에 대한 동기부여도 가능할 것으로 예측된다. 따라서, 후속 연구에서는 단지 19세기의 서양음악에 한정하지 않고 시대별 서양음악에 대한 프로그램 개발을 통해 학습자가 음악적 흥미도뿐만 아니라 학습자의 몰입과 학습 동기유발 등과 같은 다른 변인에도 긍정적으로 영향을 주는지 확인할 필요가 있을 것으로 사료 된다.

참고문헌

강문숙, 김석우(2012). "내러티브 스토리텔링의 교육적 효용성에 대한 학습자 인식 연구", *사고개발* 8(2), 83-106.

김선미(2016). "통합적 교수학습방법을 활용한 서양음악사 지도방안연구", *음악교육공학* 27, 45-65.

김윤은(2017). "스토리텔링을 적용한 음악 감상수업이 음악적 개념 형성에 미치는 영향", 경인교대 석사 논문.

김은혜(2017). "대학 교양음악과목의 창의적 교수법", *학습자 중심 교과교육연구* 17, 677-695.

김향숙(2001). "음악적성 및 음악흥미와 정서 지능과의 관련성 연구 - 중고생을 중심으로",

『한국음악치료학회지』 3(1), 50-71.

김혜정(2012). "스토리텔링을 활용한 음악 수업 방안에 관한 연구", 국민대학교 석사학위논문.

박소화(2012). "스토리텔링 기반 교수설계 원리 및 모형", 서울대학교 박사학위논문.

박은희(2021). "스토리텔링을 활용한 통합적 교양 음악교육이대학생의 음악적 흥미도에 미치는 영향", 『문화와융합』 43(10), 191-212.

박은희, 하주현(2017). "대학생들의 음악적 흥미에 따른 공감과 창의적 인성의 차이", 교양교육연구 11(2), 449-473.

오유진(2015). "문학·음악·미술을 통합한 대학 교양 수업 연구", 『음악교육공학』 23, 197-217.

오지향, 김선미(2009). "통합적 접근에 의한 대학 교양 음악수업 지도방안연구", 『음악교육연구』 36, 167-203.

유명의(2013). "대학생들의 음악에 대한 관심, 음악을 통한 정서변화 및 음악 활동에 관한 조사 연구", 『조형 미디어학』 16(1), 141-150.

장지원(2012). "21세기 대학 교양 음악수업의 발전 방향에 관한 고찰", 『예술교육연구』 10(3), 183-198.

정지원(2008). "통합교과적 접근에 대한 이해와 음악 지도에서의 이미지 탐색", 『음악교육연구』 33, 139-169.

주성희, 이미선(2015). "대학 교양 음악수업 지도방안", 『음악교육공학』 23, 59-77.

최미숙, 안지영(2014). "스토리텔링을 적용한 노래 부르기 활동이 유아의 언어표현력 및 음악적 태에 미치는 영향", 『어린이 문학교육연구』 15(2), 121-139.

허희옥(2006). "내러티브 스토리텔링 기법을 이용한 멀티미디어 교육 컨텐츠 개발", 『교육공학연구』 22(1), 195-224.

Dewey, J.(1913). *Interest and effort in education,* Boston: Houghton Mifflin.

Gordon, L.(1996). "College Music Appreciation: Pedagogical Approaches and Preliminary Findings", *The College Music Society* 36, 103-113.

Halpern, J.(1992). "Effects of historical and analytical teaching approaches on music ppreciation", *Journal of Research in Music Education* 40(1), 39-46.

Reimer, B. (Ed.). (2002). *World musics and music education: Facing the issues,* Rowman & Littlefield Education.

Tyler, R. W.(2013). *Basic principles of curriculum and instruction,* University of Chicago. University Press.

● 이 장은 문화와융합 학술지 43권 10호에 실린 필자의 논문(박은희, 2021)을 바탕으로 재구성되었다.

11장

푸코의 자기 배려 이론으로 본 자기 성찰 글쓰기 탐색

1. 자기 배려 이론의 의미와 적용의 필요성

　최근 들어 한국의 대학생들은 치열한 취업 경쟁과 진로 모색의 어려움으로 많은 고충을 겪고 있다. 특히 코로나19 사태로 대학생들의 불안감은 더욱 더 심각한 상황에 놓인 것으로 알려져 있다(정용, 구훈정, 2019). 대학생 시기는 청소년 후기와 성인기 초기의 발달 시기로 자아 정체감을 확립하고 친밀감을 형성해야 하는 시기인데(Erikson, 1956), 대학 공동체에서의 고립감과 불안감을 동시에 경험하는 이들에게 있어서는 무엇보다도 자기 이해에 대한 인식과 자기 배려가 중요하다. 왜냐하면 이들이 자신에 대한 부정적 자아개념과 혼란스러운 정체성으로 인하여 현실 도피의 목적으로 위기 상황을 선택할 가능성이 높아질 수 있기 때문이다(황명주, 장용언, 2019). 이와 같이 대학생들에 대한 사회적 관심과 배려에는 우선적으로 대학생 스스로가 자신에 대한 성찰 및 자기 배려의 마음이 필요하다.
　본 연구에서는 대구 소재 K대학교 〈대학 글쓰기〉를 수강하는 학생들을 대상으로 자기 성찰과 자기 배려심 강화를 위한 글쓰기 과정을 실행하고 이들의 글 속에서 자기 성찰과 자기 배려의 의중이 어떠한 과정을 통해 표현되고 있는지 살펴보고자 한다. 대학생들이 쓴 글은 푸코(Michel Foucault)의 자기 배려(epimeleia heautou) 이론, 즉 자기 이해와 자기 성찰 과정을 거쳐 궁극적으로는 자기 성장 및 자기 배려로 발전하게 된다는 이론을 중심으로 살펴보고자 한다.

푸코는 세계화 및 글로벌화를 표방하며 무한경쟁을 부추기는 신자유주의 체제에서 현대인이 본래의 자아를 상실했다고 판단하고, 이를 회복하는 방법으로 '자기 배려' 이론을 제시했다. 자기 배려는 고대 그리스어 'epimeleia heautou'를 번역한 것이다. 그 어원을 살펴보면, epimeleia는 '돌봄'을, heautou는 '자기 자체'를 가리키는 것으로, '자기 배려'로 번역된다. 자기 배려는 개인이 자신을 윤리적 주체로 인식하고 구성하는 실천적인 존재(삶)의 기술이다(Foucault, 1990; 박수진, 2018:10 재인용). 이러한 자기 배려의 원칙은 '자기 자신을 돌보기', '자기 자신을 배려하기', '자기 자신으로 되돌아가기', '자기 자신에게서 즐거움을 발견하기', '자기 자신과 친구가 되기', '자신을 치료하기', '자기 자신을 존중하기' 등과 같은 일련의 자기를 보살피고 돌보는 표현 속에서 형성되고 만들어졌다(Foucault, 2007; 박수진, 2018:10 재인용).

여기서 푸코가 말하는 자기 배려는 '자기 자신을 돌보는 행위이자 동시에 자기 자신에 몰입하는 행위'(Foucault, 2007)를 뜻한다. 즉, 자기 배려는 한 개인이 자기 자신만의 법과 규칙, 운영 기술, 자신의 윤리와 자아의 실천을 부여함으로써 외부로부터의 권력의 지배를 최소화할 수 있도록 하고, 훈련과 실천으로 자기 변화를 이루어가는 것을 말한다. 이때 권력은 우리 사회에 작용하는 틀로서의 권력으로, 개인이 가지고 있는 기대나 이상을 의미한다.

또한 푸코는 자기 배려의 실천 방법으로 자기 자신을 구성하는 글쓰기 훈련을 강조한다. 다시 말해 그는 글쓰기란 자기 자신과 연결되어 있다고 보았으며, 글쓰기의 주제나 대상이 자기 자신이라고 설파하고 있다. 이는 자신의 사유와 자신을 동일시하기 때문이다. 특히 자신이 쓴 것을 다시 읽는 행위는 주체가 진리와 로고스(logos)를 자기화하는 신체적인 훈련이라고 하였다(Foucault, 2007). 이러한 점은 대학생들이 자기 배려에 도달함으로써 이들 내면의 깊은 활력과도 만날 수 있는 주요 지점이다. 왜냐하면 이러한 심층의 과정에서 대학생들은 스스로 쓴 텍스트를 자유롭게 의미화함으로써 자기 자신의 내면을 진지하게 경청할 수 있을 뿐만 아니라 텍스트 속에 서술된 내용에 대한 적절한 거리두기, 즉 텍스트 속 자신의 내면에 대한 배려가 암묵적으로 녹아들 수 있기 때문이다.

이처럼 최근 푸코의 자기 배려를 이론적 차원에서 상담이나 교육, 심리 분야에 접목한 국내 연구가 이루어지고 있는데, 이러한 연구들 중에는 중년 기혼여성들이 치료학을 공부하면서 체득하게 되는 자기 이해 및 자기 성장을 통해 궁극적으로 자기 배려의 차원에 도달하게 되는지를 밝힌 연구(Sungok Jeong, Yonsuk Chae, 2021)를 들 수 있다. 또한 푸코의 '자기 배려'의 의미를 현대적 시각에서 바라보고 이를 사이코드라마에 적용하여 고찰한 연구를 들 수 있는데, 이는 변화하는 주체적 삶을 살아가는 자기 배려의 사이코드라마는 어떻게 진행해야 하는지, 지향해야 할 내용이나 방법에 대한 시사점을 얻는 데 의미를 두고 있다(허미경, 2018:75). 또 푸코의 자기 배려 이론에 기초하여 시나리오 치료 프로그램을 개발하고 그 효과를 검증한 연구도 있다(박수진, 2018). 이러한 연구들은 푸코의 자기 배려 이론이 다양한 영역에서 검증의 도구가 될 수 있다는 것을 잘 보여주며 윤리교육, 도덕교육, 철학 상담, 심리치료 분야에서 자기 배려를 윤리적 실천의 방법으로, 혹은 자기 수양으로, 그리고 삶의 태도를 변화시키는 방법의 하나로 소개하고 있다. 그뿐 아니라 경희대학교 '글쓰기 1' 수업과 교재인 『나를 위한 글쓰기』를 중심으로 '자기 성찰적 글쓰기'의 이론과 실제를 살펴본 연구도 있다. 이는 20명의 적은 인원으로 온-오프라인 수업을 병행하며 체험을 중심으로 비판적 글읽기와 창의적인 글쓰기를 통합하는 가운데 '자기 서사와 표현, 탐색'으로서의 문제의식을 공유한 글쓰기이다. '자기 성찰적 글쓰기'는 '나'가 '너'를 거쳐 '우리'와 '타자'의 문제의식을 공유하는 출발점으로서의 자기 성찰을 강조한 글쓰기이다(오태호, 2012:65-66). 또 글쓰기의 본질이 삶 쓰기에 있는 것처럼, 평소 가지고 있던 글쓰기에 대한 매력으로부터 내러티브를 결합한 글쓰기의 필요성을 중요하게 보는 연구(강현석 외, 2021:53)가 있다. 이외에 신입생을 대상으로 자신에 대해 성찰하고 내러티브를 형성해 내는 교양인으로, 또한 사회에서 요구하는 의사소통 및 비판적 성찰 능력을 갖춘 인재로서 필요한 자기의 내러티브를 만들어 내는 글쓰기에 대한 연구(성은혜, 2020:112)도 있다. 이를 토대로 본 연구에서는 K대학교 교양과목인 〈대학 글쓰기〉에 참여한 대학생들의 '자기 성찰과 글쓰기'에 관한 내러티브 텍스트들을 푸코의 자기 배려 이론에 근거하여 그 의미를 탐색하고자 한다.

2. 〈대학 글쓰기〉 강의에서 글쓰기의 의미

1) K대학교 글쓰기 교재의 변천 과정

지금까지 K대학교의 글쓰기 교재는 교양교육의 방향성 및 지침이 수정될 때마다 몇 차례에 걸쳐서 개편되었다. 현재와 같은 교양 강좌로서의 〈글쓰기〉는 2008년에 최초로 단행되었는데, 교재는 이듬해 출간되었다. 영역별로 나누어 편찬된 교재를 소개하면 다음과 같다.

- 글쓰기교과연구회, 『인문학 글쓰기』, 경북대학교출판부, 2009.
- 글쓰기교과연구회, 『사회과학 글쓰기』, 경북대학교출판부, 2009.
- 글쓰기교과연구회, 『과학기술 글쓰기』, 경북대학교출판부, 2009.

이들 교재는 공통과정과 특화과정으로 구성되어 있다. 공통과정은 1

주~7주(교재 1장~7장), 특화과정은 9주~14주(교재 8장~13장)로 이루어져 있다. 특히 특화과정은 Ⅲ부 주제 글쓰기와 Ⅳ부 전공 글쓰기로 나눌 수 있다. 세부적인 내용은 다음과 같다.

표 1 2010년 1학기 글쓰기 강의를 위한 신규 강의 담당 선생님 연수회
(경북대학교 기초교육원, 2010.2.16, 3쪽)

	인문학 글쓰기	사회과학 글쓰기	과학기술 글쓰기
	Ⅲ. 인문학적 주제 탐구와 표현	Ⅲ. 사회과학적 주제 탐구와 표현	Ⅲ. 과학기술적 주제 탐구와 표현
Ⅲ부	제8장 철학과 인간의 삶 제9장 역사와 사회 변동 제10장 진리와 윤리의 두 얼굴 제11장 문학예술과 현대사회	제8장 개인과 사회의 관계 제9장 대중문화의 안과 밖 제10장 민주주의를 바라보는 시선 제11장 자본주의의 빛과 그늘	제8장 일상생활 속의 과학기술 제9장 인간과 환경의 대립과 공존 제10장 첨단과학 시대의 새로운 윤리 탐구
	Ⅳ. 인문학 글쓰기의 실제	Ⅳ. 사회과학 글쓰기의 실제	Ⅳ. 과학기술 글쓰기의 실제
Ⅳ부	제12장 예술 비평문 쓰기 제13장 문학적 상상력과 글쓰기	제12장 시사비평문 쓰기 제13장 창의적 제안서 쓰기	제11장 제품 사용 설명서 쓰기 제12장 시청각 발표를 위한 글쓰기 제13장 창의적 제안서 쓰기

K대학교에서는 2014년까지 이 교재를 사용해오다가 영역별 특화과정 예문의 시의성으로 인해 2015년에 다시 교재를 개편하였다. 영역별로 개편된 교재의 내용은 다음과 같다.

- 글쓰기교재편찬위원회, 『인문학 글쓰기』, 경북대학교출판부, 2015.
- 글쓰기교재편찬위원회, 『사회과학 글쓰기』, 경북대학교출판부, 2015.
- 글쓰기교재편찬위원회, 『과학기술 글쓰기』, 경북대학교출판부, 2015.

표 2 영역별 교재 후반부 내용 (각각의 교재 참고)

	인문학 글쓰기	사회과학 글쓰기	과학기술 글쓰기
제3부	제3부 전공 탐색과 글쓰기 제8장 인문학 보고서 쓰기 제9장 인문학 에세이 쓰기 제10장 자기소개서 쓰기	제3부 전공 탐색과 글쓰기 제8장 사회과학 보고서 쓰기 제9장 사회과학 에세이 쓰기 제10장 자기소개서 쓰기	제3부 전공 탐색과 글쓰기 제8장 과학기술 보고서 쓰기 제9장 과학기술 에세이 쓰기 제10장 자기소개서 쓰기
제4부	제4부 직업 탐색과 글쓰기 제11장 스토리텔링과 글쓰기 제12장 인문학 제안서 쓰기 제13장 프레젠테이션 글쓰기	제4부 직업 탐색과 글쓰기 제11장 사회과학 제안서 쓰기 제12장 홍보를 위한 글쓰기 제13장 프레젠테이션 글쓰기	제4부 직업 탐색과 글쓰기 제11장 과학기술 제안서 쓰기 제12장 기술적 글쓰기 제13장 프레젠테이션 글쓰기

K대학교에서는 2015년에 만들어진 이 교재를 1년 동안 사용하다가 이듬해에 개정하기에 이르렀다. 이 역시 영역별 예문의 시의성으로 인해 의견 수렴 결과, 부분 수정과 예문 교체가 이루어졌고, 보충 설명, 중복 삭제 및 재배치하였다. 2019년까지 사용한 이 교재는 제10장 자기소개서 쓰기와 각각의 영역별 제안서 쓰기, 이와 더불어 제13장 프레젠테이션 글쓰기에 주안점을 두고 있다. 그러다가 영역별로 나뉘었던 교재를 하나로 새롭게 통합하여 2020년 『대학 글쓰기』를 발간하기에 이르렀다.

- 경북대 글쓰기교재편찬위원회, 『대학 글쓰기』, 경북대학교출판부, 2020.

2) K대학교 『대학 글쓰기』 교재의 특징: '자기 성찰과 글쓰기'의 의미

2020년에 발간된 『대학 글쓰기』 교재를 바탕으로 한 2021년 1학기 〈대학 글쓰기〉 강의계획서는 다음과 같다.

표 3 2021년 1학기 〈대학 글쓰기〉 강의계획서 전반부_강의내용 및 일정

no	수업목표 및 학습내용	수업방법 및 매체	과제 및 연구문제	비고
01	강의 안내 및 글쓰기 능력 진단	-강의 소개	[글쓰기 윤리서약서]작성 [글쓰기]대학글쓰기를 수강하는 목적 (과정을 통해 이루고자 하는 것)	
02	글쓰기의 의미와 읽기	-교재 1장	[글쓰기1]표절의 사례를 한 개 찾고 해당 사례의 문제점 적기 [글쓰기2]『군주론』에 대한 논평문 쓰기	
03	자기 성찰과 글쓰기 1. 나를 성찰하기 1) 나를 이해하기	-설명, 실습 -교재 3장 1절 -조원 구성	[조별활동1] 발상모으기/분류/생각지도그리기 [조별활동2]주제문 작성/개요 작성1	
04	자기 성찰과 글쓰기 2) 타인과의 관계 속에서 나를 보기 3) 내가 만들어가고 싶은 나	-설명, 실습 -교재 3장 1절 -글쓰기	[글쓰기]나를 성찰하는 글쓰기	
05	자기 성찰과 글쓰기 2. 나를 성찰하는 글쓰기 1) 나에게 말을 거는 글 2) 대상과 소통하는 글 3) 나의 미래를 상상하는 글	-설명, 실습 -교재 3장 2절		
06	글쓰기의 과정 1	-교재 2장 1절		
07	글쓰기의 과정 2	-교재 2장 2절	[글쓰기]주제문과 개요 작성2 [글쓰기]서론 쓰기	
08	글쓰기의 과정 3	-교재 2장 3절	[글쓰기]서론 고쳐쓰기+본론과 결론 쓰기	

〈표 3〉에서 보듯, K대학교 『대학 글쓰기』 교재는 시대를 거듭한 끝에 대학생들의 자기 성찰 및 자아정체성 관련 소재가 대폭 강화되었음을 알 수 있다. 이러한 소재는 강의 초반 3주간에 걸쳐 수행이 되지만 강의 전반의 기본 취지가 대학생들이 자신과 타인과의 관계를 설정하고 이를

세계와 사회 속에서 일어나는 문제를 탐색하고 정립해가는 것으로 방향이 맞춰져 있다. K대학교의 〈대학 글쓰기〉 강의목표는 "읽기, 쓰기, 토론 등 다양한 방법을 통해서 의사소통 및 공감 능력을 기른다."이다. 이를 위해서 학생들은 여러 차례에 걸쳐서 짧은 글을 써 보고 또 1,000자 글쓰기도 세 차례에 걸쳐서 해봄으로써 자기표현 능력 및 타인과의 공감 능력을 이론과 실전 과정을 통해 경험하게 된다. 세부적인 강의 개요를 들면 다음과 같다. 첫째, 읽기의 의미를 다시 살펴보고 자료 읽기의 방법을 체계적으로 익힌다. 둘째, 자료를 읽고 정리한 후, 이를 글쓰기의 전체 과정에서 활용하는 능력을 기른다. 셋째, 자기를 대상으로 삼아서 '나를 성찰'하고, 세계를 대상으로 삼아서 '세계를 탐색'한다. 그리고 그 결과를 바탕으로 한 편의 글을 써본다.

본고에서는 이 중 세 번째 세목인 '자기 성찰과 글쓰기'에 초점을 맞추기로 한다. 2020년에 출간되어 2021년 1학기까지 활용된 교재『대학 글쓰기』에서 새롭게 추가된 부분은 바로 '제3장 자기 성찰과 글쓰기'이다. 이는 2009년이나 2015년에 발간되어 사용했던 교재에서는 찾아볼 수 없는 부분으로, 그만큼 대학생들이 대학 시절 자기 인생을 돌아보고 설계하는 것이 중요하다는 것을 부각시켰다. 이에 따라 나를 성찰하는 의미를 먼저 살펴본 후, 나를 성찰하는 글쓰기를 시행한다. 이는 복잡한 현대 사회를 살아가는 대학생들에게 글쓰기의 이론은 물론 무엇보다도 자기를 돌아보고 자기를 사랑하며 자아정체성을 확립하는 것이 시급한 문제임을 인식하면서 새롭게 추가된 부분이다. 이에 본 연구에서는 대학생들이 본 강의에서 새롭게 추가된 자기 성찰 과정을 어떻게 바라보는지를 학생들의 내러티브 글을 통해 살펴보고자 한다.

3장 1절 '나를 성찰하기'에서 '나를 이해하는' 게 우선임을 제시하고 있다. 나에 대한 이해는 나만의 목소리를 내는 첫걸음이면서, 앞으로 어떻게 살아야 할지 인생의 방향을 결정하는 길이 되기도 한다. 또한 나를 이해하는 것의 가장 기본은 나를 객관적으로 바라보는 것이다. 이렇듯 나를 이해한다는 것은 객관적인 시각에서 자신의 특성, 능력, 강점과 약점, 꿈 등을 파악하는 것이다. 현재의 나에 대한 객관적인 분석 없이 미래를 계획하거나 꿈을 설정하는 것은 불가능(홍미주, 2020:82-86)하기 때문이다.

다음으로, '타인과의 관계 속에서 나를 볼' 필요가 있다. 내가 느끼는 감정과 생각, 경험들도 내가 속한 세계 속에서 존재하고, 세계와 사회 속에서 의미 있게 다가오기 때문이다. 타인과의 관계 성찰을 통해 나를 이해하는 것은 내가 맺고 있는 관계를 파악하는 것에서 시작한다. 즉 관계의 특성과 나에게 있어서의 의미, 관계를 맺고 있는 다른 사람이 나에게 미치는 영향 또는 내가 다른 사람에게 미치는 영향 등을 파악하는 게 중요하다. 이러한 관계에 대한 이해는 나를 다면적·입체적으로 이해하는 방법이 되고, 다른 사람과의 긍정적인 관계 맺기에도 도움이 될 뿐 아니라 그 속에서 성장하는 나를 위해서도 필수적(홍미주, 2020:89-92)이기 때문이다.

마지막으로, '내가 만들어가고 싶은 나'를 만들어갈 필요가 있다. 나에 대한 이해를 바탕으로 미래를 계획하고 되고 싶은 나를 설정한다. 장차 어떤 일을 하고 싶은지, 하고자 하는 구체적인 목표가 무엇인지 설정하는 것뿐만 아니라 자신의 삶 전체를 관통하는 목표와 가치관을 세우는 것(홍미주, 2020:94)이 중요하기 때문이다. 이처럼 학생들은 제3장을 배워나가면서 자기를 들여다보는 시간을 갖고 실제 자신을 미세하게 들여다봄으로써 자아에 맞닥뜨리게 되고, 인생의 거시적인 목표와 미시적인 목표를 세우는 것을 〈대학 글쓰기〉를 배우는 동안에 경험하게 된다. 이어서 '나를 성찰하는 글쓰기'로 연계하여 끊임없이 나에게 말을 걸거나 나의 미래를 상상하며 1,000자 글쓰기를 한다. 본고에서는 이 부분을 미셸 푸코의 자기 배려 이론에 근거하여 접근해보기로 한다.

3. [자기 성찰과 글쓰기]에 관한 설문조사 내용 및 연구 방법

본 연구의 분석 틀인 푸코의 자기 배려 이론을 포함한 응용인문학에서는 글쓰기 활동이 읽고 말하는 것 이상의 '최종심급'(고미숙, 2019:107)으로 간주되는 것이 일반적이다. 특히 인문 치료학이나 독서 치료학에서는 글쓰기 행위가 치유 과정들 중 자기 적용 단계로 보고 글쓰기 이전 단계의 활동들에서보다는 더 많은 비중을 두고 의미화하기도 한다. 이는 글쓰기 과정이 읽기와 말하기, 듣기와는 달리 글의 주제를 글말로 가져오기 위해 자신을 돌아본다거나 기억을 회상하는 등, 자기 성찰의 과정들을 동반해야 가능하다고 보기 때문이다(채연숙, 2010:52). 다시 말해 쓰는 사람은 주제를 막론하고 일차적으로 자신의 삶 속으로 들어가야 한다. 이에 본 연구에서는 강의 주제인 자기 배려 및 자기 성찰과 관련된 설문조사를 실시하였다. 내용 또한 위 주제들과 관련하여 다음과 같이 구성하였으며 설문조사의 결과들이 어떠한 함의를 내포하고 있는지를 분석하였다.

조사 대상: 2021년 1학기 〈대학 글쓰기〉 수강생(생물학 전공 23명)
조사 방법: 설문지 조사(2021년 6월 4일 작성)
조사자: 강의 담당 교수

표 4 [자기 성찰과 글쓰기] 수강 후 차이점-자기 이해

(단위: 명)

subject	
자기 성찰	17
가치관 재정립	4
취업 준비에 필요	1
잘 모르겠음	1

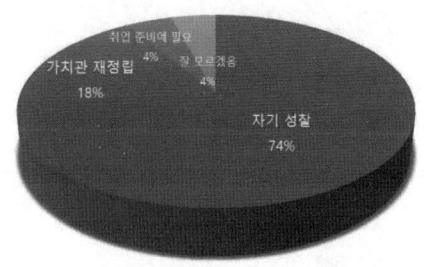

그림 1 [자기 성찰과 글쓰기] 수강 후 차이점-자기 이해

    2021년 1학기 생물학 전공 23명으로 구성된 〈대학 글쓰기〉 수강생은 1명을 제외한 22명이 모두 대학 신입생이다. 대학교 1학년이라는 시기는 획일적인 입시 공부를 마치고 난 직후로, 자신에 대한 깊이 있는 탐색이나 성찰이 절대적으로 필요한 때이다. 자신에 대해 알아가고 또 이를 바탕으로 미래를 탐색하는 시기가 바로 글쓰기 교육이 중점적으로 이루어지는 1학년 때이다(성은혜, 2020:113).

    위 설문조사 결과를 살펴보면, 2020년에 발간된 『대학 글쓰기』가 읽기에 중점을 두어 예문 중심으로 짜여져 있을 뿐만 아니라 이를 토대로 쓰기로 연결시키는 데 주안점이 있는 것과 잘 연계되어 있다. 학생들은 한 학기에 9번 글쓰기를 하는 동안, 특히 '제3장 자기 성찰과 글쓰기' 부분에 중점을 두어 글을 썼는데, 이 과정을 통해 자기 자신을 잘 돌아보게 되었다는 글이 74%(17명)에 해당된다. 학생들은 자기 성찰 글쓰기를 통해 자신이 어떤 사람인지에 대해 온전히 자신의 시선으로 바라보게 되었고, 자신의 가치관을 다질 수 있게 되었으며(18%, 4명), 자신을 아는 것이 가장 중요하면서도 어렵다는 것을 알게 되었다. 또한 글쓰기를 통해 자신을 되돌아볼 유일한 기회가 되었음을 토로하고 있는데, 이는 그만큼 대학생들에게 있어서 '자기 이해'는 어렵고도 중요하다는 점을 시사하고 있다. 또한 취업 준비에도 적합하다는 의견(4%, 1명)도 있었고, 잘 모르겠다는 학생(4%, 1명)도 있었는데, 이는 아직 대학 1학년생이라 글쓰기가 인생 설계에 유익하다는 인식에 미치지 못한 것을 보여주고 있어, 이에 대한 차후 대책이 필요한 것으로 보인다.

표 5 [자기 성찰과 글쓰기] 수강 후 차이점-자기 성장

(단위: 명)

subject	
글쓰기 기술 향상	11
내면 성장	4
긍정적인 자기 평가	3
새로운 목표 설정	2
잘 모르겠음	3

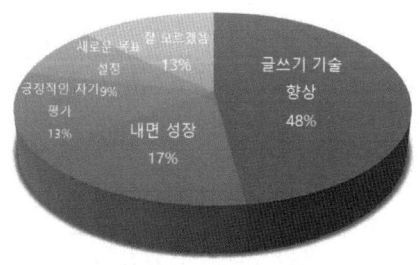

그림 2 [자기 성찰과 글쓰기] 수강 후 차이점-자기 성장

다음으로, 학생들은 스스로 글을 쓰면서 글쓰기 기술이 향상되었을 (48%, 11명) 뿐 아니라 깊이 있게 사유하는 계기가 되었으며 글 속에 성장 과정이 잘 담긴 것 같다(17%, 4명)고 답했다. 지금의 자신은 성장의 결과이며, 성장하는 과정이라는 것도 알게 되었고 글쓰기를 하면서 과거에 머물지 말자는 다짐을 했으며, 앞으로 더 나아가려는 사람이 되려고 노력 중이라고 표현하기도 했다. 학생들은 '자기 성찰 글쓰기를 통해 적극적인 자기 평가(13%, 3명)로까지 연결짓고 있으며, 자신이 이루어야 할 새로운 목표를 정하고(9%, 2명), 이 목표를 이루기 위해 노력하겠다는 면도 보여주고 있다. 또 자기 성찰 글쓰기를 통해 자기 성장이 이루어졌는지 잘 모르겠다는 응답(13%, 3명)도 있는데, 이는 글쓰기에 급급한 나머지 자신을 돌아볼 여유가 없었음을 드러낸 것으로 보인다. 이는 설문조사

에 앞서 교수자의 충분한 설명과 전달이 필요하다는 것을 뜻하는데, 이는 푸코의 자기 배려 이론 중 자기 자신을 돌보는 행위이며, 자기 자신에 몰입하는 행위임을 잘 보여주고 있다.

표 6 [자기 성찰과 글쓰기] 수강 후 차이점-자기 변화

(단위: 명)

subject	
자신감 형성	11
자기 이해 능력 향상	6
변화에 대한 두려움 감소	3
새로운 관계 형성	1
잘 모르겠음	2

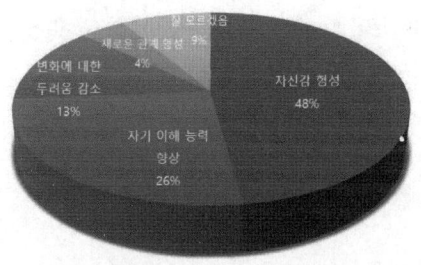

그림 3 [자기 성찰과 글쓰기] 수강 후 차이점-자기 변화

마지막으로, 학생들은 글쓰기 과정을 거치면서 '자기 이해 - 자기 성장 - 자기 변화'로 이어지는 면을 보여주고 있다. 글을 쓰면서 자기를 검토하게 되고, 글쓰기 기술이 향상되었을 뿐만 아니라 내적 성장이 이루어졌고, 자신감을 회복하게 된 면을 잘 보여주고 있다. 예전에는 글쓰기에 대한 두려움이 컸었는데, 글을 쓰면서 자신의 인생에 대한 계획을 세울 수 있게 되고 글쓰기에 대한 두려움이 많이 없어져서 스스로에 대한 자신감이 향상된 면(48%, 11명)을 보여준다. 글쓰기는 단순히 기술이 아니라, 자기 표현으로서 평생 연마해야 하는 것을 인지하여 자기를 이해하게 된 면 (26%, 6명)도 보여준다. 이는 다른 사람들의 글도 읽고 들으며 자신의

생각을 정리할 뿐 아니라 다른 사람들의 생각을 알게 되고 그것이 또 자신의 생각에 영향을 미치는 것을 느끼며 세상과 더 소통할 줄 아는 '나'가 되었음을 토로한 것이다. 또 변화가 감소했다는 학생(13%, 3명)도 있었는데, 이는 교수자의 사전 충분한 설명과 안내가 필요한 것을 보여준다. 그뿐 아니라 새로운 관계를 형성하기에 이르렀다는 학생(4%, 1명)도 있었으며, 잘 모르겠다고 응답한 학생(9%, 2명)도 있었다. 결국, 학생들은 '자기 성찰과 글쓰기'를 통해 대체로 '자기 변화'에 이른 면을 여실히 보여준다. 이는 학생들이 쓴 글을 피드백하고나서 4명의 글을 발표하게 함으로써 경청한 결과, 여기까지 이른 면을 보여주는 효과라 할 수 있다.

이와 연결해서 고전평론가 고미숙은 '다시 쓰기(Re-Writing)'를 하는 과정에서 '글쓰기의 존재론'을 설파하고 있다. 그는 인간이 글을 쓴다는 것은 살아가는 방식의 다름이 아니며 쓰기의 능력을 특별히 부여받은 것이 아닌 인간이면 누구나 '존재의 GPS'로서의 글쓰기 능력을 내재하고 있다고 역설하고 있다. 다시 말해 우리 인간의 '삶의 비전을 여는 것이 곧 쓰기(고미숙, 2019:47)'로 보고 있다.

"요컨대 말과 글은 운명을 좌우하는 결정적인 행위라는 뜻이다. 음식을 먹으면 반드시 소화과정을 거쳐야 한다. 그 에너지로 삶을 영위한다. 그러한 이치는 지식 활동도 마찬가지다. 읽었으면 신체와 융합되어야 한다. 그러면 자연스럽게 사유의 지도를 바꾸고, 말의 회로를 변경하게 되어 있다. 그것이 쓰기다. 하지만 지금 읽기와 쓰기는 아득하게 멀리 있다. 아니, 쓰기로 가는 길은 아예 끊어져 버렸다. 이 간극만큼이 교육의 타락이다. 그러므로 읽기와 쓰기의 아득한 거리를 극복하는 지점에서 교육의 비전이 되살아나야 한다. 책의 원형이자 모태인 나무는 말한다. 부디 읽어라! 그리고 읽었으면 써라!"(고미숙, 2019:63)

이처럼 대학생 글쓰기에서 이들의 삶이 글과 연결되어 있듯, 인류의 이치와 지혜를 전승해 온 글쓰기에도 이것이 인간의 신체와 융합되어 있다고 보고 있는데, 〈대학 글쓰기〉에 참여한 수강생들 또한 우선 스스로를 이해하고 배려하기 위해 최우선적으로 수행해야 하는 것이 바로 이들이 살아온 만큼의 삶 속으로 다시금 들어가서 삶의 활력을 걷어 올리는 일이라 하겠다.

4. 푸코의 자기 배려 이론으로 본 대학생 내러티브 글쓰기의 성과

이 장에서는 2장에서 살펴본 것을 토대로, 4주 2차시에 해당하는 2021년 3월 26일 금요일 수업 시간 중에 학생들 각자가 '자기를 성찰하는 글쓰기'를 직접 작성하는 시간을 가졌다. 이때 주어진 질문은 2장에 나온 〈학습활동〉 내용을 참고하여 다음과 같이 정리해서 제시했다. 세 가지 항목 중 자신이 쓰고 싶은 것을 골라 제목도 붙이고 자신을 최대한 표현해 보도록 권했다.

	• 다음 중에서 자신이 쓰고 싶은 사항을 한가지 골라 글을 쓰세요.
1	나에게 깊은 영향을 준 사람(닮고 싶거나 롤 모델로 삼고 싶은 사람)에 대해 써 보세요.
2	자신의 삶을 관통하는 목표와 꿈이 있다면 그것은 무엇인가요? 그 목표와 꿈을 이루기 위해 내가 해야 할 것이 무엇인지 써 보세요.
3	지금까지 살아오면서 가장 행복했던 일, 슬펐던 일 또는 분노했던 일을 떠올려보고, 그 일들을 통해 중요하게 생각하는 가치가 무엇인지 써 보세요.

학생들이 쓴 내러티브의 주요 내용들을 정리해보면, 다음과 같다. 학생들은 그동안 살아오면서 억눌려있던 자신의 모습을 돌아보면서 자신의 감정과 정서를 토로했다. 우선, ① 나에게 깊은 영향을 준 사람 또는 닮고 싶거나 롤 모델로 삼고 싶은 사람으로는 '어머니', '언니', '친구', 심지어는 '동생'까지 쓴 학생이 있었다. 이는 자신이 성장해오는 동안 가까이

있는 주변 사람들의 영향이 크게 작용한 것을 알 수 있다. 또 '담임 선생님', '생명과학 선생님', '영어 과외선생님'을 자신의 인생의 멘토로 삼는 경우도 있었고, 요리 연구가 '백종원'을 비롯하여 역사 속의 인물 '조조'를 꼽는 학생도 있었다.

다음으로, ② 자신의 삶을 관통하는 목표와 꿈이 무엇인지, 그리고 그 목표와 꿈을 이루기 위해 내가 해야 할 것이 무엇인지를 요구하는 질문에, "내 삶의 궁극적인 목표"가 '행복'이라고 답하고 "경제적·정신적으로 여유로워 남들에게 마음껏 베풀며 살 수 있는 사람"이 되고 싶다는 글도 있었다. 또 "인생을 살면서 최대한 많은 사람과 깊은 관계를 만들고 싶"고, "이 목표를 이루기 위해서는 내가 선한 사람이 되어야 하고 타인에게 좋은 영향력을 주어야 한다."는 학생이 있었다. 이리하여 자신의 노력으로 "사람들이 악한 감정 없이 즐겁게 인생을 사는 것이 나의 작은 목표이고 더 나아가 이 사회가 즐겁고 행복한 사람들로 가득 차는 것이 내 인생의 궁극적인 목표이자 내가 삶을 살아가는 이유"라고 밝힌 학생도 있었다. 그리고 "내 삶을 관통하는 목표는 '세상을 바라보는 힘'을 가지는 것"이라면서 이것을 '지혜'라고 명명하여 이는 "오랜 시간 고뇌하고 반추하여야 얻을 수 있는 산물"이라면서 이를 위해 "많은 시간과 노력을 들여 만들어 낸 나만의 가치관"이라고 밝힌 학생도 있었다. 또한 "자신의 삶을 관통하는 목표와 꿈"을 위해 「스무 살은 늦지 않다」는 글도 있었다. 이들은 자신의 삶을 준비하는 20대에 글을 쓰는 시간을 통해 자신을 돌아보고 점검하며 자신의 목표를 세우는 중요한 계기로 삼고 있는 것을 역력히 알 수 있었다.

마지막으로, ③ 지금까지 살아오면서 가장 슬펐던 일로 '외할아버지의 갑작스러운 죽음'을 들고, 그 사건이 "내 인생의 터닝 포인트"가 되어 '이전의 나'와 '이후의 나'가 달라졌다고 쓴 학생이 있었다. 또한 "분노와 슬픈 감정을 가진 채 반수하여 K대에 입학한 기쁨"을 맛본 학생이 쓴 「학벌 컴플렉스 탈출기」라는 글도 있었다. 그리고 "인생을 살아오면서 제일 중요하다고 생각하는 것"이 세 가지 있는데, "첫째가 친구이고, 둘째는 즐거움, 마지막은 평생토록 잊지 못할 추억"이라고 쓴 학생도 있었다. 또 다른 모든 사람에게 좋은 사람이 되고자 노력했다가 마찰이 생기고 모두가 떠난 후, "저에게 가장 모순적이고 악역 같은 존재는 저 자신이었다는 것을 깨달았을 땐, 세상이 무너질 듯이 슬펐"다면서, 그 후 "내 편이 되어 주는 것"의 소중함을 깨달아 "나를 끌어안고 함께 이겨내는 내 편, 저에게 만큼은 좋은 사람이 되겠다"는 인식을 보여준 학생도 있었다.

이와 같이 〈대학 글쓰기〉 시간을 통해 6차시에 걸쳐서 교재에 실린 부분을 살펴보았고 실제로 자신을 돌아보며 글을 쓴 시간은 소중하다고 여겨진다. 이제까지 수동적으로 살아온 자신을 뒤돌아보고 대학생이 된 지금, 인생의 출발선상에서 스스로를 위로하고 격려하며 미래를 위한 계획을 세우는 것이야말로 진짜 자신의 삶을 만들어가는 것이기 때문이다. 이외에도 본 연구에서는 학생들이 쓴 글 중 「빗속에서 춤을」, 「인간관계, 비빔밥같이」, 「슬픔을 치료하는 방법」, 「매일이 슬펐던 진짜 이유」와 같은 내러티브 텍스트를 푸코의 자기 배려 이론에 따라 자기 이해 → 자기 성장 → 자기 변화의 내용이 표현되어 있는지를 살펴보고자 한다. 아울러 본 연구에서 분석된 내러티브 텍스트들은 학생들의 동의를 받은 후 제시한 것임을 밝힌다.

내러티브 텍스트 1_김유빈

「내러티브 텍스트 1」에 나타난 자기 이해는 "물병에 담긴 이물질"을 자신의 삶, 삶의 목표인 '행복하기'와 비유한 데서 시작하여 이 '물병'에 "불행과 좌절의 이물질"이 "내가 좋아하는 것과 사랑하는 것으로 가득 채워 넣어 이겨내보겠다"고 말하는 것으로 잇고 있다. 곧 삶의 두 가지 목표를 설정하고 "내가 주인공인 삶을 사는 것"으로 더욱 발전시키고 있다. 그리고 이러한 자기 이해의 서사는 "주체적으로 생각하고 행동할 수 있게 되었고" "타인이 주는 상처에 지나치게 아파하지 않도록 노력할 수 있게 되었다"로 한걸음 더 나아가게 된 것을 보여준다. 이는 '자기 이해의 과정을 넘어 '자기 성장'으로 나아가는 것으로 이해되며 글을 읽는 사람으로 하여금 내러티브의 마지막을 기대하게 만들기도 한다.

「내러티브 텍스트 1」에 나타난 글쓴이의 두 번째 목표는 "나의 잣대로 함부로 남을 재단하지 않기"이다. 이는 "나의 행복엔 내가 좋아하는 이들의 행복 역시 포함되어 있기 때문이다"로 제시되어 있다. 이 또한 '자기 성장'의 진면목을 보여주는 대목이다. 특히 자기 배려는 물론 타인에 대한 배려가 동시에 기술되어 있다. 아울러 본 텍스트에서는 삶을 살아가는 과정에는 "어느 정도의 좌절과 불행을 행복을 위한 디딤돌"로 보고 있다. 따라서 위 내러티브 속 화자는 '인생은 폭풍우가 지나가길 기다리는 것이 아니라 빗속에서도 춤을 출 수 있어야 한다'는 구절을 인용하면서 앞으로도 "춤을 추기를 멈추지 않을 것"으로 마무리하고 있다. 이 구절 역시 '자기 성장'의 과정을 넘어 궁극적으로는 '자기 변화'를 도출해 낸 것이다. 이는 푸코의 '자기 배려 이론' 중 '자기 자신을 돌보기', '자기 자신에게서 즐거움을 발견하기'에 해당된다.

내러티브 텍스트 2_이현수

「내러티브 텍스트 2」는 "타인은 지옥이다"라는 사르트르의 말을 인용하며 그 언명 속에 내재한 의미들을 새롭게 알아가고 의미화하는 방식으로 서술된다. 화자는 글의 서두에서 "타인은 타인일 뿐 신뢰할 수 없는 지옥과 같다는 의미로 곡해했다"라는 문장으로 시작하고, 이후 사르트르의 희곡 〈닫힌 방〉을 읽으면서 이러한 이해가 곡해라는 것을 깨닫고 "타인과의 관계를 통해 타인을 심하게 의식하고 타인에게 맞추어 살아가게 된다면 우리 자신의 주체성, 즉 자기 자신의 자아를 잃게 된다"는 것으로 발전된 면을 보여준다. 이는 문학을 통해 자신에 대한 이해를 점층적으로 발전시키고 있다는 점에서 본 내러티브 텍스트가 일종의 메타적 글쓰기 방식을 차용한 것으로도 볼 수 있다. 다시 말해 자기 자신의 행동을 통해 자기 이해를 도모하는 방식을 넘어 문학을 통해 자기 이해 및 자아상을 확장하고 발전해가고 있기 때문이다. 이 점은 본 내러티브의 화자가 학과 공부 이외에 매주 2권씩의 책을 섭렵하고 있는 모습, 즉 다독의 과정을 통해 얻어진 것으로 파악된다.

이외에도 이 글에서는 화자가 문학을 통해 알게 된 자신의 위치와 타인과의 관계 맺기를 돌아보며 자신의 위선과 가식을 알아차리게 되고 궁극적으로는 이러한 자신의 행동이 주체성을 상실한 것으로 판단하기에 이른다. 무엇보다도 대학에 입학하면서 청소년기의 관계 맺기와는 다른 "새로운 인간관계 형성을 위한 목표를 세웠다"라고 말하며 "타인과 진심으로 이해하는 관계를 만들면서 솔직한 나의 주체성을 유지하는 관계, 그리고 목표를 세워 이를 이루는 과정이 결과보다 더 의미있다"고 서술하고 있다. 아울러 인간관계의 능력이 스스로 부족하다고 체감하고 "비빔밥 같은 인간관계를 형성하기 위해 더욱 노력해야겠다"라고 다짐하는 글의 결어는 화자의 활기찬 미래가 보이는 듯 긍정적으로 읽힌다.

이와 같이 「내러티브 텍스트 2」에서의 '자기 이해'는 사르트르의 인용에서 시작되어 결국 문학작품 읽기의 다양한 의미해석으로 이어지고 이를 자기 삶에 적용하는 것으로 발전된다. 다시 말해 화자는 문학 속 의미를 자신의 삶으로 가져와 체현하는 결과를 얻어내고 있다. 결국 위 내러티브에서는 타인과의 관계 형성하기에서 가졌던 두려움과 불안이 궁극적으로는 자신의 주체성을 잘 유지하면서 동시에 자신을 성장시키고 사회화하는 진전을 보여준다. 이는 푸코의 '자기 배려 이론' 중 '자기 자신을 존중하기'에 해당된다.

내러티브 텍스트 3_구아린

「내러티브 텍스트 3」은 나 자신을 가족 관계 내에서 바라본 서사로 동생이 태어나기를 간절히 바랬지만 막상 동생이 태어났을 때 가족 속에서 겪게 되는 소외감을 슬픔의 정서로 승화시킨 글이다. 특히 화자는 여동생을 대하는 어머니의 태도에서 자신을 양육할 때와는 다른 점들을 알게 되고 이것이 내면의 상처가 된다는 것을 알아차리게 된다. 그렇지만 화자는 이러한 슬픔이 어디서 출현하게 되었는지를 스스로 탐색하면서 슬픔의 감정이 자신을 한걸음 성장하도록 이끈다는 것을 깨닫게 된다. 물론 본 내러티브에서 화자가 어머니와 갈등의 과정을 거치지 않은 것은 아니다.

내면의 상처를 가리고 외적인 환경을 핑계로 어머니에게 상처를 주는 문자를 보내는 과정을 겪게 된다. 그럼에도 불구하고 위 내러티브에서는 화자가 그러한 슬픔의 정서가 '전염'되지 않도록, 그리고 그러한 슬픔의 전염이 '깊은 우울'의 늪으로 빠져들지 않도록 현실을 직면하는 자세를 보인다.

여기서 글의 서두에서 동생과의 비교 관점에서 자신의 처지를 알게 되고 자기 비하 및 자기 연민에 빠져버리지만 글의 절정에서는 어머니가 동생을 양육하는 태도의 차이에서 비롯된 슬픔의 감정을 피하려고 하기보다는 이를 직면하여 원인을 차분하게 알아보는 차원으로 발전시킨다. 무엇보다도 글 속에서 "원인을 모르면 치료할 수 없는 전염병처럼, 슬픔의 원인을 찾고 생각하고, 대화를 통해 치료해야 한다"라는 글의 결론은 내러티브 속 화자가 자기 이해 및 자기 성장을 거쳐 자기 배려의 차원으로 도달한 것을 알 수 있다. 아울러 화자가 스스로 "나는 이제 더 이상 어린 시절을 번복하지 않는다"로 마무리한 지점은 글의 서두에서 스스로를 "안쓰럽고 서러워"한 모습에서 점차 '자기 배려'의 상황으로 변화한 성장의 변곡점으로 읽을 수 있다. 이 학생이 보여주는 '자기 성장'의 모습은 한국 시인들 중 김행숙, 김상미, 이병률 등의 시집들을 필사하면서 얻게 된 내면의 힘의 결과로도 볼 수 있다. 이는 푸코의 '자기 배려 이론' 중 '자기 자신으로 되돌아가기'에 해당된다.

내러티브 텍스트 4_이원경

「내러티브 텍스트 4」는 무엇보다도 글쓰기의 힘이 위력을 발휘하는 순간을 여실히 보여주는 글이다. 스스로 약자라고 느끼기 전까지는 누군가의 위로와 상담 대상이었던 내가 어느 순간 불안해지고 쓸쓸한 기분이 들었던 것을 보여준다. 그래서 화자는 선생님과 자신의 상황을 상담하게 되면서 자신이 어떤 상태에 있는지를 깨닫게 된다. 그는 "긴 세월 동안 스스로를 강자로 생각하며 계속 채찍질했던 내가 사실은 보듬어주어야 하는 약자였다"는 것을 깨닫게 된다. 그래서 화자는 그때부터 매일 하루를 정리하며 돌아보는 일기를 쓰기 시작한다. 이 시점에서 화자는 자신을 이해하게 되고 특히 자신에 대한 '보살핌'이라는 가치가 가진 진정한 의미를 알게 된다. 다시 말해 자가 자신을 이해하고 자신을 스스로 우선적으로 배려해야 함을 알게 된다.

이처럼 위 내러티브에서 중요한 것은 다른 사람들의 이야기를 경청하고 배려하는 것도 중요하지만 그보다도 자기 자신을 이해하고 배려하는 것이 얼마나 소중한 과정인가를 아는 것이다. 본 내러티브 텍스트의 시사점은 화자가 스스로를 배려하지 않은 사람이 어떻게 타인을 배려할 수 있겠는가 하는 자의식을 굳건히 하게 된 데 있다. 내러티브의 결론에서 화자가 "앞으로도 나는 '나'를 가장 중요하게 여기고 발전해나가는 사람이 될 것이라 믿어 의심치 않는다"라고 말한 데서 이러한 발전과정이 더욱 잘 드러나고 있다.

위 내러티브에서는 화자의 자기 이해 과정이 자신이 성장한 이후에 소급하여 도달한 점이 특이하다. 특히 담임선생님에게 상담 지원을 받은 점은 화자가 관계적 측면에서도 상당한 성숙 단계에 이른 것을 알 수 있으며, 이를 글로 정리하여 자기 성찰의 계기로 삼은 점은 더욱 진전된 모습이라 할 수 있다. 이러한 과정들은 '자기 이해' 및 '자기 성장', '자기 변화'의 과정이 경우에 따라서는 순차적으로 일어나지 않을 수도 있는 점을 알게 해준다. 이는 푸코의 '자기 배려 이론' 중 '자기 자신을 배려하기'와 '자신을 치료하기'에 해당된다.

5. 남은 과제

이상에서 본 연구는 대구 소재 K대학교 〈대학 글쓰기〉를 수강한 학생 23명을 대상으로 하여 이들이 직접 쓴 자기성찰 내러티브 텍스트들 속에서 자기 성찰과 자기 배려의 마음이 어떤 과정을 통해 표현되고 있는지를 살펴보았다. 대학생들이 쓴 글은 푸코의 자기 배려 이론을 중심으로 분석하였다. 즉, 자기를 이해하고 자기 성찰 과정을 거쳐서 자기 성장과 자기 배려로 발전하게 된다는 이론을 중심틀로 삼아 분석하였다.

아울러 본 연구자들은 〈대학 글쓰기〉라는 강의가 대부분 대학을 막 입학한 신입생이라는 점에 매우 신중한 접근과 주의를 두고 이들이 수능이라는 입시를 마치고 대학 생활을 해가는 과정에서 자신에 대한 정체성은 물론 자기 스스로가 소중한 사람이라는 점을 두루 인식하도록 돕는데 주안점을 두었다. 이러한 의도에 따라 실행된 위 글쓰기 과정, 즉 자기 성찰적 글쓰기 과정에서 도출된 주요 결론은 세 가지 정도로 정리될 수 있다. 첫째, 대학생활을 시작하는 신입생들은 자기 이해의 어려움을 토로하는 부분(설문조사 1: 4%, 1명)도 있었지만, 다수의 수강생들이 자기 성찰적 글쓰기를 통해 자기 자신을 잘 돌아볼 수 있었다(설문조사 1: 74%, 17명)고 했다. 둘째, 수강생들은 스스로 글을 쓰면서 글쓰기 기술이 향상되었을(설문조사 2: 48%, 11명) 뿐만 아니라 자신을 깊이 있게 사유하는 계기가 되었다고 평가하였다. 셋째, 글쓰기 과정에서 수강생들은 스스로에 대해 자신감을 갖게 되었을(설문조사 3: 48%, 11명) 뿐만 아니라 자신을 잘 이해하고 내적 성장을 도모할 수 있다고 보았다.

본 연구의 분석 텍스트는 2020년 2월에 출간되어 2021년 1학기까지 교재로 활용된『대학글쓰기』에서 새롭게 추가된 부분, '제3장 자기 성찰과 글쓰기' 과정에서 학생들이 수업 시간 중에 직접 쓴 자기 내러티브 텍스트이다. 이러한 글쓰기 주제는 2009년이나 2015년에 발간되어 사용했던 교재에서는 찾아볼 수 없었던 부분으로, 대학생들이 대학 시절 자기 인생을 돌아보고 설계하는 것이 얼마나 중요한지를 잘 보여주고 있다. 이는 복잡한 현대 사회를 살아가는 대학생들에게 글쓰기의 이론도 중요하지만 무엇보다도 자기를 돌아보고 자기를 사랑하며 자아정체성을 확립하는 것이 더 시급한 문제임을 보여준 점에서 의의가 있다.

또한 본 연구에서는 K대학교 생물학 전공 학생들이 본 강의에서 새롭게 추가된 자기 성찰 과정을 바라본 설문조사를 제시하였다. 그 중 해당 주제를 가장 잘 나타낸 4명의 내러티브 텍스트를 제시하여 푸코의 '자기 배려 이론'에 근거하여 분석하였다. 이들이 직접 쓰고 첨삭한 것을 제시한 이유로는 이들의 글이 좀 더 생동감 있게 다가올 수 있다는 확신에 의해서이다. 결과적으로 본 연구는 '자기 성찰과 글쓰기' 과정에 참여한 학생들과 그 중 4명의 자기 내러티브 텍스트에서 자기 이해의 마음이 자기 성찰 과정을 통해 나타나는 것을 알 수 있었다. 따라서 이러한 자기 배려의 마음이 곧 자기 성장으로 이어지고 '자기 성찰과 글쓰기' 수강 전과 수강 후, 또는 글쓰기 전과 글쓰기 후에 달라진 자기 변화의 모습을 드러낸 것을 확인한 점에서 의의가 크다. 아울러 본 연구의 결과가 〈대학 글쓰기〉 강의가 가진 한계로 수강생 개개인에게 추후 대학생활에 어떠한 영향을 미치게 되는지를 알아보는 것과 연결되지 못한 점은 아쉬움으로 남으며, 앞으로 자기 성찰적 글쓰기를 실행하기에 앞서 이들이 자기 자신에게 좀 더 여유 있게 다가갈 수 있는 상담 프로그램이나 치유 워크숍이 제공되었더라면 더 깊이 있는 자기 성찰적 글쓰기가 가능할 수 있었을 것이라 판단된다.

참고문헌

고미숙(2019). *읽고 쓴다는 것, 그 거룩함과 통쾌함에 대하여*, 북드라망. 107.
김정신, 채연숙(2022). "푸코의 자기 배려 이론으로 본 자기 성찰 글쓰기 탐색 – K대학교 〈대학 글쓰기〉 수강생들의 내러티브 글을 중심으로", *문화와융합* 44(2), 275-296.
박수진(2018). *푸코의 자기배려 이론에 기초한 시나리오치료 프로그램의 개발과 효과*, 경성대학교 박사학위논문. 8.
성은혜(2020). "자기 내러티브 글쓰기의 현황 및 개선방안: 대학 글쓰기 교재 및 강의 계획서를 중심으로", *내러티브와 교육연구* 8(3), 111-131.
신여명, 강현석(2021). "내러티브 정체성 함양을 위한 셀프 내러티브 기반 스토리텔링 글쓰기 프로그램 개발", *내러티브와 교육연구* 9(1), 51-75.
오태호(2012). "자기 성찰적 글쓰기의 이론과 실제: 경희대 '글쓰기 1' 교재 나를 위한 글쓰기 와 수업 사례를 중심으로", *우리어문연구* 43. 65-99.

정용, 구훈정(2019). "대학생의 취업스트레스와 자살사고와의 관계에서 우울의 매개효과와 스트레스취약성의 조절된 매개효과", *청소년상담연구* 27(1), 141-159.

채연숙(2010). *글쓰기치료의 이론과 실제*, 경북대학교출판부, 51-56.

허미경(2018). "미셸 푸코의 '자기 배려'에 대한 사이코드라마적 고찰", *한국사이코드라마학회* 21(1), 75-89.

홍미주(2020). "제3장 제1절 나를 성찰하기", 경북대 글쓰기교재편찬위원회, *대학글쓰기*, 경북대학교출판부.

황명주, 장용언 (2019). "취업스트레스가 대학생의 자살행동에 미치는 영향: 자아탄력성의 매개효과와 성별 차이 검증", *학습자중심교과교육연구* 19(8), 841-866.

Erikson, E. H.(1956). "The problem of ego identity", *Journal of the American Psychoanalytic Association* 4(1), 56-121.

Sungok Jeong, Yonsuk Chae(2021). "A Study on the Experience of Studying Literary Therapy in Middle-aged Marries Women—Based on Michel Foucault's Self-care (epimeleia heautou) Theory", *Asia-pacific Journal of Convergent Research Interchange*, Vol.7(1), 147-157.

● 이 장은 문화와융합 학술지 44권 2호에 실린 필자의 논문(김정신, 채연숙, 2022)을 바탕으로 재구성되었다.

12장
대학생의 지속가능발전교육 참여 여부에 따른 '가능한 기여' 인식의 차이

1. 인류의 지속가능한 미래와 지속가능발전교육

'지구의 존속'이 세계의 화두가 된지 오래다. UN을 통해 인류는 숲지구적인 노력의 방향과 내용을 제시해왔다. 1987년 UN의 '세계환경개발위원회(WCED; World Commission on Environment and Development)'의 '우리 공동의 미래 보고서'를 시작으로(WCED, 1997:1), 2000년에는 새천년개발목표(MDGs; Millenium Development Goals), 2015년에는 지속가능발전목표(SDGs; Sustainable Development Goals)로 점차 방향과 내용을 명확히 해왔다.

지속가능발전목표는 '미래세대가 그들의 필요를 충족시킬 능력을 저해하지 않으면서 현세대의 필요를 충족시키는 방식'을 뜻하며(WCED, 1997:1), UN이 제시한 공동의 목표를 아우르는 개념으로 사용되어 오고 있다. 지속가능발전목표는 빈곤, 기아, 건강과 복지, 고용, 기후변동을 포함하는 총 17개의 목표와 169개의 세부목표로 2030년까지 UN의 모든 회원국들이 이행을 약속하였다(UN, 2015; 김은주, 박주호, 2020 재인용:2). 기존 새천년개발목표가 개발과 빈곤 문제에 집중했다면 지속가능발전목표는 환경적인 측면, 사회적인 측면, 경제적인 측면을 아우르는 폭넓은 주제를 중심으로 한다는 점이 가장 큰 차이점이다(Oriental University International Symbiotic Social Research Center, 2017; 이창언, 2020 재인용:249).

지속가능발전목표의 국내이행을 위해 2018년 한국형 지속가능발전목표인 K-SDGs를 수립하였다(김은주, 박정호, 2020:3). K-SDGs는 '모두를 포용하는 지속가능국가'라는 비전 아래 각 목표별 세부목표와 목표달성도를 공개하고, K-SDGs 공동작업반, K-MGoS 이해관계자 그룹 등 거버넌스를 구축하고 지역별로 협의회를 중심으로 하는 전국지속가능발전협의회를 구성하여 운영해 오고 있다(지속가능발전포털, 2021).

이러한 맥락에서 지속가능발전교육(ESD; Education for Sustainable Development) 또한 활발히 이루어져왔다. 지속가능발전교육은 모든 사람들이 질 높은 혜택을 받고 지속가능한 미래와 사회를 위해 필요한 가치·행동·삶의 방식을 배울 수 있는 사회를 지향하는 교육을 뜻한다(UNESCO, 2005; 윤정희, 김희태, 2018 재인용:148). 지속가능발전교육을 위한 체계적 노력을 위해 ESD한국위원회를 설치하였으며, 지역적, 맥락적 특성과 연계한 지속가능발전교육 개발을 위하여 교육부, 환경부 등 정부부처와 지역 밀착형 ESD 연구센터 등이 지속가능발전교육을 위한 연구와 실천을 수행해오고 있다(조의호, 2012:84).

지속가능발전교육이 효과를 확인하기 위하여 다양한 대상에 대한 연구가 수행되었다. 유아를 대상으로 한 이타성 및 공동체의식(류지선, 김지은, 2016:85-111), 환경친화적 태도 및 배려행동(유구종, 함은지, 가신현, 2016:491-516) 등을 주요변인으로 지속가능발전교육의 효과 연구가 수행되었다. 초등학생을 대상으로 세계시민의식(채보미, 2015:111-132), 환경소양(정하림, 정남용, 2010:149-170), 중고등학생을 대상으로 수업 효과(강현선, 손연아, 2016:79-95), 초·중등학생을 대상으로 ESD역량(김세현, 손연아, 이은주, 김강석, 김병주, 남윤희, 최소영, 2018:112-131) 등을 주요변인으로 지속가능발전교육의 효과 연구가 수행되었다. 이러한 연구 결과들을 통해서 지속가능발전교육이 아동 및 청소년들이 세계시민으로서 갖추어야 할 역량을 함양하는 데 효과가 있음을 확인할 수 있다.

대학생 대상의 지속가능발전교육 연구로는 초등 예비 교사들의 인식에 대한 연구(주형선, 이선경, 2011:102-113), 예비유아교사의 인식 연구(장석경, 최현정, 2015:235-254), 대학생의 인식 연구(김수경, 이숙정, 2016:33-40), 체험 활동을 통한 지속가능발전 교육의 시사점(지승현, 남영숙, 2010:116-122) 등이 이루어져왔다. 대학생을 대상으로 한 연구의 경우, 지속가능발전 및 지속가능발전 교육에 대한 인식, 지속가능발전 사례에 대한 것으로 유아 및 초·중·고등학생을 대상으로 한 지속가능발전교육 관련 연구에서 효과 검증 연구가 다수 수행된 것과는 다소 차이가 있다.

UNESCO(2008)는 지속가능발전교육이 대학의 본래적 기능인 '교육'의 영역에서 가장 잘 수행될 수 있으며 지속가능한 대학으로의 변화를 통해 경험 교육이 이루어질 수 있다고 하였다. 2019년 세계최고 권위의 대학평가기관 Times Higher Education(THE)에서 UN의 지속가능발전목표 달성에 대학이 기여하는 바를 요소로 각 대학의 영향력을 평가한다고 발표하여(THE Higher Education, 2021), 대학교육에서의 지속가능발전교육은 선택이 아닌 필수가 되었다.

우리나라 대학에서 지속가능발전교육은 새천년개발목표 발표 이후 2000년대 초 시작되었는데, 환경과 관련된 녹색캠퍼스 또는 그린캠퍼스와 관련된 내용들이 주요 내용이었다(신의순, 박진원, 박태윤, 성정희, 2009:90, 95). 2015년 지속가능발전목표가 발표된 이후 지속가능발전교육의 양상이 변화하였다. 서울대학교는 지속가능성과 녹색사회과학을 중심으로 하는 그린리더십 교과목과 인증제를 운영해오고 있으며(서울대학교 홈페이지, 2021), 연세대학교는 지속가능발전목표 과제별 강연을 중심으로 하는 교양교과목을 운영하고 있으며(연세대학교 홈페이지, 2021), 강원대학교는 지속가능발전목표를 중심 내용으로 하는 비교과 프로그램을 운영하고 있다(강원대학교 홈페이지, 2021).

특히 대학생 시기는 사회로 진출하기 직전에 사회인으로서 역할과 태도를 함양하는 중요한 시기로(하숙례, 2013:16), 이 시기 지속가능발전교육의 효과는 더욱 강력할 수 있다. 대학에서 인성교육의 일환으로 이루어지는 교육은 개인이 발달을 도울 뿐만 아니라, 사회적 관점에서 개인을 둘러싼 이웃과 함께 더불어 살아가는 공동체에 기여할 수 있는 인간을 형성하는 것을 포함한다(손승남, 2013:323-325). 이러한 맥락에서 지속가능발전교육의 궁극적인 목표 달성은 교육 참여자들이 지속가능발전교육 이후 일상에서의 공동체를 위한 '실천'과 '기여'로 행동하는 것이다. 대학생들이 지속가능발전목표를 위해 자신이 할 수 있는 '가능한 기여'에 대한 인식을 확인하는 것이 지속가능발전교육의 하나의 효과가 될 수 있을 것이다.

따라서 본 연구에서는 대학생들이 현재 수준에서 지속가능발전을 위하여 자신이 바로 실천할 수 있는 바를 '가능한 기여'로 정의하고 대학생이 인식한 '가능한 기여'를 중심으로 지속가능발전교육의 효과를 검증하고자 한다. 이를 위해 본 연구에서는 대학생의 지속가능발전교육 참여 여부에에 따른 '가능한 기여'의 차이를 네트워크 텍스트 분석을 활용하여 확인하고자 한다.

본 연구의 연구문제는 다음과 같다. 첫째, "지속가능발전교육 참여 여부에 따라 지속가능발전목표에 대한 '가능한 기여'의 빈도는 어떠한가?", 둘째, "지속가능발전교육 참여 여부에 따라 지속가능발전목표에 대한 '가능한 기여'의 연결 중심성은 어떠한가?", 셋째, "지속가능발전교육 참여 여부에 따라 지속가능발전목표에 대한 '가능한 기여'의 관계성은 어떠한가?"이다. 지속가능발전교육의 효과로서 '가능한 기여'를 중심으로 네트워크 텍스트 분석을 활용하여 지속가능발전교육의 효과를 간접적으로 확인하고, 연구 참여자들이 자신이 '가능한 기여'에 대한 성찰의 기회 또한 제공할 수 있을 것으로 기대한다.

2. 지속가능발전교육 참여와 대학생의 '가능한 기여' 인식

1) 연구 대상 및 자료의 수집

본 연구의 목적은 지속가능발전교육의 효과로써 대학생들이 지각하고 있는 지속가능발전목표에 대한 '가능한 기여'를 분석하는 것이다. 연구 대상은 서울 소재 대학교 교양 교과목 수준에서 지속가능발전목표와 관련된 교육에 참여한 적이 있는 대학생 49명이 기술한 75개의 '가능한 기여' 방법과 지속가능발전목표와 관련된 교육에 참여한 적이 없는 대학생 42명이 기술한 72개의 '가능한 기여' 방법에서 키워드 총 403개를 추출하여 분석하였다. 지속가능발전교육 참여 여부, 지속가능발전목표 안내, 지속가능발전목표 달성을 위해 자신이 할 수 있는 '가능한 기여'에 대한 개방형 질문을 포함한 질문지를 구성하여 서면조사를 실시하였으며 자료조사는 2019년 12월 한달 간에 이루어졌다. 이를 토대로 대학생들이 지속가능발전목표 달성을 위해 자신이 할 수 있는 '가능한 기여' 방법에 대해 기술한 내용의 키워드를 분석하고 지속가능발전목표에 대한 교육 실시 여부에 따라 '가능한 기여'에 대한 인식의 차이를 분석하였다.

2) 분석 방법 및 절차

(1) 빈도분석

지속가능발전교육의 효과로써 대학생들이 지각하고 있는 지속가능발전목표에 대한 '가능한 기여'를 분석하기 위하여 고등교육 수준에서 지속가능발전교육에 참여한 대학생 집단과 지속가능발전교육에 참여하지 않은 대학생 집단이 기술한 키워드의 빈도를 살펴보았다.

(2) 네트워크 텍스트 분석

① 개념

네트워크 텍스트 분석(Network Text Analysis)은 텍스트에 나타나는 단어 사이의 관계를 링크로 표시하고, 여기서 구축되는 네트워크 지도를 활용하여 관련 사회 현상과 구조를 해석하는 방법이다(Popping, 2000; 배상훈, 윤수경, 전수빈, 조성범, 2017 재인용:149). 네트워크 텍스트 분석은 특정 개념의 출현 빈도에 추가적으로 개념 간 관계의 상호작용에 대하여 계량적으로 분석할 수 있다는 점이 특징적이며(Paranyushkin, 2010; 배상훈, 윤수경, 전수빈, 조성범, 2017 재인용:149), 분석과 해석에 있어 질적 연구 방법으로써 성격을 가진다(김준현, 2015). 본 연구에서는 주요 연구목표인 대학생들의 지속가능발전목표에 대한 '가능한 기여'와 관련한 기술이 어떤 키워드를 중심으로 연계되고, 연계된 키워드들의 집단이 있는지, 지속가능발전교육 실시 여부에 따라 키워드의 연계가 다르게 나타나는지를 살펴보기 위해 네트워크 텍스트 분석을 적용하였다.

② 분석 절차

네트워크 텍스트 분석을 위하여 지속가능발전목표에 대한 '가능한 기여'와 관련된 키워드를 추출하였다. 2인의 박사급 연구자들이 두 차례 회의를 거쳐 수집된 키워드들을 검토하고, 유사 키워드를 하나의 대표 키워드로 유목화 하였으며 키워드 추출의 객관성과 타당성을 확보하고자 교차점검을 실시하였다. 이러한 과정을 통해 총 91명의 대학생의 응답으로부터 403개의 키워드가 도출되었다. 지속가능발전교육 참여 대학생 집단은 49명, 199개 키워드가 도출되었으며, 지속가능발전교육 미참여 대학생 집단은 42명, 204개 키워드가 도출되었다. 키워드를 활용한 네트워크 텍스트 분석을 위하여 지속가능발전교육 참여 여부에 따라 각각의 데이터 셋을 구성하였는데, 이때 데이터 셋은 메인 노드셋(main nodeset), 서브노드셋

(sub nodeset), 2 mode-network로 구성하였다. 메인 노드셋은 지속가능발전교육 참여여부, 식별 번호로 구성되었다. 서브노드셋은 도출된 키워드를 유사한 내용끼리 통합하여 구성하였다. 2 mode-Network에는 메인 노드셋에서 입력한 지속가능발전교육 참여여부 번호에 따라 '가능한 기여' 키워드를 입력하였다. 분석을 위해서 Net-Miner 4.0 프로그램을 활용하였다.

③ 분석 지표

네트워크 텍스트 분석을 통해 빈도, 연결 중심성, 관계성 분석의 지표를 산출하였다. 연결 중심성(degree centrality)은 어떠한 키워드를 중심으로 '가능한 기여'가 설명되고 있는가를 의미하며, 연결 중심성 지표는 키워드와 키워드 간에 상호 연결된 수를 뜻한다. 관계성 분석(cohesion-community)은 긴밀하게 연결되어 있는 키워드 확인을 위하여 '키워드 클러스터' 탐색을 통해 관계성 분석정보를 산출하였다(배상훈, 윤수경, 전수빈, 조성범, 2017:149). 이를 통해 지속가능발전목표에 대한 '가능한 기여'의 구성 요소 간 구조적 관계를 확인 할 수 있다. 이상의 과정을 통해 본 연구의 목적인 대학생들이 지속가능발전목표에 어떠한 기여를 할 수 있다고 인식하고 있는지에 대한 구성 요소를 확인하고 구성 요소들 간의 연결을 확인하였다. 분석 절차는 아래 〈그림 1〉과 같다.

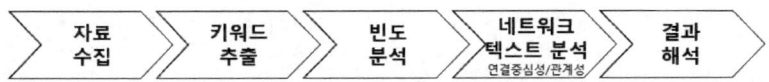

그림 1 분석 절차 (배상훈, 윤수경, 전수빈, 조성범, 2017:151)

3. 지속가능발전을 위한 가능한 기여: 키워드, 연결 중심성, 관계성

1) 지속가능발전교육 참여 여부에 따른 지속가능발전목표에 대한 '가능한 기여'의 빈도분석 결과

(1) 지속가능발전교육 참여 대학생 집단

지속가능발전교육에 참여한 대학생이 지속가능발전목표를 위해 자신이 할 수 있는 '가능한 기여'에 대해 응답한 내용을 분석한 결과, 도출된 키워드는 총 199개이다. 도출된 키워드를 빈도순으로 나열했을 때 상위 10개 주제를 살펴본 결과, 가장 높은 빈도로 도출된 키워드는 '봉사활동'이었다. 봉사활동 32개(43%), 캠페인 참여 24개(32%), 일상 속 실천 12개(16%) 순으로 나타났으며, 홍보 11개(15%), SDGs분야에 대한 공부 11개(15%), 기부활동 11개(15%), 인식교육 10개(13%), 정책 참여 8개(11%), 학술활동 7개(9%), 관심 7개(9%), 전공지식 활용 6개(8%)도 도출되었다.

(2) 지속가능발전교육 미참여 대학생 집단

지속가능발전교육에 참여하지 않은 대학생이 지속가능발전목표를 위해 자신이 할 수 있는 '가능한 기여'에 대해 응답한 내용을 분석한 결과, 도출된 키워드는 총 204개이다. 도출된 키워드를 빈도순으로 나열했을 때 상위 10개 주제를 살펴본 결과, 가장 높은 빈도로 도출된 키워드는 '봉사활동'이었다. 봉사활동 25개(33%), 캠페인 참여 22개(29%), 환경보호 17개(23%) 순으로 나타났으며, 일상 속 실천 16개(21%), 정책 참여 13개(17%), 기부활동 11개(15%), 인식교육 11개(15%), 에너지 절약 8개(11.%), 자원 재활용 7개(9%), 관심 7개(9%), SDGs 관련 대외활동 7개(9%), 올바른 소비 6개(8%)도 도출되었다.

표 1   지속가능발전교육 참여 여부에 따른 '가능한 기여'에 대한 빈도 분석 결과 (상위 10개)

지속가능발전교육 참여 대학생 집단				지속가능발전교육 미참여 대학생 집단			
순위	키워드	빈도	%	순위	키워드	빈도	%
1	봉사활동	32	43%	1	봉사활동	25	33%
2	캠페인참여	24	32%	2	캠페인참여	22	29%
3	일상 속 실천	12	16%	3	환경보호	17	23%
4	홍보	11	15%	4	일상 속 실천	16	21%
4	SDGs분야에 대한 공부	11	15%	5	정책 참여	13	17%
4	기부활동	11	15%	6	기부활동	11	15%
7	인식교육	10	13%	6	인식교육	11	15%
8	정책 참여	8	11%	8	에너지 절약	8	11%
9	학술활동	7	9%	9	자원 재활용	7	9%
9	관심	7	9%	9	관심	7	9%
10	전공지식 활용	6	8%	9	SDGs 관련 대외활동	7	9%
				10	올바른소비	6	8%

(3) 지속가능발전교육 참여 여부에 따른 지속가능발전목표에 대한 '가능한 기여'의 차이

지속가능발전교육 참여에 따른 '가능한 기여'에 대해 도출된 내용에 대한 키워드 결과는 〈표 2〉와 같다. 지속가능발전 교육 참여에 상관없이 봉사활동, 캠페인 참여, 기부활동, 인식교육, 정책 참여가 두 집단 모두에서 '가능한 기여'의 핵심 키워드로 나타났다. 지속가능발전 교육에 참여한 대학생 집단에서는 홍보, SDGs분야에 대한 공부, 학술활동, 관심, 전공지식 활용 등 교육 및 학술적 활동을 통한 기여가 나타났으며, 지속가능발전 교육에 참여하지 않은 대학생 집단에서는 환경보고, 에너지 절약, 자원 재활용, SDGs 관련 대외활동, 올바른 소비와 같이 개인이 생활 속에서 실천할 수 있는 활동들 위주의 키워드가 도출되었다.

2) 지속가능발전교육 참여 여부에 따른 지속가능발전목표에 대한 '가능한 기여'의 연결 중심성 분석 결과

(1) 지속가능발전교육 참여 대학생 집단의 연결 중심성 분석 결과

지속가능발전교육에 참여한 대학생이 지속가능발전목표를 위해 자신이 할 수 있는 '가능한 기여'에 대해 응답한 내용을 분석한 결과, 봉사활동, 캠페인 참여, 일상 속 실천이 '가능한 기여'의 핵심 요소로 나타났다. 봉사활동, 캠페인 참여, 일상 속 실천의 키워드를 중심으로 인식교육, SGDs분야에 대한 공부, 학술활동, 전공지식 활용과 같은 교육과 관련된 다른 요소, 홍보, 기부활동, 정책참여, 관심 등 사회활동적인 요소와 상호 연결되어 있는 것으로 나타났다.

(2) 지속가능발전교육 미참여 대학생 집단의 연결 중심성 분석 결과

지속가능발전교육에 참여하지 않은 대학생이 지속가능발전목표를 위해 자신이 할 수 있는 '가능한 기여'에 대해 응답한 내용을 분석한 결과, 봉사활동, 캠페인 참여, 일상 속 실천이 '가능한 기여'의 핵심 요소로 나타났다. 봉사활동, 캠페인 참여, 일상 속 실천의 키워드를 중심으로 환경보호, 에너지 절약, 올바른 소비, 자원 재활용, 관심과 같은 개인의 일상생활 참여 활동 다른 요소, 정책 참여, SDGs 관련 대외활동과 같은 사회활동적인 요소와 상호 연결되어 있는 것으로 나타났다.

표 2 지속가능발전교육 참여 여부에 따른 연결 중심성 분석 결과

지속가능발전교육 참여 대학생 집단			지속가능발전교육 미참여 대학생 집단		
순위	키워드	연결중심성	순위	키워드	연결중심성
1	봉사활동	4.00	1	봉사활동	2.74
2	캠페인참여	2.97	2	캠페인참여	2.400
3	일상 속 실천	1.45	3	일상 속 실천	1.71
3	인식교육	1.45	4	정책 참여	1.54

5	홍보	1.27	4	환경보호	1.54
5	기부활동	1.27	6	기부활동	1.20
5	SDGs분야에 대한 공부	1.27	6	인식교육	1.20
8	정책 참여	1.15	8	에너지 절약	0.80
9	학술활동	0.91	9	관심	0.74
10	전공지식 활용	0.79	10	SDGs 관련 대외활동	0.69
10	관심	0.79	10	SDGs분야에 대한 공부	0.69
			10	올바른소비	0.69
			10	자원 재활용	0.69

지속가능발전교육을 중심으로 도출된 참여/미참여의 전체 구조를 시각화한 연결 중심성 지도를 살펴본 결과, 두 개 집단이 공통적으로 지속가능발전목표 달성을 위해 기여할 수 있는 바로 봉사활동, 캠페인참여, 일상 속 실천 등의 핵심 키워드를 중심으로 동질화된 경향성을 확인할 수 있다.

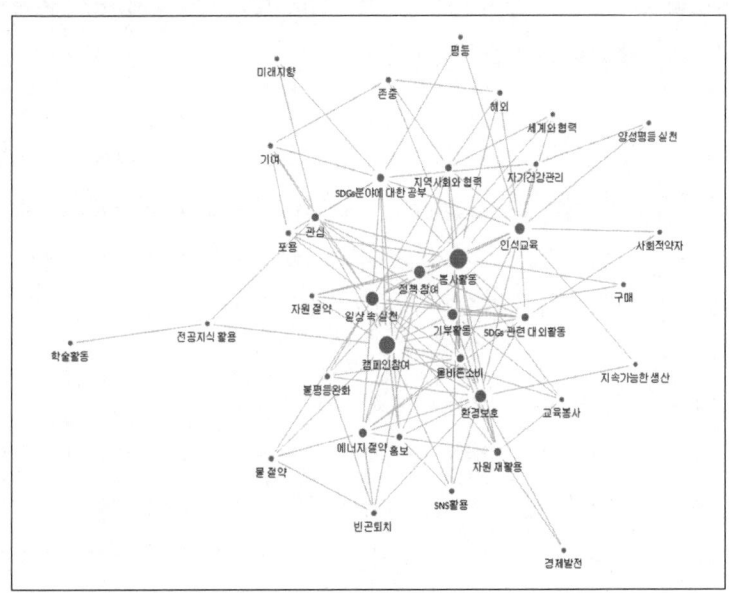

그림 2 지속가능발전교육 참여 대학생 집단의 연결 중심성 분석 결과

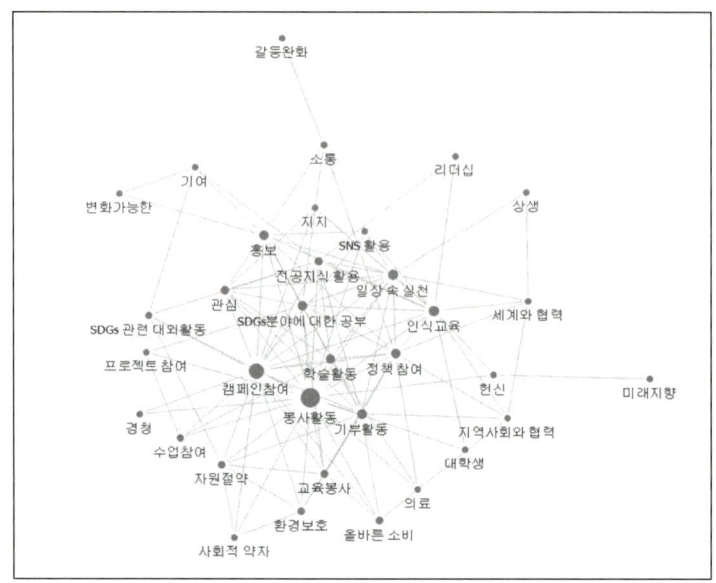

그림 3 지속가능발전교육 미참여 대학생 집단의 연결 중심성 분석 결과

3) 지속가능발전교육 참여 여부에 따른 지속가능발전목표에 대한 '가능한 기여'의 관계성 분석 결과

지속가능발전교육 참여 집단과 미참여 집단의 전체 구조를 시각화한 연결 중심성 지도를 살펴본 결과, 두 개 집단이 공통적으로 지속가능발전을 위해 기여할 수 있는 바가 전반적으로 동질성을 띠고 있지만 세부적인 관계성 측면에서 차이가 있는 것으로 나타났다.

(1) 지속가능발전교육 참여 대학생 집단

지속가능발전교육에 참여한 대학생이 인식한 '가능한 기여'에서 도출된 키워드들을 관계성 분석을 통해 살펴본 결과, 크게 4가지 유형으로 나눌 수 있다. 제1유형은 캠페인 참여, 정책 참여, 기부활동 등이 핵심 키워드로 서로 연계되어 있다. 제2유형은 홍보, SDGs 관련 대외활동, 기여,

소통 등이 핵심 키워드로 서로 연계되어 있다. 제3유형은 봉사활동, SDGs 분야에 대한 공부, 수업참여, 프로젝트 참여, 학술활동 등이 핵심 키워드로 서로 연계되어 있다. 제4유형은 인식교육, 일상 속 실천, 전공지식 활용, 세계와 협력, SNS 활용, 리더십 등이 핵심 키워드로 연계되어 있다. 이러한 결과를 종합하면, 지속가능발전교육에 참여한 대학생 집단이 인식하는 '가능한 기여'는 1) 정책 참여, 기부활동 등 캠페인 참여를 통한 기여, 2) SDGs 관련 대외활동, 소통 등 홍보를 통한 기여, 3) 전공지식 활용, 세계와 협력 등 인식교육과 일상 속 실천을 통한 기여, 4) 프로젝트 참여, SDGs분야에 대한 공부, 학술활동 등 SDGs 교육 바탕의 봉사활동을 통한 기여로 유형화할 수 있다.

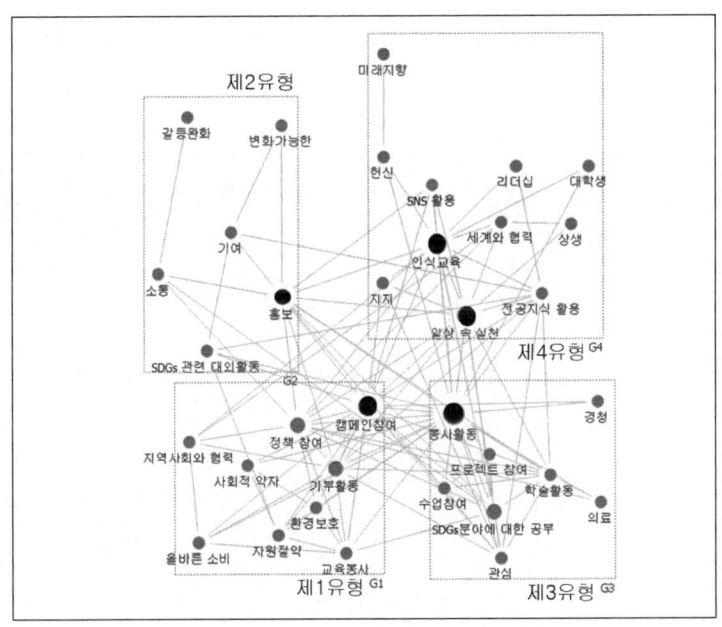

그림 4 지속가능발전교육 참여 대학생 집단의 관계성 분석 결과

(2) 지속가능발전교육 미참여 대학생 집단

지속가능발전교육에 참여하지 않은 대학생이 인식한 '가능한 기여'에서 도출된 키워드들을 관계성 분석을 통해 살펴본 결과, 크게 4가지 유형으로 나눌 수 있다. 제1유형은 일상 속 실천, 환경보고, 에너지 절약 등이 핵심 키워드로 서로 연계되어 있다. 제2유형은 정책참여, SDGs 관련 대외활동, 자원절약 등이 핵심 키워드로 서로 연계되어 있다. 제3유형은 캠페인 참여, 기부활동, 홍보 등이 핵심 키워드로 서로 연계되어 있다. 제4유형은 봉사활동, 인식교육 등이 핵심 키워드로 연계되어 있다. 이러한 결과를 종합하면, 지속가능발전교육에 참여하지 않은 일반 대학생 집단이 인식하는 '가능한 기여'는 1) 환경보고, 에너지 절약 등 일상 속 실천을 통한 기여, 2) SDGs 관련 대외활동, 지원 절약 등 정책 참여를 통한 기여, 3) 기부활동, 홍보, 관심 등 캠페인 참여를 통한 기여, 4) 인식교육, SDGs 분야에 대한 공부 등 봉사활동을 통한 기여로 유형화할 수 있다.

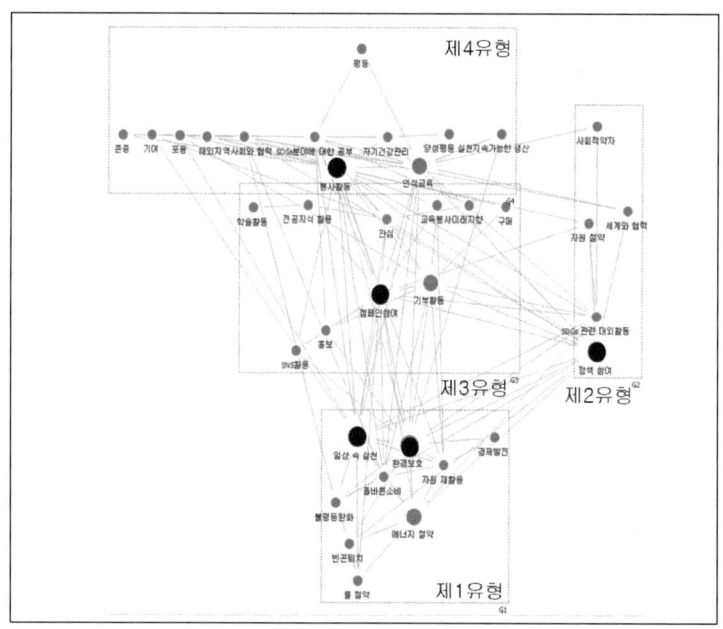

그림 5 지속가능발전교육 미참여 대학생 집단의 관계성 분석 결과

4. 더 나은 지속가능발전교육을 위하여

본 연구에서는 대학생의 지속가능발전교육 참여에 따른 '가능한 기여'에 대한 인식 차이를 네트워크 텍스트 분석을 활용하여 확인하고자 하였다. 이를 위하여 고등교육 수준에서 교양 교과목 수준에서 지속가능발전교육에 참여한 대학생 49명과 지속가능발전교육에 참여한 적이 없는 대학생 42명의 응답에서 도출한 키워드 403개를 분석하였다. 본 연구의 주요 결과와 논의는 다음과 같다.

첫째, 지속가능발전교육 참여 여부에 따른 지속가능발전목표에 대한 '가능한 기여'의 차이를 살펴본 결과, 지속가능발전교육 참여에 상관없이 봉사활동, 캠페인 참여, 기부활동, 인식교육, 정책 참여가 두 집단 모두에서 '가능한 기여'의 핵심 키워드로 나타났다. 하지만, 지속가능발전교육에 참여한 대학생들은 홍보, 지속가능발전목표(SDGs)분야에 대한 공부, 학술활동, 관심, 전공지식 활용 등 교육 및 학술적 활동을 통한 기여, 지속가능발전 교육에 참여하지 않은 일반대학 대학생들은 환경보고, 에너지 절약, 자원 재활용, 지속가능발전목표(SDGs) 관련 대외활동, 올바른 소비와 같이 개인이 생활 속에서 실천할 수 있는 활동들을 위주로 키워드가 도출되었다는 점에서 차이가 있었다. 이는 지속가능발전교육에 참여한 대학생들은 '교육'을 통한 기여를 중심으로 인식하고 있는 반면 지속가능발전교육에 참여하지 않은 대학생들은 '환경 보전'과 같은 새천년개발계획(MDGs)의 수행목표의 '실천'을 통한 기여를 중심으로 인식하고 있는 것으로 이해할 수 있다. 지속가능발전교육에 참여하지 않은 대학생 집단의 결과는 새천년개발목표(MDGs)를 전개하던 시기인 2006년 발표된 이선경, 이재영, 이순철, 이유진, 민경석, 심숙경, 김남수, 하경환(2006:5-10)의 지속가능발전교육에 대한 대학생과 교사의 인식 연구에서 대학생들이 인식한 지속가능한 발전을 위한 당면과제로 '환경 보전'이 64.3%, 지속가능발전의 개념에 대한 인식에서 환경보호와 경제발전의 균형 추구가

82.9%로 높게 나타난 것과 같은 맥락의 결과로 이해할 수 있다. 지속가능발전교육에 참여한 대학생 집단은 지속가능발전교육을 경험하였으므로 경험한 것을 통한 기여에 대해서 더 큰 비중을 두고 있는 것으로 추측할 수 있다.

둘째, 지속가능발전교육 참여 여부에 따른 지속가능발전목표에 대한 '가능한 기여'의 연결 중심성 분석 결과, 두 개 집단이 공통적으로 지속가능발전을 위해 기여할 수 있는 바로 봉사활동, 캠페인참여, 일상 속 실천 등의 핵심 키워드를 중심으로 동질화된 경향성이 도출되었다. 하지만, 지속가능발전교육에 참여한 대학생 집단에서 연결중심성이 가장 크게 나타난 봉사활동(4.00)과 캠페인참여(2.97)간에 수치의 차이가 다소 나타났으나, 그에 비해 지속가능발전교육에 참여하지 않은 대학생 집단의 봉사활동(2.74)과 캠페인 참여(2.40)간에 수치의 차이는 작게 나타났다. 이는 지속가능발전교육에 참여한 대학생 집단의 키워드는 '봉사활동'을 중심으로 연결되어 있는데 반해, 지속가능발전교육에 참여하지 않은 대학생 집단의 키워드는 '봉사활동'과 '캠페인참여' 두 개의 키워드를 중심으로 연결되어 있는 것으로 이해할 수 있다. 봉사활동은 체험교육의 한 행태로서, 반추적 사고와 상호작용을 강조하여 대학생의 학습과 성장을 돕는 교육활동으로(조용하, 2002:246), 대학생활을 통한 봉사활동 경험이 지속가능발전목표 달성을 위한 기여와 관련된 효능감을 증진하는 작용을 했을 가능성이 있다. 캠페인 참여는 일종의 체험형 자원봉사활동으로서(배지양, 2016:264-265), 보다 적극적인 사회적 관심의 표현으로 이해할 수 있다.

셋째, 지속가능발전교육 참여 여부에 따른 지속가능발전목표에 대한 '가능한 기여'의 관계성 분석 결과, 지속가능발전교육을 중심으로 도출된 전체 구조를 시각화한 연결 중심성 지도에서 두 개 집단이 공통적으로 지속가능발전목표 달성을 위해 기여할 수 있는 바가 전반적으로 동질성을 띠고 있지만 세부적인 관계성 측면에서 차이가 있는 것으로 나타났다. 지속가능발전교육에 참여한 대학생 집단이 가능하다고 지각하는 기여는

1) 정책 참여, 기부활동 등 캠페인 참여를 통한 기여, 2) SDGs 관련 대외활동, 소통 등 홍보를 통한 기여, 3) 전공지식 활용, 세계와 협력 등 인식교육과 일상 속 실천을 통한 기여, 4) 프로젝트 참여, SDGs분야에 대한 공부, 학술활동 등 SDGs 교육 바탕의 봉사활동을 통한 기여로 유형화할 수 있었다. 지속가능발전교육에 참여하지 않은 대학생 집단이 가능하다고 지각하는 생각 하는 기여는 1) 환경보호, 에너지 절약 등 일상 속 실천을 통한 기여, 2) SDGs 관련 대외활동, 지원 절약 등 정책 참여를 통한 기여, 3) 기부활동, 홍보, 관심 등 캠페인 참여를 통한 기여, 4) 인식교육, SDGs분야에 대한 공부 등 봉사활동을 통한 기여로 유형화할 수 있었다.

가장 특징적인 결과는 캠페인 참여의 관계성 분석 결과이다. 캠페인 참여는 본 연구의 빈도분석 결과에서 지속가능발전교육 참여 여부에 상관없이 높은 빈도가 나타난 키워드였는데, 관계성 분석에서는 다소 다른 양상의 결과가 나타났다. 지속가능발전교육에 참여한 대학생들의 캠페인 참여는 지속가능발전목표 달성을 위한 정책참여와 기부활동 키워드와 긴밀히 연결되어 있었고, 지속가능발전교육에 참여하지 않은 대학생들의 캠페인 참여는 기부활동, 홍보, 관심, 즉 지속가능발전목표 자체에 대한 인식제고와 관련된 키워드와 관계되어 있는 것을 확인할 수 있었다.

지속가능발전교육에 참여하지 않은 대학생들의 결과에서 환경보호, 에너지 절약 등 일상 속 실천을 통한 기여가 도출된데 비해 지속가능발전교육을 참여한 학생들에게서는 그 내용이 주요하게 도출되지 않은 것도 주목할 만한 결과이다. 본 연구에서 지속가능발전교육에 참여하지 않은 대학생 집단이 학령기를 보낸 초·중등학교 시기는 2000년 이후, 새천년개발계획(MDGs)을 중심으로 초·중등학교 교육과정에서 지속가능발전교육을 실천하던 시기이다. 실제로 김찬국, 이선경, 김남수, 주형선, 장미정, 권혜선(2012:366-367)의 우리나라 초·중등학교 내에서 다뤄진 지속가능발전교육의 활동 핵심 주제를 살펴본 연구에서, 환경과 건강, 에너지, 기후변화 등이 가장 많이 다뤄진 것으로 나타났다. 이러한 점을 고려할 때 본 연구의 대상인 지속가능발전교육에 참여하지 않은 대학생들이 가지고 있는 인식은 그들의 학령기 시기 교육의 효과로 볼 수 있다.

새천년개발계획(MDGs)에서 지속가능발전목표(SDGs)로 전환된 후, 초·중등학교 수준에서 각 교과목을 토대로 지속가능발전목표의 내용을 분석하고 구체적인 수업방안에 대해 수업방안을 연구해오고 있으나(김영하, 최도성, 2016:150-156; 김지현, 배경석, 박연경, 지덕영, 손연아, 2020:37-49; 김혜정, 남영숙, 2018:63-65; 이선경, 2018:83-99; 전송이, 이상원, 2019:183-214), 고등교육, 즉 대학에서 이루어지고 있는 지속가능발전교육은 각 대학의 자율적 운영 아래 사례 연구를 중심으로 이루어져왔다(김경아, 2018:255-277; 윤세미, 정미현, 김장생, 2018:351-382; 한희경, 2017:141-165). 초·중등교육이 국가의 교육과정 단위에서 지속가능발전목표에 대한 교육을 포함하고 있지만, 대학은 각 대학의 자율에 따를 수밖에 없는 상황에서 나타나는 필연적인 결과로 이해할 수 있다.

이홍연(2020:277)의 대학의 지속가능발전교육과 지속가능발전목표(SDGs)교육의 필요성과 과제에 대한 연구에서 Connelly(2013)의 대학 SDGs 교육, 연구 확산을 위한 점검 영역을 소개하였다. '거버넌스', '교육과정/교수/학습', '인적역량 형성', '시설과 운영', '파트너십'의 5영역으로 나누어져 있는데, 그 중 '교육과정/교수/학습'에서 대학 내 학제적 교육과정에 지속가능발전교육(ESD)과 지속가능발전목표(SDGs)를 반영하고, 교수 접근방식에서 지속가능발전교육(ESD)의 원칙을 반영하고 다양한 교육방식을 활용하는 안이 포함되어 있다. 사회로 진출하기 전, 대학에서 지구촌의 일원으로 대학생들이 지속가능발전목표(SDGs)달성을 위해 자신이 할 수 있는 '가능한 기여'의 방법에 대해 고민할 수 있는 기회 제공하는 것이 미래 사회를 위해 고등교육이 책무를 다할 수 있는 길일 것이다.

본 연구의 의의는 다음과 같다. 첫째, 지속가능발전교육의 효과로서 '가능한 기여'를 연구하였다는 데 그 의의가 있다. 둘째, 본 연구에서는 대학생의 지속가능발전목표 교육 참여에 따른 '가능한 기여'의 차이를 확인하고 지속가능발전교육의 참여 집단과 미참여 집단을 중심으로 지속가 능발전교육의 효과를 간접적으로 확인하였다는 데 의의가 있다. 셋째, 네트워크 텍스트 분석을 활용하여 아직 이론적으로 정립되지 않은 현상에 대해 탐색하고자 하였다는 데 그 의의가 있다. 넷째, 연구문제를 토대로 연구 참여자들이 자신이 '가능한 기여'에 대해 성찰할 수 있는 기회 또한 제공하였다는 데 의의가 있다.

본 연구의 제한점 및 제언은 다음과 같다. 첫째, 본 연구에는 지속가능 발전교육의 참여의 효과를 확인함에 있어 통제된 실험형태의 사전-사후 검증이 아닌 질적 질문지를 통한 연구를 진행하였다. 향후 연구에서는 보다 정교한 효과 측정을 위한 연구 설계가 필요할 것이다. 둘째, 본 연구 는 서울지역 대학생들만을 대상으로 하였다. 대학에서의 지속가능발전교 육은 대학별, 지역별로 편차가 클 것으로 예상되므로 이를 고려한 연구를 진행한다면 보다 깊이 있는 논의를 진행할 수 있을 것으로 기대한다. 셋 째, 본 연구에서는 학생들이 참여한 지속가능발전교육이 내용에 대한 검 토를 진행하지 않았다. 향후 참여한 지속가능발전교육의 유형 및 내용에 따라 연구를 진행한다면 효과적인 지속가능발전교육의 특징을 정리할 수 있을 것으로 기대한다. 넷째, 본 연구는 서면조사의 형태로 데이터를 수집 하여 '가능한 기여'에 대한 맥락과 의미를 고려하는 데 한계가 있었다. 후속연구에서는 인터뷰를 통한 연구자료 수집과 의미를 중심으로 해석하 는 분석으로 연구를 실시한다면 보다 깊이 있는 정보를 얻을 수 있을 것으로 기대한다.

참고문헌

강현선, 손연아(2016). "사회문제해결형 지속가능발전교육 수업모델의 수업적용 및 효과분 석: 그룹탐구모형과 배려모형 적용 수업모델을 중심으로", *환경교육* 29(1), 79-95.
김경아(2018). "지속가능개발목표(SDGs)에 기반한 '세계시민교육과 리더십' 교양교과목의

사례 연구: Focus Group Interview 를 중심으로", *교양교육연구* 12(3), 255-277.

김세현, 손연아, 이은주, 김강석, 김병주, 남윤희, 최소영(2018). "사회문제해결형 지속가능발전교육 (ESD) 수업모델이 초·중등학생들의 ESD 역량 향상에 미치는 효과", *환경교육* 31(2), 112-131.

김영하, 최도성(2016). "초등학교 사회·과학 교과서에 포함된 지속가능발전목표(SDGs) 관련 내용 분석", *한국환경교육학회 학술대회 자료집*, 150-156.

김은주, 박정호(2020). "글로벌 정책목표의 국내이행: 모호성 개념에 기반한 지속가능발전목표(SDGs) 이행실태 분석", *한국행정논집* 32(1), 51-68.

김준현(2015). "네트워크 텍스트 분석결과 해석에 관한 소고 - 행정학 분야 연구를 중심으로", *인문사회과학연구* 16(4), 247-280.

김지현, 배경석, 박연경, 지덕영, 손연아(2020). "2015 개정 교육과정에 따른 고등학교 통합과학 교과서에 포함된 SDGs 세부 목표 분석 - 'Ⅳ. 환경과 에너지' 단원을 중심으로", *에너지기후변화교육* 10(1), 37-49.

김찬국, 이선경, 김남수, 주형선, 장미정, 권혜선(2012). "우리나라 초·중등학교에서의 지속가능발전교육 교사 인식과 실천 사례", *환경교육* 25(3), 한국환경교육학회, 358-373.

김혜정, 남영숙(2018). "2015 개정 교육과정 고등학교 '통합과학'에 제시된 지속가능발전교육 내용 분석 및 수업방안 연구", *한국환경정책학회 학술대회논문집*, 63-65.

류지선, 김지은(2016). "지속가능발전교육에 기초한 나눔 프로젝트 활동이 유아의 이타성 및 공동체의식에 미치는 효과", *육아지원연구* 11(2), 85-111.

배상훈, 윤수경, 전수빈, 조성범(2017). "한국 대학의 인재상 탐색: 네트워크 텍스트 분석", *교육정치학연구* 24(1), 141-164.

배지양(2016). "참여형 기업사회공헌활동의 효과: 대학생 자원봉사활동 참여어필 속성과 기업의 규모를 중심으로", *광고학연구* 27(2), 261-289.

손승남(2013). "대학 인성교육의 교수학적 고찰", *한국교양교육학회 학술대회 자료집*, 322-330.

신의순, 박진원, 박태윤, 성정희(2009). "우리나라 대학에서의 지속가능발전교육의 가능성과 과제: 교육 과정, 파트너쉽, 지속가능한 대학 경영을 중심으로", *환경교육* 24(1), 88-101.

유구종, 함은지, 가신현(2016). "지속가능발전 교육활동이 유아의 환경친화적 태도와 배려행동에 미치는 효과 분석", *열린유아교육연구* 21(2), 491-516.

윤정희, 김희태(2018). "유아 지속가능발전교육 활동의 효과", *한국보육학회지* 18(1), 147-168.

윤세미, 정미현, 김장생(2018). "기독교 대학의 지속가능발전 교육의 실태 연구- 연세대학교 채플을 중심으로", *대학과 선교* 38, 351-382.

이선경(2018). "학교에서의 지속가능발전교육과 융복합교육의 통합 전략 탐색 연구", *환경교육* 31(2), 83-99.

이선경, 이재영, 이순철, 이유진, 민경석, 심숙경, 김남수, 하경환(2006). "지속가능발전 및 지속가능발전교육에 대한 대학생과 교사들의 인식", *환경교육* 19(1), 1-13.

이창언(2020). "SDGs를 통한 대학교육 혁신과 대학의 사회적 역할 제고를 위한 연구", *한국비교정부학보* 24(2), 123-148.

이흥연(2020). "대학의 지속가능발전교육 (ESD)과 SDGs 교육의 필요성과 과제", *교양학연구* 12, 257-284.

장석경, 최현정(2015). "지속가능발전교육에 대한 예비유아교사의 인식 연구", *한국교육문제연구* 33(4), 235-254.

전송이, 이상원(2019). "'지속가능한 소비와 생산 양식의 보장'(SDGs 12 목표)에 연계한 초등 실과의 지속가능발전교육교수·학습 방안 연구", *교육논총* 39(4), 183-214.

정소미, 박태인(2021). "대학생의 지속가능발전교육 참여에 따른 '가능한 기여' 인식의 차이: 네트워크 텍스트 분석을 중심으로", *문화와융합* 43(7), 201-220.

정하림, 정남용(2010). "지속가능발전교육을 위한 e-PBL 수업이 초등학생의 환경소양에 미치는 영향", *한국실과교육학회지* 23(3), 149-170.

조용하(2002). "대학생자원봉사활동의 이론적 고찰: 봉사학습을 중심으로", *청소년학연구* 9(3), 한국청소년학회, 243-268.

주형선, 이선경(2011). "지속가능발전과 지속가능발전교육에 대한 초등 예비 교사들의 인식", *환경교육* 24(1), 102-113.

지승현, 남영숙(2010). "나눔과 순환에 대한 대학생 장터 체험 활동을 통해 살펴본 대학교 지속가능 발전교육 시사점", *한국환경교육학회 학술대회 자료집*, 116-122.

채보미(2015). "초등 사회과에서의 지속가능발전교육 프로그램이 세계시민의식에 미치는 영향", *글로벌교육연구* 7(3), 111-132.

하숙례(2013). "대학생의 여가동기, 여가태도 및 대학생활만족의 관계", *한국여가레크리에이션학회지* 37(4), 15-32.

한희경(2017). "예비유아교사의 지속가능발전교육 핵심내용을 주제로 한 유아미술활동 계획하기 경험", *유아지원연구* 12(4), 141-165.

Connelly, Gerry(2013). *"Sustainability and Education Academy(SEdA)"*. In Rosalyn McKeown & Victor Nolet(eds.), Schooling for Sustainable Development in Canada and the United States, pp.81-94. New York and London: Springer.

Oriental University International Symbiotic Social Research Center(2017). "*Sustainable Development Goals and International Contributions*", Tokyo: Asakura Publishing Co.

Popping, R.(2000). "*Computer-assisted Text Analysis*", London: Sage.

UNESCO (2005). "*United Nations Decade of Education for Sustainable Development 2005-1014: International Implementation Scheme*", Paris: UNESCO.

UNESCO(2008). "*A Survey of Action The UN Decade of Education for Sustainable Development, 2005-2014*", UK National Commission for UNESCO.

Sato Masahis, Seki Masao, Kawakita Hideto(2019). "*Partnerships in the SDGs Era*", Tokyo: gakubunsha.

World Commission on Environment and Development(WCED)(1987). "*Our Common Future*". Oxford University Press.

강원대학교 홈페이지(2021).

https://engedu.kangwon.ac.kr/app/board/attach/viewer.do?boardNo=60&articleNo=141116&attachNo=144741 (2021.05.22 인출)

서울대학교 홈페이지(2021). https://aiees.snu.ac.kr/greenleadership/website/02web02.php (2021.05.22 인출)

연세대학교 홈페이지(2021). https://igee.yonsei.ac.kr/igee/Program/BKMSDG.do (2021.05.22 인출)

지속가능발전포털(2021). http://ncsd.go.kr/ (2021.05.22 인출)

Paranyushkin, D.(2010). "*Text Network Analysis*", Available at http://issuu.com/deemeetree/docs/text-network-analysis

THE Higher Education(2021).

https://www.timeshighereducation.com/impactrankings#!/page/0/length/25/sort_by/rank/sort_order/asc/cols/undefined (2021.05.22 인출)

● 이 장은 문화와융합 학술지 43권 7호에 실린 필자의 논문(정소미, 박태인, 2021)을 바탕으로 재구성되었다.

13장
융복합 교육으로서의 글로벌 K-뷰티

1. 국경을 넘는 시대적 요구, K-뷰티의 확산

K-드라마와 K-팝을 중심으로 세계 전 지역으로 널리 퍼져나간 한류열풍이 K-뷰티로까지 확대되고 있다. K-뷰티는 한국의 미용 산업이 세계적으로 각광을 받으며 생겨난 신조어로서, 처음 한류 스타들의 영향으로 외국인들 사이에서 한국 미용 브랜드가 인기를 얻으며 붐을 형성하였다. 현재 K-뷰티는 저렴한 가격, 세련미, 우수한 기술 등을 이유로 한류 열풍을 주도하는 콘텐츠로서 새로운 가능성을 보여주고 있는 분야이다. 국내에서는 미용 기술을 배우기 위해 한국을 찾는 외국인들이 많아지고 있으며, K-뷰티 관련 유튜브 채널 및 동영상도 지속적으로 늘어나고 있는 추세이다(김민영, 2018:494). 이처럼 한국의 미용 분야는 아시아 지역을 넘어 미국과 유럽에까지 확산되며 전 세계인의 주목을 받고 있으며, 개인적인 관심에서 그치지 않는다. 실제로 이미 많은 유학생들이 미용 기술을 배우기 위한 목적으로 국내의 학위과정에 진학하여 미용 기술을 배우고 있으며, 국가 인증의 미용 학원을 통해 자격증을 취득하려는 외국인 수도 급속하게 증가하고 있다. 박봉현, 김선미(2019:121)의 설문 결과에 따르면 한국 뷰티 교육에 대한 외국인의 관심이 매우 높음을 알 수 있는데 한국의

뷰티 교육을 받고 싶어 하는 이유에 대해서는 자신의 외모를 관리하거나 기술을 배우고 싶다는 응답이 많았다. 이처럼 미용 분야가 취업을 보장하는 실용적인 학문이라는 인식이 형성되면서 유학생들에게는 발전 가능성이 큰 영역으로 자리를 잡아가고 있으며 앞으로도 수요가 점점 증가할 것으로 예상된다. 아울러 K-뷰티는 새로운 문화산업의 콘텐츠로서 K-드라마와 K-팝 중심의 한국문화에 대한 이해를 넘어 한국어 학습 이후, 취업 및 진로를 보장할 수 있는 시대적 요구를 수용할 수 있는 영역이며, 유학생들의 취업 진로를 위한 새로운 대안으로서 중요과제라 할 수 있다.

한편 지금까지 외국인 유학생을 위한 한국어교육의 흐름은 크게 언어교육과 문화교육이 양축을 이루며 진행되어 왔다. 그러나 최근 들어 유학생들의 국내 학위과정 진입 수요와 맞물려 취업을 위한 실무적 역량에 대한 관심도 높아지고 있다. 즉, 언어교육과 문화교육을 통해 일정 수준 이상의 한국어 실력을 갖춘 외국인 유학생들이 그 이상의 단계로 넘어가 취업 역량을 갖출 수 있어야 하는 것이다. 실제로 국내에서 학위과정 중인 유학생들의 관심은 대학 졸업 후 국내 또는 국외에서 어떤 전문적인 직업을 가질 수 있을 것인가에 대한 관심이 많은 편이다.

유학생을 대상으로 통계청(2017)이 진행한 설문조사 결과에 따르면 학업이 끝나고 한국에 머물고자 하는 가장 큰 이유는 국내 취업이었다. 이에 실제로 직업 목적의 한국어교육을 위한 연구도 많아지고 있으며, 취업을 희망하는 외국인의 직업을 위해 직업군별로 새로운 교육과정 개발이 필요하다고 강조하고 있다. 각자의 전공 영역에서 성공적인 학업 수행을 통해 학위를 취득하고 대학원 진학까지도 계획하여 공부하는 학생들도 있으나, 대체로 많은 유학생들은 학문 수행 외 다른 목적을 갖기도 한다. 한국에서의 생활을 유지하며 돈을 벌기 위한 수단으로 학위과정에 진입하고, 한국인 학생들과 마찬가지로 전공과 무관한 분야에서 취업을 하기도 한다. 이러한 현상은 지역의 대학일수록 더욱 두드러지게 나타난다. 이제는 외국인 유학생을 위한 맞춤형 교육을 제공해야 할 필요가 있으며 막중한 역할을 떠안고 있다. 대학 환경이 지역 및 대학의 특성에 따라 모두 다른 바, 이제는 외국인 유학생 대상의 취업 교육을 강화하는 차원에서 그 어떤 때보다 특성화된 교육과정의 개발과 운영이 더욱 절실해진 상황이다.

실제로 광주여대에 입학한 외국인 유학생들의 경우도 학문에 진정한 뜻을 두고 입학하기보다는 국내 생활을 위해 비자 연장을 위한 목적으로 대학에 입학하는 사례가 많다. 이러한 학습자들에게 특성화된 교육과정을 통해 전문적인 취업 역량을 키워주는 것은 학습자의 요구에도 부합하는 일이며, 성공적인 유학과 학업을 유도할 수 있어 유학생들의 유치에도 많은 도움이 될 것이다. 이전처럼 외국인 유학생들의 한국어 실력만을 높이는 데에만 집중할 것이 아니라 이제는 전공 이후 취업 역량을 높일 수 있는 특성화된 교육과정을 제공할 수 있는 대책 마련이 필요해 보인다. 특히, 현지 국가의 필요성에 부합하는 인재 양성, 혹은 국내 취업을 희망하는 유학생들의 요구를 구체적으로 반영하여 취업과 연계된 교육과정 개발이 요구된다.

이와 같은 관점에서 광주여대의 K-뷰티 기반의 Wellness-Beauty 특성화 사업은 외국인 유학생의 취업 진로를 확대하고, 외국인 유학생의 유치를 높이며, 지방 대학의 한계를 극복할 수 있는 새로운 대안책으로 제시할 수 있다. 광주여대의 경우, 미용 분야의 전문적인 인재를 양성할 수 있는 교육과정이 미용과학과 중심으로 이미 구축되어 있으며, 한국어교육학뿐만 아니라 서비스경영학에 대한 세 개의 학문이 연계될 수 있는 관련 학과 및 교육 환경이 마련되어 있다. 이러한 교육 환경을 기반으로 유학생들에게 관심이 높은 미용 분야를 통해 지역을 중심으로 전문적인 취업 역량을 함양한 글로벌 인재를 양성할 수 있다는 점에서 광주여대는 외국인 유학생 대상의 K-뷰티 특성화 교육과정을 개발하는 데 용이한 측면이 있다.

이 글은 광주여대의 Wellness-Beauty 특성화 목적에 맞는 실행과제로서 특정 대학이 처한 환경과 상황을 고려하여 학제 간 융복합 교육과정 개설을 제안하는 데 목적이 있다. 교육과정 개발을 위해서는 환경 분석과 요구 분석이 선행되는바 연구 방법과 절차는 다음과 같다. 먼저 K-뷰티와 관련된 선행 연구와 교육과정 현황을 검토하여 외국인 유학생들을 위한 K-뷰티 특성화 교육과정에 대한 필요성을 역설하고, 다음으로 실질적인 교육과정 대한 수요를 파악하기 위해 외국인 유학생들을 대상으로 설문조사를 실시하여 학습자의 요구를 분석하여 학습자들에게 필요한 실제적인 교육 영역을 구성하고자 한다. 이것을 바탕으로 교육과정의 목표와 체제를 확립하였으며 전문가 평가를 통해 교육과정에 포함되어야 할 교육내용 및 교과목을 예시로 제시하였다. 이를 종합하여 향후 정규 교육과정으로의 편성 방향을 제안하고 광주여대만의 Wellness-Beauty 글로컬 인재 양성에 부합하는 K-뷰티 특성화 교육의 기회를 마련하고자 한다.

2. K-뷰티 교육의 현재

문화체육관광부와 한국문화산업교류재단(2017)이 조사한 글로벌 한류 실태조사에 의하면 한류문화 가운데 '패션/뷰티'가 59.7%로 호감도 영역에서 1위를 차지하였다(김남산, 2019:25, 재인용). 이처럼 K-뷰티는 외국인 학습자의 수요가 높은 영역이지만 아직까지 이와 관련된 연구가 구체적으로 이루어지지 않아 활발한 논의가 필요한 상황이다.

먼저 한국어교육 내에서 시도된 K-뷰티 관련 연구들은 비교적 최근에 이르러서야 진행되었는데 미용 언어 교육에 초점을 맞춘 형태로 한정적인 연구에 지나지 않는다. 한국어교육 내 K-뷰티 관련 선행 연구의 흐름은 크게 두 가지의 방향에서 정리할 수 있다.

첫째, 초기의 논의들은 주로 외국인 유학생의 시각에서 학위 논문으로 접근이 이루어졌다. 모두 학습자의 측면에서 한국어교육 내 K-뷰티의 요구를 수용하고 발전적인 가능성을 탐색하고자 하였다. 먼저 K-뷰티 논의의 시작점이라고 할 수 있는 장남남(2014)은 중국인 학습자를 위한 단기 과정의 한국어교육 과정에서 실현해 볼 수 있는 교육내용 및 교수요목을 제안하였다. 뒤를 이어 아즈미시즈카(2017)는 교육 내용에 대한 구체적인 접근을 위해 TV 프로그램과 인터넷 방송에서 수집된 미용 관련 어휘를 분류하여 목록화하였는데 미용학적 기준에서 새로운 어휘 교육의 발판을 마련하였다고 평가할 수 있다.

  둘째, 초기 논의들보다 깊이 있는 후행 연구로서 K-뷰티와 관련해 미용 한국어의 차원에서 외국인 대상의 전문적인 미용 한국어의 교육내용과 방법을 탐색한 논의들이 있다. 김민영(2018)에서는 K-뷰티 교육과정에 대한 필요성을 역설하며 K-뷰티 교육 프로그램을 설계하기 위한 과정을 논의하였다. 외국인 예비 미용인들을 대상으로 심층 면접을 실시하고, 미용 유튜브에서 나타난 자료들을 반영하여 미용 종사자들을 위해 한국어교육에서 필요한 교육내용을 제시하였다. 이어 진행된 논의(김민영, 2019)에서는 미용 관련 유튜브와 SNS 방송 자료를 대상으로 고빈도 문형과 표현들을 분석하여 제시하였다. 이러한 연구는 K-뷰티 한국어를 위한 기초적인 연구라 할 수 있다. 또한 박봉현, 김선미(2019)의 연구는 뷰티 한국어 교육과정을 위해 설계한 수업을 제시하였는데 뷰티 한국어 교재를 중심으로 미용예술 전공 유학생을 대상으로 주 1회 교양수업으로 실시한 결과를 중심으로 뷰티 한국어 수업의 가능성을 보여주었다. 이 연구는 이미 미용 분야를 전공하고 있는 유학생들을 대상으로 교양 한국어로서, 뷰티 관련 내용을 다루고 있지만 실제 쓰기, 말하기 등 언어 숙달도 향상을 위한 언어 기능 중심의 한국어 수업으로 진행되었음을 알 수 있다.

  아래 〈표 1〉의 내용은 위에서 언급한 두 가지의 흐름으로 외국인 유학생 대상의 K-뷰티 교육 관련 연구를 검토하여 시사점을 밝힌 것이다.

표 1 외국인 유학생 대상 K-뷰티 교육 관련 주요 연구

출처	연구내용	시사점
장남남 (2014)	중국인 학습자를 위한 단기 과정의 한국어교육 과정에서 실현 가능한 교육내용 및 교수요목 제안	뷰티와 한국어교육을 연계하여 뷰티 교육의 가능성 탐색
아즈미시즈카 (2017)	TV 프로그램과 인터넷 방송에서 수집된 미용 관련 어휘를 분류하여 목록을 제시	미용학적 기준에서 한국어교육 내 새로운 어휘 교육의 가능성을 검토하고 구체적인 교육 내용 제시
김민영 (2018)	미용 현장에 있는 외국인들의 한국어 실력이 부족해 미용 분야의 한국어 교육과정에 대한 필요성 역설, K-뷰티 교육 프로그램을 설계하기 위한 과정 제시	K-뷰티 한국어교육을 위한 기초 연구의 성격이 강함. 학습 목표를 구체적으로 설정하였다는 점에서 의의가 있음
김민영 (2019)	미용 관련 유튜브와 SNS 방송 자료를 대상으로 고빈도 문형과 표현을 분석 후 제시	K-뷰티 수업에 대한 실제적인 내용을 제안하고 있지만 한국어 교육과정 내에서 요구되는 언어교육 중심의 교육과정으로 구성되어 있어 제한적이며, 미용에 관심이 있는 유학생들에게 미용 어휘, 표현을 가르치는 것 이상의 성취와 발진 능력을 기대하기 어려움
박봉현, 김선미 (2019)	뷰티 한국어 교육과정을 위해 미용 예술 전공 유학생을 대상으로 주 1회 교양수업으로 실시, 결과 제시	
박지영 (2021)	미용 전공 유학생을 대상으로 뷰티테라피와 메이크업 전공 관련 외래어를 등급, 주제별로 제시하여 교육 방안 제시	

위의 논의들 가운데 2018년 이후 진행된 연구는 뷰티에 대한 실무를 익힐 수 있는 기능적 측면보다도 미용 전공 영역의 학습자를 중심으로 뷰티 교육을 위한 어휘 및 한국어 표현에 집중되어 있어 교육내용이 제한적임을 확인하였다. 대체로 모두 초기에 이루어진 연구에 비해서 구체적인 학습 목표를 설정하고 K-뷰티 수업에 대한 실제적인 내용들을 제안하고 있다는 점에서 의미가 있다고 평가할 수 있다. 또한 K-뷰티와 관련해 교양과정에서 외국인 유학생을 대상으로 교과목을 개설하여 운영한 성과는 있지만 학부 과정에서 전공 간 융합 교육을 통해 특성화 교육을 시도한 경우는 아직까지 찾아볼 수가 없었다. 다시 말해, 문제는 K-뷰티 교육을

위한 교육과정에서도 미용 전공생을 한정하거나 언어 교육에 대한 측면만이 강조되고 있을 뿐, 기술적 측면까지 제공하지 못하고 있어 학습자의 다양한 수요를 충족하기 어려워 보인다. 기술적 영역과 언어적 영역을 각각 구분하여 따로 진행할 것이 아니라 서로 연계하여 시대의 흐름에 맞는 효과적인 학습이 이루어질 수 있도록 해야 한다.

다음으로 미용교육 분야에서 이루어진 선행연구를 살펴보면 대체로 미용학과 유학생을 대상으로 전공선택 동기, 자아존중감의 측면에서 유학 생활 전반에 대한 만족도를 조사한 논의들이 대다수였다(박미성, 2010; 허함옥, 2019 등). 박소연, 최은경(2020:388)의 연구에서도 외국인 유학생을 위한 교육과정을 조사하였는데 대체로 대학 적응, 언어 능력 향상, 문화 적응, 학업 증진, 진로 및 취업 분야로 분류되지만 그중 진로 및 취업 분야가 현저하게 부족하며 이에 대한 프로그램으로는 자기소개서 작성법, 취업 특강과 같은 프로그램에 제공될 뿐 전공과 연계한 기술 습득 측면에서는 거의 찾아볼 수 없다는 점을 지적하였다. 한국 학생들의 경우는 필요에 의해 자격증 취득까지 자연스럽게 이루어질 수 있지만 외국인 유학생의 경우는 상당히 제한적인 교육 환경이 주어지기 때문에 학교에서 적극적으로 다채로운 교육의 기회를 제공해 주어야 한다고 제안하고 있다.

미용교육 관련 연구에서는 김남산(2018)과 정하나, 윤천성(2021)의 논의가 본고의 교육과정 마련에 방향성을 제안하고 있다는 점에서 주목할 만하다. 김남산(2018)은 미용 분야에 재학 중인 유학생들을 대상으로 현재 교육과정에 대한 만족도를 조사하였는데 실기 교육, 이론 교육, 미용 기계 사용 만족도, 교과 현실성 등 보통의 만족도를 나타내며 차별화된 대학 교육과정의 개선이 시급한 부분임을 지적하였다. 현장의 목소리를 세부적으로 분석하여 미용 산업 현장과 대학 교육이 구체적으로 연계할 수 있는 교과과정을 마련해야 한다고 주장하였다.

다음으로 정하나, 윤천성(2021)은 유학생을 대상으로 미용학과 특별과정을 개설하기 위해 프랑스, 독일, 호주, 영국, 미국의 미용자격제도와 교육과정을 비교 분석하여 한국의 실정에 맞는 유학생의 특징을 고려한 교육과정 구성해야 함을 강조한다. 이 연구에서는 구체적인 교육과정을 제시하지는 못하였지만 결론 부분에서 제시한 방향성은 융복합 교육과정 설계에 참조점이 될 수 있다.

이처럼 주요 연구들을 통해 도출된 두 가지의 시사점은 다음과 같다. 첫째, 외국인 유학생을 대상으로 전문적인 인재 양성을 꾀하기 위해서는 심도 있는 논의를 통해 구체적인 교육과정 개발이 필요하다는 것을 확인할 수 있다. 대체로 기존 논의들이 상식적인 수준에서 이루어진 기초적 논의의 성격을 갖기 때문에 기존 논의를 확장하여 실제적인 교육과정을 구성하는 것이 필요해 보인다. 또한 기존의 교육과정을 다룬 논의들이 대체로 중국 유학생들의 범위에 한정되어 있는데, 이미 지역에서는 유학생들의 국적이 다양해지고 있기 때문에 학습자의 특성에 맞는 맞춤형 교육과정에 대한 논의도 진행되어야 할 것이다. 둘째, 외국인 유학생을 대상으로 한국어교육과 미용 분야의 교육내용이 서로 융합될 경우 실무적인 역량을 통한 긍정적인 시너지를 기대해 볼 수 있을 것으로 판단된다. 현재 외국인 유학생들이 한국의 대학을 졸업하고 취업을 하기 위한 교육과정으로 연계하여 전문적이고 실질적인 취업 역량을 배양할 수 있다면 외국인 유학생들에게 특화된 교육과정으로서 현실적인 방안 제시가 될 수 있을 것이다.

최근 K-뷰티에 대한 관심이 많아지면서 뷰티 관련 학과들도 신설되고 있는 추세다. 현재 2년제와 4년제를 포함하여 전국적으로 135개의 대학과 45개의 대학원 석, 박사과정에 미용 관련 학과가 개설되어 운영되고 있다 (대학알리미, 2020). 트렌드에 맞춰 K-뷰티 용어를 직접적으로 학과 명칭으로 사용한 대표적인 학과는 건국대의 K뷰티산업융합학과, 신라대 뷰티비즈니스학과, 호남대의 뷰티미용학과, 경기대의 한류문화대학원 K-뷰티학과 등이 있다. K-뷰티학과는 한국을 대표하는 신산업으로 성장한 뷰티산업의 혁신을 이끌고 국적과 인종을 넘는 글로벌 산업화를 만들어 갈

리더 양성을 목표로 〈화장품학〉, 〈미용문화사〉, 〈뷰티서비스마케팅〉, 〈뷰티상품기획〉 등의 교과목이 개설되어 있다(경기대학교 홈페이지 참조).

우선 미용 분야의 교육과정이 어떻게 운영되고 있는지를 알아보기 위해 미용 전공 학과가 개설된 대표적인 대학 가운데 외국인 대상으로 마련된 교과목 개설 현황을 조사하였다. 홈페이지 검색 및 대학 알리미를 통해 특성화를 시도하고 있는 것으로 보이는 몇 개의 학과 자료를 찾을 수 있었는데 신라대와 서경대가 차별화를 시도하고 있었다. 우선 신라대는 K-뷰티비즈니스학과(3학년 편입과정, 외국인입학전용학과)를 2019년 새로 신설하였으며, 외국인 유학생을 위한 뷰티케어 프로그램을 운영 중에 있다(신라대 홈페이지 참조). 서경대는 국제적 뷰티테라피 교육인 국제시데스코(CIDESCO)스쿨 프로그램을 유일하게 운영하고 있었다(서경대학교 홈페이지 참조).

이 외에 다른 학과의 홈페이지를 검색한 결과, 이미 마련된 교육과정에 외국인 유학생들이 입학하는 형태로서 국내 한국인 학생과 외국인 유학생들을 대상으로 따로 구분되어 있는 특화된 교육과정을 실질적으로 찾기가 어려웠다. 아래 〈표 2〉는 전국 40여 개의 대학교를 중심으로 외국인 유학생 수가 많은 상위권 10위 대학들을 대상으로 홈페이지에 공개된 개설 교과목을 분류 기준에 따라 분석하여 주요한 내용만 제시한 것인데, 2020년 기준 대학알리미 홈페이지를 통해 미용 관련 학과 현황을 재검색하였으며 홈페이지 검색에 따른 교과목 현황을 재정리하였다.

표 2 4년제 대학 미용 관련 학과의 교과목 개설 현황

분류	주요 교과목명
기초공통	미용학개론, 화장품학, 미용색채학, 헤어미용개론, 미용교육론, 미용예술의이해, 미용예술사, 뷰티디자인론, 캡스톤디자인, 뷰티컬렉션연구, 뷰티세미나 졸업작품, 현장실습, 뷰티 창업론 등
헤어 관련	헤어미용, 두피관리, 모발과학, 헤어컬러, 기본헤어커트, 기초헤어, 남성헤어커트, 여성헤어커트, 베이직커트 이론 및 실습, 헤어트렌드세미나, 헤어트렌드연구, 헤어세팅, 디자인헤어펌, 펌이론 및 실습, 헤어스타일링, 모발과학, 기초업스타일, 응용헤어디자인, 헤어세팅 및 업스타일, 헤어미용학, 두피관리, 두피모발클리닉, 헤어샴푸, 기초드라이, 미용드라이 등
피부 관련	피부미용, 기초피부관리, 아로마테라피, 기기관리학, 지압경락실습, 미용성형경락, 아로마 및 응용뷰티테라피 등
메이크업 및 네일 관련	기초 메이크업, 메이크업디자인, 살롱메이크업, 메이크업과 피브관리, 메이크업 테크닉, 미디어메이크업, 아트메이크업, 부대분장, 이미지메이킹, 색채학, 컬러리스트, 네일미용, 응용메이크업, 네일아트, 네일아트이론, 네일아트 창작, 네일미용실습, 캡스톤디자인 네일케어실습, 발관리이론 및 실습 등

각 대학의 교과목을 분석해 보면 대체로 실무와 전문적인 영역에서 기초 영역과 세부 전공으로 나눠 교과목이 개설되어 있다. 대체로 4년제 대학 미용 관련 학과는 예체능 계열에 분류되어 헤어, 피부, 메이크업, 네일, 화장품 등으로 세분화되어 있다. 과목명은 다소 차이가 있으나, 세분화된 학과목에 따라 교과목이 전반적으로 분류되어 운영되고 있다. 그리고 각각의 관련 자격증 취득이 교육 목표의 상당 부분을 차지하고 있다. 2년제, 4년제에 따라 이론과 실기 교과목이 구성되어 있으며 교과목 명칭이 매우 다양하고 교육과정이 모두 국내 한국 학생들을 중심으로 교과과정이 구성되어 있는데 최신 트렌드, 인재 양성 목표에 따라 다양하게 개발되어 있음을 확인할 수 있었다.

다만, 학과 페이지에 공개된 교육과정을 통해서는 외국인들을 위한 별도의 교육내용이 다소 부족해 보인다. 교과목 해설서를 통해 교육내용을 확인해보더라도 외국인 유학생들의 수준에 맞는 교육과정이 부족함을 확

인할 수 있었다. 그간의 대학 전공은 단일한 교과과정에 의해 단일한 가치를 추구하는 배타적 영역으로 여겨왔다. 그러나 산업화 시대 전공의 분화를 통해 실무와 전문성을 가진 인재를 기대했지만, 현재는 복합적이고 다층적인 사회적 흐름에 따라 융합적 사고를 가진 인재 양성과 새로운 가치 창출을 할 수 있는 능력을 가진 교육(박소연, 최은경, 2020:383)으로 수렴되고 있다. 즉, 이제는 분화되고 지나치게 분절된 학문의 영역이 아닌 통합적 사고를 요구하는 사회에 맞게 교과과정 또한 학제 간의 융합으로 재생산되는 시점에 이르렀다고 할 수 있다.

광주여대는 K-뷰티와 관련이 깊은 Wellness-Beauty 글로컬 선도대학으로서, 융합·연계 전공 확대 및 창업 활성화를 위한 특화 분야인 K-뷰티 특성화 교육을 구축하기 위해 전력을 다하고 있다. 무엇보다 광주여대는 1999년에 처음으로 4년제 미용계열학과를 개설하였으며 4년제 대학 미용학과 교육과정을 통해 고급 인력을 양성하고 있다. 또한 Wellness-Beauty 관련 교육 특화를 통해 광주 지역과 대학 발전의 시너지를 창출하고 글로컬 인재 양성을 목표로 하고 있다.

그림 1 광주여대의 Wellness-Beauty 특성화 계획(홈페이지 참조)

〈그림 1〉에서 보는 바와 같이 교육 특화 측면, 지역 강소 대학, 글로컬 선도대학으로 세부적인 계획이 제시되어 있는데 먼저 Wellness-Beauty 교육 혁신에서는 융합·연계 전공 확대를 목표로 4가지의 교육 혁신을 꾀하고 있다. 첫째, 뷰티 창업(미용과학과, 화장품과학과)과 Beauty Management 연계 전공(미용과학과, 서비스경영학과), Wellness-Uving

연계 전공(미용과학과, 화장품과학과, 식품영양학과, 실내디자인학과), Wellness-Senior 연계 전공(미용과학과, 사회복지학과, 상담심리학과)으로 나뉘어져 있는데, 여기에 외국인 유학생들을 대상으로 하는 연계 전공이 보완될 필요가 있다. 또한 국가 경쟁력 학문분야 성장 부분에서는 유학생 유치 확대와 선진교육프로그램 확대, 글로벌 산학 연계, Wellness-Beauty 글로벌 교육과정 운영의 목표를 계획하고 있는데, 세부적으로 K-뷰티 교육 콘텐츠 개발, 교육과정 운영, 유학생 진로 분야 맞춤형 교육 운영 등이 제시되어 있다. 하지만 현재 광주여대 미용과학부에 재학 중인 외국인 유학생 수 역시 증가세에 있지만 외국인 유학생 전용의 K-뷰티 특성화 교육과정이 따로 마련되어 있지 않기 때문에 유학생들의 눈높이와 요구에 맞는 교육과정을 개발 및 운영이 필요해 보인다.

이러한 상황 속에서 광주여대의 외국인 유학생들이 요구하는 진로 및 취업에 대한 전문 능력을 함양하기 위해서는 K-뷰티 관련된 교과목 자체를 소수 분야로 특성화시키기보다는 교육 혁신에서 제안하고 있는 것처럼 전공 간 융합을 통해 대안적인 교육과정으로 개발하는 것이 더 효과적이라고 판단된다. 나아가 외국인이라는 학습자의 특성에 맞게 국가별로 선호하는 미용 분야에 대한 의견을 반영하여 교육과정을 달리 구성하는 것이 중요하겠다. 또한 외국인 유학생의 경우, 한국인 학생들과 달리 전공 분야에서 언어적인 부분과 기술적인 업무의 어려움을 동시에 느끼기 때문에 이들을 위한 교육과정에는 언어와 기술, 태도까지도 모두 포함하는 것이 적절해 보이며 연계 전공으로서의 성격보다는 융합 전공을 통해 집중화된 교육과 관리체계가 효과적일 것으로 판단된다. 이에 외국인 유학생 대상 K-뷰티 특성화 교육과정을 개발하기 위해 한국어교육학과, 미용과학과, 서비스경영학과를 중심으로 이론과 실무가 조화롭게 구성된 전공 간 융복합 교육과정을 새롭게 제시할 것이다.

3. K-뷰티 융복합 교육과정을 위한 요구 분석

여기에서는 외국인 유학생을 대상으로 실질적인 K-뷰티 특성화 교육과정을 개발하기 위해서 학습자에 대한 요구를 토대로 교육내용을 설계하고자 한다. 미용교육 분야의 경우 세부적인 교육 항목에 따라 교육과정의 내용이 광범위하여 모든 분야를 다루기에는 융합 전공에서 어려울 수 있으며 불가능한 일이다. 또한 국적별로 뷰티 산업의 관심과 발전이 조금씩 차이가 나기 때문에 학습자의 요구 조사가 필수적으로 이루어질 필요가 있다.

학습자를 대상으로 이루어진 설문조사의 경우, 광주여대에 재학 중인 외국인 유학생 총 80명을 대상으로 2021년 8월 10일부터 20일까지 실시하였다. 설문조사 방식은 온라인(Google 설문지 활용)을 통해 한국어로 진행되었으며 설문조사 링크를 전송하여 자발적으로 참여하도록 독려하였다. 설문 문항은 기초 조사 내용 6문항(학년, 국적, 소속, 성별, 한국어능력시험 급수, 한국어 학습 기간)과 K-뷰티 교육과정에 대한 실질적인 내용 6문항(대학 입학 목적, K-뷰티 특성화 교육과정의 요구, K-뷰티 특성화 교육과정 내용에 대한 요구 항목(개방형))으로 구성하였다. 설문에 참여한 응답자 수는 총 85명이었으나, 성실하게 제시되지 않은 결과물을 제외하고 유효한 응답자 총 80부를 대상으로 결과를 분석하였다.

설문조사에 참여한 대상자는 모두 베트남 국적의 여학생이었다. 본교에 재학 중인 외국인 유학생은 중국, 베트남, 몽골 등 다양한 국적의 유학생들이 있지만 실질적으로 베트남 유학생들이 더 많은 비중을 차지하고 있다. 이러한 상황에서 베트남 유학생들의 참여도가 높았던 것으로 보인다. 설문조사에 참여한 대상은 2학년이 가장 많았으며, 인문계열 학생들이 68.8%로 가장 많았다. 한국어능력시험 자격 급수는 3급이 50%의 비율로 가장 많았고, 4급이 41.3%로 그 뒤를 이었다. 한국어 학습 기간은 2년 이상 되었다는 응답이 47.5%로 가장 많았다.

다음은 본고의 목적이 외국인 유학생들을 대상으로 취업 역량을 높이기 위한 목적이므로 학습자들이 얼마나 취업에 관심이 있는지, 미용 분야와 관련된 교육과정에 대한 관심, 교육내용을 구성하기 위한 질문을 진행하였다. 설문에 참여한 외국인 유학생에게 한국 대학의 학위과정에 진학한 목적이 무엇인지를 질문하였는데 〈표 3〉에서 나타나듯이 83.7%가 취업을 희망한다고 답변하였다.

표 3 한국 대학 학위과정 진학 목적

구분	빈도 (비율%)
계속적인 학업을 위해 (학위 취득)	10(12.5%)
국내외 취업을 하기 위해	67(83.7%)
기타	3(3.8%)

다음으로 외국인 유학생 대상으로 K-뷰티 특성화 교육과정이 개설될 경우 참여하고 싶은지에 대한 질문에 〈표 4〉에서 제시한 것처럼 전체 응답자 중 '참여하고 싶다'의 응답자는 72명으로 90%를 차지하였고, '참여하고 싶지 않다'라고 대답한 응답자 수는 8.8%로 K-뷰티 교육과정에 대한 요구도가 매우 높음을 알 수 있다. '참여하고 싶지 않다'는 의견을 구체적으로 듣기 위해 의견을 서술하도록 하였는데 '어려울 것 같아서, 전공 수업을 듣기에도 바쁘다, 관심은 있지만 배우면 어려울 것 같다'는 의견이 구체적으로 작성되었다.

표 4 K-뷰티 특성화 교육과정에 대한 요구

구분	빈도 (비율%)
참여하고 싶다	72(90.0%)
참여하고 싶지 않다	7(8.8%)
기타	1(1.2%)

다음으로 〈표 5〉는 교육과정 내용에 대한 요구 분석 내용 가운데 중복 및 간략한 답변을 제외하고 유의미한 답변 중심으로 정리하였다.

표 5 K-뷰티 특성화 교육과정 내용에 대한 요구

구분	주요 답변
1 미용 분야(헤어/메이크업/네일/피부)에서 가장 배우고 싶은 내용은 무엇입니까?	-메이크업에 관심이 많다 -메이크업을 배우면 베트남에서도 활용할 수 있다 -요즘 베트남에서는 한국 사람들의 눈썹 문신에 관심이 많다. 실제로 베트남 유학생들이 문신을 많이 한다 -연예인들이 하는 메이크업과 피부관리가 궁금하다 -한국 사람들은 메이크업을 잘하니까 메이크업을 배우고 싶다 -한국 사람들의 피부는 깨끗하고 관리를 많이 하는 데 관심이 높다 -유튜브를 보면서 메이크업을 배우는데 학교에서 직접 가르쳐주면 좋겠다 -메이크업을 배워서 베트남에 가서 돈을 벌고 싶다 -연예인들처럼 자연스럽게 메이크업을 하는 방법을 알고 싶다 -연예인들이 하는 메이크업은 정말 예뻐서 베트남에서도 인기가 진짜 많다 -염색하는 방법을 배우고 싶다 -네일에 대한 관심이 많다. 지금은 내가 직접 하지만 전문적으로 배우고 싶다
2 K-뷰티 교육과정에서 꼭 필요한 내용은 무엇입니까?	-메이크업할 때 알아야 하는 한국어를 가르쳐주어야 한다 -메이크업, 헤어, 네일을 배울 때 필요한 어휘 -미용 관련 단어와 표현 -한국 사람들이 많이 사용하는 미용 언어 -화장할 때도 외래어 사용이 많아서 외래어 교육이 필요하다 -메이크업을 잘 배울 수 있는 화장품 지식 -기술을 배울 수 있는 전문적인 선생님 -미용 기술을 익히고 싶다 -미용 어휘 학습과 미용 기술 배우기 -피부 관리하는 방법 -화장품 이름이 베트남과 조금 다르기 때문에 가르쳐 줄 필요가 있다
3 외국인 유학생 대상 K-뷰티 교육과정에서 꼭 필요한 부분은 무	-수준에 맞는 교재와 선생님 -나중에 쓸 수 있는 기술을 배우고 싶고 실습이 중요하다 -미용을 배우기 위해서 필요한 자료가 있으면 좋겠다

엇입니까?	-쉽고 재미있게 배울 수 있는 동영상(유튜브)가 많으면 좋다 -자격증을 취득하고 싶다 -자격증이 있으면 취업을 하기 쉽다, 돈을 벌기 위해서 자격증을 취득할 수 있었으면 좋겠다 -메이크업을 배울 때 너무 어렵게 설명할 수 있기 때문에 베트남어로 설명을 해주었으면 좋겠다 -외국인 유학생들이 쉽게 공부할 수 있는 교재가 필요하다

베트남 사회의 뷰티 산업은 몇 년 전만 해도 여성에게 사치스럽게 여겨졌으나 이제는 뷰티 케어를 받는 것이 필수적인 요소로 바뀌어 가고 있으며 소비자들의 높은 관심으로 뷰티숍들이 증가하고 있는 추세로(원홍탄타오 외, 2017:26), 김기영(2015:16)에서도 베트남의 뷰티 관련 수요가 매년 20%가 증가할 만큼 헤어와 메이크업 전문가들의 전문화, 고급화, 대형화되는 양상을 강조하고 있다. 이에 설문에 참여한 응답자가 대부분 베트남 국적의 유학생이라는 점에서 K-뷰티 융복합 교육과정에 대한 관심이 매우 높은 것을 알 수 있다. 무엇보다 베트남 내에서는 미용교육과 관련하여 한국에서처럼 전문적인 교육과정이 마련되어 있지 않기 때문에 더더욱 국내에서의 학습 요구가 높음을 확인할 수 있다.

설문 분석 결과를 요약하면 다음과 같다. 첫째, 학습자들은 주로 메이크업과 피부미용 교육에 대한 요구가 많다. 둘째, 한국 사람들의 문화 등 미용과 관련된 언어적, 문화적 내용에 대한 요구가 많다. 셋째, 외국인 유학생들의 수준에 맞는 교육 자료를 제공하는 것과 취업으로 연계되는 자격증 과정이 필요하다는 요구가 많다는 것을 알 수 있다.

4. 글로벌 K-뷰티 융복합 교육과정 설계

대학의 전공은 단일한 교과과정에 의하여 단일한 가치를 추구하는 배타적 영역이라는 생각은 오래전부터 신념화되어 온 듯 보인다. 서정목(2013:129)은 급속도로 변화하는 사회 추세에 따라 기존의 전통적인 학과의 기능으로는 다양한 수요를 충족할 수 없음을 지적하면서 학제 간의 융복합 교육을 통해 수요에 부합한 융복합 교육프로그램을 창출해야 한다고 강조하였다. 이처럼 산업화 시대에 전공의 분화는 긍정적인 역할을 수행했지만, 21세기 이후 인간의 사회는 복합적이고 다층적이며 융합된 사고를 요구하는 방향으로 수렴되고 있다. 이제는 통합적 사고를 요구하는 시대적 흐름에 따라 다시 새로운 영역으로 확대, 재생산되는 시점에 이르렀으며 학령 인구 감소에 따른 특성화 교육이 필요한 현시점에서 학습자 맞춤형 교육과정을 개발은 필수적인 과제라 할 수 있다. 이에 광주여대의 사례로 제안하고자 하는 Wellness-beauty 특성화 K-뷰티 융복합 교육과정은 한국어교육학과, 미용과학과, 서비스경영학과 세 개 전공 간의 융합을 통해 유학생 진로 분야를 확대하고 맞춤형 교육내용을 구성하여 운영하고자 하는 것이다.

이 글의 목적을 바탕으로 K-뷰티 글로벌 여성 전문가로 실무형 인재를 육성하기 위해 제안하고자 하는 K-뷰티 융복합 교육과정의 교육 목표는 다음과 같다.

첫째, 기본적으로 미용 분야에 대한 전문 지식과 기능을 갖추어야 한다.
둘째, 미용 분야의 전문적인 역량을 갖추기 위해서는 언어적, 사회적, 문화적인 이해가 기반이 되어야 한다.
셋째, 미용 분야의 취업 역량을 함양하면서 현지 및 국내 취·창업에 대한 새로운 가치 창출 능력을 함께 배양한다.

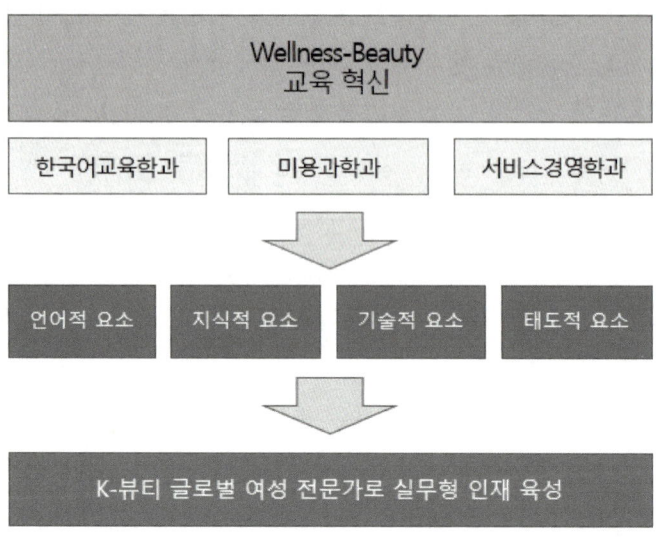

그림 2 K-뷰티 융복합 교육과정의 역량 및 목적

이를 바탕으로 외국인 유학생의 특성상 미용에 대한 이론적인 내용을 강조하기보다 실무 역량을 높일 수 있는 실습 위주의 교과목을 구성하는 것이 필요하다. 본 과정을 통해 양성하고자 하는 인재상의 구현을 위해 실제 진행할 수 있는 교육과정은 다음과 같이 크게 세 분야로 구성할 수 있다. K-뷰티 관련 한국어교육학 분야, 미용과학 분야, 서비스경영학 분야로 구성하여 언어적, 지식적, 기술적, 태도적 요소를 반영한 교과목으로 개발할 수 있다. 기존 연구에서도 언급되었지만 미용 분야의 언어가 외래어의 과다한 사용(김민영, 2019:127)으로 학습자들이 어려움을 겪는 부분이기 때문에 한국어교육 분야에서 해결해야 하는 과제가 있다. 그러나 미용 분야의 전문적인 역량을 갖추기 위해서는 메이크업과 헤어 등의 기술을 익힐 수 있는 실질적인 교육내용을 구성하는 것이 핵심이 되어야 한다. 또한 고객 응대가 필요한 서비스 직업인 만큼 이와 관련된 태도 능력을 갖추는 것도 필요해 보인다. 때문에 이 글에서는 세 학문 간의 융합적 교육을 통해 실제적인 K-뷰티 융복합 교육과정을 개발하여 제시하고자 한다.

본고에서는 학습자의 요구 분석에서 가장 요구가 많았던 메이크업과 피부 미용 범위에 제한하여 교육내용을 구성하고 교과목의 예시를 아래 〈표 6〉과 같이 정리하였다.

표 6 K-뷰티 융복합 교육과정의 교육내용 및 교과목 구성

교육 요소	교육내용 및 교과목 예시
언어적 요소	-미용 분야의 언어적 지식을 배우기 위한 내용으로 메이크업, 외모, 피부, 색깔 관련된 어휘 및 표현 -〈기초미용한국어:어휘편〉,〈고급미용한국어: 어휘편〉,〈비즈니스미용한국어: 회화〉,〈비즈니스미용한국어: 쓰기〉,〈뷰티커뮤니케이션: 표현〉,〈뷰티커뮤니케이션: 이해〉,〈뷰티번역〉 등
지식적 요소	-미용분야의 기초 지식으로 메이크업과 피부미용 분야의 기술적인 방법을 익히기 위한 이론적 내용 제시 -〈베이직메이크업〉,〈기초피부관리〉,〈미용학개론〉 등
기술적 요소	-피부와 메이크업 분야에서 일상적으로 자주 활용 가능한 내용을 중심으로 실제적인 기술 및 활용 능력을 제고하기 위한 실습 위주의 내용 -〈스킨케어실전기초〉,〈스킨케어실전심화〉,〈응용메이크업실전〉,〈뷰티전문스킬업〉,〈뷰티실습〉,〈피부미용실제(자격증대비)〉,〈뷰티체험〉,〈뷰티특강〉 등
태도적 요소	-고객 응대 및 상담, 업무 관련 인성교육과 서비스 태도와 소통 능력 함양 -〈뷰티경영〉,〈뷰티서비스〉,〈서비스마인드〉,〈이미지교육훈련〉,〈서비스문화차이〉,〈고객응대실무〉,〈글로벌비즈니스매너실무〉 등

K-뷰티 융복합 교육과정에 대한 교육내용 및 교과목 구성은 관련 전공 교수자 2인과 함께 실행가능성, 적절성, 유용성 등을 고려하여 최종적으로 협의 후 결정하였다. 세 학문이 융합되어 있는 교육과정의 성격상 누가, 어떻게 가르칠 것인가에 대한 문제도 매우 중요할 수밖에 없다. 본 교육과 정은 학습자료 구성에서부터 실질적인 교육까지 어느 한 전공에서 담당하게 되면 효과적인 결과를 얻기가 어렵다. 세 전공 간의 유기적인 결합을

통해 기본적으로 알아야 하는 지식과 기술의 범위를 결정하고, 상황 맥락적 접근을 통해 언어적 요소를 학습할 수 있도록 구성하였다. K-뷰티 융복합 교육과정의 세부적인 항목에 대한 특징을 살펴보면 다음과 같다.

1) K-뷰티 교육 전략: 언어

언어적 요소에 해당하는 영역의 교과목은 미용 분야의 언어적 지식을 배우기 위한 내용으로 메이크업, 외모, 피부, 색깔 관련된 어휘 및 표현을 배우기 위한 기반으로 구성된다. 앞서 기존 연구를 통해 살펴보았던 뷰티 관련 한국어 수업은 미용 분야에 대한 주제적 접근을 바탕으로 이루어져 있다. 이에 미용 분야의 전문적인 지식과 함께 한국어 실력을 향상하기 위해서는 미용 분야의 어휘와 표현을 기본적으로 이해하는 것을 넘어서 상황 중심의 맥락에서 어휘, 표현을 학습하는 것이 효과적일 것이다. 예컨대, 메이크업 상담, 피부관리 상담, 고객 응대를 위한 상황 맥락 제시하여 학습 가능한 어휘와 대화를 선정해야 한다. 특히, 어휘 표현에 대한 학습이 강조되는데 뷰티 관련해서는 메이크업 관련 화장품 어휘(외래어 중심)와 메이크업 기술 관련 어휘, 색채 관련 어휘, 피부 관련 관용어 학습, 자격증 취득을 위한 고급 어휘 학습 등이 함께 이루어져야 한다.

김남산(2018:282)에서는 국내 뷰티학과에 재학 중인 유학생들의 한국어능력시험(TOPIK) 자격증을 조사한 결과 3급 자격이 가장 많았는데 이 정도의 수준에서는 전문적인 미용 분야의 역량을 학습하기에 어려움이 따를 것으로 예상된다. 전문 대학 이상에서 학업 수행을 가능하게 하려면 적어도 4급~5급 이상의 수준을 갖추어야 할 것으로 판단된다. 이에 한국어교육 분야에서는 미용에 필요한 어휘와 표현을 집중적으로 가르칠 필요가 있다.

다만, 현실적으로 학습자의 수준이 모두 다르기 때문에 미용 한국어 관련 교과목도 수준에 따른 학습이 진행될 필요가 있으므로 기초와 고급으로 수준을 나누어 진행해야 한다. 교과목은 〈기초미용한국어: 어휘편〉, 〈고급미용한국어: 어휘편〉이다. 다음으로 미용 분야는 대체로 비즈니스를 목적으로 이루어지기 때문에 비즈니스와 관련된 말하기, 쓰기가 함께 병행되어야 한다. 때문에 〈비즈니스미용한국어: 회화〉, 〈비즈니스미용한국어: 쓰기〉 등의 교과목을 구성할 수 있다.

2) K-뷰티 교육 전략: 지식

미용 분야 관련 전문가들은 한국어 실력 향상과 함께 미용 분야의 전문적인 지식을 습득하기 위해서 해당 학문의 기초적인 내용 이해를 바탕으로 진행될 필요가 있음을 강조한다. 대체로 전문가들이 제안하는 메이크업과 피부미용 분야의 기초적인 지식은 〈베이직 메이크업〉, 〈기초 피부관리〉, 〈미용학개론〉 세 과목을 제안한다. 메이크업은 특수분장의 범위까지 포함하게 되면 교육 내용이 광범위해지기 때문에 기본적인 여성, 남성 중심의 메이크업 기술로 제한하였다. 이는 피부관리와 연결되므로 기초적인 피부 관리에 대한 이해도 바탕이 되어야 한다. 이와 더불어 미용학 분야의 기본적 내용으로 개론적인 성격의 교과목도 함께 구성될 필요가 있다. 다만, 한국어 실력이 부족한 외국인 유학생들에게는 전문적인 내용 이해에 대한 부담이 있을 수밖에 없다.

융합 전공을 위해서는 가장 핵심적인 내용만을 압축하고 향후 재교육 등을 통해 지속적으로 전문 지식을 학습할 수 있도록 〈심화 메이크업〉, 〈심화 피부관리〉 등에 대한 교과목 편성도 이루어질 필요가 있다. 전공 지식에 대한 학습 방법은 이론을 학습하는 내용이다보니 주입식 교육이 될 확률이 높다. 그러나 외국인 유학생들의 특성을 고려하여 플립러닝, 블랜디드 러닝을 통해 적극적인 참여와 학습 효과를 높이는 방법을 제안할 수 있다. 실제로 플립러닝을 통한 학습 방법은 외국인 유학생들에게 유용하며, 동영상 제공을 통해 이론 학습을 반복적으로 학습할 수 있어 유학생들이 선호하는 방식 중 하나이다.

3) K-뷰티 교육 전략: 기술

기술적 요소에서 제시되어야 할 교과목은 피부와 메이크업 분야에서 일상적으로 자주 활용 가능한 내용을 중심으로 실제적인 기술 및 활용 능력을 제고하기 위한 실습 위주로 구성된다. 〈스킨케어실전기초〉, 〈스킨케어실전심화〉, 〈응용메이크업실전〉, 〈뷰티전문스킬업〉, 〈뷰티실습〉, 〈뷰티체험〉과 같은 교과목을 제안한다. 이러한 교과목들은 실제적인 기술을 익혀야 하는 내용을 담고 있다. 다만, 기능 습득을 위한 단계와 실습 단계를 분리하는 것이 적절하다. 기능 습득을 위한 단계는 반복 학습을 위해 유튜브 제작 등을 통해 동영상 콘텐츠를 제공하는 것이 효과적이다.

미용 분야는 전문가로서 자격증 취득을 요구하기 때문에 한국어 실력과 기본적인 지식을 갖춘 학습자가 해당 분야의 전문가가 되기 위해 자격증 취득이 반드시 필요하다. 학습자의 요구도가 가장 큰 부분이기도 하다. 정하나, 윤천성(2021)의 연구에서도 교육과정과 자격증 취득을 위한 교육이 연계되지 않으면 교육 몰입도가 떨어질 수 있음을 강조하면서 교육과정 내 자격제도의 연계를 제안하였다. 이에 미용자격증 대비반을 위한 교과목으로 〈피부미용실제(자격증대비)〉를 따로 구성하여 유형별로 자격증 취득을 위한 방법 중심의 교육내용이 구성되어야 한다.

4) K-뷰티 교육 전략: 태도

태도적 요소는 기본적인 지식과 실제적인 기술 외에도 미용 분야의 창업, 실무를 위해 고객 응대 및 상담, 업무 관련 인성교육과 서비스 태도와 소통 능력 함양이 중요하다. 이에 서비스경영학과의 과정 중 미용 분야와 연계할 수 있는 교과목을 새롭게 구성하였다. 교과목은 〈뷰티경영〉,

〈뷰티서비스〉, 〈서비스마인드〉, 〈이미지교육훈련〉, 〈서비스문화차이〉 등을 제안할 수 있다. 유학생 국가에 따라서는 서비스 마인드에 대한 인식이 부족할 수 있으며 실제로 이에 대한 요구는 현장 전문가들에게 나타나는 공통적인 사항이다(권오혁, 황영아, 이선희, 2020:85). 기술적인 측면이 아무리 훌륭하다고 하더라도 국내 취업, 혹은 해외 창업을 위해서는 서비스에 대한 태도 교육이 중요하다고 강조한다.

앞서 K-뷰티 관련 학과의 교과목 현황에서도 살펴보았듯이 기술 위주의 수업이 대다수이다 보니 미용을 위한 소양 교육에 대한 과정이 미비함을 고려하여, 향후 전문적인 취업 역량을 높이기 위해 태도적 요소에 포함되는 교과목 수정도 필요해 보인다. 이에 대한 요구를 반영하여 지식, 기술 습득 이외에 학습자가 미용 분야의 서비스 마인드를 제대로 갖출 수 있도록 실제적인 교수 방법에 대한 고민도 필요하다. 교육현장에서는 이론 중심의 접근보다 서비스 갈등 사례나 학습자의 경험 중심으로 학습자 활동 중심의 수업을 진행하여 적극적인 참여 속에서 유용한 교육이 이루어질 수 있도록 해야 한다.

5. 미래 대학 사회를 위한 K-뷰티 융복합 교육과정

학령 인구 감소로 따라 국내 대학들은 저마다 위기를 해결하고자 대학 교육 전반에 걸쳐 혁신적 변화를 강조하고 있다. 이를 위해 융복합 교육이나 교육과정의 특성화 역시 중요한 키워드로 관심을 받고 있다. 본고에서는 미래 산업의 발전 가능성이 높은 K-뷰티에 주목하여 외국인 유학생들을 위한 K-뷰티 융복합 교육과정을 마련하고자 하였다.

최근 한 매체에 따르면 오송 지역에는 K-뷰티스쿨 설립이 본격적으로 추진될 것으로 발표되었다. 뷰티 관련 전문 인력을 양성하는 K-뷰티스쿨을 통해 내국인뿐만 아니라 전문 외국인들의 양성도 기대해 볼 수 있다.

또한 광주광역시는 이미 뷰티 관련 문화산업센터를 통해 뷰티 산업의 육성 체계를 체계적으로 구축하고 뷰티아트페스티벌, 뷰티체험관광 등의 사업을 다양하게 추진하고 있다(김기영, 2015:15).

이러한 사회적 상황을 종합적으로 고려하면 앞으로 K-뷰티에 대한 교육은 장기적인 안목에서 외국인 유학생들을 대상으로 취업 역량과 연계된 유용한 교육과정이 될 것이며, 융복합 교육과정으로서 지닌 함의도 크다고 할 수 있다. 그러나 실제로는 외국인 유학생의 특성을 반영한 K-뷰티 관련 교육과정에 대한 실질적인 논의가 미흡하여 본 연구에서는 외국인 유학생을 위한 K-뷰티 융복합 교육과정 마련을 위한 구체적인 논의를 진행하였다. 기존 연구 검토와 K-뷰티 관련 교과목 현황을 살펴 필요성을 역설하였고, 학습자 요구와 전공 교수자의 의견을 반영하여 언어적 측면과 지식적 측면, 기술적 측면, 태도적 측면에서 다루어야 하는 교육내용을 교과목으로 구체화하여 제시하였다.

나아가 교과목 구성 이외에도 외국인 유학생을 대상으로 특성화 교육과정 구성 시 학습자의 수준에 맞게 즉, 어떻게 교육할 것인지에 대한 교육 방법을 함께 고민하였다. 산업 현장의 변화로 인해 기존의 주입식 교육은 오히려 학습 효과를 반감시킬 수 있다. 학습자들이 스스로 문제를 찾고 해결하는 과정인 학습자 중심의 주도적인 교육 방식이 필요해 보인다. 무엇보다 요즘에는 모바일 콘텐츠에 익숙한 학습자들이 많기 때문에 매체를 활용하여 이미지와 영상으로 정보와 기술을 습득할 수 있는 뷰티 콘텐츠를 혼합한 교육과정이 새롭게 실행되어야 할 것이다.

이를 통해 한국어교육을 전공한 외국인 유학생들에게도 전공 영역을 넓혀 취업 기회를 확대할 수 있는 발판이 마련될 수 있으며 동시에 K-뷰티 기술을 익혀 한국어의 세계화 발전 및 외국인 유학생 유치 전략에도 기여하는 상승작용을 기대할 수 있으며 다음과 같은 기대효과가 있다.

첫째, 학습자 및 전문가의 요구를 반영하여 마련된 K-뷰티 융복합 교육과정의 내용은 향후 학습자들의 만족도를 향상시키고 질 높은 강의를 제공할 수 있을 것으로 기대할 수 있다. 이러한 구조는 취업 진로 교육과정과 연계되어 외국인 유학생들의 기대감을 향상시킴으로써 신규 유학생을 유치할 수 있을 것이다. 현재 지방 대학 중심으로 미충원에 대한 고심이 커지는 상황에서 외국인 유학생의 취업 진로 교육을 K-뷰티로 명확하게 제시함으로써 관심 있는 유학생들의 유입 및 홍보가 가능해질 것이다.

둘째, 이 글에서 제시하는 연구 결과를 바탕으로 광주여대만의 K-뷰티 융복합 교육과정을 설계하였는데, 향후 학문 간 융합 연구를 실현하는 기반을 마련하였다. 이 글에서는 한국어교육학과와 미용과학과, 서비스경영학과의 학문 간 융합 연구를 통해 융복합 전공의 기반을 제공하였다. 외국인 유학생 대상의 K-뷰티 융복합 교육은 지방 대학의 인지도 향상과 지역 대학 중심의 경쟁력을 확보할 수 있다.

셋째, K-뷰티는 현재 전 세계적으로 많은 관심을 받고 있으며, 향후 미래 산업의 발전 가능성이 큰 분야이기도 하다. K-뷰티를 통해 한국어에 대한 위상을 높이는 데 일조할 수 있으며, K-뷰티의 세계화를 이룩하는 데에도 중요한 역할을 하게 될 것이다. 무엇보다 지역 대학의 외국인 유치 전략 및 국제화와 인문사회 분야의 특성화를 위해 연구 결과는 중요한 자원이 될 수 있을 것으로 기대한다.

이 글은 외국인 유학생의 취업 역량과 연계하여 세 학문 간의 융복합 교육을 통해 K-뷰티 융복합 교육과정의 교과목을 구성하여 새롭게 제안했다는 데 의의가 있다. 향후 외국인 유학생 대상의 K-뷰티 융복합 교육과정의 정규 편성을 위해 현장 전문가들의 요구를 수렴하여 오픈클래스와 산업체 견학 등 다양한 형식으로 교육과정을 실행해 볼 수 있을 것이다.

참고문헌

강소영(2021). "유학생을 위한 K-뷰티 특성화 교육과정 개발 연구-대학 내 학위과정의 유학생을 중심으로", *문화와융합* 43(12), 221-240.

권오현, 황영아, 이선희(2020). "뷰티서비스 분야 재직자 재교육을 위한 4년제 대학 교육과정 개발 연구- 서울 소재 H 대학 뷰티디자인학과를 중심으로", *한국미용학회지* 26(1), 82-91.

김남산(2018). "국내 뷰티전공 유학생 현황 및 만족도 조사", *한국융합학회논문지* 9(6), 279-286.

_____(2019). "국내 뷰티전공 유학생의 대학생활 적응실태에 관한 연구", 건양대학교 석사학위논문.

김민영(2018). "K-Beauty 전문인의 직업 문식성 신장을 위한 한국어 교육과정 개발 연구", *학습자중심교과교육연구* 18(17), 493-517.

_____(2019). "K-Beauty 한국어 표현 연구- 1인 미용 방송을 중심으로", *문화교류와 다문화 교육*, 123-144.

박봉현, 김선미(2019). "교양과정으로서의 '뷰티 한국어' 수업 설계 연구: 요구분석을 중심으로", *교양학연구* 9, 119-149.

박미성(2020). "중국인을 대상으로 한 한국미용 교육실태 조사 및 교육 방안연구", 건국대학교 디자인대학원 석사학위논문.

박지영(2021). "미용 전공 외국인 유학생을 위한 외래어 학습 방안 연구- 뷰티테라피&메이크업 전공을 중심으로", *한국어와 문화* 29, 77-111.

서정목(2013). "교양과목, 전공과목 및 융복합 교과목의 연계를 통한 융복합 교육프로그램의 활성화 방안", *문화와융합* 35, 129-143.

아즈미시즈카(2017). "한류 기반 한국어 학습자를 위한 방송프로그램 어휘 분석: 뷰티 프로그램에 나타난 어휘군을 중심으로", 연세대학교 대학원 석사학위논문.

원홍탄타오 외(2017). "뷰티 산업의 현황: 베트남과 중국을 중심으로", *한국네일미용학회지* 5(2), 17-31.

임진경, 김슬아, 최미옥(2010). "미용 관련 4년제 대학 교육과정 개선방안", *한국피부미용향장학회지* 5(1), 47-64.

장남남(2014). "중국인 단기 실습생을 위한 한국어 교육과정 연구: 미용 분야를 중심으로", 동국대학교 대학원 석사학위논문.

정하나, 윤천성(2021). "국가별 피부미용자격제도 및 교육과정 비교 연구", *인문사회21* 12(5), 2523-2528.

● 이 장은 문화와융합 학술지 43권 12호에 실린 필자의 논문(강소영, 2021)을 바탕으로 재구성되었다.

14장

대학생의 교수-학생상호작용, 교우관계, 자기효능감이 대학 몰입에 미치는 영향

1. 대학 몰입, 왜 연구되어야 하는가

학령인구의 감소로 인한 입학자원 부족, COVID-19가 심화시킨 재정난 등으로 우리나라 대학이 처한 상황은 위기 상황이라 해도 과언이 아니다. 전국 대학들은 학생들의 충원 및 유지를 위해 총력을 기울이고 있으며 대학 교육의 질 제고와 몰입도 향상을 위해 노력 중이다. 학생들은 대학 몰입이 높을수록 대학을 이탈하지 않고 대학생활에 적극적으로 참여하여 궁극적으로 끝까지 대학에 남아 졸업까지 이어질 수 있기 때문이다. 이러한 이유로 해외에서는 대학생의 중도탈락과 관련된 연구가 이루어졌고, 국내에서도 대학 몰입에 관심이 높아지면서 최근 연구가 활발히 진행되고 있다. 그러나 국내에서는 대학 몰입에 영향을 미치는 요인에 대해 매우 제한적으로 연구가 이루어졌으며 특정 대학의 사례를 살펴본 경우도 찾아보기 힘들다.

교육부의 2021년 교육기본통계 주요 내용에 따르면, 신입생 충원율은 84.5%로 전년 대비 3.1%p 하락하였고, 재학생 충원율은 102.9%로 전년 대비 0.6%p 하락하였다. 그리고 학업 중단율은 6.7%로 전년 대비 0.2%p 하락하였는데, 일반대학의 학업 중단율은 전 학년도와 동일하다(교육부,

2021). 충원율의 하락과 중도탈락의 증가는 직접적으로는 대학 재정에 악영향을 주고, 간접적으로는 대학 평가에 불리하게 작용한다(홍지인, 배상훈, 2015). 실제로 대학기본역량진단의 2021년과 2018년의 지표를 비교했을 때 차이점 중 하나는 교육성과의 정량 점수였다. 2018년의 학생 충원율 10점이 2021년 진단에서는 신입생 충원율 12점, 재학생 충원율 8점, 총 20점으로 2018년 대비 2배 상향된 것이다. 이는 학생 충원율이 대학을 평가하는 중요 요인이 되었음을 의미한다.

이러한 시점에서 '대학 몰입'은 대학 평가 및 성과를 위한 매우 중요한 고려사항이 될 수 있다. 학생들이 대학을 그만두지 않고 계속 다니게 하려면 무엇보다 대학에 대한 만족과 애착 등의 대학 몰입이 중요하기 때문이다. 학생이 대학에 몰입하면 재학 중인 대학에서 학업을 유지하고 졸업할 가능성이 높아질 뿐만 아니라 학생의 지적, 사회적 성장이 향상됨으로써 대학 교육의 성과에 긍정적인 영향을 준다는 것은 이미 선행연구를 통해 입증된 바 있다(Astin, 1993; Bean, 1980; Bean & Vesper, 1994; Pascarella & Terenzini, 2005; Tinto, 1993). '대학 몰입'이라는 개념은 하나로 정의되기보다는 여러 가지 의미를 포함하여 정의되는데 주로 대학에 대한 전반적인 만족도, 소속감, 대학명성, 가치, 대학 참여, 애착 등의 개념으로 구성된다(신혜숙, 김미현, 2018; Nora & Cabrera, 1993).

선행연구들은 학생들이 대학에 만족하며 성공적인 대학생활을 할 수 있도록 대학 교육의 질적 제고를 위한 노력이 필요함을 시사한다. 대학생이 학교에 입학하여 안정적으로 적응하고, 다양한 경험을 통해 발달하는데 있어 대학 구성원과의 긴밀한 교류는 매우 중요한 요인으로 작용한다(한미희, 2016). 실제로 교수, 교우 등과의 상호작용이 대학생의 대학생활 적응과 발달에 영향을 미친다(Astin, 1993; Tinto, 1993). 그리고 대학 만족도 및 적응에 영향을 미치는 요인으로 자기효능감을 꼽을 수 있다(김미, 2011; 임주영, 윤경자, 2013; 조은미 외, 2018 등). 자기효능감이란 '자신이 가지고 있는 지식 혹은 기술, 경험을 조직화 할 수 있는 자신의 능력에 대한 신념'(Bandura, 1977)을 의미하며 자기효능감은 학업적 적응에 영향을 미치고 대학생활의 적응력을 높이는 변수가 된다.

대학 몰입이 재학생의 중도탈락 및 이탈 방지 등에 중요한 역할을 한다면, 대학 몰입에 영향을 미치는 요인과 관련된 연구는 꼭 필요하다. 이를 통해 대학 몰입을 향상시키기 위한 방안을 찾아낼 수 있기 때문이다. 실제 대학 몰입에 영향을 미치는 요인은 특정 한 가지 요인으로 국한시키기 어렵다. 그럼에도 불구하고 지금까지 이루어진 대학 몰입 관련 연구는 대부분 한 가지 요인이 대학 몰입에 미치는 영향을 확인한 경우가 많다. 따라서 다양한 요인이 대학 몰입에 미치는 영향에 대해 면밀히 살펴볼 필요가 있다. 또한, 대학별 특성에 따른 프로그램 개발을 위해서는 특정 대학의 사례 분석이 필요하다. 이에 본 연구에서는 G도의 C시에 소재한 C대학교 사례 연구를 통해 대학생의 교수-학생상호작용, 교우관계, 자기효능감이 대학 몰입에 미치는 영향을 확인해 보고자 한다.

전재은(2019)의 연구에 따르면, 대학 몰입 영향 요인은 대학이 변화를 시도할 수 있는 요인과 개입이 어려운 요인으로 구분된다. 먼저 개입이 어려운 요인은 학생의 개인적 특성(인구학적 특성, 가정배경과 대학 입학 전 학업 관련 요인), 대학기관 수준의 특성(대학기관의 조직적 특성, 입학 난이도, 소재지 등)이며 개입이 가능한 요인은 대학구성원 간 교류, 학업적 통합 요인, 대학의 지원이다. 본 연구는 대학 몰입 영향 요인 중 대학이 통제, 변화하기 어려운 요인보다는 대학이 개입할 수 있는 요인, 특히 대학 구성원 간 교류에 주목하였다. 대학생이 대학 생활을 하는 동안 겪게 되는 인간관계 경험과 자기효능감은 밀접한 관계를 가지고 있으며 대학생활에 직접적으로 영향을 미치는 요인들로 대학구성원 간 교류와 자기효능감은 학생의 주관적 인지에 따라 측정 가능한 요인이다.

이에 본 연구는 교수-학생상호작용, 교우관계, 자기효능감, 세 가지 요인이 대학 몰입에 미치는 영향을 파악하여 실제 대학 몰입에 도움이 되는 프로그램 개발의 기초자료를 마련할 것이다. 본 연구의 구체적인 목적은 다음과 같다.

1) 대상자의 일반적 특성을 파악한다.
2) 대상자의 대학 몰입, 교수-학생상호작용, 교우관계, 자기효능감을 파악한다.
3) 대상자의 일반적 특성에 따른 대학 몰입, 교수-학생상호작용, 교우관계, 자기효능감의 차이를 파악한다.
4) 대상자의 대학 몰입, 교수-학생상호작용, 교우관계, 자기효능감의 상관관계를 파악한다.
5) 대상자의 대학 몰입에 영향을 미치는 요인을 파악한다.

2. 대학 몰입에 영향을 미치는 요인은 무엇인가

대학 몰입은 조직 몰입의 이론을 기반으로 한다. 해외 선행연구에서 대학 몰입은 대학생 중도탈락 모형에 포함되는 요인으로 정의되거나 대학 몰입에 대한 측정 모형으로 표현되었다(전재은, 2019:181). Bean(1985)의 대학생 학업중단 모형(student attrition model)은 대학 몰입을 대학생이 재학 중인 대학에 가지는 개인적 애정 또는 충성도로 정의하면서 학업의 지속 여부를 예측하는 요인으로 제시하였다. Strauss & Volkwein(2004)의 연구에서는 대학 몰입을 대학에 대한 학생의 전반적 만족도, 대학에 대한 소속감, 대학 선택의 의지, 교육의 질에 대한 인식으로 보았고, Hausmann, Schofield, & Woods(2009)의 연구에서는 대학에 대한 소속감을 대학 몰입의 핵심 개념으로 보고 있다. Tinto(1993)의 대학생 통합 모형(student integration model)은 대학생이 대학의 학문적, 사회적 체제에 통합되는 정도가 대학 몰입에 영향을 미쳐 학업 지속이나 중단을 결정하게 된다고 하면서 대학 몰입이 대학생의 재학 유지나 중도탈락을 예측하는 중요 요인으로 작용한다고 보았다.

최근 국내에서도 대학 몰입이 학문적 관심을 받기 시작하였다. 홍지인, 배상훈(2015)의 연구에서는 대학 몰입을 '자신이 선택한 대학에 대하여 확신을 느끼고, 소속감과 자부심을 느끼며, 대학이 제공하는 교육의 질에 전반적으로 만족하며, 대학에 대하여 가지는 전반적인 애착의 정도'로 정의하였고(홍지인, 배상훈, 2015:354), 최정윤, 신혜숙(2016)의 연구에서는 '학생이 소속 대학에서 자신의 필요를 충족하고 대학의 특성이 자신과 잘 부합한다고 인지하는 개념'이라 하였다(최정윤, 신혜숙, 2016:2). 이 연구들은 대학 명성에 대한 자부심, 대학 선택에 대한 확신, 교육의 질에 대한 만족도, 대학의 소속감, 대학 교육의 취업 및 진로에 대한 도움 등으로 대학 몰입 측정을 하였다. 서경화, 이상향(2020)의 연구에서는 지방대학 학생을 대상으로 조사하여 대학생활 적응 수준이 높을수록 높은 대학 몰입 양상을 보였고, 대학생활 만족도와 소속감 등이 지방대학 학생의 몰입 양상에 차이를 가져옴을 확인하였다.

교수-학생상호작용은 학생의 인지적 영역뿐만 아니라 정의적 영역에 긍정적인 영향을 미치는 요인으로 잘 알려져 있다(Kuh & Hu, 2001; Kuh et al., 2006; Pascarella & Terenzini, 2005). 교수자와 학습자 간의 상호작용이 대학 몰입에 미치는 영향을 살펴본 다수의 연구에서는 교수자와 학습자가 긍정적인 상호작용을 많이 할수록 대학에 대한 만족도, 소속감, 몰입감이 높아진다는 연구결과를 밝히고 있다(Tinto, 1993; Kuh, 2003; Strauss & Volkwein, 2004; Freeman, Anderman, & Jensen, 2007; Hausmann et al., 2009). 국내에서도 홍지인, 배상훈(2015)의 연구에서는 대학생이 교수와 상호작용을 많이 할수록 대학 몰입 정도가 높아지는 것으로 나타났으며 이희원 외(2019)의 연구에서는 교수와의 상호작용이 대학생의 학업 성취뿐만 아니라 진로와 개인적 성장을 촉진하는 요인으로 밝혀졌다. 선행연구를 종합해 보았을 때, 대학에서의 교수-학생 간의 활발한 상호작용은 학생의 중도탈락을 방지하고 궁극적으로 대학에 몰입하게 하는 중요한 요인이 된다.

교우관계는 대학 내에서 이루어지는 수업 내외의 모든 활동을 통한 교우와의 교류를 의미하며(권동현, 2017) 교우관계 역시 대학생의 학업 지속은 물론 대학생활 적응과 발달에 영향을 미치는 요인 중 하나이다 (Astin, 1993; Kuh et al., 2005; Tinto, 1993). Kuh 외(2005)의 연구에서는 대학생의 능동적, 협동적 학습이 학업 성취에 영향을 미친다고 하였고, 김효은, 김기원(2011)의 연구에서는 대학생의 친구관계는 중도탈락에 직접적인 영향을 줄 뿐만 아니라 학교적응을 통해 간접적인 영향도 준다고 하였다. 장성화 외(2014)의 연구에서는 대학생의 교우관계가 대학생활의 적응(학업 적응)에 유의미하다고 밝혔다.

자기효능감은 원하는 결과에 대한 개인의 능력 인지로서 대학 몰입에 있어 빼놓을 수 없는 요인이다. 김미(2011)의 연구에서 자기효능감은 학업적 적응, 사회적 적응, 정서적 적응에 유의미한 영향을 미치고 있었으며 조은미 외(2018)의 연구에서도 자기효능감이 대학생활의 적응력을 높이는 변수임을 확인하였다. 자기효능감이 높을수록 대학의 몰입경험이나 만족도에 긍정적인 영향을 미치는 것이다.

이상 살펴본 교수-학생상호작용, 교우관계, 자기효능감은 대학 몰입에 긍정적 영향을 미치는 요인들로 본 연구에서는 대학생이 인식하는 세 가지 요인이 대학 몰입에 미치는 영향을 확인하고자 한다.

3. 교수-학생상호작용, 교우관계, 자기효능감은 대학 몰입에 어떤 영향을 미치는가

본 연구는 대학생의 교수-학생상호작용, 교우관계, 자기효능감이 대학 몰입에 미치는 영향을 확인하기 위한 서술적 조사 연구이다. G도 C시의 C대학교 대학생을 대상으로 일반적 특성과 교수-학생상호작용, 교우관계, 자기효능감, 대학 몰입 정도를 측정하는 문항으로 구성된 구조화된 설문지를 사용하여 편의표집 하였다.

1) 연구도구

(1) 교수-학생상호작용 및 교우관계

교수-학생상호작용 및 교우관계는 권동현(2017)의 연구에서 K-NSSE (Korea-National Survey of Student Engagement)의 문항을 수정 후 사용한 도구로 측정하였다. 교수-학생상호작용은 교수와 학점 및 과제물에 대하여 상의, 수업 시간 외에 토론, 학업성과에 대한 피드백, 수업 외 활동 수행, 진로 또는 산학협력 관련 프로젝트 수행의 총 5개 문항의 평균값으로 측정하였다. 각 문항은 Likert 5점 척도(전혀 그렇지 않다=1, 매우 그렇다=5)를 적용하였다. 교우관계는 다른 학생과 수업 자료에 대해 논의, 수업 자료에 대해 친구에게 설명, 수업 프로젝트나 과제 수행, 함께 공부나 시험 준비, 진로 또는 산학협력 프로젝트 수행의 5개 문항의 평균값으로 측정하였다. 교수-학생상호작용과 동일하게 각 문항은 Likert 5점 척도(전혀 그렇지 않다=1, 매우 그렇다=5)로 측정되었다. 권동현(2017)의 연구에서 신뢰도는 교수-학생상호작용 .80, 교우관계 .71로 나타났으며 본 연구에서는 교수-학생상호작용 .89, 교우관계 .86이었다.

(2) 자기효능감

자기효능감에 대한 측정도구는 Bandura(1986)의 자기효능감 이론에 근거하여 Sherer, Maddux, Merchandante, Prentice-Dunn, Jacobs & Rogers(1982)에 의해 제작된 측정도구를 번안하여 사용한 이은경(2002)의 도구에서 일반적 자기효능감 17문항만을 추출하여 사용하였다. 측정도구는 Likert 5점 척도를 사용하였으며, 점수가 높을수록 자기효능감이 높은 것으로 판단하게 된다. 선행연구인 이은경(2002)의 연구에서 신뢰도는 .86으로 나타났으며, 본 연구에서는 .89로 나타났다.

(3) 대학 몰입

대학 몰입은 K-NSSE의 '대학 몰입' 도구를 사용하여 측정하였다. 도구는 8문항으로 구성되어 있으며 각 문항은 Likert 5점 척도로, 점수가 높을수록 대학 몰입의 정도가 높음을 의미한다. 도구개발 당시 도구의 신뢰도는 .91이었고, 본 연구에서는 신뢰도 .93이었다.

2) 자료 수집

자료 수집은 응답의 편의성과 익명성을 위하여 온라인 설문(Google)으로 진행하였고, 기간은 2020년 11월 19일부터 11월 26일까지였다. 연구목적에 대한 설명을 듣고 동의한 재학생을 대상으로 편의표집 방법을 적용하여 최종적으로 213명의 학생 응답 자료를 분석에 활용하였다. 연구자는 대상자의 자율성과 권리 보호를 위해 연구목적, 진행절차, 익명성 보장 등을 설명하고 자발적 참여를 희망하는 대상자에게 연구 참여 동의서를 받았다. 자유의사에 따라 언제든지 도중에 연구 참여를 포기할 수 있고 중도포기로 인한 불이익이 없음을 알려 주었다. 온라인 자료는 password가 있는 파일에 저장하여 연구자 외의 접근을 제한하고 설문지 파일은 연구가 종료된 시점부터 3년 동안 보관한 후 삭제할 것이며 대상자의 개인정보와 조사 자료는 숫자화 하여 연구목적으로만 사용하고, 비밀과 익명이 보장됨을 설명하였다. 설문 작성 소요시간은 평균 20분으로 작성 완료 후 자동 수거되었으며 설문 참여자에게 소정의 선물로 모바일 상품권을 제공하였다.

3) 자료 분석

수집된 자료는 IBM SPSS WIN/21.0 통계프로그램을 이용하여 분석하였다. 결과에 대한 유의수준은 .05로 측정하였고, 각 측정도구의 신뢰도를 구하였다. 대상자의 일반적 특성은 빈도(백분율), 각 변수는 평균과 표준편차를 구하였다. 대상자의 일반적 특성에 따른 변수의 차이는 t-test, one-way ANOVA로 측정하였고, 변수의 상관관계는 Pearson's correlation coefficient로 분석하였으며, 대학 몰입에 영향을 미치는 요인은 Multiple regression으로 분석하였다.

4) 연구 결과

(1) 일반적 특성

대상자의 일반적 특성은 〈표 1〉과 같다. 대상자의 성별은 남성 24명(11.3%), 여성 189명(88.7%)로 대부분이 여성이었다. 학년은 1학년 74명(34.7%), 2학년 39명(18.3%), 3학년 59명(27.7%), 4학년 41명(19.3%)으로 1학년이 가장 많았다. 대상자의 전공계열은 자연과학계열 60명(28.2%), 예술계열 72명(33.8%), 인문사회계열 81명(38.0%)이었다.

표 1 대상자의 일반적 특성

(N=213)

변수	분류	n(%)
성별	남성	24(11.3)
	여성	189(88.7)
학년	1	74(34.7)
	2	39(18.3)
	3	59(27.7)
	4	41(19.3)
전공	자연과학계열	60(28.2)
	예술계열	72(33.8)
	인문사회계열	81(38.0)
전체		213(100.0)

(2) 대학 몰입, 교수-학생상호작용, 교우관계, 자기효능감 정도

대상자의 대학 몰입, 교수-학생상호작용, 교우관계, 자기효능감 정도는 <표 2>와 같다. 대학 몰입은 평균 3.30점(5점 만점)이었고, 교수-학생상호작용은 평균 3.34점(5점 만점), 교우관계는 평균 3.64점(5점 만점), 자기효능감은 평균 3.32점(5점 만점)이었다.

표 2 대학 몰입, 교수-학생상호작용, 교우관계, 자기효능감 정도

(N=213)

변수	Mean±SD	min	Max
대학 몰입	3.30±0.84	1.00	5.00
교수-학생상호작용	3.34±0.84	1.00	5.00
교우관계	3.64±0.78	1.00	5.00
자기효능감	3.32±0.63	1.94	5.00

(3) 일반적 특성에 따른 대학 몰입, 교수-학생상호작용, 교우관계, 자기효능감 정도

대상자의 일반적 특성에 따른 대학 몰입, 교수-학생상호작용, 교우관계, 자기효능감 정도는 <표 3>과 같다. 대학 몰입은 전공계열에 따라 통계적으로 유의한 차이를 보였고(F=4.72, p=.010), 사후 분석 결과, 예술계열이 인문사회계열보다 대학 몰입이 낮았다(p=.010). 교우관계도 전공계열에 따라 통계적으로 유의한 차이를 보였고(F=9.06, $p<.001$), 사후 분석 결과, 예술계열은 자연과학계열(p=.008)과 인문사회계열($p<.001$)보다 교우관계가 낮았다. 교수-학생상호작용과 자기효능감의 경우, 대상자의 일반적 특성에 따라 통계적으로 유의한 차이가 없었다($p>.05$).

표 3 일반적 특성에 따른 대학 몰입, 교수-학생상호작용, 교우관계, 자기효능감 정도

(N=213)

변수	분류	대학 몰입		교수-학생상호작용		교우관계		자기효능감	
		Mean ±SD	t or F(p) Scheffé	Mean ±SD	t or F(p) Scheffé	Mean ±SD	t or F(p) Scheffé	Mean ±SD	t or F(p) Scheffé
성별	남성	3.56±0.98	1.65(.100)	3.63±0.88	1.85(.065)	3.61±0.78	-0.20(.841)	3.18±0.66	-1.14(.254)
	여성	3.26±0.82		3.29±0.83		3.64±0.78		3.34±0.62	
학년	1	3.34±0.68	0.87(.460)	3.30±0.73	0.41(.750)	3.68±0.70	1.45(.230)	3.39±0.67	0.87(.458)
	2	3.17±0.75		3.26±0.85		3.41±0.74		3.25±0.50	
	3	3.23±0.92		3.36±0.87		3.67±0.83		3.25±0.59	
	4	3.43±1.04		3.44±0.99		3.74±0.86		3.37±0.71	
전공계열	자연과학	3.31±0.84	4.72(.010)	3.31±0.83	0.96(.386)	3.75±0.66	9.06(<.001)	3.30±0.58	0.10(.909)
	예술	3.07±0.77	b〉c	3.25±0.76		3.34±0.79	b〈a,c	3.32±0.57	
	인문사회	3.48±0.86		3.43±0.92		3.83±0.78		3.34±0.71	

(4) 대학 몰입, 교수-학생상호작용, 교우관계, 자기효능감의 상관관계

대학 몰입, 교수-학생상호작용, 교우관계, 자기효능감의 상관관계는 〈표 4〉와 같다. 대학 몰입은 교수-학생상호작용(r=.72, p<.001), 교우관계(r=.64, p<.001)와 순상관관계가 있었다. 교수-학생상호작용은 교우관계와 순상관관계가 있었다(r=.66, p<.001). 교우관계는 자기효능감과 순상관관계가 있었다(r=.16, p=.016).

표 4 대학 몰입, 교수-학생상호작용, 교우관계, 자기효능감의 상관관계

(N=213)

	대학몰입	교수-학생상호작용	교우관계	자기효능감
대학 몰입	1			
교수-학생상호작용	.72(<.001)	1		
교우관계	.64(<.001)	.66(<.001)	1	
자기효능감	.04(.520)	-.05(.482)	.16(.016)	1

(5) 대학 몰입에 영향을 미치는 요인 분석

대상자의 대학 몰입에 영향을 미치는 요인을 확인하기 위하여 대학 몰입과 관계가 있었던 전공계열, 교수-학생상호작용, 교우관계를 독립변수로 투입하였다. 전공계열은 더미변수처리 하였다. 독립변수로 투입하여 단계적(Stepwise) 방식으로 다중회귀분석을 실시하였다. 다중공선성 문제를 검정하기 위해 공차한계(Tolerance)와 VIF(Variance Inflation Factor)를 확인한 결과 공차한계 .50-.54, VIF 1.02-1.86으로, 공차 한계가 0.1이상, 분산팽창지수 10 이상을 넘지 않아 다중 공선성의 문제가 없는 것으로 나타났다. 또한, 잔차의 독립성 검정인 Durbin-Watson Test의 경우 d=1.929로 수용기준에 부합하여 잔차의 자기상관성에 문제가 없는 것으로 확인되었다.

대상자의 대학 몰입에 가장 영향을 미치는 요인은 교수-학생상호작용 (β=.521, p<.001)이었고, 그 다음으로 교우관계(β=.293, p<.001)였다. 모형에 대한 설명력은 55.7%였다(F=134.19, p<.001).

표 5 대학 몰입에 영향을 미치는 요인

(N=213)

	B	SE	β	t	p
(상수)	.406	.189		2.15	.033
교수-학생상호작용	.521	.061	.521	8.53	<.001
교우관계	.317	.066	.293	4.80	<.001

R^2=.561,   Adj. R^2=.557,   F=134.19 p<.001

4. 대학생의 대학 몰입 향상을 위해 대학은 어떤 노력을 해야 하는가

본 연구는 G도의 C시에 소재한 C대학교에 재학 중인 대학생을 대상으로 교수-학생상호작용, 교우관계, 자기효능감이 대학 몰입에 미치는 영향을 확인하기 위한 서술적 조사 연구이며 대학 몰입에 도움이 되는 프로그램 개발의 기초자료를 마련하고자 시도되었다. 총 213명의 학생들이 응답한 내용의 분석결과를 토대로 한 논의는 다음과 같다.

첫째, 본 연구에서 대학 몰입은 평균 3.30점(5점 만점)이었고, 교수-학생상호작용은 평균 3.34점(5점 만점), 교우관계는 평균 3.64점(5점 만점), 자기효능감은 평균 3.32점(5점 만점)으로 비교적 높게 나타났다.

둘째, 대학 몰입과 교우관계는 전공계열에 따라 통계적으로 유의한 차이가 있었는데, 인문사회계열의 대학 몰입이 가장 높고, 예술계열이 낮았다. 교우관계 또한 예술계열이 가장 낮았다. 예술계열 학생들은 주로 혼자서 할 수 있는 전공(음악-성악/피아노/보컬, 작곡 등, 미용)이라서 교내 활동보다 교외 활동을 선호하기 때문으로 추측되며 이러한 결과는 예술계열 학생들 대상의 맞춤형 대학 몰입 프로그램의 필요성을 시사한다. 대학 몰입은 성별과는 상관이 없었는데, 대학 몰입은 남학생이 여학생보다 높다는 연구결과(Strauss & Volkwein, 2004)가 있는 한편, 성별과 대학 몰입이 유의한 관계가 없다는 연구(홍지인, 배상훈, 2015)도 있기 때문에 이에 대한 후속 연구가 필요하다.

셋째, 대학 몰입은 교수-학생상호작용, 교우관계가 순상관관계가 있었고, 교수-학생상호작용은 교우관계가 순상관관계가 있었으며 교우관계는 자기효능감과 순상관관계가 있었다. 이러한 결과는 교수-학생상호작용, 교우관계가 대학 몰입에 영향을 미친다고 한 선행연구와 같은 결과이다. Tinto(1993)의 대학생 통합 모형은 대학생이 교수와 학업적, 사회적 상호작용을 하여 정서적으로 대학에 통합되는 경험을 하게 되고, 학업과 대학에 몰입하게 된다고 하였다. 또한, 교우와 사회적 상호작용을 활발히 할수록 대학의 사회적 체제에 통합하는 수준도 높아져 대학에 몰입하게 된다고 하였다. 자기효능감은 대학만족도 및 대학적응에 영향을 미치는 요인임에도 본 연구에서는 대학 몰입에 영향을 미치지 않는 것으로 나타나 이에 대한 확인 작업이 필요하다.

넷째, 대학 몰입에 영향을 가장 영향을 미치는 요인은 교수-학생상호작용이고, 그 다음으로 교우관계였다. 대학 몰입은 학생들의 학업 유지와 다양한 교육의 성과를 이끌어내는 중도 성과로 교수 및 교우와의 상호작용을 촉진시킴으로써 대학 몰입을 유도한다면 대학의 교육 목적과 성과를 달성할 수 있을 것이다. 예를 들어, Kuh 외(2005)의 연구에서는 교수와 학생의 물리적 거리를 좁히는 공간 배치(교수 연구실 가까이에 학생들의 스터디 공간 마련 등)를 고려할 필요가 있다고 하였고, 송영명, 유신복(2020)의 연구에서도 교수-학생의 자연스럽고 활발한 상호작용을 위해 수업의 구성, 물리적 공간 배치, 교수업적 평가 반영 등의 다양한 방안을 강구할 필요가 있다고 하였다. 본 연구가 이루어진 C대학교는 교수 연구실과 가까운 위치에 학과별 휴게실이 있으며 학생들과의 상담을 의무화하여 교원업적 평가 점수에 반영한다. 앞으로 대학생의 대학 몰입을 위해서는 교수-학생상호작용과 교우관계의 질적 교류에 대한 개선 방안을 마련해야 할 것이다. 송영명, 유신복(2020)의 연구에서는 학생들의 대학 몰입은 학습이나 대학 생활에 직접적인 도움을 받을 수 있는 멘토링·튜터링 프로그램이나 공동체 활동 및 프로젝트 프로그램의 참여가 높을수록 높게 나타난다고 한 바 있다. 본 연구가 이루어진 C대학교는 '평생멘토교수제'를 운영하며 한 학기에 1인당 3회 이상의 상담 활동을 하도록 하고 있다. 교수는 상담을 통해 학생에게 대학 생활에 참여하도록 안내하고 이러한 교수와 학생의 만남이 대학에 몰입하게 하는 데 일조했을 것이다. 이 외에도 교수와 학생, 학생과 학생의 교류가 지속될 수 있는 프로그램 개발 및 적용이 필요하다.

본 연구결과를 통해 교수-학생상호작용, 교우관계, 자기효능감이 대학생의 대학생활, 대학 몰입에 긍정적 영향을 준다는 것을 확인하였다. 이는 선행연구와도 같은 결과이며 대학 몰입의 중요성을 인지하고 있음에도 아직은 연구가 미비하다는 측면에서 본 연구는 시의 적절한 연구라 할 수 있다. 나아가 본 연구는 대학 몰입에 영향을 주는 세 가지 변인을 동시에 고려하여 살펴보았다는 측면에서 선행연구들과 차별성이 있다.

본 연구를 통해 대학 몰입에 영향을 미치는 요인에 대한 연구의 범위가 더욱 확장될 수 있을 것이라 생각한다.

다만, 본 연구는 COVID-19로 인한 특수한 사회적 상황에서 진행된 논문으로 신중한 해석과 주의가 필요하며 C대학교 재학생 중 일부가 참여하였기 때문에 연구결과를 확대하여 일반화함에 제한점이 있다. 또한, 본 연구에서 교수-학생상호작용, 교우관계, 자기효능감이 대학 몰입에 미치는 영향을 확인하였으나 향후 대학의 특성을 다양하게 보여 줄 수 있는 다른 독립변인을 포함한 연구모형을 수립하고 이를 실증적으로 검증할 필요가 있다. 마지막으로 본 연구에서 측정한 대학 몰입에 영향을 미치는 요인은 대학생의 인식에 기반을 두고 있으며 교수-학생상호작용이나 교우관계 등에 횟수나 시간, 내용 등에 대한 구체적인 사항을 측정한 것이 아니므로 이에 대한 추가 연구가 이루어져야 할 것이다. 후속 연구에서는 교수-학생 상호작용과 교우관계가 어떠한 경로를 거쳐 대학 몰입에 영향을 미치는지 등에 대한 연구와 대학의 특성을 고려한 연구가 진행되기를 기대한다.

참고문헌

교육부(2021). "2021년 교육기본통계 주요 내용", https://www.moe.go.kr/(검색일: 2021. 8. 26.)

권동현(2017). "교수-학생 상호작용 및 교우관계가 대학생의 학업적 자기효능감에 미치는 영향", 성균관대학교 대학원 박사학위논문.

김 미(2011). "전문대학생의 자기효능감, 대학생활 적응, 대학만족에 관한 연구", 한국고등직업교육학회논문집 12(2), 103-114.

김효은, 김기원(2011). "대학생의 중도탈락에 미치는 교우관계의 영향력과 학교적응의 매개효과", 패션 비즈니스 15(4), 87-109.

박미라, 윤지원, 이하정(2021). "대학생의 교수-학생상호작용, 교우관계, 자기효능감이 대학 몰입에 미치는 영향", 문화와융합 43(12), 325-338.

서경화, 이상향(2020). "지방대학 학생의 대학몰입 양태와 대학기관 예측요인 분석", 한국교육 47(3), 149-176.

송영명, 유신복(2020). "대학생의 고효과 프로그램 참여도와 교수-학생 상호작용이 대학몰입에 미치는 영향", *학습자중심교과교육연구* 20(16), 885-905.

신혜숙, 김미현(2018). "대학생의 통학시간이 대학 몰입을 매개로 학업중단의사에 미치는 영향", *한국교육문제연구* 36(1), 25-44.

이은경(2002). "대학생의 자기효능감과 직업가치 및 진로의식성숙과의 관계", 원광대학교 대학원 석사학위논문.

이희원, 권진희, 김진희(2019). "교수와의 상호작용이 대학생의 학업과 진로에 미치는 영향과 의미 분석", *평생학습사회* 15(4), 27-55.

임주영, 윤경자(2013). "대학생의 자아탄력성, 대학생활만족도 및 성취동기가 진로결정 자기효능감에 미치는 영향", *한국가족관계학회지* 18(3), 113-130.

장성화, 천영희, 함성수(2014). "대학생의 교우관계, 역기능 가정이 대학생활적응에 미치는 영향", 한국콘텐츠학회논문지, 14(6), 539-548.

전재은(2019). "대학생의 대학몰입 형성 요인에 대한 질적 연구", *教育問題硏究* 32(1), 179-203.

조은미, 박해임, 천성문(2018). "대학 신입생의 전공선택 동기와 대학생활적응의 관계에서 진로결정 자기효능감과 사회적 자기효능감의 매개효과", *지역과 세계* 42(1), 175-193.

최정윤, 신혜숙(2016). "세 시점 자료를 활용한 대학 몰입의 영향요인 및 학업성취도에 대한 효과 분석: Tinto 의 대학-학생 상호작용 모델 적용을 중심으로", *敎育行政學硏究* 34(2), 1-22.

한미희(2016). "교우와의 학업적, 사회적 상호작용이 대학생의 대학 몰입(institutional commitment)에 미치는 영향", 성균관대학교 대학원 석사학위논문.

홍지인, 배상훈(2015). "교수-학생 상호작용이 대학생의 대학 몰입에 미치는 영향", *敎育行政學硏究* 33(3), 351-379.

Astin, A. W.(1993). *What matters in college? Four critical years,* San Francisco: Jossey-Bass.

Bandura, A.(1977). "Self-efficacy: Toward a Unifying Theory of Behavioral Change", *Psychological review* 84(2), 191-215.

Bandura, A.(1986). *Social foundations of thought and actions: A social cognitive theory,* Englewood Cliffs, NJ: Prentice Hall.

Bean, J. P.(1980). "Dropouts and turnover: The synthesis and test of a causal model of student attrition", *Research in Higher Education* 12(2), 155-187.

Bean, J. P.(1985). "Interaction effects based on class level in an explanatory model of college",

American Educational Research Journal 22(1), 35-64.

Bean, J. P., & Vesper, N.(1994). "Gender Differences in college student satisfaction", *Association for the Study of Higher Education*, Conference Paper, Tucson.

Freeman, T. M., Anderman, L. H., & Jensen, J. M.(2007). "Sense of belonging in college freshmen at the classroom and campus levels", *The Journal of Experimental Education* 75(3), 203-220.

Hausmann, L. R., Ye, F., Schofield, J. W., & Woods, R. L.(2009). "Sense of belonging and persistence in White and African American first-year students", *Research in Higher Education* 50(7), 649-669.

Kuh, G. D.(2003). "What we're learning about student engagement from NSSE: Benchmarks for Effective Educational Practices", *Change The Magazine of Higher Learning* 35(2), 24-32.

Kuh, G. D., & Hu, S.(2001). "Learning productivity at research universities", *The Journal of Higher Education* 72(1), 1-28.

Kuh, G. D., Kinzie, J. L., Buckley, J. A., Bridges, B. K., & Hayek, J. C.(2006). *What matters to student success: A review of the literature* (Vol. 8), Washington, DC: National Postsecondary Education Cooperative.

Kuh, G. D., Kinzie, J. Schuh, J. H. & Whitt, E. J.(2005). *Student sucess in college: Creating conditions that matter,* San Francisco: Jossey-Bass.

Nora, A., & Cabrera, A. F.(1993). "The construct validity of institutional commitment: A confirmatory factor analysis", *Research in Higher Education* 34(2), 243-262.

Pascarella, E. T., & Terenzini, P. T.(2005). *How College Affects Students: A Third Decade of Research* (Vol. 2), A third decade of research, San Francisco: Jossey-Bass.

Sherer, M., Maddux, J. E., Mercadante, B., Prentice-Dunn, S., Jacobs, B., & Rogers, R. W.(1982). "The self-efficacy scale: Construction and validation", *Psychological Reports* 51, 663-671.

Strauss, L. C., & Volkwein, J. F.(2004). "Predictors of student commitment at two-year and four-year institutions", *The Journal of Higher Education* 75(2), 203-227.

Tinto, V.(1993). *Leaving college: Rethinking the causes and cure of student attrition* (2nd ed.), Chicago: The University of Chicago Press.

● 이 장은 문화와융합 학술지 43권 12호에 실린 필자의 논문(박미라, 윤지원, 이하정, 2021)을 바탕으로 재구성되었다.

■ 저자 소개

01장　**_ 서정일**
　　　　　한국외국어대학교 문학박사(독문학 전공)
　　　　　목원대학교 스톡스대학 창의교양학부 교수

02장　**_ 노선희**
　　　　　한국학중앙연구원 사회학박사(사회학 전공)
　　　　　가톨릭대학교 학부대학 겸임교수
　　　　_ 오혜림
　　　　　독일 University of Erlangen-Nuremberg(심리학 전공)
　　　　　부산장신대학교 특수교육과 교수

03장　**_ 최호영**
　　　　　서울대학교 문학박사(현대시 전공)
　　　　　국립안동대학교 국어국문학과 교수

04장　**_ 김혜경**
　　　　　호서대학교 영문학 박사(중세문학 전공)
　　　　　호서대학교 더:함교양대학 창의교양학부 교수

05장　**_ 안미애**
　　　　　경북대학교 문학박사(국어학 전공)
　　　　　경북대학교 국어국문학과 교수

06장　**_ 황혜영**
　　　　　파리8대학교 문학박사(프랑스문학 전공)
　　　　　서원대학교 휴머니티교양대학 교수

07장　**_ 김소형**
　　　　　동덕여자대학교 통합예술치료학 박사
　　　　　동의대학교 음악학과/예술치료학과 교수

08장　**_ 김경리**
　　　　　이화여자대학교 문학박사(교육학 전공)
　　　　　인하대학교 미래교육혁신단 연구중점교수

_ **오방실**
　University of Massachusetts, Ph.D.(교육학 전공)
　건국대학교 글로컬캠퍼스 Cogito대학교육혁신원 교수

09장　_ **박준범**
　영남대학교 문학박사(국어학 전공)
　경남대학교 교양융합대학 교수

10장　_ **박은희**
　University of Southern California MM(Music Performance전공)
　건양대학교 휴머니티칼리지 교수

11장　_ **김정신**
　경북대학교 문학박사(현대시 전공)
　경북대학교 교양교육센터 강사

　_ **채연숙**
　오스트리아 문학박사(독일문학 전공)
　경북대학교 독어교육과 교수

12장　_ **정소미**
　아주대학교 교육학박사(교육상담 및 심리 전공)
　이화여자대학교 의과대학 특임교수

　_ **박태인**
　연세대학교 행정학박사(국제개발 전공)
　서울대학교 의과대학 산학협력중점교수

13장　_ **강소영**
　한국외국어대학교 문학박사(외국어로서의 한국어교육 전공)
　광주여자대학교 한국어교육학과 교수

14장　_ **박미라**
　계명대학교 간호학 박사(모아 및 정신간호학 전공)
　창신대학교 간호학과 교수

　_ **윤지원**
　배재대학교 문학박사(외국어로서의 한국어교육 전공)
　창신대학교 카리스교양대학 교수

　_ **이하정**
　일본 九州大學 교육학박사(교육시스템 전공)
　창신대학교 유아교육과 교수